高等学校应用型特色教材 经管系列

组织行为学原理与实务
(第三版)

许 芳 主 编

秦 峰 胡圣浩 刘丽杭 郑 重 副主编

清华大学出版社
北 京

内 容 简 介

本书是面向高等院校本科教学的组织行为学教材。全书从个体、群体和组织三个层次对组织中人的心理及行为进行探讨，主要内容分为 16 章：组织行为学概述；人性假设与行为；社会知觉与行为；个性与行为；价值观与行为；工作态度与工作满意度；激励理论及应用；组织环境与健康促进；群体与团队行为；人际关系与冲突管理；沟通；权力与政治；领导及领导理论；人力资源管理；组织文化；组织变革与发展。

本书立足于中国文化背景，补充了东西方最新的相关研究成果和实际案例。全书构思新颖，内容生动，案例丰富，注重理论的实用性和管理技能训练。本书可作为高等院校的管理类相关专业课教材或教学参考书，也可作为各类企事业单位管理人员的培训教材或参考读物。

图书在版编目(CIP)数据

组织行为学原理与实务/许芳主编. —3 版. —北京：清华大学出版社，2021.10（2024.3重印）

高等学校应用型特色教材. 经管系列

ISBN 978-7-302-59166-5

Ⅰ. ①组… Ⅱ. ①许… Ⅲ. ①组织行为学—高等学校—教材 Ⅳ. ①C936

中国版本图书馆 CIP 数据核字(2021)第 181565 号

责任编辑：孙晓红 温 洁
封面设计：李 坤
责任校对：李玉茹
责任印制：杨 艳
出版发行：清华大学出版社
　　　　　网　　　址：https://www.tup.com.cn, https://www.wqxuetang.com
　　　　　地　　　址：北京清华大学学研大厦 A 座　　邮　　编：100084
　　　　　社 总 机：010-83470000　　邮　　购：010-62786544
　　　　　投稿与读者服务：010-62776969, c-service@tup.tsinghua.edu.cn
　　　　　质量反馈：010-62772015, zhiliang@tup.tsinghua.edu.cn
　　　　　课件下载：https://www.tup.com.cn，010-62791865
印 装 者：北京同文印刷有限责任公司
经　　销：全国新华书店
开　　本：185mm×260mm　　印　　张：20.25　　字　　数：492 千字
版　　次：2007 年 7 月第 1 版　2021 年 12 月第 3 版　印　　次：2024 年 3 月第 3 次印刷
定　　价：59.00 元

产品编号：093732-01

前　言

本书自出版后，由于其鲜明的应用型特色，受到了许多本科院校、高职院校学生和教师的普遍欢迎。由于组织行为学前沿理论不断涌现，实践也越来越丰富和深入。为了及时掌握最前沿的组织行为学理论，总结最新的实践经验，以及改进原版的不足之处，我们组织专家对第二版教材进行了更新、修订。

第三版继承了第二版的应用性、时效性、趣味性、新颖性的编写特点。

(1) 应用性。立足中国文化背景，既介绍了组织行为学的主要基础理论和知识，又安排了案例分析、小测试，以提高学生的应用能力。增加了若干较实用的特色章节，例如"组织环境与健康促进"等。

(2) 时效性。注意补充近年来组织行为学的最新研究进展，兼收并蓄西方先进理论和中国传统文化的精华，并关注当前组织行为实践中的热点问题(如正念领导力等)。

(3) 趣味性。为了引发读者的学习兴趣，表述深入浅出，通俗易懂，尽量多结合实际案例和图形来说明原理，配有生动活泼的阅读专栏和小测试。

(4) 新颖性。根据学生的心理特点创新框架结构，每章编写顺序是：学习目标→关键概念→阅读专栏→各章内容→本章小结→思考题→案例分析题→管理技能训练→推荐阅读书目。

总之，本书的鲜明特色是把应用性、时效性、趣味性、新颖性较好地融合起来，将理论阐述与管理技能训练有机地结合起来，使读者在快乐中学习，理论联系实际，提高管理技能，达到培养应用型管理人才的目的。

为了统一编写风格，本书的修订工作由南京师范大学社会发展学院的许芳教授担任主编，负责全书的整体规划、分工安排及定稿工作。副主编是秦峰副教授(金陵科技学院)、胡圣浩副教授(中国商学研究院)、刘丽杭教授(中南大学公共管理学院)、郑重讲师(南京师范大学商学院)。具体分工如下：第一章 组织行为学概述(许芳)，第二章 人性假设与行为(许芳)，第三章 社会知觉与行为(秦峰)，第四章 个性与行为(许芳)，第五章 价值观与行为(许芳)，第六章 工作态度与工作满意度(刘丽杭)，第七章 激励理论及应用(胡圣浩)，第八章 组织环境与健康促进(郑重、许芳)，第九章 群体与团队行为(秦峰)，第十章 人际关系与冲突管理(秦峰、许芳)，第十一章 沟通(秦峰)，第十二章 权力与政治(秦峰、郑重)，第十三章 领导及领导理论(许芳)，第十四章 人力资源管理(刘丽杭)，第十五章 组织文化(许芳)，第十六章 组织变革与发展(胡圣浩)。

第三版的内容结构在第二版的基础上略做调整，新增"组织环境与健康促进"一章，"价值观与行为"单独成章，"人际关系与冲突管理""权力与政治"两章调整了内容组合。限于编者的水平，书中难免有不妥或疏漏之处，敬请广大读者批评、指正。

编　者

目　　录

第一章

组织行为学概述

学习目标：

掌握组织行为学的研究内容和研究方法；理解组织行为学的理论基础与内容体系；了解组织行为学的演进过程与新发展。

关键概念：

组织(organization) 组织行为(organizational behavior) 群体(group) 行为科学(behavior sciences) 个体(individual) 人际关系(human relations)

【专栏1-1】 富士康的管理模式

富士康科技集团创立于1974年，拥有几十万员工及全球顶尖的IT客户群，为全球最大的电子产业专业制造商，《财富》2009年全球企业500强第109位。富士康现行的生产方式为垂直专制军事化管理的流水线作业，其管理模式被大众认定为泰勒制，确实有利于企业生产效率的提高，但不得不以较低的员工满意度与较高的员工流动率作为补偿。在2010年1—5月，连续发生了多起员工跳楼事件。员工自杀与富士康企业的内在因素是否相关？

第一节 组织行为学的研究内容与研究方法

组织行为学是管理理论的重要组成部分，是一门广泛吸收多学科知识的交叉学科。它综合了行为科学、心理学、社会学、人类学、政治学等学科的知识，提出了一系列关于管理的新知识、新观点和新理论，丰富了组织发展理论，大大提高了对行为模式的解释和预测能力，促进了管理者水平的提高和组织绩效的改善，具有很强的实践性和应用性。因此，研究和学习组织行为学，不仅具有理论意义，而且具有直接的现实意义。对于组织行为学，不同的学者提出过许多不同的定义。

斯蒂芬·P.罗宾斯(Stephen P. Robbins)认为，组织行为学是系统地研究人在组织中所表现出的行为和态度的学科。

约翰·W.纽斯特罗姆(John W. Newstrom)认为，组织行为学是一门研究人(个体和群体)在组织中的行为知识并加以应用的学科。

安德鲁·J.杜布林(Andrew J. Dubrin)认为，组织行为学是系统研究组织环境中所有成员的行为，以成员个人、群体、整个组织以及与外部环境的相互作用所形成的行为作为研究的对象。

乔·凯利(Jee Kelly)认为，组织行为学是对组织的性质进行系统的研究，即组织是怎样产生、成长和发展起来的，它们怎样对各个成员、组成这些组织的群体、其他组织以及更大些的机构发生作用。

张德认为，组织行为学是研究组织中人的心理和行为表现及其规律，提高管理人员预测、引导和控制人的行为的能力，以实现组织既定目标的学科。

一般来说，组织行为学是综合运用行为科学、管理学、心理学、社会学、人类学、政治学、生理学等多种学科的知识去系统地研究人在组织环境下的心理特征和行为规律，以及整个组织与其外部环境的相互作用所形成的行为规律，以提高组织工作绩效的学科。

一、组织行为学的研究内容

(一)组织的定义与特征

1. 组织的定义

组织是人们生活的普遍形式和存在方式。每一个人都离不开组织，人一出生就是一个家庭组织的成员；长大上学后，又是学校、班级的一员；成年参加工作后，又成为工作单位的一员；同时，他还是某一民族的成员，或某一社团组织的成员，等等。一个人同时还可以是若干组织的成员。组织的概念非常广，像宾馆、工厂、超市、银行、医院、学校、舞厅、公园、法院、剧团等都是组织。这里所说的组织，主要是指正式组织，即为社会生活的需要而产生，在法律及道义上具有存在合理性的组织。这么多不同类型和工作范畴的机构都是组织。那么什么是组织呢？关于组织的定义可谓众说纷纭，其中比较有代表性的是以下四种定义。

(1) 组织是对完成特定使命的人们的系统性安排。——斯蒂芬·P. 罗宾斯

(2) 组织是为了达到某一特定的共同目标，通过各部门劳动和职务的分工合作和不同等级的权力和责任的制度化，有计划地协调一群人的活动。——薛恩(E. H. Schein)

(3) 组织是一个相互影响、相互依赖，为了达成某一共同目标的工作群体的集合。——杰克·邓肯(Jack Duncan)

(4) 组织是对完成特定使命的人的系统性安排。——张德

2. 组织的特征

从以上四种定义来看，所有的组织具有以下共同特征。

(1) 目标。每一个组织无论其规模大小，存在的形态方式如何，都有明确的目标。例如，工商组织要为社会创造财富；医院要救死扶伤，提供优质医疗服务；学校要培养社会需要的人才；政府要为社会提供公共服务。大多数发展中的组织都将自己的目标浓缩成简短的语句，以便凝聚组织成员，同时传播组织文化。这样的例子很多，比如迪士尼把自己的组织目标定义为"生产快乐"(to make people happy)，而蔡元培任校长时北京大学的组织目标是"思想自由，兼容并包"，这些耳熟能详的"口号"就是组织的目标。组织的目标是组织存在的理由，是引导组织成员运用组织所拥有的各种资源，完成组织的使命与任务。

(2) 资源。组织要实现自己的目标，必须拥有相应的资源，如企业拥有机器、设备、

土地、人才、资金、品牌、技术等各种资源。一个组织需要把所拥有的各种资源转化为其他组织或个人所需要的各类产出(产品、服务),才能实现自己的目标,才能生存与发展。如玻璃生产企业必须利用石英砂等原材料生产人们所需要的各种玻璃。软件公司则根据顾客需要把编程人员的专业知识转变成操作系统。在组织所拥有的各种资源中,人是最重要、最关键的资源,人是组织中最有活力、最有创造性的因素。因为人能支配、使用其他资源,使其发挥效用,从而完成组织的目标。

(3) 结构。组织需要科学地划分部门、划分层次,需要明确各部门、各层次的责任、义务、权力与利益,需要根据每个成员的才能安排他们的工作,分配其职务,并落实每个职位的责、权、利。组织还需要建立有效的沟通、协商机制。只有分工清晰、协作通畅,组织才能正常运作。组织不仅是权责分配系统,而且是其成员根据自身在组织中的特定地位,扮演一定的角色,并由此构成的等级体系的人际关系网。

(4) 环境。毫无疑问,组织是一个开放的系统。任何组织的生存和发展都离不开环境,离不开其他组织,都需要与环境进行物质、能量、信息的交换,封闭的组织是不存在的。组织也是一个社会技术系统,因为组织在以人为核心的活动中,既存在社会性的因素,如权力和利益的分配、组织成员或部门间的关系等,又存在技术性的因素,如物质技术设备、组织活动的工艺、技术程序等。这两方面的因素相互联系,相互影响。

从静态观点来分析,组织就是指社会集团,是人与人、人与事的关系的系统或模式。从动态观点来分析,组织是一个开放的社会技术系统。综上所述,可以这样定义组织:组织是一个拥有一定资源和特定目标,并不断与环境交互作用的开放的社会技术系统。

(二)组织行为的定义与分类

1. 组织行为的定义

组织行为是指人们作为组织成员在工作时表现出来的行为。然而,组织成员的行为并不完全属于组织行为。组织成员下班后的业余活动,如娱乐、交友、恋爱、健身、购物等不是组织行为。因此,准确地说,组织行为是指在组织内部的群体和个体所产生的行为以及组织与外部环境之间的相互作用。

程序员是加班现象最严重的职业,大多数 IT 公司采用"996 制"工作形式,即早上 9点到晚上 9 点,每周工作 6 天。2015 年 12 月 13 日,腾讯技术研发中心语音引擎组副组长李俊明在散步时猝死,不少腾讯员工认为是长期加班造成的。2015 年 3 月 24 日,年仅 36岁的清华大学计算机硕士张斌被发现猝死在公司为完成项目租住的酒店马桶上面,当日凌晨 1 点他还发出了最后一封工作邮件。

《工伤保险条例》第 14 条规定,职工有下列情形之一的,应当认定为工伤:

(1) 在工作时间和工作场所内,因工作原因受到事故伤害的;

(2) 工作时间前后在工作场所内,从事与工作有关的预备性或者收尾性工作受到事故伤害的;

(3) 在工作时间和工作场所内,因履行工作职责受到暴力等意外伤害的;

(4) 患职业病的;

(5) 因工外出期间，由于工作原因受到伤害或者发生事故下落不明的；

(6) 在上下班途中，受到非本人主要责任的交通事故或者城市轨道交通、客运轮渡、火车事故伤害的；

(7) 法律、行政法规规定应当认定为工伤的其他情形。

2. 组织行为的分类

组织行为学的研究对象是组织中的人的心理和行为规律。人的行为与心理是密不可分的，心理活动是行为的内在表现，行为是心理活动的外在表现，因此必须把二者作为统一体进行研究。组织行为学不仅研究单个人的心理和行为规律，而且还要研究聚集在一起的人们的心理和行为规律。根据分析水平不同，可以将组织中人的行为分为三个层次：个体行为(微观)、群体行为(中观)和组织系统行为(宏观)，如图1-1所示。

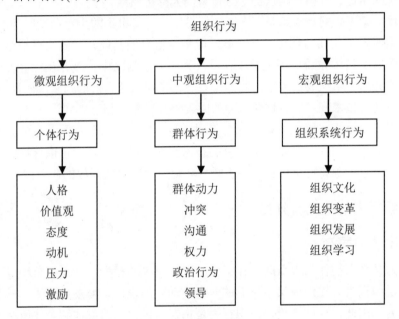

图 1-1 组织行为的分类

组织行为学的研究目的就是要对这三个层次的行为进行预测、引导和控制，以便更合理地利用人力资源，更有效地实现组织的目标。

(1) 个体行为。组织行为学的个体行为主要是指组织内的某一个体的心理与行为。个体心理是个体在特定的组织系统中因其所处的角色地位而表现出的心理现象，包括人格、价值观、态度、社会知觉等。心理是一种精神现象，无法直接观测，只能通过与其有关的行为现象去推测。

行为是心理活动的物质相关物。个体行为是指处于组织环境中的个人的所作所为。通过分析个体的行为，了解人的社会知觉、情绪情感、需求、动机、态度、价值观以及人格特征等。组织行为学研究个体行为的共同规律，目的在于对它进行引导和控制，激发个体的工作潜能，实现组织目标。

(2) 群体行为。组织行为学的群体行为是指组织内的群体的行为，包括人际行为、群体行为和群际行为。例如，群体动力、人际关系、人际沟通等。

组织中的人们总是处在一定的相互关系之中，而这些关系又表现为不同程度的亲近或疏远，并呈现为不同的群体。要有效地达到管理目标，就必须研究群体心理与行为，包括群体心理的特征、群体的凝聚力、群体的合作与竞争、群体的冲突与沟通，以及群体中的人际关系等，使管理者能掌握群体行为形成的原因，并对之进行有效的协调与控制。

(3) 组织系统行为。组织行为学的组织系统行为是指所有组织成员作为一个整体活动时表现出来的行为，如领导行为、组织文化、组织变革、组织发展、组织学习等。

组织行为包括领导心理与行为。组织中的领导能指引或影响个体、群体在一定条件下实现组织目标的行为过程。因此，领导者在组织中具有至关重要的作用，其心理与素质的好坏，领导方式的合理与否，以及对领导艺术把握的程度都会直接影响组织的绩效。

以上便是组织行为学研究的主要内容。从系统论的角度来看，个体、群体和组织三者之间，互相依存、互相制约，又互相补充，共同形成了一个大系统。因此，我们在研究时既要对组织中的个体行为进行多层次、多水平、多角度的系统分析，又要把人的各种心理活动和行为表现看成是整个系统的相互关系的结果。

二、组织行为学的理论基础

组织行为学形成的直接原因是行为科学的产生与发展，深层原因是来自心理学、社会学、人类学、政治学、伦理学等各学科的理论准备和知识积累，如表 1-1 所示。

表 1-1　组织行为学的理论基础

学　科	具体学科	主要影响和涉及的研究领域	研究对象
行为科学	心理学	激励、领导、知觉、个性与人格、个体决策、工作满意度、态度、工作压力、工作设计	个体
	社会学 (社会心理学)	群体动力、群体行为、团队建设、沟通、行为改变、态度改变、群体决策、流程、工作与生活的平衡	群体
		组织理论、组织技术、组织变革、组织文化	
	人类学 (文化人类学)	价值观比较、态度比较、跨文化研究、组织文化、组织环境	
社会科学	政治学	冲突、组织内权力与政治	组织系统
	伦理学	激励、领导、沟通的伦理问题、道德问题	

1. 心理学

心理学是研究人类心理现象规律的科学。心理现象的规律性包括心理活动的规律和心理特征的规律两部分。一般认为，心理活动是内省的，行为是外显的。要研究组织中人的外显行为的规律性，就必须以心理学作为理论基础，因为心理活动和心理特征是人们产生行为的重要原因和内部动力。

心理学又分为个体心理学与社会心理学。个体心理学集中于个人的心理活动和特征的分析，这是一切心理学研究的基础，所以也可称为理论心理学。社会心理学是把个人作为社会的人来研究其心理过程的学科。

其实，把心理学分为个体心理学和社会心理学，只是研究上的一种方便。因为任何个人绝不能离开社会而生存，他的心理活动必然是与群体、组织和整个社会生活相联系而难以分开的。组织行为学是以个体的一般心理过程规律为基础，进而研究群体的行为以及个人与群体之间的相互关系的学科。它一方面研究社会对于个人行为的影响，另一方面研究社会所受个人行为的影响。由此可知，要研究组织行为学，必须先研究普通心理学的实验资料以及关于基本的心理活动和心理特征的基础知识，研究社会对个人的影响及相互关系。

人体犹如一个生物钟，有自己的生物节奏的规律性，有体力、智力、情绪的低潮与高潮，这些都会影响人的行为。20世纪30年代，组织行为学开始研究工作压力对个体、群体、组织的行为和工作绩效的影响，主要分析当人们承受工作压力时，身体所作出的生理反应，以及引起的身体生物结构的变化和如何防治等。

2. 社会学

社会学是一门综合性较强的学科，它把社会作为一个整体，综合研究社会现象各方面的关系及其发展变化的规律性。这里首先需要了解"社会"这个词的含义。从广义上说，社会是人类关系的体现，包括人类所有直接和间接的关系。从狭义上说，所谓社会，就是某种特殊的和比较具体的人类结合体，凡是一群有某些共同的观念、态度和行为习惯的人，或是在一起共同生活的人，都构成社会。任何社会或群体都是有组织的，而社会的组织又是由各种制度维系的。所以一般来说，社会学是研究社会关系的科学。社会关系又可分为动态的和静态的两种。动态的是指社会中人们的互动，如合作与冲突等。静态的是指社会现象的关系模式，如家庭结构、群体、组织、阶级等。

研究组织行为学就是要运用社会学的知识来探索人在社会关系中表现出来的行为。组织是由很多群体组合而成的，所以组织行为学把组织看作一个开放的、有机的社会组织。组织、群体和个人之间存在着彼此互相依存的关系。组织、群体和个人与环境构成互动的、复杂的社会体系。

组织中人的行为是离不开社会关系的，因此研究组织中人的行为必须从其所处的整个社会关系着手，这样才能全面认识人的行为规律。例如，研究组织中个人的行为受组织内外社会环境的影响；个人在社会中所担任的角色和社会地位；群体的动力、结构、交往、权力和冲突；非正式组织、群体之间的合作配合和人与人之间的相互关系等，都需要社会学的知识。

3. 人类学

人类学是研究组织行为学重要的理论基础之一。人类学是研究人类的学科，这门学科分为体质人类学、文化人类学(又称社会人类学)和考古学。而其中与研究组织行为学关系最密切的是文化人类学。文化人类学过去主要研究原始社会及其文化，但是近三十多年来，已逐步扩展到对现代文明社会及其文化的研究。文化人类学对组织行为学的贡献，主要在于组织中人的行为与人类社会起源的理论、人类社会行为以及人类和文化的关系等知识。

人类的行为，并不是完全按照本能产生的。人的行为中文化性的行为多于生物性的行为。人类通过不断社会化的学习过程，使行为超越了本能性行为，在文化环境中逐步形成价值观念、规范、风俗、习惯、民族性等。由于各国文化背景的差异，其所熏陶出来的民族性格也不同。在一个组织中，其成员(职工)的教育程度、家庭背景、社会环境也有差异性，这些都会影响他们的态度与行为。因此，任何组织的管理者和领导者都必须根据不同的文化背景和现实环境，选择相适应的、有效的组织形式和领导方式。

4. 政治学和伦理学

政治学中的权力与冲突问题和伦理学中的道德规范都会影响组织中人的行为。所以政治学和伦理学也成为组织行为学的理论基础。

三、组织行为学的研究方法

组织行为学的研究方法可以按研究的性质、形式进行分类。以下介绍的几种研究方法都是常用的方法，各种方法都有利有弊，在具体的研究工作中应综合使用。

(一)按研究的性质分类

1. 理论性研究与应用性研究

理论性研究主要是为了积累组织行为学的学科知识，并不直接着眼于实用。例如，对人性的探索、对领导方式的研究等。

应用性研究侧重于对具体情况进行的研究性调查，并采取相应的解决问题的措施，以及如何把这种新发现的研究成果应用于解决实际问题。

2. 描述性研究、预测性研究与因果性研究

组织行为是组织种种外显动作和活动的总和。组织行为学着重研究的是作为组织成员的人的行为或组织的行为。行为是可描述、可解释、可预测和可控制的。分析和研究行为，就是为了能解释、预测和控制行为。

(1) 描述性研究。组织行为是可以描述的，即通过观察，可以描述人们在不同情景下的行为。描述性研究通过调查分析，了解客观事物的特点和出现的频率。这种研究一般只反映组织行为的现实，不涉及事物变量之间的关系，研究者也不施行干预措施。企业中经常采用的人员基本情况调查、职工态度调查、心理挫折的各种表现分析等都属于此类。

(2) 因果性研究。因果性研究要求弄清楚各个变量之间的相互关系。例如，研究工作绩效与满意度的关系。有人认为绩效是因，满意度是果。有人认为正好相反或互为因果。弄清楚了这些变量的因果关系，就可以解释和控制组织行为。

例如，根据德国社会心理学家勒温提出的场动力理论，行为是环境和人格的函数，即 $B=f(E, P)$。公式中的 B 代表行为(behavior)，E 代表环境(environment)，P 代表人格因素(personality)，f 代表函数。只要弄清了组织行为原因的环境因素和人格因素，就可以对已发生的组织行为作出合理的解释和控制。既然管理者要对组织的产出负责，那么他们就要对组织成员施加影响力，通过员工来实现组织目标。

(3) 预测性研究。根据行为与环境和人格的函数关系，只要能准确观测环境因素和人格因素，就可以准确预测将要发生的行为。这里有两个条件假设：弄清影响行为的环境因素

和人格因素并准确测量这些因素。行为科学目前的发展水平还不能完全做到这些，这就给预测行为带来了许多困难。

预测性研究是实际管理人员提前考虑今后发生情况的研究方法。例如，经理要对员工的行为、工作成效及整个组织总目标的完成情况作出预测。这种预测性研究对有计划地控制人的行为和绩效是具有重要意义的。

3. 系统分析与个案分析

组织行为学的系统性研究，不是孤立地研究一个组织中的个体、群体和组织的心理与行为，而是采取系统分析的方法来研究它们。从系统观来看，个体的人作为一个系统，把它放在群体这个较大的系统中来研究，个体就是群体的子系统，而很多的群体又组成一个组织，因此群体又是组织这个大系统的子系统。由于它们均自成系统又相互密切联系不可分割，而且都处在社会环境这个更大的系统中，相互联系，相互作用，因此它们都是社会环境(超系统)的子系统。

个案分析对某一个体、某一群体或某一组织在较长时间里连续进行调查，从而研究其行为发展变化的全过程，这种研究方法称为个案分析法。这是研究人员通过查阅各种原始记录或通过访问、发调查表和实地观察所收集到的有关某一个人或某个群体的情况，用文字如实地记录下来，并写出分析意见。

例如，对某先进集体进行较长时间的调查研究，了解集体的人员状况、生产状况、群体内人际关系、智力结构、集体风气、关键事件等主要因素，并在此基础上进行深入分析，整理出能反映该先进集体特点的详细材料。这样的一份材料就是个案，个案产生的全过程就是个案研究过程。

4. 定性与定量法

所谓定性，就是对人与事的特质进行鉴别和确定。例如，在传统的人员绩效考核中，通过对各类人员的素质、智能和绩效进行评定来确定人的质的规定性，而不是量的规定性。定量是通过一定的数据来反映人或事的特质。目前组织行为学的研究已开始由定性分析逐步深入到定量分析，更多地采用数学手段。通过建立数学模型、借助数学上的分析手段，有助于弥补定性研究的不足。定性与定量研究各有所长，应结合使用。定量是定性的基础，定性是定量的出发点和结果。

(二)按研究的形式分类

在研究方法方面，组织行为学并没有一种适用于解决一切问题的通用的方法。它主要以心理学及社会学的研究方法，如观察法、访谈法、问卷法、量表法、测验法、实验法、实验研究、社会调查、公众意见调查等，结合管理实际，根据不同的情况，采用适宜的方法，以解决不同问题。目前常用的有以下几种方法。

1. 观察法

观察法就是观察者以自己的眼、耳、鼻、舌和皮肤等感觉器官为工具，直接观察人们的行为，并通过对外在行为的分析，去推测人们内在心理状态的方法。现在许多研究采用

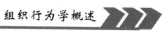

录像机和录音机协助观察。在实践中观察法有很多种，概括起来可分为以下两类。

第一类是按照观察者与被观察者的关系来划分，可把观察法分为参与观察法和非参与观察法。所谓参与观察法，就是观察者直接参与被观察者的活动，并在共同活动中进行观察的方法。非参与观察法则是观察者不参与被观察者的活动，以旁观者的身份进行观察的方法。

这两种方法各有优缺点。采用参与观察法的好处是：研究人员以组织成员的身份去观察，使被观察者避免伪装和做作，从而使观察到的资料较为可靠和有效。但参与观察法也存在某些问题：一是由于亲自投入现场进行观察，可能会影响研究者的客观性，而非参与观察法就较为客观；二是在观察别人时，会使别人感到不自然，如果不想让被观察者知道是在观察他们的行为，就得创造一种观察的条件，这是不太容易做好的。另外，采用这两种方法时都受到观察者本人的价值观及个性等因素的影响，因此，信度和效度也会受到一定程度的影响。

第二类是按照观察情景的差异来划分，可将观察法分为自然观察法和控制观察法。所谓自然观察法，就是在自然真实的情景下观察他人的行为，也就是被观察者不知道自己处于被观察状态的观察方法。控制观察法是在限定条件下进行的观察，也就是在操纵自变量的情况下进行观察，被观察者知道自己处于被观察的状态中的方法。

这两种方法也各有优缺点。自然观察法不操纵自变量，在实际生活中观察人的行为，其优点是所观察到的结果更具有典型性，更易被运用于实践。但也有缺点，这种方法有时不能肯定被观察者的行为变化是由何种自变量所引起的，在这方面控制观察法优于自然观察法。

2. 访谈法

研究者通过面对面的谈话，以口头信息沟通的形式直接了解他人的心理状态和行为特征的方法称为访谈法。

根据访谈过程的结构模式的不同，可以把访谈法分为两大类：有组织的访谈和无组织的访谈。有组织的访谈结构严密、层次分明，具有固定的谈话模式。研究者根据预先拟订的提纲提出问题，被研究者依次对问题进行回答。这些问题一般涉及的范围较小，整个谈话过程中被研究者犹如做了一份口头问卷。例如，招聘中的第一次谈话，了解年龄、学历、工作经历等就属于有组织的谈话。无组织的访谈结构松散、层次交错、气氛活跃，没有固定的模式。研究者提出的问题涉及范围很广，被研究者可以根据自己的想法主动地无拘束地回答。通过这种谈话，双方不仅交换了意见，也交流了感情。

3. 测验法

采用标准化的心理测验量表或精密的测量仪器测量被研究者的有关行为特征和心理品质的研究方法称为测验法。例如，智力测验、机械能力测验、个性测验、手指灵巧度测验等。在组织行为学研究中，测验法往往为人员选拔、安置和提升等提供依据。采用标准化的测验工具，需特别注意检验其信度和效度。

测验法中以问卷法最常见。问卷法是运用严格设计的问题和对问题回答的不同程度的量表，让被调查者进行书面回答的调查研究方法。这种方法可以在很大的范围内进行，而且不用花太多的时间和金钱。此外，回答问题的人可以不写姓名，这使被调查者敢于如实地回答一些敏感问题。诸如离婚、同居及吸毒等。这种方法还有一个优点，就是被调查者有较多的时间考虑如何回答问卷中提出的问题。常用的问卷调查法有选择法、是否法、排序法和量表法。

4. 实验法

采用这种方法必须先假设一个或多个自变量对另一个或另几个因变量的影响，然后设计一个实验，有系统地改变自变量并测量这些改变对因变量的影响。例如，对房间噪声的强度给予不同程度的改变，以探求噪声强度与工作效率、工作速度是否存在函数关系。实验法又可分为以下两种。

(1) 实验室实验法。这是在实验室内控制观察和实验的条件、限制研究的变量从而进行实验的研究方法。实验室实验法是在专门的实验室内进行的，一般均可借助各种仪器设备等取得精确的数据。它具有控制条件严格、可以反复验证等特点。组织行为的研究中关于学习行为、信息沟通等许多实验都是在实验室中进行的。但实验室实验法具有很大的人为性，往往把复杂的问题简单化，使得结果与实际情况存在一定的差距。实验室实验法比案例分析和现场调查能更好地控制自变量和因变量的条件，使之能更明确地反映两种变量之间的因果关系。例如，在实验室里观察灯光对人的工作效率的影响。

(2) 现场实验法。这是一种把实验室方法应用到不断发展变化着的现实生活中的方法，是一种完全放在现场自然条件下，适当控制自变量而对其他的无关变量不加控制地进行的实验法。例如，在现场实验噪声对工作的影响。事实上对团体工作效率产生影响的不仅是噪声，而且可能还有设备、技术、人际关系、管理规章制度等。现场实验法虽然把实验室的方法应用到了不断发展变化着的现实生活中，比实验室实验法更接近生活，但不如在实验室里那样容易控制影响因变量和自变量的其他条件。

以上几种方法都有一定的应用价值，也都有一定的局限性，在实际应用中要将这几种方法结合使用。

四、学习组织行为学的意义

组织行为学的研究目的是在掌握一定组织中人的心理和行为规律的基础上，提高预测、引导、控制、激励人的行为的能力，变消极行为为积极行为，以取得最佳的工作绩效，实现组织目标。组织行为学是管理学的新发展，它对提高组织的管理水平，实现以人为中心的管理具有重要的意义。

1. 有利于充分调动人的积极性、主动性和创造性

在现代社会，每一个人总是生活在组织中，每个人的行为既表现为个人行为，又表现为组织行为；既受到组织影响，又影响组织。人们在一起工作、学习、生活，就需要分工和协作，就需要有管理。而对于管理者来说，每天所面对的最经常、最棘手、耗费时间和精力最多的恐怕就是人的问题：如何调动下属的工作积极性，激发他们的工作热情；如何与上司及兄弟部门沟通，以获得更多的资源和支持；如何处理员工间的冲突纠纷，营造一个和谐的工作环境；如何引导和改善组织成员的行为，建设高绩效的团队，等等。总之，

要想成为一个有效的管理者，就必须了解人、认识人，就应该学会分析、解释、预测人的行为，从而提高管理活动的有效性。

2. 有助于达成个人目标，提升组织绩效

组织行为学的核心内容之一是研究个人需要、个人利益和个人兴趣，以及如何满足个人需要的方式和方法。组织行为学通过采用科学的方法分析员工的心理需要、针对不同的情况采取不同的方法，并且把满足个人需要同达到组织目标紧密挂钩。通过满足个体成员的需要，从而达到提高组织绩效的目标。

3. 有助于提高领导水平，改善领导者与被领导者的关系

组织行为学研究的是组织环境下的个体行为、群体行为和组织行为。一句话，组织行为学研究的重点是人，核心是保证和增加组织的有效性。组织的领导者是生产的协调者和指挥者，他们与员工的关系，除了具有一般意义上所说的生产关系，还有一般的社会关系。组织行为学中关于一个有效的领导人应该具备的素质、领导艺术和如何根据不同情况采用不同的领导方式等，对提高领导艺术水平有一定的参考价值。因此学习和掌握一些组织行为学的知识，将有助于你成为一个卓有成效的员工或一个受欢迎的组织领导，改善领导者与被领导者的关系。

4. 有助于组织变革和组织发展

组织是一个动态开放的社会技术系统，必须与外界环境保持一致性。现代组织越来越多地面临着激烈动荡的环境。例如，高新技术的迅猛发展、顾客需求的不断改变等都给组织带来了严重的挑战。逆水行舟，不进则退。为此，组织必须随环境的变化而不断地调整，这就是组织变革。因此，学习组织行为学的理论和知识有助于及时有效地领导组织变革和组织发展。

第二节　组织行为学的演进与发展

组织行为学作为一门独立的专门研究组织中人的心理和行为发展规律的学科，最先产生于20世纪50年代到60年代的美国。组织行为学经过了从早期的科学管理研究、人际关系研究到组织行为研究的艰难历程，其概念、内涵及外延等都处在不断的发展和变化之中。组织行为学作为一门学科，它的产生与发展体现了西方管理思想的发展和综合，是管理研究发展的必然趋势。

一、组织行为学的早期研究

1. 泰勒的"科学管理"理论

美国在19世纪末到20世纪初期迅速实现了工业化，工业化进程带来了物质财富的大量增加，但工业生产中的"磨洋工"、工人积极性不高、效率低下等问题也随之而来。弗雷德里克·泰勒(Frederick W. Taylor，1856—1915)是美国古典管理学家，被管理界誉为科学

管理之父。在米德维尔工厂，他从一名学徒工开始，先后被提拔为车间管理员、技师、小组长、工长、设计室主任和总工程师。在这家工厂的经历使他了解到工人们普遍怠工的原因，他感到缺乏有效的管理手段是提高生产率的严重障碍。为此，泰勒开始研究工业生产中人的管理问题。

1898 年，泰勒以顾问身份进入伯利恒钢铁公司，此后在伯利恒进行了著名的"搬运生铁块试验"和"铁锹试验"。搬运生铁块试验，是在这家公司的 5 座高炉的产品搬运班组大约 75 名工人中进行的。这一研究改进了操作方法，训练了工人，结果使生铁块的搬运量提高 3 倍。

铁锹试验是系统地研究铲上负载后，各种材料能够达到标准负载的锹的形状、规格，以及各种原料装锹的最好方法。此外，泰勒还对每一套动作的精确时间做了研究，从而得出了一个"一流工人"每天应该完成的工作量。这一研究的结果是非常杰出的，堆料场的劳动力从 400～600 人减少为 140 人，平均每人每天的操作量从 16 吨提高到 59 吨，每个工人的日工资从 1.15 美元提高到 1.88 美元。泰勒经过数十年的潜心研究，逐步创立了一套科学的管理方法。例如，实行劳动定额和工时定额，实行有差别的计件工资制以刺激工人的积极性，提倡用标准方法培训工人以代替师傅带徒弟的方法等。

1911 年，泰勒正式出版《科学管理原理》一书。他的理论提醒人们要关心劳动活动中人的因素，给组织管理带来了新的气息。同年，美国国会举行关于泰勒制和其他工厂管理制度的听证会，泰勒出庭作证。泰勒的科学管理理论使人们认识到了管理需要建立在明确的法规、条文和原则之上，即管理要走向科学。

1923 年美国成立了全国人事管理协会，后又改组为以关心工商企业中人的因素为宗旨的美国管理协会。许多人开始赞同泰勒的观点，思考与研究组织生产过程中的诸多问题，努力改善管理者与工人的关系，使管理更富于人性化。

2. 梅奥的人际关系理论

20 世纪 20 年代末 30 年代初，企业发展进入规模经济时代，企业为了追求更大利润，追求设备大型化，使企业管理工作更加复杂，而泰勒理论已适应不了大规模的管理需要。同时在 1929—1933 年，世界发生前所未有的经济危机，失业工人超过 30%，工厂处境困难，追求经营管理科学化已经成为普遍现象。现实经济中，由于劳资双方冲突日趋严重，人们对政府的不满和仇恨集中于泰勒管理制度上，尤其对泰勒学说中"人都是自私的，人与人之间不讲求道义和感情，只讲金钱"的说法十分反感。在学术上，由于工业心理学和社会学的兴起，人们开始反思泰勒的管理理论和亚当·斯密的"经济人"学说。

从 1924 年开始，美国西方电气公司在芝加哥附近的霍桑工厂进行了一系列试验。最初的目的是根据科学管理原理，探讨工作环境对劳动生产率的影响，试图通过改善工作条件与环境等外在因素而提高劳动生产率。后来美国哈佛大学心理学家梅奥(Elton Mayo)参加该项试验，1924—1932 年，先后进行了四个阶段的试验：照明试验、继电器装配工人小组试验、大规模访谈和对接线板接线工作室的研究。试验结果是：无论工作条件(照明度强弱、休息时间长短、工厂温度等)如何改变，试验组和非试验组的产量都在不断上升。

在试验计件工资对生产效率的影响时，发现生产小组内的大部分工人因怕受到小组成员的冷遇和排斥，有意限制自己的产量，奖励性工资没有使工人最大限度地提高生产效率。在历时两年的大规模访谈试验中，职工可以不受拘束地谈自己的想法，发泄心中闷气，从而态度改善，生产率提高了。

1933 年梅奥出版了《工业文明的人类问题》一书，在试验基础上提出了人际关系学说(human relations theory)，即影响生产效率的根本因素不是工作条件，而是工人自身。工人为团体所接受的融洽性和安全感较之奖励性工资有更为重要的作用。他第一次把工业中的人际关系问题提到首要地位，并且提醒人们在处理管理问题时要注意人的因素，开辟了行为科学研究的道路。

根据梅奥等人进行的"霍桑试验"的结果，得出了以下四个结论。

(1) 工人是"社会人"，是复杂的社会系统的成员。传统的管理理论只把工人看作追求工资的"经济人"，把企业主看成追求最大利润的"经济人"。通过"霍桑试验"，认为要用"社会人"来看待工人，工人不仅仅追求金钱收入，影响人的生产积极性的因素除了物质利益因素外，还有一些社会的、心理的因素。例如，人与人之间的友情、安全感、归属感和受人尊重等。因此，行为科学派重视人的因素，重视企业中人与人的关系，主张用各种方法调动人的积极性。

(2) 生产效率的提高主要取决于职工的工作情绪，即"士气"的高低。传统的管理理论只强调工作方法科学化、劳动组织专业化、作业程序标准化和一些工作条件的研究，见物不见人，以"事"为中心研究管理问题，以此来提高劳动生产率。人际关系理论的倡导者着重以"人"为中心进行管理研究，认为劳动生产率的提高，主要取决于工作情绪，即"士气"的高低。

(3) 发现并证实了"非正式组织"的存在。企业不但要注意正式组织中机构的设置、职权的划分、规章制度的建立，还要注意非正式组织的存在，利用它发挥作用，以使企业的经济目标和非正式组织的社会性需要取得平衡，使正式和非正式组织相互依存，发挥各自的作用，以促进劳动生产率的提高。

(4) 在研究人的心理活动、意识行为时，还需要着重研究人的潜意识行为。一般来说，人的经济需求比较明显，容易被人发现；人的社会需求则比较隐蔽、细微，不易被人觉察。又如，领导能力的高低，会影响职工能力和积极性的发挥，影响士气，影响劳动生产率。新型的领导者在于通过提高职工的满意度而激励职工的"士气"，从而达到提高劳动生产率的目的。由于工人不但是"经济人"，同时也是"社会人"，所以，新型的领导能力就要在正式组织的经济需要和非正式组织的社会需要之间保持平衡。

很显然，人际关系理论重视对人的研究，即研究工人在生产中的行为以及产生这种行为的动机，研究工作和生活的需要、人和人之间的关系对职工情绪的影响，研究从人的本性中去激发动力，提高劳动生产率。因此，"霍桑试验"为行为科学的产生奠定了基础。

3. 行为科学

梅奥等人提出的"人际关系理论"闻名于世，成为行为科学研究的先声。20 世纪 40 年代，系统论和控制论的提出和运用，使得更多的管理学者、专家聚集在一起共同探讨人的行为产生的因果关系，从而导致行为科学这一新兴学科在 20 世纪 40 年代末 50 年代初正式形成。美国心理学家亚伯拉罕·马斯洛(Abraham H. Maslow，1908—1970)于 1943 年提出了需要层次理论。

1949 年在美国芝加哥召开的一次跨学科会议上，首先提出了"行为科学"这一名称，行为科学本身并不是完全独立的学科，而是心理学、社会学、人类文化学等研究人类行为的各种学科互相结合的一门边缘性学科。接着在 1952 年又成立了"行为科学高级研究中心"。1953 年，美国福特基金会邀请的一批著名学者在慎重讨论后，将研究人的行为的科学定名为"行为科学"。1956 年正式发行《行为科学月刊》。美国的管理百科全书给行为科学下的定义是："行为科学是运用研究自然科学那样的试验和观察的方法，来研究在一定物质和社会环境中的人的行为和动物(除人这种高级动物之外的其他动物)的行为的科学。已经确认研究行为所运用的学科包括心理学、社会学、社会人类学和与研究行为有关的其他的科学。"

行为科学以人的行为及其产生的原因作为研究对象。具体来说，它主要是从人的需要、欲望、动机、目的等心理因素的角度研究人的行为规律，特别是研究人与人之间的关系、个体与群体之间的关系，并借助于这种规律性的认识来预测和控制人的行为，以实现提高工作效率，达成组织的目标。

二、组织行为学的产生

到 20 世纪 60 年代中叶之后，行为科学的重要发展方向之一是组织行为的研究，从此进入到组织行为的研究阶段。20 世纪 60 年代末开始形成组织行为学。这是一个质的飞跃，从行为科学学科群中产生了一门组织行为学学科。其形成的标志是除了把一般行为科学的原理和知识运用到组织管理上外，还要把心理学、管理学、生物学、生理学、政治学、经济学和人类学等的原理和知识运用到组织管理上去。它既注意人和群体的因素，又注意组织的因素(例如，工作任务、组织结构、隶属关系等)，在一定意义上，它是人际关系学派和组织理论的综合。

20 世纪 60 年代组织行为学的研究成果，主要表现在激励、人性、领导等几个领域。在激励理论方面，美国著名心理学家弗雷德里克·赫兹伯格(Fredrick Herzberg)提出双因素理论"激励因素—保健因素理论"(1959 年提出，1966 年、1968 年逐步完善)；维克托·弗鲁姆(Victor H. Vroom)提出期望理论(1964 年提出)；英国哈佛大学心理学教授伯尔赫斯·斯金纳(Burrhus F. Skinner)提出操作条件反射理论(1969 年提出)。

在领导方式方面，美国组织行为学家罗伯特·坦南鲍姆(Robert Tannenbaum)和沃伦·施密特(Warren H. Schmidt)提出"领导方式连续统一体理论"(1958 年)；美国密歇根大学的研究人员伦西斯·利克特(Rensis Likert)提出"支持关系理论"(1961 年)；美国行为科学家罗伯特·布莱克(Robert R. Blake)和简·莫顿(Jane S. Mouton)提出"管理方格论"(1964 年)。

20 世纪 70 年代以后，组织行为学的研究得到了全面的发展，随着研究领域的扩大及研究内容的深入，整个学科也变得成熟了。在 70 年代，研究人员对社会环境中的个体和群体行为的关注主要集中在激励问题上，在系统研究的基础上，人们提出了几个完整的激励理论。例如，耶鲁大学克莱顿·爱尔德弗(Clayton Alderfer)在 20 世纪 70 年代初提出 ERG(existence、relatedness、growth)理论。这些理论对于解决当时的生产与社会问题产生了重要的影响。之后，一些心理学家开始认识到，让员工参与到管理中也是一种有效的激励方法，这就更突出了研究与组织管理中的人本主义思想。这一观念也影响了后来人们对组织行为的研究，特别是反映在组织发展技术上的研究。它随着组织发展被迅速、广泛地采用，组织行为学的研究也在许多不同的工作情境中验证了它的有效性。

三、组织行为学的新发展

尽管组织行为学作为一门学科的时间不长，但是随着组织的演变、管理理论的发展、管理环境的改变而不断地发展着。进入 20 世纪 80 年代以后，组织行为学更加关注组织变革与发展、人力资源的系统开发、组织文化、国家目标和工作生活质量等有关问题。

1. 组织变革与发展成为首要问题

20 世纪 80 年代之前，组织行为学研究主要集中在激励理论、群体行为和领导行为理论的研究上。进入 80 年代之后，随着经济全球化的潮流和经济结构的调整，企业重组、合作兼并、巨型跨国公司的出现，使得组织变革成为全球化经济竞争中组织行为学研究的首要问题。从 19 世纪 80 年代初开始，福特、ABB、通用电器等企业进行了组织变革的尝试，到 90 年代初，基于信息技术而对企业运作流程进行重新设计的组织变革技术，被总结为"公司再造"而大行其道。这些变革的结果使企业组织呈现出与韦伯的"科层制"完全不同的新特点，由此研究者开始将视角转向整个组织层面，即分析组织变革的框架、理想的组织模式、干预理论以及变革代理人的角色。因为如果不从整体的角度来考察问题，那么不论是企业的结构调整、管理者的决策、员工的适应，还是跨国公司管理中的组织文化的建设、各种激励政策的制定，均无法达到预期的管理目标。

环境的变化为组织理论的研究提出了许多新课题，例如，团队的组成结构、员工能力结构及运作中的互动关系、跨文化的沟通与冲突解决系统的建立、组织的学习与界限管理、新型激励制度和劳动关系的建立、学习型组织等。因此，组织研究的重点由偏重结构的行为研究转变为注重变化的过程研究，这是近年来组织研究中的一个新动向。

2. 强调对人力资源的系统开发

人是组织中最重要的资源，是组织生存和发展的保障，是取胜的关键。未来的资源争夺中的关键是争夺人才资源。在组织系统中，如何充分地利用和开发人力资源，拥有高素质的人力资源，是组织成功的法宝。因此，人力资源管理的研究成为热点。目前，有关管理者决策、技术创新和员工适应中必须具备的胜任特征评价、个体对于组织的适应性和干预问题的研究等人力资源管理问题正向纵深发展，由局部的、分散的研究转向整体、系统的研究。

3. 组织文化研究的兴起

20 世纪 70 年代日本顺利地实现了经济腾飞，成为仅次于美国的世界第二经济大国。这种巨大的成功刺激了美国企业及管理界的神经，促使他们开始研究日本企业的经验。美国学者运用文化理论进行研究，解剖了日本的企业管理，初步归结出日本经济成功的秘诀就是企业文化。美国学者对企业文化在日本经济腾飞中所起作用的研究，是管理理论研究的新突破。人们对企业是人群的有机协作体这一观念的认识日益深刻和普遍，也使组织行为学的研究走向更为深入和成熟的阶段。

组织文化是管理理论新的里程碑，是管理思想的一次革命，它对组织中的人有了更深刻的认识，把人提到了前所未有的高度。根据组织文化理论的要求，对组织中人的管理方式应该是非正式规则的约束、文化的微妙性暗示及集团精神的感召。未来的管理者不能只依赖管理工具和制度，而是要越来越多地深入到管理的艺术层面，加强软性管理，例如，作风、观念、人员、最高目标等。

应该说，组织文化理论从其基本假定到具体的管理方式和管理措施，都是对传统理性管理模式的突破和超越。这是管理思想的一次重大转变，也是现代管理理论发展的必然趋势，为组织行为学的深入研究提出了重大课题。

4. 更加关注国家目标

组织行为学在研究领域方面，更加重视突破传统框架，不断拓展研究的新领域。目前，组织行为学在拓展研究新领域时，不仅有大量商业咨询机构出于市场经济利益的考虑进行投入和资助，各国政府也出于自己在国际竞争中的国家安全和市场利益，进行有计划的管理决策的行为科学研究。可以认为，组织行为学研究更加关注国家目标。总之，研究的新热点在于：跨国公司和国际合资公司的比较研究、科技投入的行为研究、失业指导研究等，这些研究均取得了可观的社会效益和经济效益。目前，组织行为学家把组织作为开放的社会技术系统来看待和研究，研究领域方面已突破传统框架，涉及管理培训与发展、工作业绩评价、管理决策、组织气氛和组织文化、跨文化比较等新领域。

5. 更加关注工作生活质量

组织行为学研究除了秉承强调生产率的传统之外，更加关注工作生活质量。工作生活质量包括多方面的内容，例如，满足职工在参与管理方面的要求；从事富有意义的工作；有机会接受继续教育；工作时间有弹性；满足文娱和社交方面的特殊要求；等等。组织行为学认为强调生产率与强调工作生活质量并不是相互排斥的。如果工作生活质量不令人满意，那么很难实现高生产率。反之，高生产率是拥有改善工作生活质量所需资源的先决条件。组织行为学越来越重视有关工作满意度、雇员安全与健康、组织文化、组织承诺、心理契约、压力管理、工作与家庭平衡等方面内容的研究。

从上述组织行为学的发展历程可以看到，正是管理实践的深入、管理理论的发展，推动着组织行为学的研究不断深入，组织行为学的理论体系得以逐步完备。它改变了传统管理对人的错误认识，从忽视人的作用变为重视人的作用。因此，现代管理也由原来的以"事"为中心发展到以"人"为中心；由原来的对"纪律"的研究发展到对人的"行为"的研究；由原来的"监督"管理发展到"动机激发"的管理；由原来的"独裁式"管理发展到"参与式"管理。

本 章 小 结

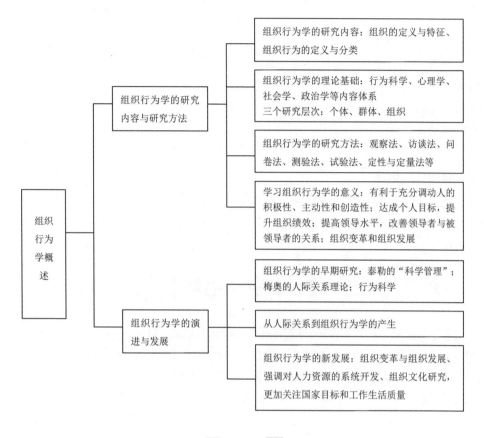

习 题

一、思考题

1. 什么是组织？组织的基本特征有哪些？

2. 什么是组织行为？什么是组织行为学？通过组织行为学的学习对我们的管理活动有什么帮助？

3. 从管理者的角色和技能两个角度看，学习组织行为学有哪些意义？

4. 从组织行为学的演变过程中，人的地位和作用是如何不断得到提升的？我们能得到哪些启示？

5. 在知识经济全球化时代，组织行为学有哪些新发展？

二、案例分析题

组织行为是可以控制的吗？

在一个家具厂的室内装修车间，一位主管拒绝了一位员工的请假要求，而没有在意这位员工是去 200 公里外的一座城市参加其表兄的葬礼。这位员工说，由于她与这个表兄的特殊家庭关系，她必须参加葬礼。在没有得到允许的情况下，该员工离职两天参加葬礼。当她回来时，主管扣罚了她一天的工资。其他部门的同事听到这件事后，认为这一处罚是不公平的。于是家具厂所有员工都放下工作，开着小货车罢工，威胁说不撤销对该女员工的处罚，就不复工。

请问：组织行为是可以控制的吗？如果你是主管，如何处理这位员工的请假要求？

三、管理技能训练

如果你正在或曾经担任过管理者，如班长、组长等，请对你成功的管理工作经验进行总结，对管理中出现的问题进行分析，并找出解决的办法；或就如何进一步提高管理水平提出改进对策。

【推荐阅读书目】

[1] 葛荃. 中国古代行政管理思想史[M]. 天津：天津人民出版社，2016.

[2] 于显洋. 组织社会学[M]. 3 版. 北京：中国人民大学出版社，2016.

[3] 郭咸纲. 西方管理思想史[M]. 北京：世界图书出版公司，2014.

[4] 苏东水，苏宗伟，赵渤，等. 中国管理学术思想史[M]. 北京：经济管理出版社，2014.

[5] 成中英. C 理论：中国管理哲学[M]. 北京：中国人民大学出版社，2017.

第二章

人性假设与行为

学习目标:

理解中国传统的人性假设理论;理解西方的人性假设理论;比较中西方人性假设理论的异同;理解不同的人性假设所对应的管理方式。

关键概念:

经济人假设(economic man hypothesis) 社会人假设(social man hypothesis) 自我实现人假设(self-actualizing man hypothesis) 复杂人假设(complex man hypothesis) X 理论(theory X) Y 理论(theory Y)

【专栏 2-1】 电子监控

某家公司办公室安装了电子监控系统,目的是管理者可以更好地直接进行管理和监控。安装之后,有一定的成效,但是并没有激发员工更多的热情。有些员工认为,系统固有的电子报告只是不必要的例行公事。因为最好的员工通常要花很多时间来了解客户,对这种被称为"电子警察"的系统感到很不高兴,管理者可以对他们所有的行动进行监视并通过"遥控"来威胁他们……

请问:应用电子监控系统进行管理有什么优缺点?

对于人的本质属性的根本看法,正是所谓的"人性假设"。人性假设问题不但是哲学研究的基本问题,也是管理学研究的重要问题之一,因为人是管理的主要对象。管理中的人性假设,实际上是指对员工的需要及劳动态度,以及应该如何去激励和管理所持的观点和看法。员工的需要是多层次的,包括经济利益、社会交往、自我实现的需要等,究竟哪种需要占主导地位,或者因时、因地而异?员工对工作是持一种主动积极的态度还是逃避懒惰的态度?对这些基本问题,管理者往往持有不同的人性假设,必然带来不同的管理方式。

第一节 中国传统的人性假设理论

中国自 2000 多年前的先秦时代开始,一直对于人性问题有着丰富的论述。最先论及人性问题的是春秋时期的孔子。孔子在《论语•阳货》中提出"性相近也,习相远也"。也就是说,人的本质是相似的,由于所处环境不同,因而行为有不同的表现。此后,人性问题逐渐成为中国古代思想家们探求的一个中心问题,诸子"皆言性有善有恶"(《论衡•本性》),并形成了各种不同的人性论派别。归结起来,大致分为四个派别,即性善论、性恶论、性无善无不善论、性有善有恶论。这四个派别均在先秦时期就已出现，之后历代形形色色的人性论观点都可视为其变式。

一、性善论

性善论是我国战国时期儒家代表人物孟子提出来的一种人性论观点。孟子主张"人之初，性本善"，人的本性天生就是善良的，即具有"恻隐、羞恶、辞让、是非"等所谓"四端"。这"四端""扩而充之"，便可发展为仁、义、礼、智。孟子认为，人人有善的萌芽，统治者能保持发展它，庶民则不能。"性善说"是孟子"仁政说"的理论基础。"性善论"对后代影响很大，宋代的张栻、陆九渊，明末清初的陈确、黄宗羲、王夫之都是赞同"性善论"的代表人物。

二、性恶论

性恶论是我国战国时期儒家代表人物荀子提出来的与性善论相对立的另一种人性论观点。荀子在《荀子·性恶》篇中指出："人之性恶，其善者伪也。"意思是说人的本性天生是恶的，善良只是后天人为的结果，是一种假象。荀子说："今人之性，饥而欲饱，寒而欲暖，劳而欲休，此人之情性也。"又说："若夫目好色，耳好声，口好味，心好利，骨体肤理好愉佚，是皆生于人之情性者也。"荀子在"性恶论"的基础上，还提出了"隆礼""重法"、礼法结合的思想，认为人通过后天获得的"礼义法度"等社会属性才是善的。

此后韩非子、李斯等人把荀子"性恶论"推到极端，形成了法家"法治"的理论基础。韩非子认为人本性自私，追求欲望，好利恶害，人与人的一切关系都是一种利害关系，是一种双方计较利益而进行的买卖关系。"夫安利者就之，危害者去之，此人之情也。"(韩非子·《奸劫弑臣》)他举例说："臣尽死力以与君市，君垂爵禄以与臣市。君臣之际，非父子之亲也，计数之所出也"(《韩非子·难一》)，"故王良爱马，越王勾践爱人，为战与驰。医善吮人之伤，含人之血，非骨肉之亲也，利所加也。故舆人成舆，则欲人之富贵；匠人成棺，则欲人之夭死也，非舆人仁而匠人贼也。人不贵，则舆不售；人不死，则棺不买。情非憎人也，利在人之死也"。(《韩非子·备内》)意即，王良爱他的马，勾践爱他的民众，并不是因为他们有仁义之心，只是因为"利"而已，马能供王良驱使，民众能为勾践打仗。而医生为病人吮伤口脓血，也不是因其高尚或与病人很亲，只是因为有利在其中。做轿子的人希望人富贵，做棺材的人希望人死，也不是因为他们或仁或贼，只是受各自的利益驱使罢了。

韩非子进一步指出，人以自利为基础来相处才能实现各自利益最大化及和谐共处。他举例："夫卖庸而播耕者，主人费家而美食，调布而求易钱者，非爱庸客也，曰：如是，耕者且深，耨者熟耘也。庸客致力而疾耘耕者，尽巧而正畦陌者，非爱主人也，曰：如是，羹且美，钱布且易云也。"(《韩非子·外储说左上》)各自以自利为行动出发点，即使在雇者与受雇者之间也能建立起良好的合作关系。与此类似，西方的原罪观、忏悔等主流的人性假说也以"人是自利的"为主，接近性恶论。例如，近代的亚当·斯密的"经济人"假设，由此形成了对人性理解的西方民主法制思想。

三、性无善无不善论(流水人性)

性无善无不善论是我国战国时期的哲学家告子提出来的一种人性论观点。告子主张人性"无善无不善"。告子从"生之谓性"和"食色,性也"(《孟子·告子章句上》)的见解出发,把人性理解为人人都具有的饮食男女一类的生理方面的共同需求。正因为如此,人性自然就"无善无不善"了。告子说:"性犹湍水也,决诸东方则东流,决诸西方则西流。人性之无分于善不善也,犹水之无分于东西也。"他的人性论由此也被称为"流水人性"。告子还认为"性犹杞柳也,义犹桮棬也"(《孟子·告子章句上》),认为人性犹如杞柳,可以编成各种不同的器具,即人性不是天生的,而是人为造成、后天教育的结果。

【专栏2-2】 孟子·告子(节选)

告子曰:"性犹杞柳也,义犹桮棬也;以人性为仁义,犹以杞柳为桮棬。"

孟子曰:"子能顺杞柳之性而以为桮棬乎?将戕贼杞柳而后以为桮棬也?如将戕贼杞柳而以为桮棬,则亦将戕贼人以为仁义与?率天下之人而祸仁义者,必子之言夫!"

告子曰:"性犹湍水也,决诸东方则东流,决诸西方则西流。人性之无分于善不善也,犹水之无分于东西也。"

孟子曰:"水信无分于东西,无分于上下乎?人性之善也,犹水之就下也。人无有不善,水无有不下。今夫水,搏而跃之,可使过颡;激而行之,可使在山。是岂水之性哉?其势则然也。人之可使为不善,其性亦犹是也。"

……

公都子曰:"告子曰:'性无善无不善也。'或曰:'性可以为善,可以为不善;是故文武兴,则民好善;幽厉兴,则民好暴。'或曰:'有性善,有性不善;是故以尧为君而有象;以瞽瞍为父而有舜;以纣为兄之子且以为君,而有微子启、王子比干。'今曰:'性善',然则彼皆非与?"

孟子曰:"乃若其情,则可以为善矣,乃所谓善也。若夫为不善,非才之罪也。恻隐之心,人皆有之;羞恶之心,人皆有之;恭敬之心,人皆有之;是非之心,人皆有之。恻隐之心,仁也;羞恶之心,义也;恭敬之心,礼也;是非之心,智也。仁义礼智,非由外铄我也,我固有之也,弗思耳矣。故曰:'求则得之,舍则失之。'或相倍蓰而无算者,不能尽其才者也……"

宋代的苏轼、清代的廖燕等都持有相近的观点。近代梁启超的"个性中心论",主张天性自然,无所谓善,也无所谓恶,倡导"尽性主义",把各人的天赋良能发挥到十分圆满,人人可以自立,不必累人,也不仰他人鼻息,这种人性观与"流水人性"也是异曲同工。

道家思想也持相近的观点,认为人生于自然,人性也是自然的产物,不分善恶。早在2500多年前,老子就提出宇宙的本质是"道"的观点。他说:"道生一,一生二,二生三,三生万物"(《道德经》第一章),是"天地之始,万物之母"。庄子提出"齐物论":"天地与我并生,万物与我为一"(《庄子·齐物论》),即天地万物为一整体,互相关联,一切事物归根到底本质相通。

不同于儒家"性本善"和道家"自然人性"的思想,佛家认为人性无分善恶,《六祖坛经》说，"不思善，不思恶，正与么时，那个是明上座本来面目"。这里的"善、恶"代表所有分别的、二元的、相对的意识。"善、恶"只是世间法，只是众生的分别意识。出世间法无善也无恶，但这并不是意味着佛家对善恶不作选择。佛家提倡"诸恶莫做，众善奉行"，提倡正当的谋生方式("正命")，主张远离一切不正当的职业，如赌博、卖淫、看相、占卜等。

四、性有善有恶论

性有善有恶论是战国时期的世硕等人提出来的一种人性论观点。世硕主张"人性有善有恶"。"周人世硕，以为人性有善有恶，举人之善性，养而致之则善长；性恶，养而致之则恶长。如此，则性各有阴阳，善恶在所养焉。"(王充《论衡·本性》)即人生来就具有善和恶这两种自然本性，它们有如阴阳二气一样，阴者谓恶，阳者谓善。在世硕之后，我国古代主张性有善有恶论的代表人物还有汉代的董仲舒、扬雄、王充，唐代的韩愈，宋代的司马光等。

中国传统的人性假设总结如表 2-1 所示。

表 2-1　中国传统的人性假设

理论	性善论 (儒家)	性恶论 (法家)	性无善无不善论 (流水人性)	性有善有恶论
主要观点	人之初，性本善	人之初，性本恶	性无善无不善	人性有善有恶
主要内涵	恻隐之心 羞恶之心 辞让之心 是非之心	目好色， 耳好声， 口好味， 心好利， 骨体肤理好愉侠	性犹湍水也，决诸东方则东流，决诸西方则西流；人性之无分于善不善也，犹水之无分于东西也	举人之善性，养而致之则善长；性恶，养而致之则恶长。如此，则性各有阴阳，善恶在所养焉
代表人物	孟子、张栻、陆九渊、陈确、黄宗羲、王夫之等	荀子、韩非子、李斯等	告子、苏轼、廖燕、梁启超等	世硕、董仲舒、扬雄、王充、韩愈、司马光等

第二节　西方的人性假设理论

西方经济管理学界对人性假设理论的论述也十分丰富。美国管理学家麦格雷戈在 1957 年《哈佛管理评论》发表的《企业中的人性面》一文中首先提出 X—Y 理论。美国著名的组织行为学家埃德加·沙因(Edgar H. Schein)在 1960 年的《组织心理学》一书中总结并发展了前人的论述，将西方人性假设理论归结为五种，即 "经济人"假设、"社会人" 假设、"自我实现人"假设、"复杂人"假设和"文化人"假设。

一、"经济人"假设与 X 理论

"经济人"假设应当追溯到 18 世纪的亚当·斯密和李嘉图。亚当·斯密认为每个人都是理性人，都是为了个人私利而活着，对个人利益最大化的追求就像"一只看不见的手"，指挥着人的行为。亚当·斯密之后的李嘉图，倡导一种"流氓假设"，认为社会是由无组织的个人所组成的，每个人都为了自我保存和自我利益而行事，每个人都会为了个人目标而进行逻辑思考。

"经济人"假设是泰勒、福特的科学管理思想的基础。泰勒、福特认为，人人都以经济利益为中心，工作就是为了挣钱，为了改善物质生活条件，因此管理手段应以物质诱饵为主。之后，美国工业心理学家道格拉斯·麦格雷戈提出两种完全不同的人性假设：一种认为人性是消极的，称为 X 理论(theory X)；另一种认为人性是积极的，称为 Y 理论(theory Y)。通过观察管理者对待员工的方式，麦格雷戈得出结论：一个管理者关于人性的观点是建立在一组特定的假设之上的，他倾向于根据这些假设塑造自己对待下级的行为。"经济人"假设与 X 理论的主要内容如下。

1. 理论要点

"经济人"假设和 X 理论起源于享乐主义，认为人的行为就是为了获得最大的经济利益，工作的目的是获得经济报酬。

2. 基本假设

(1) 大多数人天生趋于懒惰，尽可能讨厌和逃避工作。
(2) 大多数人缺乏进取心，宁愿受人领导，也不愿担负责任。
(3) 大多数人以自我为中心而忽视组织目标。
(4) 大多数人缺乏理智，易于盲从。
(5) 大多数人认为生理和安全需要最为重要，选择获利最大的事情去做。
(6) 大多数人习惯于抵抗变革。

3. 相应的管理策略

(1) 管理工作的重点应放在如何提高劳动生产率和完成任务方面，主要采用任务管理的措施。强调建立严密的组织，制定具体的规范和工作制度，如工作定额、技术规程。
(2) "胡萝卜加大棒"式的管理方式：一方面靠金钱和物质利益的刺激，另一方面靠严密的控制、监督和惩罚，迫使人为组织目标努力。
(3) 人必须在强迫与控制之下才肯工作，因而在管理上要求集权化管理。由 X 理论推出的组织的基本原则称为"阶梯原则"，即通过权威的运作以执行督导与控制。

二、"社会人"假设与人际关系理论

梅奥通过霍桑试验(1924—1932)，暴露了"经济人"假设的不当之处。他指出，管理中应强调与人协作，而不是乌合之众的相互竞争；人除了物质利益的追求之外，还有人际关系的需求，甚至有时为了维系与同伴的感情，愿意放弃自己的经济利益；人除了理性思考之外，更多的时候是受感情的支配，感情会左右逻辑思考。以梅奥为代表所形成的人际关系学派理论研究的基点就是"社会人"假设。"社会人"假设的主要内容如下。

1. 理论要点

"社会人"假设认为，人们最重视的是工作中与周围人友好相处，物质利益是相对次要的因素。

2. 基本观点

(1) 社交需要是人类行为的基本激励因素,而人际关系是形成人们身份感的基本因素。

(2) 从工业革命中延续过来的机械化,其结果是使工作失去了许多内在的意义,这些丧失的意义必须从工作中的社交关系里寻找回来。

(3) 与管理部门所采用的奖酬和控制的反应比起来,员工更易于对同级同事们所组成的群体的社交因素做出反应。

(4) 员工对管理部门的反应能达到什么程度,由管理者对下级的归属需要、被人接纳的需要以及身份感的需要满足到什么程度而定。

3. 相应的管理策略

(1) 管理者不应把自己的注意力局限于完成任务上,而应更多地注意为完成任务而工作的员工的需要。

(2) 管理者不应只注意指挥、计划、组织的控制,而应关心体贴员工,致力于建立融洽的人际关系,注意员工归属需要与尊重需要的满足。

(3) 管理者在奖励方式上应注重集体奖励,而不仅仅是个人奖酬。

(4) 管理者要从单纯的监督者变为下级员工与更上层领导者之间的联络人,经常倾听员工意见并向上级发出呼吁。

三、"自我实现人"假设与 Y 理论

20 世纪 40 年代到 50 年代,马斯洛等人最先系统地研究人的需要,认为人的需求是有层次高低之分的,共分五个层次:最低层次的需要是生理需要,就是吃穿住等基本生存需要,往上分别是安全的需要、社会交往的需要、尊重的需要,最高层次的需要是自我实现的需要。马斯洛认为人都期望发挥自己的潜力,表现自己的才能,只要人的潜能充分发挥出来,就会产生最大的成就感和满足感,即"自我实现人"假设。

麦格雷戈的 Y 理论认为人性基本上是积极的,就是基于"自我实现人"假设。

"自我实现人"假设和 Y 理论的主要内容如下。

1. 理论要点

Y 理论认为,人都期望发挥自己的潜力,表现自己的才能,只要人的潜能发挥出来,就会产生最大的满足感。

2. 基本观点

(1) 一般人并非天生厌恶工作。

(2) 如果员工对工作做出承诺,能够"自我督导"和"自我控制",将会促使人向组织目标而努力。

(3) 人对于目标的承诺,是由于达成目标可以给个人带来某种报酬。对人最有意义的报酬是自我需要及自我实现需要的满足,这种报酬是使人向组织目标而努力的动力。

(4) 只要情况适当,一般人不仅能学会承担责任,而且能学会争取责任。

(5) 大多数人都拥有以高度的想象力、智力和创造力来解决组织中各种问题的能力,

而非只有管理层次的核心人物才具有这种能力。

(6) 在现代产业活动中，常人的智慧和潜能仅有一部分得到了利用。

3. 相应的管理策略

(1) 管理的重点是创造一个有利于人发挥潜能的工作环境，管理者的职能应从监督、指挥变为帮助人们克服在自我实现过程中遇到的障碍。

(2) 激励方式：强调内部激励。外部激励来自经济收入、人际关系等外部因素，内部激励来自工作本身。例如，工作的内在意义和挑战性，满足其增长才干，发挥潜能，即自我实现的需要。

(3) 管理方式：人是依靠自己的主动性、天资禀赋与自我督导去工作的，因而在管理上要求由集权化管理转化到参与管理。

(4) 组织管理的基本原则是"融合原则"，即必须同时兼顾组织目标需要与个人目标需要。

四、"复杂人"假设与超 Y 理论(权变理论)

20 世纪 60 年代末 70 年代初，美国麻省理工学院斯隆商学院教授埃德加·沙因(Edgar H. Schein)等人在总结前人的人性假设理论后认为，前三种人性假设过于简单和绝对化，事实上，人是复杂多变的，不能把所有人归为一类，因此，沙因提出"复杂人"假设。

麦格雷戈教授提出 X 理论和 Y 理论之后，美国管理心理学家约翰·摩尔斯(John J. Morse)和杰伊·洛希(Jay W. Lorsch)进行了一项非常重要的试验。他们选了两个工厂(亚克龙工厂和哈特福工厂)和两个研究所(卡美研究所和史托克顿研究所)作为试验对象，其中一个工厂和一个研究所完全按照 X 理论进行严密的组织和督促管理；另外一个工厂和一个研究所则完全按照 Y 理论进行松弛的组织和参与管理。试验的结果让人吃惊。按 X 理论来管理，工厂的效率高而研究所的效率低；在另一个工厂和另一个研究所中，按 Y 理论来管理，工厂的效率低而研究所的效率高，如表 2-2 所示。

表 2-2　X 理论和 Y 理论试验结果

管理思想	试验对象的性质	
	任务易测定的工厂	任务难测定的研究所
X 理论	效率高(亚克龙工厂)	效率低(卡美研究所)
Y 理论	效率低(哈特福工厂)	效率高(史托克顿研究所)

在这个试验中，X 理论没有获胜，Y 理论同样难以让人满意。由此他们得出结论：Y 理论并不一定处处比 X 理论优越。这是因为职工素质各不相同，有的人富于主动性、责任感和创造才能，有的人则没有这些品质；工作内容也各不相同，有的是单调重复性劳动，有的是丰富新奇的、富有创造性的劳动。因此，应根据不同的情况，决定采用 X 理论还是 Y 理论来管理。

1970 年，与沙因同时期的美国管理心理学家约翰·摩尔斯(John J. Morse)和杰伊·洛希(Jay W. Lorsch)在《超 Y 理论》一文中提出了"超 Y 理论"，其思想观点和"复杂人"假设如出一辙，它们共同构成权变学派的理论基础。

综合来看，"复杂人"假设和超 Y 理论的主要内容如下。

1. 理论要点

人的需要因自身发展和环境改变而改变，形成错综复杂的动机模式，各不相同。并不存在某种放之四海而皆准的组织模式，适当的组织模式应该根据工作性质和工作人员的特定需要而定。

2. 基本观点

(1) 人类的需要是分成许多类的，并且会随着个体的发展和环境的变化而变化。

(2) 由于需要与动机彼此作用并组合成复杂的动机模式，所以满足需要，达成激励目的的方式是复杂多变的。

(3) 人们可以在生活和工作情境中习得新的需要和动机。人们工作的动机是各种各样的，需要也各不相同，但其主要需要是获得胜任感。胜任感达到后，一个新的、更高的目标就会树立起来。

(4) 每个人在不同组织中或是同一组织中的不同工作部门和岗位中可能表现出不同的需要。

(5) 人们能够对同一管理方式和策略做出不同的反应，所以没有对任何时代、任何组织和任何个人都适用的唯一正确的管理方式。

3. 相应的管理策略

(1) 管理者应注意采用不同的组织形式，以提高管理效率。

(2) 管理者应根据企业的实际情况，采用弹性、应变的领导方法，而不能过于简单化、一般化。

(3) 管理者应善于发现职工在需要、动机、能力和个性上的差异性，进而因人、因时、因事、因地制宜地采取灵活多变的管理方式和奖励模式。

五、"文化人"假设

1. Z 理论

20 世纪 70 年代，美国企业受到日本企业的强烈冲击，大量国际市场被日本企业抢占，日本汽车打入美国市场。同时，美国企业的管理效率也与日本企业拉开差距。

面临日本的挑战，美国管理学界展开了大量研究，美国加利福尼亚大学管理学院日裔美籍教授威廉·大内从 1973 年开始研究日本公司的企业管理方法，认为要应对日本的挑战，美国必须从日本成功的经验中吸取有益的成分。他经过长期研究，1981 年写出了他自认为是"阐述处理日本企业管理和美国生产力中根本性问题的书"——《Z 理论——美国企业界怎样迎接日本的挑战》。在书中，大内教授选择了日、美两国的一些典型企业进行研究，这些企业都在本国及对方国家中设有子公司或工厂，采取不同类型的管理方式。他比较了日本式管理成分较多的 J(Japan)式管理组织和美国式管理成分较多的 A(America)式管理组织的区别，如表 2-3 所示。

表2-3 J式(日本)和A式(美国)管理组织的比较

J式(日本)管理组织的特点	A式(美国)管理组织的特点
长期雇佣制	短期雇佣制
缓慢评定和提升	快速评定和提升
非专业化的职业道路	专业化的职业道路
含蓄的控制	明确的控制
集体决策	个人决策
集体责任制	个人负责制
整体关心	部分关心

在分析了A式组织和J式组织之后，大内提出了他所设计的Z式组织模式，其特点如下。

(1) 长期雇佣制，给予职业保障。

(2) 上下结合制定决策，鼓励员工参与管理。

(3) 个人负责制，要求基层管理人员不机械执行命令。

(4) 长期评价和稳步提拔。

(5) 全面培训，使员工适应多种工作。

(6) 含蓄的控制机制和正规的检测手段相结合。

(7) 整体关心，包括对职工家庭的关心。

大内认为，Z式管理是一种省钱、省时间、省空间、省资源的增加生产、提高竞争力的管理。企业实行了Z式管理就会产生高效率、高效益，就有竞争力，就能立于不败之地。

Z理论与X理论、Y理论、超Y理论联系紧密，我们可以从Z理论中发现符合X理论的部分，如 "在决策上要求他们与管理人员保持意见一致，实行个人负责制" "检测手段要正规" 等，也可以发现符合Y理论的部分，如 "对组织成员实行长期雇佣" "实行管理人员对组织成员的全面关心" "不以'一时一事'对员工做结论" 等。从整体来看，Z理论体系比较符合超Y理论的框架，而又比超Y理论更实际化。

Z理论超越了X、Y理论。X理论、Y理论更像是对人性的心理分析，而非广泛适用的、实际有效的管理指导。Z理论则是 "从实践中来，到实践中去"。Z理论是以日本企业管理经验为基础，在对美国成功的大公司进行实际考察后提出的，它来源于管理实践，也直接指导管理实践。Z理论认为管理之道在于以情度理，特别强调企业内部的沟通。

2. "文化人"假设

Z理论提出一年后，美国哈佛大学阿伦·肯尼迪(Allan A. Kennedy)和特伦斯·迪尔(Terrence E. Deal)出版了《企业文化》一书。通过收集总结美国数百家企业大量的资料，他们得出结论：强有力的企业文化是企业成功的金科玉律。在书中，他们提出了 "文化人" 的观点，进一步对人性进行了揭示和阐述：人是环境的动物，环境是自变量，人是因变量，人的未来是不可知的。认为人是文化的本体，是文化的创造者、传播者和继承者，文化是社会经济发展的内在动因。在企业管理中，文化对企业的成长和扩张具有深层次的影响。

企业文化能有效地调节人与人之间的关系，规范和约束人的行为。通过文化建设，发挥文化的功能来推动和促进企业发展，日益受到管理界的重视，最终导致在行为科学理论的基础上,升华出一种新的管理理论和方法——人本管理。可见,"文化人"的提出,进一步丰富了管理的理论和方法。构建高层次的、具有深刻影响力的企业文化,不仅有利于提高企业管理的水平,满足人的多层次、多重性的需要,也有利于社会文化的发展。

六、中西方人性假设理论的比较与运用

(一)中西方人性假设理论的比较

中西方人性假设理论有许多共通之处,比如西方的"自我实现人"假设、Y 理论的基本观点与孟子的"性善论"相类似;西方的"复杂人"假设,近似于我国古代的"性有善有恶论";现代西方的"经济人"假设、X 理论(认为工人天生懒惰、缺乏雄心、不愿负责任)的观点与荀子的"性恶论"十分接近。

中西方人性假设理论的简要比较如表 2-4 所示。

表 2-4　中西方人性假设理论的简要比较

中国	理论假设	性善论(儒家)	性恶论(法家)	性无善无不善论(流水人性)	性有善有恶论
	主要观点	人之初,性本善	人之初,性本恶	人性无善无不善	人性有善有恶
西方	理论假设	"社会人"假设(人际关系理论)	"经济人"假设(X 理论)	"自我实现人"假设(Y 理论)	"复杂人"假设(超 Y 理论)
	主要观点	社交需要是人的基本需要,物质利益相对次要	人是自私的,以获得最大的经济利益为目的	人都期望实现自我的潜能,能够"自我督导"	人的需要因自身发展和环境改变而错综复杂

(二)人性假设对组织管理的影响

1. 人性观决定管理者如何看待员工

通过观察管理者对待员工的方式,麦格雷戈得出结论:一个管理者关于人性的观点是建立在一组特定的假设之上的,并倾向于根据这些假设塑造自己对待下级的行为。现实也表明,不同的人性假设会带来不同的定式思维,对员工的看法也大为不同。

泰勒认为,如果人能像牛一样愚蠢,就可以让他们俯首帖耳地按照他所设计的那套标准运作进行工作,工作效率也许会更高。而丰田汽车公司则把人看作"自我实现人",在公司内部,鼓励员工提合理化建议,即使公司不采用这些建议,也给予象征性的奖励。

2. 人性观决定管理者如何确定与员工的关系

思想引导行为,持有不同的人性观,自然带来迥异的关系处理方式。泰勒发现员工中有联合起来对付管理当局的倾向。为此,他在伯利恒钢铁公司明文规定,除经特殊批准外,不得有 4 名以上的员工在一起工作,以减少员工对管理当局的反抗。而日本企业多采用 J管理模式,认为一切企业的成功离不开信任、敏感和亲密,因此应以坦白、开放、沟通作为原则进行民主管理。

一些企业把员工的生日信息存储在计算机内,每逢员工生日,管理人员就代表公司给员工送一份礼物。管理人员还用很多时间与员工搞社交活动，一起郊游野餐，十分尊重员工。

3. 人性观决定组织管理的方式与策略

以性恶论、"经济人"假设、X 理论为前提的管理者，常认为一般人的天性好逸恶劳，缺乏进取心，因而以处罚为主，严格管理，同时以奖赏为辅，即所谓的"严格而公平"，借助于外力的刺激，控制和提高职工的工作热情。

而以性善论、"自我实现人"假设、Y 理论为前提的管理者，认为人并非天生厌恶工作，有能力发挥出高度的想象力、智力和创造力去解决问题，工作满足与自我实现是完成工作任务的最重要动力，因而管理方式主要是创造适当的环境，达到员工的内在激励与自我实现。

4. 人性观决定组织的生产效率

不同的人性观决定不同的组织管理方式和策略。不同的管理方式和策略在现实的生产效率上将体现出差异。按照"复杂人"假设，没有放之四海而皆准的管理模式，管理方式和策略是否适合任务性质、员工特点、环境要求，将决定管理效率的高低。这正是摩尔斯和洛希在工厂和研究所所做试验得出的结果。

(三)人性假设理论的实际应用

1. 重视对人性的观察和把握

管理学从形成到完善和发展，始终沿着人性假设这一内在逻辑有序地进行演化，紧紧抓住管理的核心问题展开研究，才构建起当代管理学的理论体系。在管理实践中，也只有深入观察和把握人性这一核心问题，才能提升管理绩效。

号称世界头牌职业经理人的杰克·韦尔奇之所以能在通用电气公司(GE)取得辉煌的成就，使 GE 公司达到持续 20 年的高增长与高效益，其秘密仍在韦尔奇的用人之道：每天花50%的时间去观察人与琢磨人，他的"便笺式"管理更折射出其对人性的透彻认识。

2. 针对人性的复杂性进行柔性管理

面对复杂的人性和多变的内外环境，必须采用高度灵活的柔性管理方法才能奏效。比如，对于任务易于测定、绩效易于考核的工作来说，适宜采用严格规范的管理方法。相反，对于任务难于测定、绩效难于考核的工作来说，适宜采用宽松、长效的管理方法。

又比如，对于素质较低、需要层次较低的员工而言，宜采用严格控制和监督，多用物质激励的管理方法。相反，对于素质较高、需要层次较高的员工而言，宜采用民主与合作，多用精神激励，创设利于自我实现的工作环境的管理方法。

以科技人员为例，要想真正激励他们，除了给他们相对较高的薪酬外，还要能给他们提供不断发展的和有挑战性的工作，给他们一定的自主权，来实现他们的兴趣，给他们提供受教育的机会，如培训、专题讨论、参加会议等，使他们在工作中产生成就感。中国有句古话：良禽择木而栖，贤臣择主而侍。作为管理者，只有致力于创设有利于人才发展的环境，才能留住人才。

3. 辩证应对人性中的矛盾统一性

各种人性假设理论，无非争论的是人性善恶的问题，善恶恰是矛盾的两面。以人性假设理论为基础的管理对策，在管理实践中，也基本上体现出两个矛盾的方面：到底是采取严格的、标准的管理方式，还是因人而异采取灵活的、人性化的管理方式？对于这个问题，应当从唯物辩证法中找出以下解决方案。

一是抓主要矛盾。即对员工的人性善恶做一个大致的判断。如果能够明显判断出所属善恶类别，则可针对性地采取相应的管理措施。如果难以判断，则需考虑监督措施。监督力度的大小，要根据任务的重要程度、结果的利害程度、环境的变化程度来决定。任务重大的、结果影响重大的、环境多变的情况，监督力度应大。

二是抓矛盾的转化。在唯物辩证法中强调了逻辑和历史的一致性。任何一种人性假设理论的产生都有它的历史社会条件。在组织管理中，要根据组织本身发展的阶段来考虑采用哪一种管理理论。

首先，要判断组织处于发展的哪一个历史阶段。不能因为某种理论在国外被宣传得如何先进有效，就照搬过来用。比如，我们国内很多企业还没有发展到戴尔、通用这样的企业水平，制度不如其健全，规模不如其大，员工素质不如其高，因此不能照搬它们的管理方式。再如，X 理论一般适合处于低需求层次的人，而对高需求层次的人就无效了。

其次，要与时俱进。企业发展了，企业领导者也要同步发展，一方面是管理者的素质，另一方面是管理方法。在企业成立时，应多采用 X 理论；发展到一定阶段，人的素质上去了，企业规模上去了，就可以多采用 Y 理论。对于新招聘的员工而言，刚招进时，应严格监督；待其融入组织文化后，监督措施可宽松灵活。

4. 引进国外理论时必须考虑中国国情

管理必须符合文化背景，才能有成效。美国管理学家汤姆·彼得斯(Tom Peters)曾经指出，美国该不该学日本？可以学，但不能照搬。因为两国的国情不同，两国隔了一道比太平洋还宽的文化鸿沟，美国应走出自己的成功之路。实际上，Z 式管理正是适应美国文化的重大创新，把在学习日本管理中所获得的成果成功地纳入了美国式管理，并获得了长足的进步。

中国今天也是这样，自己的问题自己解决，要走出自己的成功之路。在中国企业管理的研究和实践中，有些人全盘照搬美国和日本的理念、模式和方法，这是值得我们深思的问题。某企业一位年轻的厂长，听老师讲课，知道了国外有一种弹性工作制，上班时间比较灵活，上下班时间不固定，只规定任务和进度，其他方面的管理比较灵活。年轻的厂长学完回厂后，就开始应用弹性工作制，但厂里本来就纪律松懈，结果被弹性工作制"弹"得一塌糊涂，最后该厂长被撤销了职务。他不服气，反过来说讲弹性工作制的老师水平低。其实，国外的确有弹性工作制，老师也没讲错，只是青年厂长不顾弹性工作制的应用条件，就生搬硬套，这才出了问题。

在人性观问题上，国内的管理界也不能全盘西化，必须根据中国人的人性特点和特殊国情加以应用。要考虑的因素包括：中国人特有的人性特点、中国经济转型中特定的经济和社会制度、中国企业的发展水平等。

本 章 小 结

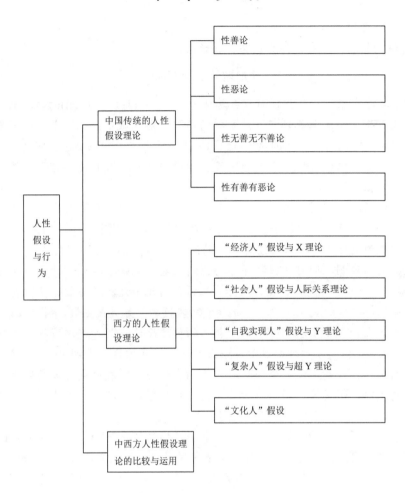

习　　题

一、思考题

1. 如果一名管理者持有"自我实现人"假设，你预测他会采取怎样的管理方式？
2. 中西方人性假设理论有何异同？对你有什么启示？

二、案例分析题

手电筒、磁铁棒、放大镜

　　河南汽轮机厂为了进一步提高企业管理水平，从德国退休企业家协会聘请了管理专家施密特先生来华出任该厂厂长。施密特先生竭尽全力工作，几乎达到废寝忘食的程度。在华期间体重下降了 18 磅(8.1647 千克)。他经常深入车间科室使用他过去经常使用的"三件宝"——手电筒、磁铁棒、放大镜，对生产和工作提出了近乎苛刻的要求，进行了最严格的监督，搞得"翻江倒海，人人自危"。但是，任期到了以后，他在就职演说中曾经明确提出的三大任职目标都没能完成。职工群众包括相当一部分厂级和中层干部都气理不顺。管理者和被管理者严重对立,因此造成了越搞越糟的客观结果,出现了事与愿违的结局。

请分析:

1. 施密特持有何种人性假设?

2. 施密特的管理方式有何得失?为什么效果不好?

新加坡的法治管理①

新加坡资政李光耀,在其担任新加坡总理长达 31 年(1959—1990)的时间里,将新加坡从一个地小民贫、欠缺工业基础与天然资源的殖民地港口城市,建设成一个富足的新兴工业化的城市国家,国民所得在亚洲诸国(地区)中仅次于日本与中国香港。同时,新加坡已经完全摆脱刚独立建国时的窘境,李光耀有魄力地致力于新加坡的公共建设,使"都市公园化"的理念完全在新加坡实现。

新加坡成功的另一个现象为政府的高效率及清廉的政治。新加坡原本与其他东南亚国家一样,贪污腐化横行。但学习法律出身的李光耀上台后,倾全力于政治改革,厉行法治,将新加坡建设成为全世界最清廉与最有效率的国家。

新加坡的吏治廉明,同时法律秩序亦为亚洲之冠,皆归于李光耀的严厉执法。新加坡在李光耀执政后,维持了一党独大的政府。在国会内几乎无反对力量、反对党名存实亡、社会舆论不准批评时政的威权统治下,新加坡所实行的"另类民主",居然在历次大选中,获得国民的多数支持。如果我们专从权力制约的角度而论,新加坡政府权力之独擅与一般专制国家并无大异,但是新加坡的政治廉明正好破除了西方政治学铁律——"绝对权力带来绝对腐化"的正确性。新加坡并未因政府广泛的公权力而造成决策官员的腐化,反而是成为建设国家的利器。推其因,乃是新加坡实施"政治威权"与"严格法治"并行,才会形成这一结果。这是特别值得我们重视的地方。

李光耀曾说:"今天的新加坡,是多年来法治的结果。新加坡成功的关键因素之一是坚定地实施以法治国。"他还说,"有人主张惩罚罪犯应该从宽,认为刑罚减少不了犯罪,我从不相信这一套。新加坡的社会只了解两件事——奖励与惩罚,如果罚金不足以阻吓这里的犯罪时,我相信他一旦发现要挨鞭子,就不会再热衷破坏了。"

于是就有了新加坡独特的鞭刑,于是也就有了著名的四鞭故事——美国少年在新加坡乱涂乱画被罚抽六鞭子,而美国总统克林顿求情的结果是抽四鞭子。于是新加坡一直是世界上犯罪率最低的国家,而当地99%的人也都感觉到生活在这里很安全。

李光耀的新加坡模式作为一个全球独一无二的国家治理模式是以中学为体,西学为用,以中国传统文化作为新加坡模式的核心理念,具体工具是使用现代社会通行的、能与世界接轨的模式。新加坡模式总体概括起来就是儒法结合、东西合璧,它给现代的企业、个人和亚洲文化圈的国家提供了很好的思考方向。

请分析:

1. 新加坡的管理模式体现了哪种人性假设?

2. 新加坡的管理模式对我国现代管理有何启示?

---

① 资源来源:陈新民. 反腐镜鉴的新加坡法治主义[M]. 北京:法律出版社,2009.

三、辩论题

正方：人性本善

反方：人性本恶

四、管理技能训练

请根据自己的生活和工作经历，谈谈你持有哪种人性假设，这种人性假设对你在生活和工作中的人际交往有何影响。

【推荐阅读书目】

[1]　周书俊. 先秦管理思想中的人性假设[M]. 2 版. 北京：经济管理出版社，2017.

[2]　曾仕强. 人性的奥秘[M]. 北京：北京联合出版公司，2014.

[3]　埃德加·沙因. 组织文化与领导力[M]. 4 版. 章凯，罗文豪，等译. 北京：中国人民大学出版社，2014.

[4]　蔡一. 管见录：中国传统文化管理思想探析[M]. 南京：南京大学出版社，2017.

[5]　吴照云. 中国管理思想史[M]. 北京：经济管理出版社，2012.

第三章

社会知觉与行为

学习目标：

理解社会知觉的含义；了解社会知觉的形成过程；了解造成社会知觉偏差的心理效应；能运用归因理论分析实际问题。

关键概念：

感觉(feeling)　知觉(perception)　社会知觉(social perception)　刻板印象(stereotype)　归因(attribution)

【专栏 3-1】 两小儿辩日

《列子·汤问》中记载了这样一个故事：

孔子东游，见两小儿辩斗。问其故。一儿曰："我以日始出时去人近，而日中时远也。"一儿以日初出远，而日中时近也。一儿曰："日初出大如车盖，及日中则如盘盂，此不为远者小而近者大乎？"一儿曰："日初出沧沧凉凉，及其日中如探汤，此不为近者热而远者凉乎？"孔子不能决也。两小儿笑曰："孰为汝多知乎？"

请问：为什么两个孩子对同一个太阳形成了截然不同的认知？

在今天这样一个快速变化的世界里，人们整天都被爆炸似的信息包围着。面对着纷繁复杂的信息，人们经常需要对自己所看到的一切做出迅速判断，并且几乎要同时做出回应。对所有不同的信息进行筛选是非常自然的一件事，因为世界变动不居，信息不断变换和发生。但是，对于同样的信息，不同的人会有不同的解释，从而做出不同的判断。例如，刚学完一门课，学生对该课程及授课教师的评价可能因人而异。一些学生认为课程知识体系严谨、教师教学认真，另一些学生则认为课程刻板无趣、教师过于严格。同一门课程，同一位教师，为什么不同的学生会得出完全不同的评价呢？事实上，人们之所以对同一人、同一事件、同一信息做出不同的判断与评价，是由人们的知觉差异造成的。本章主要探讨社会知觉的形成、社会知觉的效应以及归因问题。

第一节　社会知觉概述

一、感觉、知觉与社会知觉

(一)感觉

个体的行为来自于他对外界环境的认知，而人的认知是从感觉开始的。感觉是人脑对直接作用于感觉器官的客观事物个别属性的反映，是人对客观事物认识过程的最初的、最简单的反映形式。虽然如此，感觉对人类的认知活动并非是可有可无的，而是有着非常重要的意义。感觉是人类认知活动的起点，是知觉、记忆、思维等高级心理活动的基础。没有感觉，也就没有上述的高级认知形式。

感觉最基本的特点是只反映客观事物的个别属性。例如，人们对教室内黑板的感觉。黑板是客观事物，它本身有形状、颜色、光滑度等各种属性。这些属性分别直接作用于我们的视觉器官，视神经把这一刺激传递至大脑皮层，而人的大脑则分别对这些个别属性做出反应，从而形成人类认识事物的感觉。

人的所有感觉都源于外在事物的刺激，是人的感觉器官对外界刺激的反映。据刺激来源的不同，我们可以把感觉分为外部感觉和内部感觉。外部感觉是由机体以外的客观刺激引起、反映外界事物个别属性的感觉。外部感觉包括视觉、听觉、嗅觉、味觉和触觉，也就是我们常说的"五感"。内部感觉是由机体内部的客观刺激引起、反映机体自身状态的感觉。内部感觉包括运动觉、平衡觉和机体觉。

(二)知觉

人们对事物的认知并不仅仅停留在感觉阶段上。通过感觉，人们所获得的只是事物的个别属性，而不是事物的整体与全部。人的认知过程中，对事物整体与全貌的认知是通过知觉实现的。知觉是在感觉的基础上，把所感觉到的客观事物的各种个别属性联系起来，在人的大脑中产生对该事物各种属性的综合整体的反映。知觉是个体对环境信息进行选择、组织并形成意义的过程。

感觉和知觉都是人脑对客观事物的反映，但是二者有着重要的区别：感觉是人脑对外在事物的个别属性(如颜色、气味、形状等)的反映，而知觉则是对外部事物的各种属性、各个部分及其相互关系的整体的反映。因此，知觉是比感觉更高一级的认知阶段，它比感觉更全面、更深刻。当然，在感觉阶段搜集到关于事物个别属性的信息越丰富、越细致，对事物的知觉就会越完整、越准确。

相对于客观世界，知觉是人们从环境中获得信息，并对这些信息进行必要的组织、加工和解释，从而实现对世界的认知的过程。大多数学者认为知觉过程包含了观察、选择、组织、解释、行为反应等多个阶段，是一个连续且复杂的过程，如图 3-1 所示。

"观察"是知觉过程的初始阶段，也就是上述的收集感觉信息的阶段。在这一阶段，人们通过感觉器官(眼、耳、舌、鼻、肤等)分别收集感觉信息，并将收集到的信息提交给大脑进行加工。

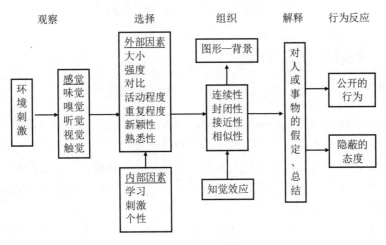

图 3-1　知觉的过程

"选择"是知觉过程的关键阶段。由于人们加工感觉信息的能力有限，并非所有收集到的感觉信息都会被注意到。因此，经过选择阶段，一部分感觉信息通过选择被人们注意到，而未被注意到的感觉信息则被过滤。例如，人们在听演讲时，不可能记住所有内容，但他们感兴趣的那部分信息却总是忘不掉。再如，领导者在会议中容易注意到他们近来正在思考的管理问题。认知心理学研究发现，知觉对象的特点(如大小、强度、对比性、活动特征、重复程度、新颖性)和知觉主体的特征(如个人经验、个性特征等)都会影响我们的知觉选择。

"组织"是人们主动加工感觉信息的知觉过程。为了让被注意到的感觉信息易于被理解，人们需要有目的地对信息进行排序、修整、加工甚至是故意扭曲。格式塔心理学研究发现大脑组织和加工感觉信息的过程是有规律的，其中连续性、封闭性、接近性和相似性是人们常用的组织准则。

"解释"是人们赋予知觉对象意义的阶段。人们并不满足于接收到感觉信息，还要对信息做出合理解释，赋予信息一定意义。例如，领导者发现某个员工经常主动加班，会不由自主地给该员工贴上"负责""勤奋"的标签，实际上是对员工行为(观察到的客观现象)的一种主观解释。显然，错误的解释常常是造成知觉偏差的原因。上例中，员工经常加班的原因并不一定都是由于员工负责或勤奋，也有可能是由于员工工作能力不足造成的。

"行为反应"是知觉过程的最后一个阶段。经过上述四个阶段，人们已经形成对知觉对象的基本认知，这种认知会进一步引发行为。例如，上例中领导者观察到员工经常主动加班的行为，并用"工作勤奋"来解释员工的行为。于是，领导者会公开赞扬这种行为，并号召向这位员工学习。即使领导者没有机会立即奖励该员工，也会在心中形成对该员工的良好印象。这种印象(认知)是态度的重要组成部分。未来组织中出现奖励或晋升机会的时候，对该员工的良好态度就会影响领导者的决策。

从上述知觉的过程看，知觉是一个连续且复杂的心理认知过程。通常人们的知觉表现出四个特征。

1. 选择性

人在认知活动中所面对的客观事物是多种多样的，在同一时刻，有许多信息刺激作用于人的感官。面对着大量和繁杂的信息，人不可能同时对它们做出反应，而是有选择地将一些信息作为知觉的对象，对它们进行清晰的认知，而其他信息则被人有意识地回避和"过滤"掉。这就是知觉的选择性。知觉的选择性与人们的兴趣、态度、经验有关，也与知觉对象的特征和环境有关。

2. 理解性

在对事物的知觉中，人们并不只是反映事物的印象，而往往伴随着对认知对象的理解或解释，这一特性被称为知觉的理解性。知觉的理解性表明知觉是赋予客观事物意义的过程，具有不同知识、经验、个性、价值观的人对于客观事物的理解有很大差异。例如，企业的高层管理者为了鼓励员工积极参与管理，试图赋予员工更大的决策权，要求员工向管理者提建议；而对于职工来说，这一政策则有可能被理解为管理者"缺乏创新能力""不理解员工的需要"，甚至是"推卸管理责任"。可见，如果没有充分的沟通，人们往往是根据自己的特点和需要来赋予事物意义的。

3. 恒常性

在人们对事物的认知过程中，当知觉的对象在一定范围内改变了的时候，而我们对知觉的认知依然保持相对不变，知觉的这一特性被称为知觉的恒常性。知觉的恒常性使知觉具有一定的稳定性，保证了人能够根据事物的实际意义来适应环境。如果知觉没有恒常性的话，对同样事物的每一次知觉都是全新的，人们适应环境的活动就会变得十分复杂。同时，知觉的恒常性使以往知觉积累的知识和经验变得越来越重要，因为正是这些积累下来的知识和经验使得人们的知觉变得更加稳定和可靠。

4. 整体性

知觉是在感觉的基础上形成的，但是人们对事物的知觉并不是感觉的简单相加之和，而是对知觉对象各种属性和各个部分的整体反映，知觉的这种特性被称为知觉的整体性。格式塔心理学的研究发现，人们的知觉系统具有把个别属性、个别部分综合成整体的能力，例如在图 3-2(a)中，人们往往将这两个图形理解为一个圆形和一个方形，尽管描绘它们的线条是不连续的；作为世界自然基金会的标志，图 3-2(b)由黑白两种色块构成的图案很容易让人识别为熊猫，也是由于知觉的整体性造成的。

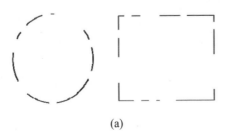

(a)　　　　　　　　　　　　　　　(b)

图 3-2　知觉的整体性

(三)社会知觉

以知觉的对象对知觉进行分类，可以将知觉分为对物的知觉和对人的知觉。显然，对于管理者来说，对人的知觉更加重要。通常，我们可以把对社会环境中生活的人及其关系的认知定义为社会知觉。这一概念表明，社会知觉是人们对个人、社会团体及组织的感知和认识，与对自然客体(物)的感知和认识过程相对。同时，社会知觉包括对自己、对他人和对群体的知觉。

一般来说，社会知觉是人们社会行为的基础。人总是生活在一定的社会环境之中，因而人必须与他人进行交往并形成一定的人际关系。同时，人们之间要进行交往和形成一定的人际关系，则必须通过一定的社会认知而建立正确的社会知觉。因此，人际交往和社会知觉相辅相成，人际交往的过程往往就是社会知觉形成的过程。

二、知觉者、被知觉者和情境因素

完整的知觉行为，由知觉者、被知觉者和情境因素构成，我们称其为知觉三要素，也就是影响知觉的三类主要因素。人是知觉的主体(即知觉者)，对知觉什么、怎样知觉、知觉到什么都发挥着积极主动的作用。但是，人的知觉也并非完全自由、不受约束，知觉行为还受到被知觉者和情境因素制约。也就是说，人的知觉行为并非是单纯的主观感知的过程，而是与知觉对象、情境因素互相作用的过程。

(一)知觉者

知觉者是知觉行为的主体，知觉与知觉者自身的特征有着非常密切的关系。当你丢失了一辆非常喜爱的自行车，你就会发现大街上骑同样款式自行车的人"变"多了。当你需要购买一辆家用轿车，这时各类媒体中的家用轿车广告最能吸引你的注意力。当你面对两个相近的报价，那个说着家乡话的推销员可能更令你感到亲切。这些例子表明，作为知觉行为的主体，知觉者对外在信息刺激的反应有着高度的自主性与选择性，知觉者的态度、动机、价值观、兴趣、经验和期待都会影响知觉的结果。也正因如此，具有不同知识经验和心理特征的知觉者具有不同的知觉特征。

(二)被知觉者

被知觉者是知觉的对象。社会知觉中，被知觉者包括他人、群体以及各类组织。人群中声音洪亮的人比安静的人更容易受到注意；具有人格魅力的人比缺乏人格魅力的人更容易吸引关注；工作中劣迹斑斑的人更容易被监管者"另眼相看"；公司里高层领导者的一举一动都会引起下属的偷偷议论。这些例子表明知觉结果与被知觉者的特征和状态也有直接的关系。被知觉者中，有些对象容易为人们所注意，而有些对象则相反。一般来说，被知觉者的属性、特性或特征越突出、越鲜明、对比越明显，就越容易为人们所知觉。反之，则不容易引起人们的知觉兴趣。

(三)情境因素

情境因素一般指知觉行为发生的背景。穿着短裤和拖鞋出现在小区的花园也许并不会引起人们注意，但是如果同样的穿着出现在高档写字楼，就会很快引起人们的注意和惊讶。同样，西服革履、手拎公文包出现在生产车间，工作人员一定会感到奇怪；而重要会议期间突然打断会议的人往往被认为是不懂得轻重缓急的人。这些例子表明情境因素也是影响知觉的重要因素。由于知觉的发生场景是千差万别的，因而影响知觉进行的情境因素也是千差万别的。情境因素是否对人的知觉产生影响，一方面取决于情境因素的性质与特征，但更重要的是取决于情境因素与被知觉者、知觉者的关系。

三、社会知觉的种类

依据知觉的对象，社会知觉可分为对他人知觉、人际知觉、角色知觉和自我知觉等。

(一)对他人知觉

对他人知觉是指通过对他人外部特征的知觉从而达到认识他人内在心理状态的过程。一般而言，对他人的知觉主要包括以下两个方面的内容：一是对他人外在表情和行为特征的认知，二是对他人性格的认知。

对他人外在表情和行为特征的认知，主要是指对他人的面部表情、体态、语言、风度、仪表等的观察与注意。对他人性格的认知主要是指对他人为人处世的态度、方式及其特征的认识。当然，对他人外在表情、行为特征的认知是和对他人性格的认知密切联系的。人的性格并不是一种抽象的存在，而是一种具体的存在，它总是表现为一定的态度和行为倾向。由于人的态度、行为倾向性总是通过一定的外在表情和行为特征得以表现的，因而我们对人的性格的认知，必须通过对人的外在表情和行为特征的认知才能实现。

(二)人际知觉

人际知觉即对人际关系的知觉。人际关系指的是人与人之间在一定的交往过程中所结成的社会关系，因而所谓人际知觉，指的是对人与人相互关系的知觉，包括对自己与他人以及对他人与他人之间关系的知觉。

人际关系的状况既是一种客观的存在，同时对知觉者而言，又是一种主观判断。这种推测与判断主要表现为在人际交往过程中个人对他人的心理状态、活动或行为动机、行为意向等的认知。人们不仅相互感知，而且会彼此产生各种感情。不同的情感关系，对人的发展和工作会产生不同的影响。良好的情感关系有利于促进人的身心健康发展，也有利于工作的进行。不良的情感关系则不仅不利于人的身心健康发展，同时也不利于工作的开展。因此，形成正确的人际知觉，无论对人的发展还是对工作的开展，都是至关重要的。

(三)角色知觉

角色这一概念的原意是指演员在戏剧舞台上所扮演的人物。20 世纪初美国心理学家米德将这一概念引入社会心理学,后来发展出诸多解释。但是大多数学者认为,角色是指与某一特殊职位相关联的行为模式。也就是说,每一个角色都代表着一套有关行为的社会标准,这些标准规定了人们在承担这一特定角色时所应有的行为。因此,所谓角色知觉,指的是人们通过他人所表现出来的各种行为而对其所承担的社会角色的认知。

社会心理学家研究发现,一个完整的角色知觉过程包括角色期待、角色认知、角色行为和角色评价四个环节。角色期待是指对一个人所承担的角色的希望,即对角色承担者应表现出什么样的行为的期待。角色认知指的是个人所认识到的实现角色期待所必需的活动和行为的组合,包括个人对角色扮演的认知和个人对他人角色扮演的认知两个方面。角色行为指的是一个人在角色认知基础上所实际表现出的行为。这一行为可能与角色期待相一致,也可能不一致。角色行为是否与角色期待相符合或一致,不仅取决于个体对角色期待的认知状态,而且也取决于个体的个性特征。角色评价是指对人们角色扮演的评论和估价,包括个人对他人角色扮演的评价,以及个人对自身角色扮演的评价两个方面。角色评价是人们在角色扮演过程中修正角色行为而使其符合角色期待的主要根据和基本要求。

角色期待、角色认知、角色行为和角色评价四个环节构成了完整的角色知觉。角色知觉是角色实现的重要因素。个人只有在正确的角色知觉的基础上,才能正确地扮演角色和实现角色。否则,对角色的错误知觉,必然会导致个人角色扮演的偏差和角色行为的失败。

(四)自我知觉

自我知觉是以自己作为知觉对象,通过对自己行为的观察与体验而产生的对自己的认知,即自己既是观察者又是被观察者,既是知觉主体又是知觉对象。自我知觉是自我认识的过程,从自我观察、自我体验和在他人对自己的态度评价中获取信息,进而进行分析判断,从而形成自我意识与自我判断。由于自己对自己的认知与情感总是在一定的文化环境中通过主体与他人之间的相互作用而形成的,因而自我知觉并非完全是自己内心世界活动的结果,而是社会化的产物。

自我知觉的内容包括三个方面,即对物质自我的知觉、对精神自我的知觉和对社会自我的知觉。对物质自我的知觉,即对自己的身体存在的自觉意识,表现为对自己的容貌、体态、健康状况、外表等外部特征的关注与追求。对精神自我的追求,即对自己的智力、思想、道德与个性等内在品质的意识,表现为对自己的才能、思想道德水平和高尚精神境界的追求。对社会自我的知觉,即对自己在社会生活中的地位、作用、自我的社会价值,以及与此相应的名誉的认知,是一种自我尊重的意识。这三个方面所构成的自我意识,应该是统一的、一致的,而不应是矛盾的和分裂的。

在大多数情况下,一个人的自我认知是随着个体的成熟而不断发展的。正确的自我意识的形成,不仅对自我知觉的建立有着十分重要的意义,同时对个人的其他社会知觉的形成与发展也有着非常重要的意义。

第二节 社会知觉的形成与效应

一、社会知觉的形成

社会知觉的形成是一个复杂的认知心理过程，有着自身的独特性。同时，人对事物的知觉受到主客观多种因素的影响，因而是一个多种因素相互作用的动态变化过程。

(一)社会知觉过程

上一节中，我们介绍了知觉的过程。作为一种知觉现象，社会知觉的形成同样是一个复杂的、多阶段的过程。如同人对自然的知觉一样，社会知觉的过程也包括了观察、选择、组织、解释和行为反应五个阶段。通过社会知觉，知觉者整合对他人、群体、人际关系的信息产生社会印象，并依此做出判断和行为反应。

工作群体中的人际交往常常是反复进行的，人们在一次次的人际交往中不断积累社会知觉信息。这些信息有些是一致的(例如，通过多次接触，部门员工每次都发现新上任的领导是可靠的)，有些是不一致的(例如，在与新领导的多次接触中，员工发现有时新领导平易近人，有时则拒人于千里之外)。那么，零散的社会知觉信息是如何被加工并整合成社会印象的呢？社会心理学研究发现，"平均加工模式"可以用来解释大多数人的社会印象形成机制。

> **【专栏3-2】 社会印象形成的信息加工模式①**
>
> 社会印象一般指我们对别人的看法。通常情况下，我们不会等到全面了解了他人的全部特征后才形成对他人的印象，而是会根据他人有限或片段的信息，加工整理形成对他人的初步印象。那么，社会印象的形成有什么规律呢？诺丁曼·安德森(N. H. Anderson)认为社会印象的形成有两种信息加工模式：平均模式和累加模式。
>
> 所谓平均模式，指我们对他人的印象是以感受到的有关他人特征的全部信息相加的平均值为基础的。例如，你与小李第一次交往得到的印象是真诚、聪明，第二次得到的印象是朴素、安静。如果对真诚、聪明各赋予 3 分，朴素、安静各赋予 1 分，那么我们对小李的总体印象分别是：
>
> 第一次：$(3 + 3)/2=3$；
>
> 第二次：$(3 + 3 + 1 + 1)/4=2$。
>
> 如果我们把第一次和第二次的认知顺序调换一下，则你对小李的印象就会发生变化：
>
> 第一次：$(1 + 1)/2=1$；
>
> 第二次：$(1 + 1 + 3 + 3)/4=2$。
>
> 平均模式可以解释首因效应和近因效应。
>
> 所谓累加模式，指我们对他人的印象是以认知到的有关他人特征的全部信息相加的和

---

① 崔丽娟. 心理学是什么[M]. 北京：北京大学出版社，2016.

为基础的。例如，对小李的印象得分变成：

第一次：3 + 3=6;

第二次：3 + 3 + 1 + 1=8。

将知觉顺序颠倒，则

第一次：1 + 1=2;

第二次：1 + 1 + 3 + 3=8。

累加模式可以解释晕轮效应和黑票作用。

心理学家通过试验发现，生活中大多数人都使用平均模式形成对他人的印象。

(二)影响社会知觉形成的因素

前面提到，知觉的形成是一个主客观因素相互作用的综合过程，这一过程既受到知觉者自身因素的影响，同时也受到知觉对象及情境因素的影响。通常，影响人们社会知觉形成的因素可以分为两类：主观因素和客观因素。

1. 主观因素

主观因素，即知觉者自身的因素。知觉与知觉者有着密切的关系，或者说，知觉者自身所具有的生理特征、个性因素、经验等，都同知觉者的知觉有着十分密切的关系。对于知觉者而言，知觉什么、怎样知觉，不仅与知觉者所面对的信息刺激以及知觉者所处的情境因素关联着，而且与自身的身心状态有着直接的关系。

知觉者的需要、动机以及生理状况等都会对知觉者的知觉产生影响。知觉者神经敏感性的高低决定了知觉者对刺激感知的敏感度。一些人好像天生比他人对刺激更加敏感，他们会注意到他人的细小表情，并依此判断他人的好恶。另一些人则好像天生缺乏辨别他人情绪的能力，动不动就在人际交往中得罪人，而且还不知道哪里做错了。

知觉者的个性特征对知觉过程也产生着重要影响。一般来说，外倾性的人比内倾性的人更加容易关注外在的人、事与物，但是，内倾性的人却比外倾性的人更加敏感，因而他们对事物的知觉比外倾性的人更加细腻和深入。具有独立特征的人，更容易关注自己的身心感受；具有依存特征的人，则更容易关注来自外部世界的标准。

知觉者的知识、经验也对其知觉有着重要的影响。有经验的谈判者可以通过十分钟的交谈了解对方的意图，并找到双方共同的需要；有经验的下属并不需要逐字逐句地记录领导者的报告，而是找到报告的关键处就可以了；有经验的审讯者可以迅速找到嫌疑对象的软肋，并迅速攻克其心理防线。这些例子表明迅速、准确的社会知觉能力也是职业素质的重要组成部分。

除以上因素之外，人的职业、情绪情感状态、生活方式与习惯等，对知觉者的社会知觉及其过程也有着较大影响。

2. 客观因素

客观因素，包括知觉对象和情境因素。作为知觉对象，人、群体和人际关系都异常复杂。例如，我们也许能够知觉到某个同事有可能在升职竞争中遭受打击，但未必能够准确知觉到这种挫折对他到底有多大影响，因为这位同事可能正好是一个善于隐藏感情、喜怒不形于色的人；工作中，你在关键时刻给予上级支持，因此认为他"欠"了你一个人情，而上级却有可能认为那本是你职责范围内的事，只不过事先没有说明而已；有些领导者在性格上具有复杂性，时而表现得咄咄逼人，时而又小心谨慎，让人摸不着头脑。面对复杂的知觉对象，需要理性、全面、权变地认知，根据收集到的新信息不断调整社会印象，不能期待对知觉对象的判断十全十美。

情境因素在社会知觉中也发挥着极其重要的作用。例如，进入新公司的管理岗位，你行为低调往往被认为是小心有余、勇气不足，你行为高调则有可能被认为是"新官上任三把火"，下属的这种知觉显然是情境造成的；在关系错综复杂的组织里，与某些小群体的接近往往就被对立群体的成员知觉为与其为敌；在庆功宴或卡拉 OK 里上级与你称兄道弟，并不意味着在他的办公室里你也可以这样。总之，人们的社会知觉受到情境因素的制约，管理者应当对影响社会知觉的情境因素加以辨别，以使自己的社会知觉更加准确。

二、社会知觉的效应

社会知觉是人对社会客观现实的反映过程，是主观的、主动的复杂过程。在这一过程中，人对客观对象的知觉由于受到主客观条件的限制而常常造成知觉与客观现实的不一致，从而产生知觉偏差。社会心理学常常将这些知觉偏差称为社会知觉效应。常见的社会知觉效应包括刻板印象、晕轮效应、首因效应、近因效应、投射效应和对比效应等。了解这些社会知觉效应，对于防止社会知觉效应的消极影响，正确认识知觉对象具有重要意义。

(一)刻板印象

刻板印象是指对某类社会群体形成的概括的、固定的甚至是僵化的看法。一般来说，同一地域、同一文化、同一职业中的人在很多心理和行为上具有共性，因此我们会根据此类人的共性来判断出这一群体的某些个体。客观地讲，刻板印象简化了现实，使社会知觉变得更加简单，为人们迅速适应社会生活环境提供了一定便利，这是刻板印象的积极方面。但是，也正是由于刻板印象采用简化的"模板"来解释具体的人，极易导致社会知觉偏差和偏见，这是刻板印象的消极方面。由于人类是如此复杂，把人们都归结到一些简单的类别中，必然会掩饰人与人之间的差异，因此，刻板印象不可能带来准确的社会知觉。

与管理者相关的刻板印象主要包括职业刻板印象、性别刻板印象、年龄刻板印象、国别刻板印象和地域刻板印象。职业刻板印象是人们对从事特定职业的群体的比较固定的看法。例如，人们总是期待教师是知识渊博、道德高尚、富有爱心、勇于奉献的人；人们对律师这一行业从业者的印象则是善于言辞、思维缜密、讲究证据、职业装束；人们对医生的刻板印象则是精通医道、医德高尚、救死扶伤、白衣天使；人们对警察的刻板印象是身着制服、训练有素、公正威严、扬善惩恶。性别刻板印象是人们对性别的比较固定的看法。例如，中国人通常会认为"男主外，女主内"是天经地义的行为规则，表现在生活中，很多人会认为男性的成功体现在事业有成，而女性的成功体现在家庭美满。年龄刻板印象是人们对不同年龄阶段群体的比较固定的看法。例如，一提到缺乏经验就会联想到"嘴上没毛，办事不牢"，而一提到经验丰富就会联想到"姜还是老的辣"。国别刻板印象是人们对不同国家或民族的人的比较固定的看法。例如，人们一听说是英国男人就联想到"谦谦绅士"，一听说是法国男人就联想到"浪漫激情"，一听到德国男人就联想到"严肃刻板"，一听到美国男人就联想到"西部牛仔"。地域刻板印象是人们对来自不同地域的人的心理和行为的比较固定的看法。例如，很多中国人认为山东人脾气豪放直爽，湖南人脾气火爆好斗，湖北人心机重城府深，广东人务实机灵，河北人忠厚踏实，江浙人多才多艺，陕西人厚道恋家。

显然，刻板印象来源于人们对不同群体特征的概化和描述，具有一定的合理性。但是，如果因此认为可以用某种"普遍特性"准确描述具体个体的行为，那就大错特错了。我们常常遇到这样的现象，某些教师、律师或医生的行为突破了上述职业刻板印象，人们往往感叹世态炎凉、人心不古，却很少检讨自己心中的那块刻板是否需要修正。试验表明，参加招聘面试的考官很容易受刻板印象影响，在印象形成之时便在心里对应聘者做出了判断，后续面试过程是在验证自己的判断[①]。对于管理者来说，实用的策略是在人际交往中不断验证和修正自己的刻板印象，针对具体的人建立更为精准的社会知觉。

(二)晕轮效应

晕轮效应亦称"光环效应"，是指在社会知觉过程中，人们倾向于利用一种已知的突出的特性或特征作为评价一个人其他方面特性或特征的现象。晕轮效应是发生在对知觉对象进行解释的过程中，主要是由于知觉者的情感引起的对人的一种主观知觉偏差。社会心理学家凯利较早关注晕轮效应，他的试验设计仍然被后来的研究者津津乐道。而晕轮效应在日常生活中非常广泛地存在着，俗语中所说的"一好百好""爱屋及乌"反映的都是晕轮效应引发的知觉偏差。如果一位老师讲课生动有趣，我们会继续推断他一定也能写出漂亮的论文；假如一位同事长相英俊，我们会推断他的能力也不错。

实践中，管理者常常会遇到需要对人进行主观评价的情景，而晕轮效应也常常在此时发挥作用，扭曲评价结果。例如，一项试验研究发现，日常生活中相貌就是一种"关键"特质。"以貌取人"是一种常见的晕轮效应引发的社会知觉偏差，会引导人们对知觉对象的其他方面做出判断。再如，一项对公务员面试的研究发现，晕轮效应在公务员面试的过程中是难以消除的。面试考官对面试者的评价受到总体印象和个别突出特征的影响，评价要素之间还会产生交叉影响。要想追求选拔的公正性，除了对面试考官进行相关培训，还必须在制度上限制晕轮效应的消极作用[②]。

值得注意的是，有时消极品质比积极品质更能影响印象的形成，甚至能影响印象形成的全局。例如，受到中国传统文化的影响，即使一个人身上有很多优点，但是只要他道德品质低下、行为不端，我们就不会对他产生好印象，这又被称为"黑票作用"。工作场所中，员工的一次低级失误有可能掩盖其他优良品质，对绩效评价产生决定性影响。显然，

---

① 臧志，谢阳飞，张小艳. 刻板印象对考官评分偏差的影响：考官决策方式的调节作用[J]. 中国人力资源开发，2017(01):83-90.

② 徐敏. "晕轮效应"对考录公务员面试考官的影响与应对[J]. 行政与法，2012(02)：10-14.

与刻板印象一样，晕轮效应简化了我们对他人的社会知觉，但同时也容易导致社会知觉偏差，建立在不准确的社会知觉基础之上的用人决策往往会给组织带来巨大损失。因此，管理者应当警惕晕轮效应对自己社会知觉的扭曲作用，尽可能在客观、理性的基础上进行判断和决策。

(三)首因效应

首因效应在日常生活中也被称为第一印象，一般是指在交往中最先形成的印象往往对人们的社会知觉产生最重要的影响。例如，我们常常容易记得第一次遇见某人的情景，而当时那人的穿着、举止、行为、作风都会在很长时间内影响我们对他以后心理和行为特征的解释。心理学研究表明：人们对事物的认知和对信息的接受过程中，最先接受的信息所形成的"原始"印象会构成一种记忆图式。这一图式具有自我扩张的倾向性，由于这一倾向性的存在，人们在对后来信息的接受过程中往往会将后序信息整合到这个记忆图式之中。因此，初次交往形成的"原始"印象就像搭建了一个认知框架，以后继续交往产生的知觉信息都会受到这个框架的影响。

显然，初次交往中收集到的信息毕竟是有限甚至是片面的，仅仅依据这些信息做出判断必然冒很大风险，因此首因效应也是人们社会知觉偏差的重要来源。工作场所中，管理者会对各类人物留下或多或少的第一印象，有经验的管理者会对这些有限的社会知觉信息进行梳理和判别，把那些可靠的印象保留下来作为决策依据，对那些尚不确切的印象进行进一步验证。

(四)近因效应

所谓近因效应，是指在人们的知觉过程中，最近和最后获得的信息对人们的总体知觉产生最大影响的现象。新得到的信息比以往所得到的信息更加强烈，会留下更深刻的印象，使我们忽略以往的信息，凭借新掌握的信息对他人做出判断。

近因效应的产生，是与人的记忆特征有关的。心理学研究表明，人对信息的记忆呈现着就近的特征，即对最近或最后得到的信息记忆最为清楚。之所以如此，是因为最近或最后得到的信息不受倒摄抑制的干扰，因而比较清晰、鲜明。当然，近因效应是否明显，通常取决于以下两个因素：一是旧有的印象的深刻程度，二是最近或最新信息的强度。如果旧有的印象不深刻、不清晰，则最近或最新信息对原有印象的改变就大；反之，则小。此外，如果最近或最新的信息与原有的印象截然不同，则最近或最新信息对原有印象的改变就大；反之，则小。

同首因效应相反，近因效应强调新信息对社会知觉形成的重要性。工作场所中，管理者也会受到近因效应的蒙蔽。例如，某个下属近期出现了异常言行，有可能彻底改变以往管理者对他的良好印象；两个相交相知多年的合作伙伴，有可能因为最近的一次误解颠覆对对方的积极社会知觉，并因此逐渐断交。管理者应当客观评价突发事件对自己社会知觉的改变，提防近因效应对自己社会知觉的消极影响。

(五)投射效应

投射效应是指人们在对他人认知时将自己的想法与爱好转移到认知对象身上的现象。投射效应是人际交往过程中的一种知觉迁移现象。例如，高层管理者认为对自己工作最好的奖励是多放一天假，由此认为所有的员工也这么想。但事实也许并非如此——员工们也许根本不在乎休息，他们更愿意多工作一天而多得工资。

投射效应的本质是"推己及人""以己之心，推人之腹"，通常发生在两种情形中：一种是人们在对与自己年龄、职业、社会背景、经历、社会地位等相同或相类的对象的认知过程中，容易产生投射效应；另一种情形是，当人们自身具有某些被人厌恶的品质或特性时，他在认知他人的过程中就会转移到他人身上，认为他人也是具有这些品质或特性的。

投射效应的产生与个体的经验或内心感受的扩张有关。在人们的知觉过程中，个人的经验和知觉对内心感受起着非常重要的作用。人们不仅会以自己的经验认知和评价他人，而且在对他人的知觉过程中常常会将自己的感受投射到他人身上。

投射效应表明，在社会知觉过程中人们有一种极其强烈的倾向——假定对方和自己有相同的方面，常常按自己是怎样的人来知觉别人，而非按被观察者的真实情况来知觉。当知觉者和知觉对象非常相像时，这种知觉倾向也许会得到准确的结果。可是，人和人之间毕竟存在许多差别，大多数情况下，依此做出的推测可能并不正确。因此，工作场所中投射效应有可能是导致管理者社会知觉偏差的直接原因。

(六)对比效应

对比效应是人们在对他人的知觉过程中，将其与自己熟知或最近接触到的人和事进行比较而得出评价结论的一种知觉现象。

社会知觉从来都不是孤立的，而是与其他相关信息关联着的，受到相关信息的影响。对比效应就是将知觉对象的信息与其他相关信息比较而做出判断与评价的现象。在对比性的社会知觉过程中，人们常常由于参照点选择的高或低而产生知觉偏差，或者把某些人看得更重要，或者低估了某些人的成绩。由于现实的知觉对象与用来解释和评价的参照点之间存在着比较大的差别，因而使得人们产生知觉偏差。例如，招聘面试中，对于任何一名候选人来说，如果排在他前面的是一个不怎么出色的面试者，则可能有利于对他的评价，否则，可能对他不利；同样，绩效评价中管理者有可能会不自觉地比较各个下属的工作成绩和努力程度，一些本来只能达到"一般"的员工有可能因为对比效应被"提拔"到"优秀"的等级。

第三节　归因理论及其评价

一、归因的概念

社会知觉不同于对自然的知觉。对自然对象的知觉，主要是通过对自然对象的各种物理属性及其特征的感知而认识它，对人的认识则不同。我们对人的认识，总要涉及他的内部心理状态，如动机、情绪、品德、个性等心理因素。由于人的内在因素无法直接被人们所观察到，人们只能依据他的言语和行为进行推断，这样就产生了归因问题。

所谓归因(attribution)，即归结行为的原因，指个体根据有关信息、线索对行为原因进行推测与判断的过程。归因是人类的一种普遍需要，每个人都有一套从其自身经验归纳出来的行为原因与其行为之间联系的看法和观念。从社会知觉的过程上看，归因恰好处于根据知觉到的信息对人们行为的原因进行解释的阶段。

归因有许多类别，根据归因涉及的范围，可以把归因分为心理归因、行为归因和综合归因三大类。心理归因，即对人的心理活动(如人格、品质、动机、态度、情绪、心境等个人特征)产生与形成的归因。行为归因，即对致使人产生某种行为及行为成败的原因，如行为或事件发生的外部条件，包括背景、机遇、他人影响、工作任务难度等的归因。综合归因，即对知觉对象某种心理行为产生原因的综合性归因。在许多情境中，人的行为或某些事件的发生并不是由内因或外因单一因素引起的，而兼有二者的影响，这种归因称为综合归因。根据归因对象所指，也可以把归因分为客观归因和主观归因。所谓客观归因，指的是对他人的归因；所谓主观归因，则指的是对自己的归因。

二、归因理论

人们的归因是具有规律性的，而归因理论是说明和分析人们归因活动基本规律的理论假设。我们可以利用这些理论来解释人们是如何寻找行为原因的，同时也可以在一定程度上利用它们预测和控制人们的行为。

(一)海德的朴素心理学理论

美国心理学家弗里茨·海德(Fritz Heider)是最早研究归因理论的学者。海德认为人们为了更好地在复杂多变的社会环境中生活，需要控制周围的环境，预见他人的行为，因而每个人都会致力于寻找人们行为的因果性解释。海德把这种普遍现象称为"朴素心理学"。朴素心理学认为，为了预见他人行为并有效地控制环境，关键在于对他人的行为或事件做出正确而合理的原因分析。

在海德看来，导致人们行为表现的原因不外乎内因和外因两种。内因指个体自身具有的、导致行为表现的原因。例如个体的个性、情绪、动机、能力、努力等。外因指个体自身之外的，导致其行为表现的环境、情境、条件、运气、他人影响等。例如，某些同学在考场上作弊被发现，老师对这一事件采取的是内部归因——认为学生自己不争气，而其他同学则有可能采取外部归因——这个同学的运气实在太差。

海德的归因模式重在分析行为事件的逻辑结构，寻求作为行为倾向归因的合理指标。海德的归因模式虽然未经实验验证，但对后来人们对归因问题的研究产生了重大影响，很多后来的归因理论探讨的就是人们是如何在内部归因与外部归因之间做出选择的。

(二)凯利的协变分析模型

社会心理学家凯利(Harold H. Kelley)对海德归因理论的基本观点及其后诸多学者的研

究进行了补充，提出了自己的归因理论。凯利的归因理论认为，人们在寻找行为原因和行为结果的共变关系时，需要考虑行为者、行为对象和行为情境三类变量。现实中，面对他人的行为表现，人们一般按照三个标准选择归因方式。

(1) 区别性(distinctiveness)，指的是该行为是只在特殊情境下发生，还是在一般情境下经常发生。区别性较高的情况下，人们倾向于采用外部归因；区别性较低的情况下，人们倾向于采取内部归因。例如，某学生在一次英文考试中没有通过及格线，如果该学生只是在英文考试中不及格，其他科目成绩都不错，那么我们会将其不及格归因于"试卷偏难"(外部归因)；如果该学生在所有参加的考试中都不及格，那么我们会认为这个学生根本没有将精力投入自己的学业(内部归因)。

(2) 一致性(consensus)，指的是在该情境下是否引起大家同样的行为。一致性较高的情况下，人们倾向于采用外部归因；一致性较低的情况下，人们倾向于采取内部归因。上述事例中，如果全班大多数同学都不及格，那么我们会倾向于认为试卷中出现了很多平时教师没有讲过的试题，不是该学生学得不好(外部归因)；如果发现只有该学生或极少数人不及格，那么我们会倾向于推理是他自己不努力(内部归因)。

(3) 一贯性(consistency)，指的是某人的该种行为在类似情境之下是否重复出现。一贯性较高的情况下，人们倾向于采用外部归因；一贯性较低的情况下，人们倾向于采取内部归因。上述事例中，如果该学生以往英文成绩一贯优秀，这次偶然"失手"，那么我们会猜测可能是他考试那天吃坏了肚子，没有考出水平(外部归因)；如果我们发现该学生每次英文考试都不及格，那么我们就有理由推论他英文不及格是很正常的事情，因为他本身就没有学习英文的天分(内部归因)。

凯利所提出的归因的三种标准与归因取向的关系，如表 3-1 所示。

表 3-1　归因标准与归因取向的关系

归因标准	区 别 性		一 致 性		一 贯 性	
	高	低	高	低	高	低
宜采用内部归因		√		√		√
宜采用外部归因	√		√		√	

相对于海德的归因理论，凯利归因理论的主要特点在于将共变思想引入归因理论，这就使人们对问题的归因不再局限于线性的对应关系之中，而是将问题的归因拓展到影响人的心理与行为发生的共同关系的互动之中。显然，凯利模式对人的心理与行为归因的解释，更加符合事物发展的客观逻辑性，也得到了实验研究的支持。后续研究还发现在区别性、一致性和一贯性三个归因标准中，人们对一贯性的偏爱程度要高于其他标准。

三、常见的归因偏差

归因实际上是我们对与人的行为有关的信息进行解释加工并赋予意义的过程。海德和凯利的归因理论假设人们是以理性的方式处理所得信息，并做出客观评价和相应的行为反应。但由于人们的认知具有复杂性，致使人们并不能时时处处做到理性与客观。有时候，人们对行为原因的推测既不理性也不准确，从而导致人们的归因出现偏差与错误。

常见的归因偏差主要有两大类，一类是基本归因错误，另一类是利己偏见。前者主要是由于忽视客观因素而造成的，后者则是由于知觉者自身的私利性而造成的。

(一)基本归因错误

基本归因错误是指知觉者在解释他人行为及其结果时，由于低估情境因素影响和高估行为者个人特征因素的作用而导致的知觉错误。实验研究发现，人们在对他人行为进行评估时，通常会过高估计内在因素对行为的影响，同时过低估计外在因素对行为的影响。因此，如果他人成功了，知觉者就会对他进行过度赞扬；如果他人失败了，知觉者就会对他人进行过度指责。事实上，人们在对他人行为知觉的解释中因低估情境因素或夸大主观因素影响的情形是经常出现的。这些错误主要包括以下几方面。

(1) 给没有必然性的事件或现象之间强加因果关系，以自己的嗜好想当然地对他人的行为或者事件进行解释。

(2) 过分强调某种个体因素的影响而忽视情境因素的作用，以偏概全。

(3) 过高估计偶发事件的代表性，对偶发事件缺乏普遍性的解释。

(4) 过分相信直接获得的信息，总以为"眼见为实"是一种必然。

管理实践中，上述错误并不少见。我们在夸赞领导者的"伟大"成绩时常常不遗余力，不自觉地扭曲自己的社会知觉，忽视外在环境因素对领导绩效的促进作用；对下属的业绩滑坡我们总是归因于其"不努力""不负责"，对市场和顾客的变化视而不见。这种归因错误无疑会夸大管理者对组织绩效的直接作用，掩盖工作绩效的外部来源，久而久之使管理者丧失思考的客观公正性，最终对组织造成消极影响。

(二)利己偏见

所谓利己偏见，是指知觉者在对自己的行为进行解释时趋于自利的倾向，基本表现是知觉者常常把成功归于内因，如自己的能力、个性、知识经验、努力等。与此相反，却往往把失败归结于坏运气、领导不支持等外部因素的影响。例如，领导的工作报告中，通常将成功和成绩归结于决策英明、领导有方，而往往把失败和错误归结为客观原因。一般认为，利己偏见是人们因维护自尊心的需要而产生的，尽管我们并不会时时意识到。

基本归因错误和利己偏见并不是同一个归因错误的两面解释，而是两种不同的归因倾向。这说明，遇到问题的时候，人们对自己的行为进行解释时倾向于作外部归因，而对他人的行为进行解释时则倾向于作内部归因。这一现象可以用"图像—背景"规则进行解释。即我们观察他人行为时，他人的行为成了图像，而背景却被我们忽视了。但是对被观察者而言，情境则变成了图像，因而情境变成了主要知觉的对象。

本 章 小 结

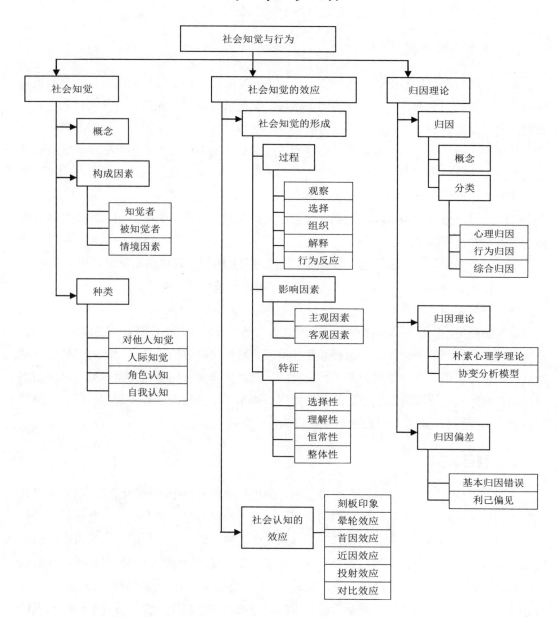

习　题

一、思考题

1. 什么是知觉？知觉与感觉的区别主要是什么？

2. 影响社会知觉形成的因素主要有哪些？

3. 社会知觉效应有哪些？社会知觉效应对人们的认知会产生哪些影响？

二、案例分析题

不容侵犯的个人空间①

心理学实验发现，如果会场中有 10 个依次排列的座位，在 6 号和 10 号位子上已经分别坐上了人。走进会场的第三个陌生人一般会选择 8 号位子，而走进会场的第四个陌生人一般会选择 3 号或 4 号位子。陌生人之间在自由选择位子时一般遵循这样的法则：既不会紧紧地挨着一个陌生人坐下却任由其他位子空着，而可能使对方变得不安；也不会坐得离那个陌生人太远，而可能无声地伤害了对方，给人以遭到嫌弃的感觉，而你也会觉得很不自在。所以，我们通常选择既能给人留有一定空间，又不会给别人造成无声伤害的位子，这就是"尊重个人空间的适当疏远的原则"。在生活中我们每个人都需要一个个人空间，这是不容侵犯的。

一般情况下，人们越亲密，越友好，就站得越近；而陌生人有可能站得较远一些。但如果一个人想和你交朋友，他也会在谈话时离你近一些；而如果你讨厌他的话，你很有可能会无意识地向后挪一挪。所以可以通过站得远近来判断两个人的亲密关系程度或彼此是否感兴趣。不同文化背景的人，对站得远近有不同的偏好：英国人和瑞典人相互间站得较远；希腊、意大利等南欧人相互间站得较近；南美洲人、巴基斯坦人和阿拉伯人相互间站得最近。远距离会使巴基斯坦人感到不舒服，而近距离使美国人感到别扭。

请问：为什么会出现不容侵犯的个人空间现象？

三、管理技能训练

介绍一则你看到或亲身经历的事例，说明一个观察者产生的基本归因错误。

【推荐阅读书目】

[1] 斯科特·普劳斯. 决策与判断[M]. 施俊琦，王星，译. 北京：人民邮电出版社，2004.

[2] 莫里斯·梅洛-庞蒂. 知觉的世界：论哲学、文学与艺术[M]. 南京：江苏人民出版社，2019.

[3] E. 布鲁斯·戈尔茨坦，詹姆斯·R. 布洛克摩尔. 感觉与知觉[M]. 10 版. 张明，译. 北京：中国轻工业出版社，2018.

[4] 保罗·M. 马金斯基. 心理学与工作[M]. 10 版. 姚翔，等，译. 北京：机械工业出版社，2014.

[5] 玛格丽特·马特林. 认知心理学：理论、研究和应用[M]. 8 版. 李永娜，译. 北京：机械工业出版社，2016.

---

① 崔丽娟，王小晔，赵鑫. 皮格马利翁的象牙雕像——人格和社会心理学的故事[M]. 上海：上海科学技术出版社，2011：124.

第四章

个性与行为

学习目标：

理解个性的结构；理解气质的类型与生理基础；理解影响性格形成和发展的主要因素；掌握个性与职业的匹配原理，能分析自己适合从事的职业类型。

关键概念：

个性(personality)　气质(temperament)　A 型人格(type A personality)　性格(character)　个性与职业匹配理论(personality-job fit theory)

【专栏 4-1】　不同的个性

苏联心理学家达维多娃曾描述了不同个性的人在同一情境中的不同行为表现。A、B、C、D 四个不同个性的人去看戏，但都迟到了，他们有不同的行为表现。A 立即明白，检票员是不会放他进剧场的，但入楼厅容易，就跑到楼上去了。B 和检票员争吵，企图闯入剧院，他辩解说，戏院里的钟快了，他进去看戏并不会影响他人，并且企图推开检票员进入剧院。C 看到不让他进入剧院，就自我安慰地想，"第一场戏总是不太精彩，我可以在小卖部等一会儿，在幕间休息时再进去"。D 说，"我运气不好，偶尔看一场戏，就那么倒霉"，接着就回家去了。

请问：这四个人分别属于哪种个性？

很多人都认为自己最了解自己，其实不然。西方有个著名的斯芬克斯之谜的神话寓言。狮身人面兽斯芬克斯每天都在问过往的行人一个问题："有种动物在早晨的时候是四条腿，在中午的时候两条腿，在晚上的时候三条腿，这个动物是什么？"回答不上来的人就会被狮身人面兽吃掉。年轻的俄狄浦斯说："这个动物就是人。"斯芬克斯听后大叫了一声就跑到悬崖跳下去了。这个故事说明人很难了解自己。希腊古城特尔斐的阿波罗神殿上刻有一句名言："人啊，认识你自己。"苏格拉底将它作为自己思想的主要部分，要求他的学生用毕生精力研读它。我国古代哲人老子也有一句名言："知人者智，自知者明。"可见，对于人的本性的研究，自古就受到重视。

历史上对个性的研究是从戏剧和传记开始的，如作为神话和文学典型人物出现的嫦娥、哪吒、耶稣、葛朗台等，他们都有独特的个性。历史上还产生过一些推测个性的方法，如观相术是通过人的外貌特征来推测其心理特征，包括颅相学、看手相等，是一种伪科学。有研究表明，面相与心理品质之间并无联系。

个性又称人格，原意指"脸谱"，源于公元前一百多年前的古罗马的一名戏剧演员为了遮掩他的斜眼而戴上面具。个性是指经常影响个体行为的、稳定的个体心理特征的总和，个性使个体区别于其他个体。个性是在一个人先天生理素质的基础上，在长期的生活实践中形成的。个性与我们日常生活中谈到的性格是不同的，性格只是个性的一部分。

个性的心理结构由个性心理特征和个性品质倾向两部分组成。个性心理特征主要包括气质、性格、能力等；个性品质倾向主要包括需要、动机、兴趣、态度、理想、信念、价值观等。本章主要探讨个性心理特征。

第一节　气质与行为

一、气质的概念

"气质"是一个相当古老的概念。现代心理学意义上的气质是指人心理活动发生的强度、速度和灵活性上表现出来的个性特征，类似于"脾气""秉性""性情"等概念。主要包括心理过程的强度(情绪的强弱、意志努力的程度等)、速度(知觉的速度、思维的灵活性程度)、稳定性(注意力集中的时间长短等)，以及心理活动的指向性(倾向于外部事物还是内部体验)等方面的特点。

二、气质的类型

(一)东方的气质类型理论

1. 《黄帝内经》的气质理论

《黄帝内经》是我国战国时期的一部医书，其中有丰富的关于气质的论述。《黄帝内经》认为"人之生也，有刚有柔，有弱有强，有短有长""人生有形，不离阴阳"。《黄帝内经》对气质的分类主要是阴阳分类和五行分类。

阴阳分类是指由于各人所禀受的阴阳二气不同，人的气质可分为5种类型(见表4-1)：太阳之人、少阳之人、阴阳和平之人、太阴之人、少阴之人。"凡五人者，其态不同，其筋骨气血各不等"。

表 4-1　《黄帝内经》的 5 种气质

气质类型	阴阳匹配	表现特点
太阳之人	多阳无阴	居处于于，好言大事，无能而虚说，志发于四野，举措不顾是非，为事如常自用，事虽败而常无悔
少阳之人	多阳少阴	谍谛好自贵，有小小官则高自宜，好为外交而不内附
阴阳和平之人	阴阳之气和	居处安静，无为惧惧，无为欣欣，婉然从物，或与不争，与时变化
太阴之人	多阴无阳	贪而不仁，下齐湛湛，好内而恶出，心和而不发，不务于时，动而后之
少阴之人	多阴少阳	小贪而贼心，见人有亡，常若有得，好伤好害，见人有荣，乃反愠怒，心疾而无恩

《黄帝内经》中还根据五行、五声音阶(宫、商、角、徵、羽)以及经脉左右上下的匹配关系将人的气质划分为25种类型，如表4-2所示。

表 4-2 《黄帝内经》的 25 种气质

气质	类型	表现特点(括号内为注释)
木形之人	上角	好有才，劳心，少力，多忧，劳于事。佗佗然 (有才智，好用心机，体力不强，多忧劳于事。雍容自得)
	太角	遗遗然(柔退不争)
	左角	随随然(柔顺随和)
	钛角	推推然(乐于进取)
	判角	栝栝然(行为方正)
火形之人	上徵	行安地，疾心，行摇，肩背肉满，有气，轻财，少信，多虑，见事明，好颜，急心，不寿暴死。核核然 (行走身摇步急，心性急，有气魄，轻财物，少信用，多忧虑，判断力敏锐，性情急躁，不寿暴死。真诚朴实)
	质徵	肌肌然(浮躁肤浅)
	少徵	慆慆然(善动多疑)
	右徵	鲛鲛然(踊跃向前)
	质判	颐颐然(怡然自得)
土形之人	上宫	行安地，举足浮，安心，好利人，不喜权势，善附人也。敦敦然 (行步稳重，做事取信于人，安静而不急躁，好帮助别人，不争权势，善与人相处。诚实敦厚)
	太宫	婉婉然(婉转和顺)
	加宫	坎坎然(端庄持重)
	少宫	枢枢然(圆润婉转)
	左宫	兀兀然(勤劳奋勉)
金形之人	上商	身清廉，急心静悍，善为吏。敦敦然 (禀性廉洁，性情急躁，行动猛悍刚强，有管理才能。坚贞不屈)
	钛商	廉廉然(洁身自好)
	右商	脱脱然(洒脱舒缓)
	左商	监监然(明察是非)
	少商	严严然(严肃庄重)
水形之人	上羽	发行摇身，下尻长，背延延然，不敬畏，善欺绐人，戮死。汗汗然 (行走时身体摇摆，臀背长，不恭敬，不畏惧，善于欺诈，遭杀戮而死。心胸宽广)
	太羽	颊颊然(洋洋得意)
	少羽	纡纡然(纡曲不直)
	众羽	洁洁然(洁身自好)
	桎羽	安安然(安然自处)

2. 中医 9 种体质分类

中医是根据体质下方的，北京中医药大学王琦教授带领的"中医体质分类判定标准的研究及其应用"课题组，经过对我国东、西、南、北、中 5 个地域 9 省 26 市流行病学调查证实，人群中存在 9 种体质类型。其中，健康的平和质占 32.75%，8 种偏颇体质类型依次为：气虚质、湿热质、阴虚质、气郁质、血瘀质、阳虚质、痰湿质、特禀质。居于前四位的则是：气虚体质、湿热体质、阴虚体质和气郁体质。

研究发现，由于地域、男女、生长时期、职业不同，国民体质也有所不同。例如，男性平和、痰湿、湿热体质明显多于女性；女性血瘀、阳虚、气郁、阴虚体质明显多于男性。结果提示，当代中国人的体质状况受饮食营养、生活起居、精神情志、自然和社会环境等后天因素的影响越来越大，建立规范合理的生活行为指导、养生保健和个性化的健康管理势在必行。

研究提示，当代中国人的体质状况受生活方式、社会环境等后天因素影响越来越大，其中，不同的职业背景对体质有重要影响。研究显示：气虚体质在无职业者和农业劳动者中多见；从事体力劳动者，易形成气虚体质。阳虚体质在生产运输工人中多见。阴虚体质多见于学生。痰湿体质多见于领导干部；生活安逸、养尊处优的人，容易形成痰湿体质，平时要注意体育锻炼，经常参加户外活动，增强心肺功能。湿热体质多见于学生和商业服务人员，而在农业劳动者中最少。血瘀体质在办事人员中多见；从事脑力劳动者，容易形成血瘀体质，要经常进行有助于促进血液循环的运动项目，如太极拳、太极剑、舞蹈等。气郁体质在学生和无职业者中最多。中医九种体质如表4-3所示。

表4-3 中医九种体质

体质类型	形体特征	常见表现	心理特征	发病倾向	适应能力	药膳指导
平和质	体型匀称健壮	肤色润泽，发密有光泽，目光有神，嗅觉通利，味觉正常，精力充沛，耐受寒热，睡眠安和，胃纳良好，二便正常	性格随和开朗	平素患病较少	对外适应能力较强	饮食应有节制
气虚质	肌肉松软	气短懒言，精神不振，疲劳易汗，目光少神，唇色少华，毛发不泽，头晕健忘，大便正常，小便或偏多	性格内向不稳定	易患感冒，内脏下垂	不耐受寒邪、风邪、暑邪	食宜益气健脾
阳虚质	肌肉松软	平素畏冷，喜热饮食，精神不振，睡眠偏多，口唇色淡，毛发易落，易出汗，大便稀薄，小便清长	内向沉静	发病多为寒症，易患肿胀、泄泻、阳痿等	耐夏不耐冬，易感湿邪	食宜温和
阴虚质	体型瘦长	手足心热，口燥咽干，大便干燥，两目干涩，唇红微干，皮肤偏干，易生皱纹，眩晕耳鸣，睡眠差，小便短	性格急躁，外向好动	易患阴亏燥热病等	耐冬不耐夏，易受燥邪	食宜滋阴
痰湿质	体型肥胖、腹部肥满松软	面部油多，多汗且黏，眼泡微浮，容易困倦，身重不爽，大便正常或不实，小便不多或微浑	性格温和，多善忍耐	易患消渴、中风、胸痹等病症	不适应潮湿环境	食宜清淡
湿热质	体型偏胖	面垢油光，易生痤疮，口苦口干，身重困倦，大便燥结，小便短赤，男易阴囊潮湿，女易带下量多	急躁易怒	易患疮疖、黄疸、火热等病症	对湿热交蒸气候难适应	食忌辛温滋腻

续表

体质类型	形体特征	常见表现	心理特征	发病倾向	适应能力	药膳指导
瘀血质	瘦人居多	面色晦暗，易有瘀斑，易患疼痛，口唇暗淡或紫，眼眶暗黑，易发脱落，肌肤干，女性多见痛经、闭经等	性情急躁、心情易烦	易患出血、中风、胸痹等病	不耐受风邪、寒邪	食宜行气活血
气郁质	体型偏瘦	忧郁面貌，烦闷不乐，胸胁胀满，走窜疼痛，多伴叹息则舒，睡眠较差，健忘痰多，大便偏干，小便正常	忧郁脆弱、敏感多疑	易患郁症、不寐、惊恐等病症	不喜阴雨天，不耐精神刺激	食宜宽胸理气
特禀质	无特殊或有生理缺陷	有遗传疾病、先天疾病、胎传疾病等相关疾病特征	因禀质特异情况而不同	过敏质、血友病、胎寒、胎热、胎惊等	适应能力差	食宜益气固表

3. 日本的气质血型说

日本有些学者认为气质与人的血型有关，最先提出气质血型学说的是日本学者古川竹二。他依据自己的日常观察和调查研究，于1927年提出了"人因血型不同而具有各自不同的气质，同一血型具有共同的气质"的论断。古川根据血型将人的气质划分为A型、B型、O型和AB型四种，其中：

A型的人内向保守、多疑焦虑、富感情、缺乏果断性、容易灰心丧气等；

B型的人外向积极、善交际、感觉灵敏、轻诺言、好管闲事等；

O型的人胆大、好胜、喜欢指挥别人、自信、意志坚强、积极进取等；

AB型的人兼有A型和B型的特征。

古川学说刚一提出就在社会上引起了极大的轰动，但在心理学界并没有引起足够的重视。

(二)西方的气质类型理论：希波克拉底的四种气质说

气质分类的标准有很多种，现代专家们倾向于把气质分为四个大的类别，在名称上则沿用了古希腊希波克拉底的说法，即胆汁质、多血质、黏液质和抑郁质。

公元前五世纪，古希腊医生希波克拉底(Hippocrates)认为人体内有四种体液：血液(生于心脏)、黏液(生于肝脏)、黄胆汁(生于胃部)、黑胆汁(生于脑部)，他在《论人的本性》一书中认为，这四种体液形成了人的气质，机体的状态决定于这四种体液的比例。根据它们在人体中所占比例的不同，可划分为四种类型：多血质、黏液质、胆汁质和抑郁质。

如图4-1所示(按顺时针方向)：抑郁患者有过量的黑胆汁；血液激发了乐观的弹奏者进行表演；少女气质冷漠，对情人反应迟缓；太多的黄胆汁使主人怒气冲冲。

图4-1 四种气质图

这四种气质类型的特征如表 4-4 所示。

表 4-4 气质类型的主要特征

气质类型	主要特征
多血质	外向、活泼、好动、敏捷、反应迅速、善于与人交往、注意力容易转移、兴趣易于变换
黏液质	内向、安静、稳重、反应迟缓、沉默寡言、情绪不易外露、善于忍耐
胆汁质	外向、直率、热情、精力旺盛、易于冲动、刚勇、兴奋
抑郁质	内向、抑郁、孤僻、敏感、多疑、行动迟缓、沉默寡言、情绪体验深刻而不易外露、善于体察细节变化

在现实生活中，具备某种典型气质类型的人只占少数，多数人往往是以某种气质类型为主，兼具其他某种类型的气质特点。

某种气质特征为一个人从事某种职业提供了有利条件，气质和工作性质相匹配可以提高工作效率。组织可以根据人的气质特征来调动人的积极性，合理用人。一般来说，持久细致的工作适合于黏液质和抑郁质，而要求迅速而灵活反应的工作适于多血质和胆汁质。具体来说，不同气质类型的人适合的职业类型如表 4-5 所示。

表 4-5 不同气质类型的人适合的职业类型

气质类型	适合的职业
多血质	适于从事社交性、文艺性、多样化、多变性、要求反应快捷且均衡的工作，如销售、采购、后勤、公关、谈判等
黏液质	适于从事原则性强、有条不紊、刻板平静、重复性强的工作，如人事、调查、保管等
胆汁质	适于从事反应迅速、动作有力、应激性强、风险大、难度高而费力的工作，如抢险、救护等
抑郁质	适于从事平静、刻板、持久、耐心、细致、按部就班的工作，如会计、统计等

但由于气质的各种特征之间可以相互补偿，所以某种气质类型对工作效率的影响并不显著。中国科学院对优秀纺织女工的研究表明：在看管多台机床的女工中，黏液质女工注意力的稳定性补偿了从机床之间转移的灵活性不足造成的困难；活泼型女工注意力容易转移补偿了注意力容易分散的缺陷。

一些特殊的职业，如运动员、飞行员、观测员等，对人的气质特征提出了特定的要求，如飞行员的情绪稳定性很重要，外向的人不适于担任观测工作。所以，从事这些工作的人员必须经过严格的气质特征的选择和培训。

三、气质的生理基础

气质的生理基础十分复杂，苏联心理学家巴甫洛夫发现高级神经活动的基本过程(即兴奋过程和抑制过程)的相互关系决定了有机体的一切反射过程。兴奋过程和抑制过程有三个基本特性：神经过程的强度、平衡性和灵活性。巴甫洛夫指出，高级神经活动类型与气质类型之间具有一定的关系。依据高级神经系统活动的强度、平衡性和灵活性，可把高级神经系统划分为不可抑制型、活泼型、安静型和弱型，如表 4-6 所示。

表 4-6　高级神经活动类型与气质类型

高级神经活动类型			气质类型
强型	不平衡型		胆汁型(不可抑制型)
	平衡型	灵活性高	多血质(活泼型)
		灵活性低	黏液质(安静型)
弱型(抑制型)			抑郁质(弱型)

气质类型是指一类人身上共有的相似的表现为行为特征的心理特性的典型结合，表 4-7 显示了不同气质类型的心理特性。

表 4-7　气质类型与心理特性

心理特性	气质类型			
	多血质	胆汁质	黏液质	抑郁质
感受性	低	低	低	高
耐受性	较高	较高	高	低
速度与灵活性	快、灵活	快、不灵活	慢、不灵活	慢、不灵活
可塑与稳定性	有可塑性	可塑性小	稳定	刻板性
不随意反应性	强	强	弱	弱
内外向性	外向	外向	内向	内向
情绪兴奋性	高	高	低	体验深
情绪和行为特征	愉快、机敏、不稳定	容易激怒	冷漠	悲观

有的人具有表 4-7 中的四种典型特征气质之一，称为"典型型"；有的近似某一类型，称为"一般型"；有的人具有两种或两种以上类型，称为"混合型"或"中间型"。在人群中，气质的一般型和混合型的人占多数。所以，在测定某一个人的气质时，不要硬性地将其划入某种典型型，而应测定气质特征和神经过程的基本特性。

气质无好坏优劣之分，只有心理特征和表现方式的区别，气质不标志着一个人的智力发展水平和道德水平，不决定一个人的社会价值和成就的高低。气质可以影响人的感情和行为，进而影响人的活动效率和对环境的适应。

第二节　性格与行为

一、性格的概念

性格是指一个人在生活过程中形成的对现实稳定的态度以及习惯性的行为方式。性格是具有核心意义的个性心理特征，最能表征一个人的个性差异。所谓的个性主要是指人的性格。

性格是人对现实的态度和行为方式中稳定的心理特征，与一个人的理想、信念、人生观和世界观等高层次的心理成分相联系，所以它在个性发展中发挥着核心作用。性格是个体的本质属性，有好坏之分，始终有道德评价的意义。我国春秋战国时期就有关于人性善恶之争，孟子的性善论、荀子的性恶论、告子的性无善恶论对今人都有启示作用。

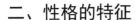

二、性格的特征

"性格"是一种个体内部的行为倾向，它具有整体性、结构性、持久稳定性等特点，是每个人特有的，可以对个人外显的行为、态度提供统一的、内在的解释。

人的性格很复杂，包含着许多方面，性格特征就是性格的各个不同方面的特征，它主要由四个部分组成。

1. 性格的态度特征

这是指一个人在处理各种社会关系方面所表现出来的性格特征。例如，对社会、集体和他人的态度是忠心或背叛、自私或利他、正直或虚伪等。对工作和学习的态度是勤劳或懒惰、认真或粗心、节俭或浪费等。对自己的态度是自尊或自卑、谦虚或骄傲等。

2. 性格的意志特征

这是指自觉地调节自己的行为克服在遇到困难时所表现出来的性格特征。具体表现为意志的自觉性(目的性或盲目性)、自制力(冷静或冲动)、坚定性(有恒心或虎头蛇尾)、果断性(勇敢或胆小)等。

3. 性格的情绪特征

这是指人在情绪的强度(热情奔放)、持续性(乐观开朗)、稳定性(情绪波动)及主导心境(多愁善感)等方面所表现出来的性格特征。

4. 性格的理智特征

这是指人在感觉和知觉(如主动感知与被动感知)、记忆(如直观记忆性和逻辑记忆性)、想象(如幻想家与现实主义者)、抽象思维(如肤浅性与深刻性)等认知过程中所表现出来的性格 特征。

三、性格形成的影响因素

在性格的形成和发展的问题上，历史上曾出现过两种对立的观点：遗传决定论和环境决定论，现在一般认为性格是遗传因素和环境因素相互作用的结果。遗传是性格形成的自然基础和发展的潜在因素，而环境因素特别是教育在性格的形成和发展中起决定作用。

对于后天环境对性格的影响，有"江山易改，本性难移"的不变观点，以及"近朱者赤，近墨者黑"的可塑观点。性格不是与生俱来的，也不是一朝一夕形成的，而是在主客体的相互作用过程中伴随着世界观的确立形成的。

研究表明，人的早期经历对性格的形成有十分重要的影响，弗洛伊德特别重视童年经历对性格形成的意义。但是，性格的最终形成要到青年期乃至成年期，而且虽然性格会保持相对稳定，但还是会随着今后的个人经历发生变化。

1. 生理性因素

生理性因素包括遗传、体格、体型、性别以及肌肉与神经系统、体内各腺体的发育水平等。例如，体格健壮者性格外向、较活跃、有进取心；体格弱小者性格内向、沉静、胆小。男性好强、争胜、有表现欲；女性温柔、体贴、心思细密。

2. 环境因素

环境因素包括自然环境、社会文化、经济因素、政治因素、社会生活条件以及教育等，它们是个性发展的重要条件。

(1) 家庭。家庭被称为"制造人类性格的工厂"，是培育个体性格的摇篮。研究表明，小学生的自尊心与家庭的贫富和社会地位无关，而与父母的教养态度和方法有关，自尊心强的男孩，其家庭气氛是民主的。而母亲对孩子的影响作用更大，母爱是儿童性格健康发展的必要条件，缺乏母爱的儿童会形成不合群、孤僻、任性和冷漠的不良性格。

(2) 学校教育。学校教育如课堂教学、班级集体、同学交往、教师等对人的性格形成和发展也具有重要意义。每个学生在班组中都会处于一定的地位，扮演某种角色，担任班干部和受到老师重视的学生会更倾向于形成积极的性格。班风、校风、教师的管教方式也会对学生的性格造成影响。

(3) 社会文化。社会文化决定性格发展的大方向。例如传统的中国文化讲究面子，北方人直率，南方人热情。职业也会对人的性格发展产生影响，例如警察的性格特征是严肃沉稳，医生的性格特征是镇静和不动声色，政治家不怕挫折，科学家好奇钻研，律师重视公平，会计谨慎、严谨、刻板。

四、性格的类型及其与职业的匹配

(一)中国古代的性格分类

了解性格类型是寻求个人发展、探索人际关系的重要开端。对于人的性格，三国时期的刘劭认为，人是"含元一以为质，禀阴阳以立性"。元一就是元气；阴阳指元气所具有的两种根本属性，即动和静。在一定资质的基础上，由于禀受阴阳的不同而出现不同的性格。例如，禀阳多的"明白之士""达动之机而暗于玄虑"；禀阴多的"玄虑之人""识静之源而困于速捷"。阴阳清和则能动能静，动静适宜；阴阳失调则"拘抗违中，故善有所章而理有所失"。刘劭认为，人是"体五行而著形"的。五行指木、金、火、土、水，它们分别形成了人体的骨、筋、气、肌、血，人体相应部分的不同表现，也造就了人的各种不同的性格和品德。其内在关系如表4-8所示。

表4-8 五行、形体、性格特征和品德对应关系表

五 行	人 体	性格特征	品 德
木	骨	弘毅：温直而扰毅	仁
金	筋	勇敢：刚塞而弘毅	义
火	气	文理：简畅而明砭	礼
土	肌	贞固：宽栗而柔立	信
水	血	通微：愿恭而理敬	智

(二)内向型与外向型

瑞士心理学家荣格(Carl G. Jung)根据心理能量活动的方向是倾向于外部还是内部世界，把人的性格分为内向型和外向型。外向型的心理能量流向客观外部世界的表象中，表现为感情外露、活泼开朗，对周围一切都很有兴趣，喜欢与他人交往。内向型的心理能量流向主体的心理过程，表现为冷漠、少言，全神贯注于自己的内心体验，不喜欢与社会交往。内向型与外向型人的特点如表4-9所示。

表4-9　内向型与外向型人的特点

内向型		外向型	
孤独型	沉默寡言、谨慎、消极孤独	社交型	爽朗积极、能言善辩、顺应
思考型	善于思考、深入钻研、提纲挈领	行动型	现实、说干就干、易变化、好动
丧失自信型	自卑感、自责、自罪感	过于自信型	瞧不起别人、过高估计自己
不安型	规矩、清高、小心	乐天型	胆量大、大方、不拘小节
冷静型	小心谨慎、沉着、稳重	感情型	敏感、喜怒哀乐变化无常

(三)MBTI

荣格认为，大脑获取信息后做出决定的流程是先感知再判断。感知可以分为两种：感觉和直觉。判断也可以分为两种：情感判断和思考判断。荣格进一步把人的基本心理机能分为四种：感觉、直觉、情感和思考。"感觉"告诉我们存在某种东西；"直觉"让我们在缺乏事实信息的情况下判断它来去的方向；"情感"告诉我们它是否令人满意；"思考"告诉我们它是什么。按照两种类型与四种机能的组合，1913年荣格划分了性格的八种类型：内(外)倾思维型、内(外)倾情感型、内(外)倾感觉型、内(外)倾直觉型。

美国的凯恩琳·布里格斯和其女儿伊莎贝尔·布里格斯·迈尔斯以荣格划分的八种类型为基础，加以扩展，制定了迈尔斯布里格斯类型指标(MBTI)表征人的性格，形成四个维度，每个维度上都包含相互对立的两种偏好：E—外向，或I—内向；S—感觉，或N—直觉；T—思维，或F—情感；J—判断，或P—感知。

其中，"外向E—内向I"代表着各人不同的精力(energy)来源。"感觉S—直觉N、思维T—情感F"分别表示人们在进行感知(perception)和判断(judgement)时不同的用脑偏好。"感知P—判断J"针对人们的生活方式而言，它表明我们如何适应外部环境，即在我们适应外部环境的活动中，究竟是感知还是判断发挥了主导作用。

这四个维度就是四把标尺，每个人的性格都会落在标尺的某个点上，这个点靠近哪个端点，就意味着这个人有哪方面的偏好。每种性格类型都具有独特的行为表现和价值取向。

(1) 根据个人的能量更集中地指向哪里，可将人的性格分为内倾与外倾(I—E)，如表4-10所示。

(2) 根据个人收集信息的方式，可将人的性格分为感觉型与直觉型(S—N)，如表4-11所示。

表 4-10　内倾型与外倾型

	外倾型 E	内倾型 I
特点	将注意力和精力投注在外	关注自我的内部状况，如情感、思想
	与他人相处精力充沛	独自度过时光，精力充沛
	希望成为注意的焦点	避免成为注意的焦点
	行动，之后思考	思考，之后行动
	喜欢边想边说出声	在心中思考问题不善于表露
	易于"读"和了解，随意地分享个人信息	相对封闭，在经挑选的小群体中分享个人的信息
	说的比听的多	听的比说的多
	高度热情地社交	不把热情表现出来
	反应快，喜欢快节奏	仔细考虑后才有所反应，喜欢慢节奏
	重于广度而不是深度	喜欢深度而不是广度

表 4-11　感觉型与直觉型

	感觉型	直觉型
特点	对待任务习惯于按照规则、手册办事，比如照着手册使用家电	习惯尝试，跟着感觉走，不习惯仔细地看完大本说明书再动手
	关注的是事实本身，注重细节	注重的是基于事实的含义、关系和结论
	信赖五官听到、看到、闻到、感觉到、尝到的实在的事实和信息	注重"第六感觉"，注重"弦外之音"，也许是不实在的
	注重细节，擅长记忆大量事实与材料	擅长解释事实、捕捉零星的信息、分析事情的发展趋向
	习惯于固守现实，享受现实，使用已有的技能；注意"是什么"，实际而仔细	更习惯变化、突破现实，更关心"可能是什么"

(3) 根据个人做决定的方式，可将人的性格分为情感型与思维型(F—T)，如表 4-12 所示。

表 4-12　情感型与思维型

	情感型	思维型
特点	常从自我的价值观念出发，变通地贯彻规章制度，做出一些自己认定是对的决策，人情味较浓，关注情绪体验	注重依据客观事实的分析，一视同仁地贯彻规章制度，不太习惯根据人情因素变通
	大约 2/3 的女性偏好情感型，显得"无原则"	2/3 的男性偏好思维型，显得"冷酷"

两类人都有理性思考的成分，但作决定或下结论的主要依据不一样。

(4) 根据个人最感到舒适的生活方式，可将人的性格分为感知型与判断型(P—J)，如表 4-13 所示。

表 4-13 感知型与判断型

	感知型	判断型
特点	桌或柜里的物品摆放不整齐	摆放的物品井然有序
	好奇性、适宜性强，喜欢变化，灵活、随意、开放	目的性较强，一板一眼，有计划、有条理、有序
	希望获得更多信息后再决断。逛两天商场还决定不了买什么	在做决策时较为果断

(四)大五人格

人格因素的"大五"分类模型(Big Five 或 FFM，Five-Factor Model)是近年来研究的热点。它来源于采用字典、语句的传统方式，搜集一连串描述人格特质的形容词，再对所有形容词的评定结果加以因素分析，找出的结果被认为是人格特质的基本向度。所谓"大五"，就是涵盖人格的五个因素：neuroticism、openness、agreeableness、conscientiousness、extraversion。1985 年，Costa 和 McCrae 编制了测量"大五"的人格问卷，NEO-PI 是将人格的五因素模型加以操作化的测量工具。后来，他俩又编制了新的修订版：NEO-PI-R 和 NEO-FFI。比较典型的测量"大五"的量表还有 HPI 和 BFI 等。

研究证实这五大人格因素是许多人格问卷所测量的人格向度中的主要向度。Costa 和 McCrae 将每个向度各细分为六个切面，向度下各个切面分数的总和就是各个向度量表的分数，这些切面帮助测验者明确描述受测者情绪、人际、经验、态度和动机的形态。

1. neuroticism(N)神经质

特质：此向度的核心主要是看个体体验到的负向情感的倾向。例如，害怕、伤心、困扰、罪恶感、生气等。神经质不只包含了对心理苦楚的敏感性，也有可能是因为分裂的情绪干扰了适应的情况。

细分：N1 焦虑(anxiety)、N2 愤怒的敌意(angry hostility)、N3 抑郁(depression)、N4 自我意识(self-consciousness)、N5 冲动(impulsiveness)、N6 易受伤害(vulnerability)。

2. extraversion(E)外向性

特质：外向性指的是喜欢交际，拥有此种特质的人，较喜欢人群、大团体和聚会，也比较有自信、健谈，喜爱刺激，愉悦、乐观、活跃和有精力。

细分：E1 热络(warmth)、E2 群集性(gregariousness)、E3 果断性(assertiveness)、E4 活动性(activity)、E5 寻找刺激(excitement-seeking)、E6 正向情绪(positive Emotions)。

3. openness(O)开放性

特质：开放性的特质包含活跃的想象力、对艺术敏感、注意内在感觉、喜好多样化、求知欲高、独立判断是非。

开放性的人，对于内在与外在世界都很好奇，且生活充满丰富的经验。不依照惯例、乐于挑战权威，且随时拥有新的道德、社会、政治上的观点。开放性低的人，倾向有传统保守的行为和看法，喜欢熟悉多于喜欢新奇。但开放与否，要看当时的情境要求而定，且开放与封闭性在社会上各有其功能。

细分：O1 幻想(fantasy)、O2 美学(aesthetics)、O3 感受(feelings)、O4 行动(actions)、O5 理念(ideas)、O6 价值观(values)。

4. agreeableness(A)友善性

特质：友善性和人际倾向有关。友善的人基本上是利他主义者，同情别人且热心助人。虽然友善的人比带有敌意的人更受欢迎，但友善性高不一定比带有敌意的人更好，这要视情境而定。从社会观点和个人心理健康来看，也是相同的状况。低友善性与自恋、反社会、妄想症人格异常有关，而高友善性与依赖性人格异常有关。

细分：A1 信赖(trust)、A2 坦率(straightforwardness)、A3 利他主义(altruism)、A4 顺从(compliance)、A5 谦逊(modesty)、A6 软心肠(tender-mindedness)。

5. conscientiousness(C)严谨性

特质：在发展的过程中，大部分人都会学习到如何自我控制。例如，处理自己的欲望、计划、组织、执行工作等，在这个倾向上的个别差异就是谨慎性的基础。

从好的方面来说，高谨慎性和学术以及职业成就有关；从负面来看，高谨慎性可能会造成吹毛求疵、洁癖或工作狂的举动。

细分：C1 能力(competence)、C2 条理(order)、C3 尽责(dutifulness)、C4 力求成就(achievement striving)、C5 自律(self-discipline)、C6 谨慎(deliberation)。

(五)A 型人格与 B 型人格

有些人喜欢从事高强度的竞争活动，长期有时间上的紧迫感，总是不断驱动自己在最短的时间内干最多的事情，并对妨碍自己努力的其他人或事进行攻击。这种人格特点是 A型人格(type A personality)。在今天竞争激烈的工作学习环境中，这种特点受到高度推崇。与 A 型人格相反的是 B 型人格，两者的主要表现如表 4-14 所示。

表 4-14　A 型人格与 B 型人格的表现

A 型人格	B 型人格
运动、走路、吃饭的节奏很快	从来不曾有时间上的紧迫感以及其他类似的不适感
对很多事情的进展速度不耐烦	认为没有必要讨论自己的成就和业绩，除非环境要求如此
总是试图同时做两件以上的事，无法处理休闲时光	充分享受娱乐和休闲，而不是不惜一切代价实现自己的最佳水平
着迷于数字，其成功是以每件事情中自己获益多少来衡量的	充分放松而不感到内疚

在组织中，具有 A 型性格和 B 型性格的人谁更容易成功？A 型人长期处于焦虑之中，对数量的追求高于对质量的追求，他们常常是速度很快、效率很高的工人和最优秀的销售员，也适合自己创业当经理。而 B 型人常常在大公司中占据高层职位，因为领导的职位常常适合那些睿智而非匆忙、机敏而非敌意、有创造性而非仅有好胜心的人。所以 B 型人常负责制订战略，A 型人常负责具体实施。

(六)霍兰德的人格与职业匹配理论

在组织中，不同的人具有不同的人格特点，人格特点的差异导致工作绩效的差异。作为政府或企业等组织的管理者，了解员工的人格差异，可以更科学地选拔职员，安排工作，激发工作热情，提高工作绩效，增强组织活力。

美国学者约翰·霍兰德(John·L. Holland)是著名的职业指导专家，他提出人格-职业匹配理论(personality-job fit theory)。他认为员工对工作的满意度和流动的倾向性，取决于个体的人格特点与职业环境的匹配程度。他划分了以下6种人格类型，如表4-15所示。

表4-15　人格类型与其特点

类　型	人格特点	偏　好	职　业
现实型	害羞、真诚、持久、稳定、顺从、实际	需要技能、力量、协调性的体力活动	机械师、工人
研究型	分析、创造、好奇、独立	需要思考、组织和理论的活动	数学家、生物家
社会型	社会、友好、合作、理解	能帮助和提高别人的活动	记者、老师
传统型	顺从、高效、实际、缺乏想象力、缺乏灵活性	规范、有序、清楚明确的活动	会计、出纳
企业型	自信、进取、精力充沛、盛气凌人	能够影响他人和获得权利的语言活动	法官、企业主
艺术型	富于想象力、无序、杂乱、理想、情绪化、不实际	需创造性表达的模糊且无规则可循的活动	作家、音乐家

6种人格类型可以用一幅六角图表示，如图4-2所示。

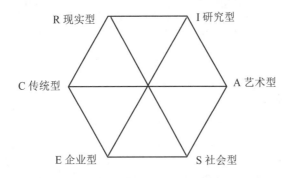

图4-2　6种人格的关系

在性格类型与职业类型的匹配上，有以下三种情况。

(1) 协调。大多数的人可以划为某一种性格类型，如果某人性格类型与职业类型一致，则协调。

(2) 亚协调。每一种性格类型又有两种相近的性格类型，如果某人性格类型与职业类型相近，则为亚协调。图4-2中邻近角表示的是相近的性格类型。

(3) 不协调。如果某人性格类型与职业类型相排斥，则不协调。图4-2中对角线上表示的是相反的性格类型。

(七)卡特尔16种人格

美国伊利诺州立大学人格及能力测验研究所卡特尔(Raymond B.Cattell，1905—1998)将

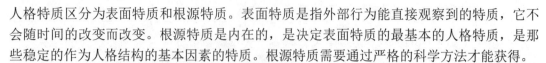

人格特质区分为表面特质和根源特质。表面特质是指外部行为能直接观察到的特质，它不会随时间的改变而改变。根源特质是内在的，是决定表面特质的最基本的人格特质，是那些稳定的作为人格结构的基本因素的特质。根源特质需要通过严格的科学方法才能获得。

卡特尔经过因素分析，获得 16 种人格根源特质。卡特尔根据这 16 种人格特质编制出了人格问卷，用以评定被测者在这 16 种人格因素(sixteen personality factor，16PF)上的表现及倾向。该问卷被称为卡特尔 16 种人格因素问卷。

16PF 适用于 16 岁以上的成人，采用是非式问卷格式。中文 16PF 问卷共 187 题，分 16 个分量表计分，其题目形式举例：我的思想似乎：A. 比较先进；B. 一般；C. 比较保守。

从 16PF 中，可以得到被测者在 16 种根源特质上的 16 个量表分。这 16 个因素或分量表的名称和符号分别是：乐群性(A)、聪慧性(B)、稳定性(C)、恃强性(E)、兴奋性(F)、有恒性(G)、敢为性(H)、敏感性(I)、怀疑性(L)、幻想性(M)、世故性(N)、忧虑性(O)、实验性(Q1)、独立性(Q2)、自律性(Q3)、紧张性(Q4)。这 16 种人格特质从 16 个方面描述个体的人格特征。16PF 的测评结果除了上述 16 项因素解释之外，还可以对双重因素和测验应用特征进行计算。例如，适应-焦虑型、内向-外向型、感情用事-安详机警、怯懦-果断型等。应用特征包括心理健康因素、专业成就人格因素、创造能力人格因素、新环境中成长能力人格因素等。16PF 的广泛应用性以及问卷本身良好的信度和效度使它在世界范围内应用广泛。对于16PF，16 种人格特质及其适合的职业特点如表 4-16 所示。

表 4-16 16 种人格特质及其适合的职业特点

人格特质	分数	性格特征	适合从事的工作
乐群性	低分者	缄默、孤独、冷淡	富有创造性的工作：科学家、艺术家、音乐家、作家
	高分者	外向、热情、乐群	社会性工作：管理、公关、营销、社工
聪慧性	低分者	思想迟钝、学识浅薄、抽象思维能力差	简单劳动
	高分者	聪明、富有才识、善于抽象思考	复杂的脑力劳动
稳定性	低分者	情绪激动、易烦恼	富有变化的工作：艺术、创作等
	高分者	情绪稳定而成熟，能面对现实	技术性、管理性工作：技术员、管理者、医护人员、飞行人员等
恃强性	低分者	谦逊、通融、恭顺	教育、医疗、服务性工作
	高分者	好强、固执、独立、积极	政治、军事、管理等领导及富有挑战性的工作：体育竞技、航空飞行等
兴奋性	低分者	严肃、审慎、冷静、寡言少语	会计、行政人员、艺术家、工程师、教授、科研人员等
	高分者	轻松兴奋、随遇而安	运动员、商人、飞行员、战士、空姐、水手等
有恒性	低分者	苟且敷衍，缺乏奉公守法的精神	艺术、文化、演艺、社工、运动等自由度大的工作
	高分者	有恒、负责，做事尽职	财会、图书管理、政治等
敢为性	低分者	畏怯退缩，缺乏自信心	农业工人、编辑、档案资料管理、图书资料管理等
	高分者	冒险敢为，少有顾虑	商人、企业主管、体育竞技等高风险性工作

续表

人格特质	分数	性格特征	适合从事的工作
敏感性	低分者	理智、注重现实、自持力强	销售经理、工程师、物理学工作者、技师、警务人员等
	高分者	敏感、感情用事	演员、作家、艺术工作者等
怀疑性	低分者	信赖随和，易与人相处	财会、飞行人员、基层管理人员等
	高分者	怀疑、刚愎、固执己见	艺术家、编辑、中高层管理人员、创造性科研工作者等
幻想性	低分者	现实，合乎成规，力求妥善合理	职业上倾向于务实、规范、有章可循、重复性的工作
	高分者	幻想、狂放、任性	变化性、挑战性的工作，如艺术家、诗人、作家等
世故性	低分者	坦白、直率、天真	艺术家、普通工人等
	高分者	精明能干，老于世故	企业家、商人、服务人员等
忧虑性	低分者	安详、沉着、通常有自信心	竞技运动员、行政人员、空姐、机械师、工程师等
	高分者	忧虑抑郁，烦恼自扰	艺术家、宗教人士
实验性	低分者	保守、尊重传统观念与行为标准	运动员、军人、警务人员、商人、家政人员等
	高分者	自由、批评、激进、不拘泥于现实	艺术家、作家、工程师、发明家等
独立性	低分者	依赖、随群附和	空姐、厨师、保姆、护士、社会工作者、普通工人
	高分者	自立自强，当机立断	艺术家、工程师、科研人员、教授、作家、中高层管理人员
自律性	低分者	矛盾冲突，不顾大体	艺术家、演员等
	高分者	知己知彼，自律严谨	行政领导、飞行员、机械师、科学家、警务人员等
紧张性	低分者	心平气和，闲散宁静	空姐、飞行员、海员、地理学家、物理学家
	高分者	紧张困扰、激动挣扎	记者、作家、演艺人员、农业工人等

小测试

霍兰德职业偏爱测验

本测量表将帮助您发现和确定自己的职业兴趣和能力特长，从而更好地做出求职择业的决策。如果你已经考虑好或选择好了自己的职业，本测验将使您的这种考虑或选择具有理论基础，或向您展示其他合适的职业；如果您至今尚未确定职业方向，本测量表将帮助您根据自己的情况选择一个恰当的职业目标。请如实回答下列问题。

你心目中的理想职业是什么？对于未来的理想职业生涯，您也许早有考虑，它可能很抽象、很朦胧，也可能很具体、很清晰。现在把自己最想做的三种工作按顺序写下来。

1. ＿＿＿＿＿＿　　2. ＿＿＿＿＿＿　　3. ＿＿＿＿＿＿

(一)你所感兴趣的活动

下面列举了各种活动，你喜欢从事这些活动吗？请就这些活动判断你的好恶。喜欢的活动请在"是"栏里打"√"，反之，在"否"栏里打"√"。如果某些活动你没有经历过，请凭你对该活动的认识和感觉进行判断。务必按顺序回答全部问题，统计"是"一栏的次数。

R: 现实型活动	是	否
1. 装配、修配、修理电器或玩具	□	□
2. 修理自行车	□	□
3. 用木头做东西	□	□
4. 开汽车或摩托车	□	□
5. 用机器做东西	□	□
6. 参加木工技术学习班	□	□
7. 参加制图、描图学习班	□	□
8. 驾驶卡车或拖拉机	□	□
9. 参加机械和电气班学习	□	□
10. 装配修理机器	□	□

统计"是"一栏次数为_____。

I: 研究型活动	是	否
1. 读科技类图书和杂志	□	□
2. 在实验室工作	□	□
3. 改良水果品种，培育新的水果	□	□
4. 调查了解土壤和金属等物质的成分	□	□
5. 研究自己选择的特殊问题	□	□
6. 解算式或数学游戏	□	□
7. 物理课	□	□
8. 化学课	□	□
9. 几何课	□	□
10. 生物课	□	□

统计"是"一栏次数为_____。

A: 艺术型活动	是	否
1. 素描、制图或绘画	□	□
2. 参加话剧戏曲	□	□
3. 设计家具、布置室内	□	□
4. 练习乐器、参加乐队	□	□
5. 欣赏音乐或戏剧	□	□
6. 看小说、读剧本	□	□
7. 从事摄影创作	□	□
8. 写诗或吟诗	□	□
9. 参加艺术(美术、音乐)培训班	□	□
10. 练习书法	□	□

统计"是"一栏次数为_____。

S: 社会型活动	是	否
1. 学校或单位组织的正式活动	□	□
2. 参加某个社会团体或俱乐部的活动	□	□
3. 帮助别人解决困难	□	□

4. 照顾儿童　　　□　　□

5. 出席晚会、联欢会、茶话会　　□　　□

6. 和大家一起出去郊游　　□　　□

7. 想获得关于心理学方面的知识　　□　　□

8. 参加讲座或辩论会　　□　　□

9. 观看或参加体育比赛和运动会　　□　　□

10. 结交新朋友　　□　　□

统计"是"一栏次数为_____。

E：企业型活动　　　　　　是　　否

1. 说服鼓动他人　　□　　□

2. 卖东西　　□　　□

3. 谈论政治　　□　　□

4. 制订计划，参加会议　　□　　□

5. 将自己的想法告诉别人　　□　　□

6. 在社会团体中担任职务　　□　　□

7. 检查与评价别人的工作　　□　　□

8. 结识名流　　□　　□

9. 指导有某种目标的团体　　□　　□

10. 参与政治活动　　□　　□

统计"是"一栏次数为_____。

C：传统型活动　　　　　　是　　否

1. 整理好桌面和房间　　□　　□

2. 抄写文件和信件　　□　　□

3. 为领导写报告或公务信函　　□　　□

4. 核查个人收支情况　　□　　□

5. 参加打字培训班　　□　　□

6. 参加珠算、文秘等实务培训　　□　　□

7. 参加商业会计培训班　　□　　□

8. 参加情报处理培训班　　□　　□

9. 整理信件、报告、记录等　　□　　□

10. 写商业贸易信　　□　　□

统计"是"一栏次数为_____。

(二)你所擅长的活动

下面列举了各种活动，其中你能做或大概能做的事，请在"是"栏里打"√"，反之，在"否"栏里打"√"，请回答全部问题，统计"是"一栏的次数。

R：现实型活动　　　　　　是　　否

1. 能使用电锯、电钻和锉刀等木工工具　　□　　□

2. 知道万用表的使用方法　　□　　□

3. 能够修理自行车或其他机械　　□　　□

4. 能够使用电钻床、磨床或缝纫机　　□　　□

5. 能给家具和木制品刷漆 □ □
6. 能看建筑等设计图 □ □
7. 能够修理简单的电器用品 □ □
8. 能修理家具 □ □
9. 能修收录机 □ □
10. 能简单地修理水管 □ □

统计"是"一栏次数为_____。

I: 研究型活动	是	否
1. 懂得真空管或晶体管的作用	□	□
2. 能够列举三种含蛋白质多的食品	□	□
3. 理解铀的裂变	□	□
4. 能用计算尺、计算器、对数表	□	□
5. 会使用显微镜	□	□
6. 能找到三个星座	□	□
7. 能独立进行调查研究	□	□
8. 能解释简单的化学式	□	□
9. 理解人造卫星为什么不落地	□	□
10. 经常参加学术会议	□	□

统计"是"一栏次数为_____。

A: 艺术型活动	是	否
1. 能演奏乐器	□	□
2. 能参加二部或四部合唱	□	□
3. 独唱或独奏	□	□
4. 扮演剧中角色	□	□
5. 能创作简单的乐曲	□	□
6. 会跳舞	□	□
7. 能绘画、素描或书法	□	□
8. 能雕刻、剪纸或泥塑	□	□
9. 能设计海报、服装或家具	□	□
10. 写一手好文章	□	□

统计"是"一栏次数为_____。

S: 社会型活动	是	否
1. 有向各种人说明解释的能力	□	□
2. 常参加社会福利活动	□	□
3. 能和大家一起友好相处地工作	□	□
4. 善于与年长者相处	□	□
5. 会邀请人、招待人	□	□
6. 能简单易懂地教育儿童	□	□
7. 能安排会议等活动程序	□	□
8. 善于体察人心和帮助他人	□	□

9. 帮助护理病人或伤员　　　□　　□
10. 安排社团组织的各种事务　□　　□
统计"是"一栏次数为_____。

E：企业型活动　　　　　　　是　　否
1. 担任过学生干部并且做得不错　□　　□
2. 工作上能指导和监督他人　　□　　□
3. 做事充满活力和热情　　　　□　　□
4. 有效地用自身的做法调动他人　□　　□
5. 销售能力强　　　　　　　　□　　□
6. 曾当过俱乐部或社团的负责人　□　　□
7. 向领导提出建议或反映意见　□　　□
8. 有开创事业的能力　　　　　□　　□
9. 知道怎样做能成为一个优秀的领导者　□　　□
10. 健谈善辩　　　　　　　　□　　□
统计"是"一栏次数为_____。

C：传统型活动　　　　　　　是　　否
1. 会熟练地打印中文　　　　　□　　□
2. 会外文打字机或复印机　　　□　　□
3. 能快速记笔记和抄写文章　　□　　□
4. 善于整理保管文件和资料　　□　　□
5. 善于从事事务性的工作　　　□　　□
6. 会用算盘　　　　　　　　　□　　□
7. 能在短时间内分类和处理大量文件　□　　□
8. 能使用计算机　　　　　　　□　　□
9. 能搜集数据　　　　　　　　□　　□
10. 善于为自己或集体作财务预算　□　　□
统计"是"一栏次数为_____。

(三)你所喜欢的职业
下面列举了多种职业，请一个一个地认真看，如果是你感兴趣的工作，请在"是"栏里打"√"。如果是你不太喜欢、不关心的工作，请在"否"栏里打"√"，请全部回答，统计"是"一栏的次数。

R：现实型职业　　　　　　　是　　否
1. 飞机机械师　　　　　　　　□　　□
2. 野生动物专家　　　　　　　□　　□
3. 汽车维修工　　　　　　　　□　　□
4. 木匠　　　　　　　　　　　□　　□
5. 测量工程师　　　　　　　　□　　□
6. 无线电报话务员　　　　　　□　　□
7. 园艺师　　　　　　　　　　□　　□
8. 长途公共汽车司机　　　　　□　　□

9. 火车司机   ☐   ☐

10. 电工   ☐   ☐

统计"是"一栏次数为_____。

I: 研究型职业	是	否
1. 气象学或天文学者	☐	☐
2. 生物学者	☐	☐
3. 医学实验室的技术人员	☐	☐
4. 人类学者	☐	☐
5. 动物学者	☐	☐
6. 化学学者	☐	☐
7. 数学学者	☐	☐
8. 科学杂志的编辑或作家	☐	☐
9. 地质学者	☐	☐
10. 物理学者	☐	☐

统计"是"一栏次数为_____。

A: 艺术型职业	是	否
1. 乐队指挥	☐	☐
2. 演奏家	☐	☐
3. 作家	☐	☐
4. 摄影家	☐	☐
5. 记者	☐	☐
6. 画家、书法家	☐	☐
7. 歌唱家	☐	☐
8. 作曲家	☐	☐
9. 电影电视演员	☐	☐
10. 节目主持人	☐	☐

统计"是"一栏次数为_____。

S: 社会型职业	是	否
1. 街道、工会或妇联干部	☐	☐
2. 小学、中学教师	☐	☐
3. 精神病医生	☐	☐
4. 婚姻介绍所工作人员	☐	☐
5. 体育教练	☐	☐
6. 福利机构负责人	☐	☐
7. 心理咨询员	☐	☐
8. 青年干部	☐	☐
9. 导游	☐	☐
10. 政府工作人员		

统计"是"一栏次数为_____。

E: 企业型职业   是   否
1. 厂长 □ □
2. 电视片编制人 □ □
3. 公司经理 □ □
4. 销售员 □ □
5. 不动产推销员 □ □
6. 广告部长 □ □
7. 体育活动主办者 □ □
8. 销售部长 □ □
9. 个体工商业者 □ □
10. 企业管理咨询人员 □ □

统计"是"一栏次数为_____。

C: 传统型职业   是   否
1. 会计师 □ □
2. 银行出纳员 □ □
3. 税收管理员 □ □
4. 计算机操作员 □ □
5. 簿记人员 □ □
6. 成本核算员 □ □
7. 文书档案管理员 □ □
8. 打字员 □ □
9. 法庭书记员 □ □
10. 人口普查登记员 □ □

统计"是"一栏次数为_____。

(四)你的能力类型自评

表4-17和表4-18是六个职业能力方面的自我评分表。你可以针对自己在每一个方面的能力,先与同龄人比较,经斟酌以后再在表中对自己的能力逐一评价。评分时请在表中适当的数字上画圆。4分代表中等水平,数字越大表示该项能力越强,数字越小表示该项能力越弱。

注意,请勿全部画同样的数字,因为你的每项能力不可能完全一样。

表4-17 自我评分表(1)

	R 型 机械操作 能力	I 型 科学研究 能力	A 型 艺术创作 能力	S 型 解释表达 能力	E 型 商业洽谈 能力	C 型 事务执行 能力
高 ↑ 中 ↓ 低	7	7	7	7	7	7
	6	6	6	6	6	6
	5	5	5	5	5	5
	4	4	4	4	4	4
	3	3	3	3	3	3
	2	2	2	2	2	2
	1	1	1	1	1	1

表4-18　自我评分表(2)

| | R 型 | I 型 | A 型 | S 型 | E 型 | C 型 |
	体力技能	数学技能	音乐技能	交际能力	领导能力	办公技能
高 ↑ 中 ↓ 低	7	7	7	7	7	7
	6	6	6	6	6	6
	5	5	5	5	5	5
	4	4	4	4	4	4
	3	3	3	3	3	3
	2	2	2	2	2	2
	1	1	1	1	1	1

(五)确定你的职业兴趣类型

请将前面(一)至(四)部分的全部测验分数,按已统计好的六种职业倾向(R 型、I 型、A 型、S 型、E 型、C 型)的得分填入表4-19中,并做纵向累加。

表4-19　职业倾向得分汇总表

测　试	R 型	I 型	A 型	S 型	E 型	C 型
(一)你所感兴趣的活动						
(二)你所擅长的活动						
(三)你所喜欢的职业						
(四)你的能力类型自评						
总　分						

请将表4-12中的六种职业倾向总分按照大小从左到右排列(最高分→您的职业倾向性得分→最低分)为:

____型　____型　____型　____型　____型　____型

1. 工作价值标准

以下列出了你在选择工作时常会考虑的因素,请选出最重要、次重要、最不重要、决不重要等四项因素。

(1) 工资高、福利好

(2) 工作环境(物质方面)舒适

(3) 人际关系良好

(4) 工作稳定有保障

(5) 能提供较好的受教育机会

(6) 有较高的社会地位

(7) 工作不太紧张、外部压力少

(8) 能充分发挥自己的能力特长

(9) 社会需要与社会贡献较大

最重要_____　　次重要_____　　最不重要_____　　决不重要_____

全部测验完毕。将你居第一位的职业兴趣类型对照职业索引,判断自己适合的职业种类,然后与你前面所填的三个最感兴趣的职业相对照异同。

2. 职业兴趣类型及对应的职业索引

R(现实型)：木匠、农民、操作X光的技师、工程师、飞机机械师、鱼类和野生动物专家、自动化技师、机械工(车工、钳工等)、电工、无线电报务员、火车司机、长途汽车司机、机械制图员、修理机器、电器修理工。

I(调查型)：气象学者、生物学者、天文学者、药剂师、动物学者、化学家、科学编辑、地质学者、植物学者、物理学者、数学家、实验员、科研人员、科技工作者。

A(艺术型)：室内装饰专家、图书管理专家、摄影师、音乐教师、作家、演员、记者、诗人、作曲家、编辑、雕刻家、漫画家。

S(社会型)：社会学者、导游、福利机构工作者、咨询人员、社会工作者、社会科学教师、学校领导、精神病工作者、公共保健护士。

E(企业型)：推销员、进货员、商品批发员、旅馆经理、饭店经理、广告宣传员、调度员、律师、政治家、零售商。

C(常规型)：记账员、会计、银行出纳、法庭速记员、成本估算员、税务员、核算员、打字员、办公室职员、统计员、计算机操作员、秘书。

本 章 小 结

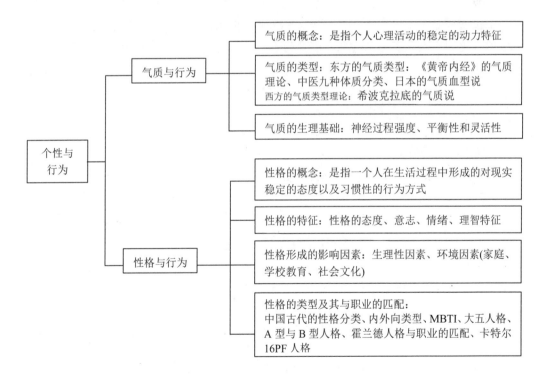

习 题

一、思考题

1. 如果一名员工是A型人格，你预测他的行为会是怎样的？

2. 根据所学的气质理论,判断你的气质类型,分析这种气质类型的特点。

3. 根据所学的性格理论,判断你的性格类型,分析这种性格类型的特点,并思考为什么会形成这种性格。

二、案例分析题

客人的个性

某天晚上一位美国客人到某酒店餐厅吃饭。坐下后,不断地和服务员交谈,让服务员给他介绍有什么好吃的。他对周围的一切非常好奇,不是看花瓶、餐具,就是研究筷子架,还让服务员教他如何使用筷子。最后,他点了一个中式牛柳、一个例汤和一碟青菜。很快,菜就上齐了。他首先把牛柳吐在骨碟上,接着又连试了几块,都是如此。这时,他无可奈何地擦了擦嘴,招手示意服务员过去。当服务员走到他面前时,他非常幽默地说:"小伙子,你们这里的牛一定比我的爷爷还老,你看我的嘴对此非常不高兴,它对我说能否来一点儿它感兴趣的牛柳呢?"说完,他就笑眯眯地望着服务员,等候他的回答。服务员说了声对不起,请他稍微等一会儿,便马上去找主管。主管来了后对这位客人说:"此菜是本酒店奉送的,免费。"说完就走开了。这位客人结账时对服务员说:"看来今晚要麻烦送餐部了。"

讨论:

1. 美国客人属于哪种气质类型?请从案例中找出根据。

2. 假设美国客人是其他三种气质类型的人,分别可能会怎样对待牛肉不好吃这件事?

三、辩论题

正方:A 型人更易成功

反方:B 型人更易成功

四、管理技能训练

分析自己的个性,并通过霍兰德职业偏爱测验法测试自己适合从事哪类职业,为自己的职业生涯做一个规划。

【推荐阅读书目】

[1] 理查德·格里格,菲利普·津巴多. 心理学与生活[M]. 王垒,等,译. 北京:人民邮电出版社,2003.

[2] 保罗·M.马金斯基. 心理学与工作[M]. 10 版. 姚翔,等,译. 北京:机械工业出版社,2014.

[3] 郑雪. 人格心理学[M]. 广州:暨南人民大学出版社,2001.

[4] 钱明. 健康心理学[M]. 3 版. 北京:人民卫生出版社,2018.

[5] 杜安·舒尔茨等. 人格心理学:全面、科学的人性思考[M]. 10 版. 张登浩,李森,译. 北京:机械工业出版社,2016.

第五章

价值观与行为

学习目标：

了解价值观的概念与分类，以及价值观与个体行为的关系。掌握 K-S 框架和霍夫斯泰德的文化分析模型，并运用于跨文化管理。

关键概念：

价值观(value)　施瓦茨价值观调查问卷(schwartz value inventory)　世界价值观调查 (world values survey)　儒家动力论(confucian dynamism)　长期取向(long-term orientation)

【专栏 5-1】 儒家传统文化价值观

儒家思想是中国传统文化的内核，也是维护封建君主专制统治的理论基础。孔子提倡的价值观有：仁、义、礼、智、信、恕、忠、孝、悌、勇等。此外，孟子有"四端"说：仁、义、礼、智，董仲舒则有"五常"说：仁、义、礼、智、信。仁：是儒家思想体系的理论核心，仁是爱人，是儒家社会政治、伦理道德的最高理想和标准。仁体现在政治上是强调"德治"，德治的基本精神实质是泛爱众和博施济众。义：原指"宜"，即行为适合于"礼"。儒家以"义"作为评判人们思想、行为的道德原则。礼：是儒家的政治与伦理范畴。在长期的历史发展中，"礼"一直是中国封建社会的道德规范和生活准则。智：同"知"，是儒家的认识论和伦理学的基本范畴，指知道、了解、见解、知识、聪明、智慧等，知是一个道德范畴，是一种人的行为规范知识。信：指待人处事的诚实不欺、言行一致的态度。孔子将"信"作为"仁"的重要体现，是贤者必备的品德，凡在言论和行为上做到真实无妄，便能取得他人的信任。恕：指己所不欲，勿施于人，包含有宽恕、容人之意。忠：指己欲立而立人，己欲达而达人，表现于与人交往中的忠诚老实。

请问：你如何看待这些价值观？

第一节　价值观概述

一、价值观的含义与形成

1. 价值观的含义

如果一个人喜欢金钱，是好事还是坏事呢？如何看待员工录用中对性别比例的限制？它们是正确的还是错误的？对这些问题的回答都涉及价值观。例如，有些人认为死刑惩罚是正确的，因为它对那些罪大恶极者是最"恰当"的回报。然而，也有人强烈反对死刑，认为政府没有权力去剥夺任何人的生命。

价值观(values)是指一个人对周围的客观事物(包括人、事、物)的意义、重要性的总评价和总看法。它代表了一系列的基本的信念：从个人或社会的角度来看，某种具体的行为类型或存在状态比与之相反的行为类型或存在状态更可取。这个定义包含判断的成分，这些成分反映了一个人关于正确和错误、好与坏、可取与不可取的观念。

价值观包括内容和强度两种属性。内容属性告诉人们某种方式的行为或存在状态是重要的；强度属性则表明其重要程度。当我们根据强度来排列一个人的价值观时，就可以得出他的价值体系，这一体系以层次的形式出现。

2. 价值观的形成

价值观是怎么形成的？首先，它部分来自于遗传。对分开抚养的双胞胎进行的研究表明，大约 40%的工作价值观是通过遗传获得的。所以父母的价值观在解释孩子的价值观方面起着重要的作用。另外，价值观也是个体在成长和成熟的过程中学习得来的。它们会在人的一生中，受外部环境因素的影响，随着人们自我意识的发展而变化。在这些环境因素中，比较重要的有文化因素和关键人物行为的影响因素。人类文化中有些优良观念和行为历经千百年的筛选和强化，在传统文明中沉淀下来，并成为社会道德的规范。例如在我国传统文化中，诚实、正直、孝顺、道义、和平等都是被肯定的价值观，这些都被一代代地植入中华儿女的血液中，成为我们固存的信念。除此之外，家长、教师、朋友甚至偶像人物等的行为对个体的价值观念的形成也起到了至关重要的作用。

人的价值观一旦形成，就是相对稳定和持久的。这是由它自身的遗传成分的获得方式决定的。就其第二点而言，当人们还处于孩童期时，就已经被反复告知某种行为是好的还是不好的，而没有中间状态，这使得人们从小就可以形成有规律、有指向性的行为，从而避免陷入变化无常的盲从中去。当然，价值观并不是绝对一成不变的。当人们处于某种新的环境，其行为必须符合新的情境要求时，旧的价值观可能就不再适合，不得不予以修正。

3. 价值观对个体行为的影响

价值观是非常重要的一种个体心理，它操纵了人们对正确与错误的判断过程，并进一步影响了他们的工作行为。具体来讲，价值观可以产生下列影响。

(1) 影响对其他个人及群体的看法，从而影响人与人之间的关系。

(2) 影响个人所做的决策和解决问题的方法。

(3) 影响个人对所面临的形势和问题的看法。

(4) 影响个人对道德标准的界定。

(5) 影响个人接受或抵制组织目标和组织压力的程度。

(6) 影响对个人及组织的成功和成就的看法。

(7) 影响对个人目标和组织目标的选择。

(8) 对管理和控制组织中人力资源手段的影响。

尽管不同个体之间的价值观有着很大差异，但只要他们在工作中具有相似的价值观，就可以在工作中建立起协调、积极、有效的合作伙伴关系，并最终有利于组织目标的实现。另外，研究证明，持有与组织相同或相似价值观的员工，在工作中容易获得较高的满意度，对组织也更加忠诚和尽责。这就意味着，组织在招聘新员工时，应该尽可能准确地向其传达组织的价值观，并更细致地观察应聘者的价值观是否与组织相匹配。这对于组织当前及将来的团队合作乃至最终目标的实现都有着重要的影响作用。

二、价值观的类型

(一)奥尔波特及其助手价值观分类

美国组织行为学家奥尔波特(G. W. Allport)和他的助手是最早对价值观进行归类的学者，他们划分了六种价值观类型。

(1) 理论型：以追求真理为生活目的，重视以批判和理性的方法寻求真理。对实用和功利缺乏兴趣，其精神生活的主要活动是认识而非情感。

(2) 经济型：以获取利益为生活目的，强调有效和实用，而非理论和道义。

(3) 审美型：以追求美为生活目的，重视外形与和谐匀称的价值，不关心实际生活。

(4) 社会型：以爱他人为生活目的，强调人与人之间的友好和博爱，有献身精神。

(5) 政治型：以追求权力为生活目的，重视拥有权力和影响力，喜欢自己做主，并支配别人。

(6) 宗教型：以信仰和教义为生活目的，富有同情心，关心对宇宙整体的理解和体验。

这六种价值观对不同的人来说重要程度是不同的。为此，奥尔波特等人编制了一份问卷来界定这六种价值观对于被调查者的重要程度，并由此确定每一个被调查者的价值体系。通过这种方法，研究者发现不同职业的人们价值体系也是不同的，如表 5-1 所示。

表 5-1　不同职业的人对价值观重要性的排序

排　序	牧　师	采购代理商	工业工程师
1	宗教	经济	理性
2	社会	理性	政治
3	唯美	政治	经济
4	政治	宗教	唯美
5	理性	唯美	宗教
6	经济	社会	社会

(二)罗克奇价值观分类

1973 年，米尔顿·罗克奇(Milton Rokeach)设计了罗克奇价值观调查问卷(rokeach value survey，RVS)。它包括两种价值观类型，每一种类型有 18 项具体内容。第一种是终极价值观(terminal values)，用以表示存在的理想化终极状态和结果，它是一个人希望在一生中能够实现的目标。第二种是工具价值观(instrumental values)，是达到理想化终极状态所采用的行为方式或手段。两种价值观类型如表 5-2 所示。

表 5-2　两种价值观类型

终极价值观	工具价值观
舒适的生活(富足的生活)	雄心勃勃(勤奋工作、奋发向上)
振奋的生活(刺激的、积极的生活)	心胸开阔(开放)
成就感(持续的贡献)	能干(有能力、有效率)
和平的世界(没有冲突和战争)	欢乐(轻松愉快)
美丽的世界(艺术与自然的美)	清洁(卫生、整洁)
平等(兄弟情谊、机会均等)	勇敢(坚持自己的信仰)
家庭安全(照顾自己所爱的人)	宽容(谅解他人)
自由(独立、自主选择)	助人为乐(为他人的福利工作)
幸福(满足)	正直(真挚、诚实)
内在和谐(没有内心冲突)	富于想象(大胆、有创造性)
成熟的爱(性和精神上的亲密)	独立(自力更生、自给自足)
国家的安全(免遭攻击)	智慧(有知识的、善思考的)
快乐(快乐的、闲暇的生活)	符合逻辑(理性的)
救世(救世的、永恒的生活)	博爱(温情的、温柔的)
自尊(自重)	顺从(有责任感、尊重的)
社会承认(尊重、赞赏)	礼貌(有礼的、性情好的)
真挚的友谊(亲密关系)	负责(可靠的)
睿智(对生活有成熟的理解)	自我控制(自律的、约束的)

在使用罗克奇价值观调查问卷调查时,让被调查者按其对自身的重要性对两类价值观分别排列顺序,将最重要的排在第一位,次重要的排在第二位,以此类推,最不重要的排在第 18 位。该量表可测得不同价值观在不同的人心目中所处的相对位置,或相对重要性程度。

(三)施瓦茨价值观分类

目前最广泛研究的价值观理论是社会心理学家沙洛姆·施瓦茨(Shalom Schwartz)等人价值观模型。施瓦茨在罗克奇价值观研究的基础上,开发了施瓦茨价值观调查问卷(schwartz value inventory,SVI),在 60 多个国家选取样本进行测试,调查了大约 60000 人,从而确定了人类作为生活指导原则的共同价值观共有 57 个,分为以下 10 类,每一类又包含几个具体的价值观。

(1) 权力(power):指社会地位和尊严、控制他人、控制资源(权威、社会权力、财富、公共形象)。它包括:权威性(authority)、维护公众形象(preserving public image)、社会权力(social power)、财富(wealth)。

(2) 成就(achievement):指按照社会标准通过自己的能力取得个人成功(雄心、成功、才干、影响力)。它包括:有进取心(ambitious)、有能力(capable)、有影响力(influential)、成功的(successful)。

(3) 享乐主义(hedonism):指自我享乐和感官满足(快乐、享受生活、自我沉醉)。它包括:享受生活(enjoying life)、愉悦(pleasure)、放纵的(self-indulgent)。

(4) 刺激(stimulation)：指激动、新奇、有挑战性(敢想敢干、有变化的生活、令人激动的生活)。它包括：丰富多彩的生活(a varied life)、让人兴奋的生活(an exciting life)、大胆的(daring)。

(5) 自主导向(self-direction)：指独立思考和行动——选择、创造、探索(创造力、自由、独立、自己选择目标、好奇)。它包括：选择自己的目标(choosing own goals)、创造力(creativity)、好奇心(curious)、自由(freedom)、独立(independent)。

(6) 普世主义(universalism)：指理解、欣赏、容忍并保护所有人和环境的利益(平等、社会正义、智慧、胸襟宽阔、保护环境、与自然融为一体、美丽世界)。它包括：美丽的世界(a World of beauty)、心胸开阔的(broadminded)、平等(equality)、环保(protecting the environment)、社会正义(social justice)、与自然统一(unity with nature)、智慧(wisdom)。

(7) 仁爱(benevolence)：指愿意保护和增强自己亲近的人的利益(助人为乐、诚实、谅解、忠诚、负责)。它包括：宽容(forgiving)、有帮助的(helpful)、诚实(honest)、忠诚(loyal)、有责任心(responsible)。

(8) 传统(tradition)：指尊重、接受并承诺传统文化或宗教提倡的习俗和说教(奉献、尊重传统、谦逊、中和)。它包括：虔诚的(devout)、谦卑的(humble)、中庸(moderate)、尊重传统(respect for tradition)。

(9) 遵从(conformity)：指自我控制那些与社会规范和期望不符的，或者会使别人不安或受到伤害的行为、倾向和冲动(自我约束、礼貌、敬老、顺从)。它包括：尊敬父母和长辈(respect parents and elders)、服从(obedience)、有礼貌(politeness)。

(10) 安全感(security)：指社会、人际关系和自我的安全、和谐与稳定(家庭安全、国家安全、社会秩序、整洁、报答别人的帮助)。它包括：干净(clean)、家庭安全(family security)、国家安全(national security)、友好互惠(reciprocation of favors)、社会秩序(social order)。

施瓦茨认为，这10种价值导向可以进一步被区分为两个两极维度，如图5-1所示。

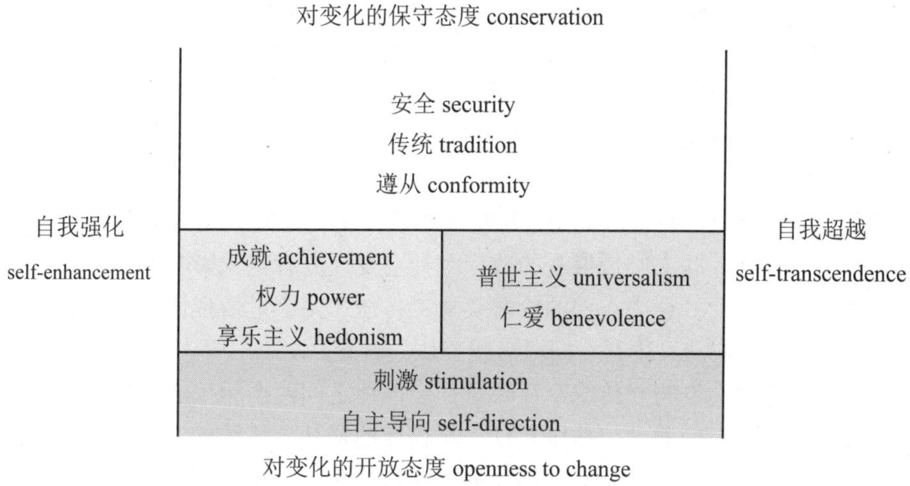

对变化的保守态度 conservation

安全 security 传统 tradition 遵从 conformity	

自我强化
self-enhancement

成就 achievement 权力 power 享乐主义 hedonism	普世主义 universalism 仁爱 benevolence

自我超越
self-transcendence

刺激 stimulation
自主导向 self-direction

对变化的开放态度 openness to change

图 5-1 价值观的维度

纵坐标代表两个相反的价值观：对变化的开放态度和保守态度。对变化的开放态度指的是个人对创新方法的追求程度，包括的价值观有：自主导向、刺激、享乐主义。保守态

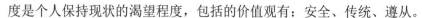

度是个人保持现状的渴望程度,包括的价值观有:安全、传统、遵从。

横坐标代表两个相反的价值观:自我强化和自我超越。自我强化是指个人多大程度受个人利益驱动,包括的价值观有:追求个人成功、权力。自我超越是指对提高他人的福利和大自然待遇的渴求,包括的价值观有:仁爱、普世主义。

施瓦茨的调查结果发现:这10种价值导向彼此概念不同,而且邻近的两种价值导向之间有互相渗透的现象。比如,自主导向与刺激之间存在正向关系,而刺激又与享乐主义存在正向关系。也就是说,追求自主导向的人更可能具有寻求刺激的价值导向,同时倾向寻求刺激的个体更有可能持有享乐主义的倾向。

施瓦茨的研究结论是:虽然某一价值观对个体的重要性有本质的不同,但是这些价值导向却是由一个共同的结构组成的,这个结构中包含了动机的对立和统一,对在不同文化中生活的有知识的成人都适用。更重要的是,价值导向在研究中表现出了对个体的态度、性格特征、行为方式等相当一致的、有意义的、有预测性的结果。比如,他发现具有普世主义、仁爱和遵从价值导向的个体在人际分配中更有合作性,而具有权力、成就和享乐主义价值导向的个体在人际分配中更有竞争性。在选举行为上,他发现具有自主导向、刺激、享乐主义和成就取向的个体更积极地参加选举,而那些具有传统和遵从导向的个体则相当消极。

(四)世界价值观调查的分类

世界价值观调查(world values survey,WVS)是一项旨在研究公众的价值取向并探索其如何随时间与社会政策变迁而变化的全球性调查。WVS最早起源于由JanKerkhofs和Rudddemoor共同发起的欧洲价值观调查(european values survey,EVS)。WVS从1981年第一次调查开始,迄今已经完成了七轮全球性调查。WVS以4~5年为周期,通过随机抽样问卷访谈的方式采集数据。调查对象是全球范围内具有代表性的国家或地区的普通民众,目前覆盖了100多个国家、90%左右的全球人口。我国在1990年第二拨调查开始成为被调查国家。WVS的调查内容涵盖了当代人最关注的价值观话题,如民主化、外籍或少数群体包容性、性别平等、宗教角色与变迁、全球化的影响,以及受访公众对环境、工作、家庭、政治互动、国家认同、文化、多样性、安全的看法等。

基于世界价值调查的数据,美国密歇根大学政治文化研究教授英格尔哈特(Inglehart)提出"观念改变世界",即人类价值观的改变对社会变迁具有重大影响。他将人类价值观分为四个维度,认为工业社会中人们的价值观从"传统"向"世俗理性"转变;同时,随着知识社会发展,价值观从"生存"向"自我表达"转变。

其中,"世俗理性"与"传统"反映了社会群体之间两个相反的过程。靠近"传统"一侧更加强调严格的家庭教育、传统礼仪、对权威的遵从、传统的家庭观等,反对离婚、堕胎、安乐死和自杀,讲究伦理,有强烈的民族自豪感。"世俗理性"则与"传统"截然相反,更加倾向于从更为"理性"的个人自身的实际需要出发,接受如离婚、堕胎、安乐死等行为。从时间上看,社会价值观正在从"传统"走向"世俗理性"。

同样,"生存"与"自我表达"也是一组相反的过程。"生存"强调基本的生存问题,重点关注经济安全与人身安全,认为这是理所当然的。"自我表达"重视主观幸福感、生活质量以及自我表达等，参与经济与政治活动，体现了人们对幸福感和参与感的关注。从时间上看，在世界范围内，价值观有从"生存"价值观向"自我表达"价值观转变的倾向，如图 5-2 所示。

为了展现价值观的区域特征，英格尔哈特根据 1999—2004 年第四拨世界价值观调查的数据，绘制了世界价值观地图，来展现全球范围内的跨文化差异(cross-cultural variation)，如图 5-3 所示。世界价值观地图中显示出按地理区域划分的居民基础价值观，每一个板块内标示的居民价值观比较相近，有别于其他区域。从图 5-3 中可以看出，因为宗教信仰、传统意识、文化传承等因素，相邻地理区域的国家或地区在价值趋向方面可能存在非常大的差异。

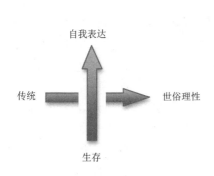

图 5-2　人类价值观的四个维度

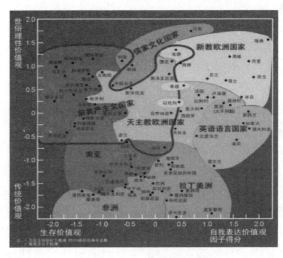

图 5-3　世界价值观地图

例如，如果对比英国与中国居民在价值观方面的差异，可以发现英国居民价值观中更加关注"自我表达"，这符合我们对英国文化的传统印象。但英国居民更为"传统"，这说明英国人与中国居民相比更为保守，对于自杀、堕胎和伦理等行为更加难以接受。因此，通过价值观分析可以突破传统依地理或宗教区域等对社会与文化进行分析的模式，从更加综合的角度分析人类价值趋向、社会行为和社会现象。

第二节　跨文化价值观理论

一位在秘鲁任职的美国高级主管，被秘鲁管理者们认为是冷酷而不值得信任的。因为在面对面的讨论中，他总是离对方那么远。他不知道，在秘鲁，人们习惯于双方近距离交谈。一位在日本经营的美国经理，因为对公司的一位高级主管不够尊重，因而得罪了这位主管。这位美国人应邀到日本主管的办公室，他看到日本主管所使用的办公室很小，陈设也很简单，断定这是一位底层管理者，因而表现得漫不经心。他没有意识到，日本高级主管的办公室并不像美国那样，在布置上要显示出地位的特征。不同国家的人其内心有不同的行为图像，如中国传统文化的孔子像与美国自由女神像有着明显的不同。在分析文化差异时引用的跨文化价值观分析构架有以下三种。

一、K-S 框架

在分析文化差异时引用最多的方法是克拉克洪-斯托特柏克框架(kluckhohn-strodtbeck framewok，简称 K-S 框架)。它提出六种用以评定基本文化的维度：与环境的关系、时间取向、人的本质、活动取向、责任中心、空间取向。

(一)与环境的关系

人是屈从于环境，还是与环境和谐相处，抑或能够控制环境？对于人与环境关系的态度，体现出人们不同的价值取向。在这方面，有以下三种不同的价值观念。

在很多中东国家中，人们把生活视为命中注定的事情。当什么事情发生了，他们倾向于认为这是"主的旨意"。相反，美国人与加拿大人则相信他们能够控制自然，认为人定胜天，人能征服环境，人是环境的主宰。以修路为例，一个美国白人工程师在修路时，会砍伐树林、削平山头，从而改变地貌，修一条笔直的道路。再如，他们愿意每年花费上亿经费从事癌症研究，因为他们相信可以找到癌症的病因，发现癌症的治疗方法，最终消除这种疾病。介于两个极端之间的是一种更为中立的看法，即希望寻求与自然的和谐关系。比如，很多远东国家的人们，对待环境的做法就是以环境为中心活动。这些对待环境的不同看法，必然会影响组织的经营活动。

与环境关系有关的价值取向对管理活动有很大的影响，这比较突出地表现在目标设置与预算编制上。在屈从型的文化中，管理者很少采取量化手段而较多地采取定性手段，甚至在西方行之颇为有效的目标管理在一些中东国家根本行不通。在和谐型价值观占上风的文化中，目标的设置更多地受到适应环境条件的限制，当环境条件变化时则经常对目标进行调整。在主宰文化占优势的条件下，管理人员会设置明确具体的目标，并千方百计排除障碍去实现既定的目标。

(二)时间取向

时间取向(time orientation)文化关注的是过去、现在抑或将来？不同的社会对时间的价值观也不一样。西方文化把时间看作一种稀缺资源，认为"时间就是金钱"，而且必须高效利用。美国人关注现在和近期未来，可以从绩效评估的短期取向中看到这一点。典型的北美组织每 6 个月或 1 年对员工进行一次评估。相反，日本人则以一种更长远的观点看待时间，这可以从其绩效评估方法中得以反映，日本的员工常常需要用 10 年以上的时间来证明其价值。还有一些文化对时间持另一种观点，他们关注的是过去。比如，意大利人就追随他们的传统，并致力于保护他们的历史的实践活动。

时间取向的不同也对管理活动有明显的影响，这主要表现在制订规划、确定决策标准和实施奖励制度方面。面向过去的文化更可能在制订规划时重新经历过去的行为；面向现在的管理人员在规划中更关注短期利益；面向未来的管理人员可能更多地考虑长远利益。同样，在确定决策标准方面，面向过去的文化以过去的标准为依据；面向现在的文化仅以目前的影响为标准；面向未来的文化以长期的结果为标准。在实施奖励制度方面，面向过去的文化往往采取历史上已确定的制度；面向现在的文化则遵循现有契约所规定的方式(但这种方式可以修改以适应新的情况)；面向未来的文化则以取得的工作绩效作为制定制度的标准。

(三)人的本质

文化把人视为善的、恶的，还是两者的混合物？大多数国家认为人是诚实可信的，然而有个别的国家则认为人的本质是非常邪恶的。K-S框架把对人的本质分为性善论、性恶论和混合论。人的本质(national of people)对于管理活动有很大的影响。从跨文化研究的角度来看，这主要表现在管理监督、管理作风和组织气氛上的差异。如果从性恶论的观点出发，必然对职工采取严厉的监管措施，实行专断、独裁式的管理，并形成管理者与职工之间对立的组织气氛，依靠交换式的合同和契约进行工作。如果持有性善论的观点，则会采取宽松的管理措施，实行民主的、参与式的管理，形成互助合作的组织气氛，上下级之间建立起一种无拘无束的非正式关系。持有混合论的观点则会采取适度的监控方式、折中的管理作风，形成介于上述两种观点之间的组织气氛。一些研究表明，美国的管理方式是以混合型人性观为基础的。

(四)活动取向

活动取向(activity orientation)是指人们以什么样的活动作为中心。一些文化重视做事或活动，他们强调成就。另一些文化重视存在或即时享乐，他们强调体验生活并寻求对欲望的满足。还有一些文化重视控制，他们强调使自己远离物质而约束欲望。从活动取向出发，可以划分为三种不同类型的文化。

1. 自为型

这种文化强调做(doing)或行动，注重是否达到目的。例如，美国人属于自为型文化，他们通过努力工作期望得到奖励、加薪和晋升。

2. 自在型

这种文化强调此时此刻的存在(being)，崇尚纯朴的自发性，行动受感情支配。例如，墨西哥人缓慢的工作节奏和及时行乐的天性表明他们具有自在型的文化。

3. 自控型

这种文化处在自为型和自在型两个极端之间，把活动的焦点放在控制上，强调行事受理性支配。例如，法国人的文化倾向于自控型，他们行事强调以理性与合乎逻辑为依据。

活动取向影响着人们对待工作和休息的态度和方式，影响着人们对工作的努力程度，也影响着人们如何处理工作与生活的关系。在以自为型为主导的文化中，人们会视工作活动为一切的中心，用务实的标准作为决策成败的标准，奖励制度以工作绩效、工作结果为依据。在以自在型为主的文化中，决策标准和奖励制度会以感情为基础，对工作绩效和结果的重心会随个人的自发性而变化。在以自控型为主的文化中，决策标准和奖励制度会以理性与合乎逻辑为依据，对于工作结果会按照均衡的目标来评定，即兼顾长期与短期利益、数量和质量等。

(五)责任中心

责任中心(focus of responsibility)文化按照对他人幸福承担的责任进行分类。比如,美国人是高度个人主义的,他们用个性特征和个人成就来界定自己,他们相信一个人的责任是照顾好自己;马来西亚人和以色列人更注重群体;英国人和法国人则遵循另一个取向,他们依赖于等级关系。这些国家中群体被分成不同的层次等级,每个群体的地位保持稳定,不随时间的改变而改变。

责任中心的不同也影响着管理活动的差异,组织结构、沟通模式、奖酬制度等都会受到责任定位差别的影响。在以个人取向为主的文化中,很重视组织结构中个人的作用,注意的中心则是处于组织结构顶端的领导者。然而,无论组织采取什么样的结构,人们的关系并不那么严格,往往不是很正规的、比较灵活的;在以群体取向为主的文化中,注意的中心是群体之间的差别,组织结构上也反映出这种取向;在以等级取向为主的文化中,强调组织间横向和纵向两方面的差别,而且等级结构中的规则很严格。一项研究表明,法国人具有等级取向的价值观,他们很难设想能在矩阵式组织中进行工作。法国人员在发现工作中的问题时,只会向自己的顶头上司汇报,而对其他同事不漏一点风声。

(六)空间取向

K-S 框架的最后一个维度与拥有的空间相关。一些文化非常开放,并公开从事商业活动;另一些极端的文化则极为重视让事情在私下进行;大多数社会是两个极端的混合物,并落在某处中间的位置上。

在管理活动中,私有型空间取向占主导地位的文化中,办公室是封闭式的,人们喜欢自己的专用办公室,即使是大型办公室,也用厢板分开;在公有型空间取向占主导地位的文化中,办公室是开放式的,公用办公室不用或较少用隔板;混合型则居于前两者之间。在沟通和交往模式方面,私有型倾向于个别交谈,即一对一的交谈,并且不希望别人听到,而且两人之间应保持一定的距离;公有型则会采取开放式,参与多种多样的交往活动,同时有几个人参加谈话,人们之间无距离的约束;混合型则居于前两者之间,沟通交往有所选择,距离适度,不远不近。

从 K-S 框架的观点来看,美国人的价值取向如表 5-3 所示。

表 5-3　K-S 框架的美国人价值取向

价值取向	类　型		
人与环境的关系	主宰	和谐	服从
时间取向	过去	现在	未来
人性观念	性善	混合	性恶
活动取向	自在	自控	自为
责任定位	个人	群体	等级
空间取向	私有	混合	公有

二、川普涅尔的文化架构理论

在 20 世纪 90 年代中期，荷兰管理咨询顾问冯斯·川普涅尔(Fons Trompenaars)与英国学者查尔斯·汉普登·特纳(Charles Hampden-Turner)用 15 年在 40 多个国家中对大约 3 万人进行调查，提出文化架构理论。他们认为，文化的本质不在于表面，每一种文化都具有其解决问题与调和困境的三个方面的问题：①在我们与他人的关系中产生的问题；②在时间流逝过程中产生的问题；③在人们与环境的关系中产生的问题。

根据以上假设，他们以著名心理学家帕森斯(Talcott Parsons)的价值观取向与关系取向的理论为基础，提出了文化的七个方面，即：普遍性与具体性、个人主义与共有主义、中性与情感性、特殊性与扩散性、成就文化与归因文化、时间取向、环境。

(一)普遍主义-特殊主义

普遍主义者强调用法律和规章指导行为，而且这些指导原则不应因人而异。例如，法律面前人人平等。此外，对所有事务都应采取客观的态度，而且世界上只存在一个真理，只存在一种正确解决问题的方法。

在普遍主义社会中，企业管理强调建立制度和系统，同时制度和系统应该是能为大多数人服务并满足大多数人要求的。制度一旦建立，人人都须遵守，对所有人都一视同仁，没有人可以凌驾于制度之上。

相反，特殊主义者却强调"具体问题具体分析"，不用同一杆秤同一尺度去解决不同情况下的问题，而应因人而异，因地而异。另外，一切都是相对的，世间没有绝对真理，也不存在唯一正确的方法，而是有多条路可走，殊途同归。

特殊主义社会的管理特点则是"人制"。制度虽有，却大都停留在纸面上。遇到问题的时候，人们常想到的是怎么通过关系或熟人把问题解决，而不是通过公司正规的渠道。因此，建立个人关系网非常重要。特殊主义者倾向于如何从普遍中找出特殊，将自己的问题作为特殊情况处理，获得特殊待遇，"上有政策，下有对策"。

(二)中性-情绪化

这个维度主要指人际交往中情绪外露的程度。情绪表露含蓄微弱的文化被称为中性文化，而情绪表露鲜明夸张的文化被称为情绪文化。最典型的中性文化国家为日本、中国和其他亚洲国家；最典型的情绪文化国家为意大利、西班牙和其他南美国家。美国处在两极之间。在中性文化里，人与人之间很少有身体的接触，人与人之间的沟通和交流也比较微妙，因为情绪表露很少，需要用心领会才行。相反，在情绪文化里，人与人之间身体的接触比较公开自然，沟通交流时表情丰富，用词夸张，充满肢体语言。

(三)关系特定-关系弥散

这一维度描述和解释在不同文化中生活的人在人际交往方式上的巨大差别。

特定关系文化中的人把生活的不同领域分得很清楚，而且领域与领域之间不渗透、不重叠，所以，什么事情都是一是一，二是二，不混淆。例如"对事不对人"就是将事与人分开的思维习惯的结果。

散漫关系文化中的人倾向于把所有的生活领域都联系起来，所有的事物之间也都有千丝万缕的联系，因此，对他们来说，不将具体发生的事情个人化是不可能的。

(四)成就导向—归因导向

注重个人成就的文化是指根据每人成就的大小而给予相应的地位和关照；成就大则地位高，应无异议。归因导向价值观主张地位的授予应根据人们年龄的长幼、社会阶级的尊卑、性别、学历高低等条件，与现所获成就无关。这是注重社会等级的文化。

表5-4是几个国家在文化维度上的得分。注意，这里的分数不是平均值，而是百分数，即有百分之多少的人在某一维度上同意具有某种倾向的答案。比如，有44%的中国人在回答"朋友误撞行人"的问题时选择"不作伪证"，于是中国在普遍主义维度上的得分就是44(100代表最高分数)，以此类推。

表5-4　几个国家在文化维度上的得分

文化维度	国　家			
	中国	印度	美国	法国
普遍主义	44	47	93	73
中性情绪	55	50	43	30
特定关系	32	66	80	88
成就导向	80	57	87	83

他们还对五个国家簇，即盎格鲁撒克逊簇、亚洲簇、拉丁美洲簇、欧洲拉丁国家簇、日耳曼国家簇进行了文化维度上的比较，其中就包括了中国和美国，如表5-5所示。

表5-5　中国文化与美国文化在七个方面的比较

文化的七个方面		美　国	中　国
普遍性与具体性		普遍	具体
个人主义与共有主义		个人	共有/集体
中性与情感性		情感	情感
特殊性与扩散性		特殊	扩散
成就文化与归因文化		成就	归因
时间取向	长期与短期	短期/同时性	长期/持续性
	过去、现在与未来	未来	三者都重要
环境：控制或者适应		控制	适应

通过比较可以看出，中美的文化差异还是很大的。川普涅尔认为，在管理和组织活动中不存在一种最佳方式，国际管理者必须根据具体文化的要求，选择适当的管理方法与模式。

三、吉尔特·霍夫斯泰德的国家文化框架

1984年，吉尔特·霍夫斯泰德(Greet Hofstede)对IBM公司分布于世界上40多个国家的11.6万余名职工进行了调查，这是当时针对员工态度的最大规模的研究。他发现管理人员和

职工的国家文化差异表现在四个维度上：个人主义与集体主义、权力距离、生活数量与生活质量(即男性度与女性度)、不确定性规避。后来，他又补充了第五个维度——长期取向。

(一)个人主义与集体主义

这一维度描述了个人和集体之间的关系，它是关于社会结构松散性和紧密性程度的偏好倾向，并可以从人们生活在一起的方式体现出来。霍夫斯泰德用个人生活的重要性和被公司培训的重要性作为衡量个人主义的指标，这些指标高就表明个人主义超过集体主义；反之，这些指标低则表明集体主义超过个人主义。霍夫斯泰德根据这些指标提出了"个人主义指数"的概念，个人主义指数与权力距离指数负相关。个人主义指数高则权力距离指数低，反之亦然。

在个人主义指数高的国家，社会机构比较松散，人们只追求自己及其小家庭的利益。美国、英国、荷兰等国家属于个人主义指数高的国家。在个人主义指数低的国家，社会机构严密，人们期望在集体中彼此照顾、互相保护，为此，也要求人们对集体应该忠诚。日本、哥伦比亚、巴基斯坦等国属于个人主义指数低的国家。这一指数对区别不同国家公司的管理模式、个人生活、培训计划和发展策略等都有重要意义。

(二)权力距离

权力距离指的是一个社会对权力分配不平等的接受和认可程度。这是对社会上不平等程度的测量，是通过权力、威望和财富这些内容进行比较的，也是对文化中不平等现象的象征事物的重要测量。霍夫斯泰德以上级与下级之间，较小权力方所感受到的权力与影响程度为指标，来确定权力距离，提出了"权力距离指数"的概念。

权力距离指数高的国家能接受组织内权力距离的大幅度差异，职工对掌权者表示出极其尊敬和服从。在这类国家中，头衔、地位和身份非常重要，与这些国家的公司进行谈判必须派出地位、头衔相等的代表。此外，在这类国家中实行职工参与管理的可能性较小。研究表明，菲律宾、委内瑞拉、印度等国家属于权力距离指数高的国家。相反，权力距离指数低的国家则尽可能减少这种差距，上级虽拥有权力，但职工对上级并不感到恐惧。丹麦、以色列和澳大利亚等属权力距离指数低的国家。

(三)生活数量与生活质量(即男性度与女性度)

有的文化强调生活数量，这种文化的特征是过分自信、独立、获得金钱和物质等。还有的文化强调生活质量，这种文化重视人与人之间的关系，并对他人幸福表现出敏感和关心。在霍夫斯泰德的调查统计中，日本、奥地利、瑞士等国在生活数量度上等级最高，而丹麦、挪威、荷兰、瑞典、芬兰等国具有明显的生活质量度特征。

(四)不确定性规避

我们生活在一个不确定的世界中，未来在很大程度上是未知的，不同的社会以不同方式对这种不确定性做出反应。霍夫斯泰德用法规导向、职工的稳定性和压力等指标提出了"不确定性规避"指数，表明不同国家的人们对现实中的不确定性的反应方式。世界上充满了不确定性，一些国家的人对社会上的不确定性能泰然处之，而对风险并未感到有很大威胁，有较高的安全感，这属于不确定性回避指数低的国家，如丹麦、新加坡等国家。在一些不确定性规避指数高的国家，人们面对不确定性会产生焦虑和紧张，感受到不确定性的威胁，有较高的不安全感，如日本、葡萄牙、希腊等国属于不确定性规避指数高的国家。在这些国家，人们要求组织提供安全保障并减少风险。因此，这些国家的组织有严格明确的规章制度，较少容忍有分歧的观念和行为，职工的流动性较低，企业普遍实行终身雇用制等。

(五)长期取向

霍夫斯泰德在加拿大心理学家迈克尔·哈里斯·邦德集中在远东地区研究的基础上又补充了第五个维度——长期取向。这个维度是指一个文化对传统的重视程度。霍夫斯泰德将当时的亚洲经济起飞看成是一个文化现象，对新加坡、中国、日本、韩国等22个国家和地区进行实证研究，发现它们的共同特点是对传统的重视，而且有凡事都想到未来的倾向，而非只想当前，做一锤子买卖，这种长期取向与国家经济发展速度之间的相关系数高达0.7。他提出儒家动力论(confucian dynamism)，也称长期取向。

霍夫斯泰德等人开发出"中国人的价值观测量表"(chinese values survey)，包括以下八种特殊价值观，其中前四种是最重要的：①持续性或坚韧性；②关系由身份和地位确定；③节俭；④羞耻感；⑤个体稳定性；⑥保护面子；⑦尊重传统；⑧回报支持和送礼。

长期取向的文化关注未来，重视节俭和毅力。他们认为：储蓄应该丰裕，节俭是重要的，固执坚持以达到目标；对社会关系和等级关系敏感；遵循注重实效的传统和准则以适应现代关系。这种社会考虑人们的行为将会如何影响后代，愿意为将来投资，接受缓慢的结果。如日本，国家以长远的目光来进行投资，每年的利润并不重要，最重要的是逐年进步以达到一个长期的目标。在短期取向的文化里，价值观是倾向于过去和现在的。人们尊重传统，关注社会责任的履行，但此时此地才是最重要的。比如美国，公司更关注季度和年度的利润成果，管理者在逐年或逐季对员工进行的绩效评估中关注利润。

中、日、印、美在5个文化维度上的得分如表5-6所示。

表5-6　中、日、印、美在5个文化维度上的得分

文化维度	国　家			
	中国	日本	印度	美国
个体主义	21	46	48	91
权力距离	63	54	77	40
不确定性规避	49	92	40	46
事业成功	51	95	56	62
长期取向	118	80	61	29

当我们试图了解文化差异及不同文化对管理工作有何影响时，霍夫斯泰德的研究成果代表了一种合理的新起点。与此同时，我们应用这些研究结果时要谨慎，因为这些结果也有局限性，文化不是静止不动的，它会随时间发展而缓慢变化。

四、文化差异与跨文化管理

文化是管理之根，管理和组织的全过程都受文化的影响。文化差异发生在许多管理问题上。

(一)文化差异与民主管理

美国的管理提倡下属参与管理的决策，但又认为参与是由管理者发起的，而有较大权力距离的法国更关注有权力的人。此外，权力距离小于美国的国家(瑞典、挪威、德国和以色列等)相当赞成由下属采取主动性的管理模式(工业民主形式)。

不同的国家采取工业民主的方式也有所不同，在低的不确定性规避国家，如瑞典，工业民主首先以地方实施的形式开始，到后来才形成一个立法框架。在高的不确定性规避国家，如德国，工业民主首先由立法产生，然后再在组织中产生活力。

(二)文化差异与激励

美国是崇尚个人主义的国家，因此，需要用自我利益来解释行为，即人的行为的动机是为了获得某种需要的满足。此外，美国的弱的不确定性规避和相对高的男性度的组合说明人们乐意承担风险，同时又关心自己的成绩。

德国、墨西哥、日本等国家的员工需要的是成就加安全；南斯拉夫、巴西、泰国等国家的员工需要的是生活质量加安全；丹麦、瑞典、荷兰等国家的员工最需要生活质量加冒险。

(三)文化差异与目标管理

对目标管理的理解，在不同国家也有区别。美国认为实行目标管理应该有一些先决条件。如与主管进行有意义的谈判，下属有充分的独立性(不太大的权力距离)，上级和下属都乐于承担风险(低的不确定性规避)，上级和下属都认为成绩是重要的(高的男性度)。德国认为实行目标管理时，不应接受风险和模棱两可的倾向，主张用相互赞成目标的非个人权威来代替主管的裁决性权威的观念。法国将目标管理称为目标参与管理。

(四)文化差异与决策

小的权力距离文化中的人们喜欢决策的非集中化，而大的权力距离文化中的人们喜欢集中决策。权力距离与中央集权化有关，大多数法国组织的"内含模式"是金字塔型(中央集权和形式化)。德国组织是一架润滑的机器(形式化但不是中央集权)；英国组织是一个乡村市场(不是形式化，也不是中央集权)。

(五)文化差异与人力资源管理

华东师范大学俞文钊教授认为，从中国人力资源管理的方向来说，需要大力提倡与加强的文化维度应该如下所示。

(1) 减少权力距离。高度的权力集中不利于民主意识、创新意识的发展。为此，要改革、放权，这是改变中国民族文化传统消极面的组织环境的保证。

(2) 增加风险性。我国文化传统的中庸之道固然有其积极面，但消极面也不少，这就是使人缺乏创造力、开拓精神。在改革、开放的时代，应该给中国人民灌输更强的风险意识，那么我们整个民族的创新思想就会倍增，现代化大业就会早日建成。

(3) 保持与加强集体主义，同时也要发扬在国家、集体、个人利益一致原则下的个人成就感和自强不息的精神。

(4) 加强女性度。整个社会要向更加民主化、人际关系更加融洽的方向努力发展。

小测试

施瓦茨价值观问卷

请您自主回答："作为我生活的指导原则，什么样的价值观对我是重要的？什么样的价值观对我是不重要的？"有 56 个价值观及其解释列举在后面。请衡量每一个价值观对您的重要程度，在其前面的空格线打分(-1 至 7)，"-1"意味着该价值观对您完全不重要；"7"意味着该价值观对您非常重要。数值越高，表明这一价值观对您越重要。在您开始打分前，请阅读所有的价值观。首先选择一个对您最重要的价值观并对其打 7 分；然后选择一个您最反对(或对您最不重要)的价值观，打-1 分；最后，对表中其余的价值观打分。

作为我生活中的指导原则，这一价值观对我：

与我的价值观相反		不重要		重要		非常重要		极其重要
-1	0	1	2	3	4	5	6	7

1. ＿＿＿公平(对每个人机会均等)　　　　2. ＿＿＿内在融洽(平心静气)

3. ＿＿＿社会权力(对他人的控制、支配)　4. ＿＿＿愉快(愿望的满足)

5. ＿＿＿自由(行动和思想的自由)　　　　6. ＿＿＿精神生活(看重精神而不是物质)

7. ＿＿＿归属感(感到他人关心自己)　　　8. ＿＿＿社会秩序(社会的稳定)

9. ＿＿＿刺激的生活(兴奋的经历)　　　　10. ＿＿＿生活的意义(生活的目的)

11. ＿＿＿礼貌(态度友好，讲礼貌)　　　　12. ＿＿＿财富(财产、金钱)

13. ＿＿＿国家安全(保卫祖国，防御外敌)　14. ＿＿＿自尊(相信自己的价值)

15. ＿＿＿相互善意(避免争论)　　　　　　16. ＿＿＿创造力(独特性、想象力)

17. ＿＿＿世界和平(免于战争和冲突)　　　18. ＿＿＿尊重传统(保持历史习惯)

19. ＿＿＿深沉的爱(深深的情感和精神亲密)20. ＿＿＿自制(自我控制、不发脾气)

21. ＿＿＿超脱(从事中超脱)　　　　　　　22. ＿＿＿家庭安全(所爱的人的安全)

23. ＿＿＿社会承认(被他人尊重和认可)　　24. ＿＿＿与自然和谐(适应自然)

25. ＿＿＿多彩的生活(充满挑战、新鲜和变化)26. ＿＿＿智慧(对生活的深刻理解)

27. ＿＿＿权威性(具有领导或命令的权力)　28. ＿＿＿真正的友谊(关系密切、相互支持)

29. ＿＿＿美丽的世界(自然美和艺术美)　　30. ＿＿＿社会正义(改变不公正、关心弱势)

31. ＿＿＿独立性(自信、自足)　　　　　　32. ＿＿＿温和(避免感情和行为极端化)

33. ＿＿＿忠诚(对我的朋友和团队信任)　　34. ＿＿＿雄心(努力工作、志向远大)

35. ＿＿＿宽广胸怀(容忍不同观念和信念) 36. ＿＿＿谦逊(温和、低调)

37. ＿＿＿勇敢(追求冒险和风险) 38. ＿＿＿保护环境(保护自然)

39. ＿＿＿影响力(对人和事具有影响力) 40. ＿＿＿尊敬父母和长者(表现出尊重)

41. ＿＿＿选择自己的目标、目的 42. ＿＿＿健康(身体和精神无疾病)

43. ＿＿＿能力(有竞争力、效率、能力) 44. ＿＿＿接受自己生活的命运(屈服于环境)

45. ＿＿＿诚实(真诚、诚心) 46. ＿＿＿保持我的公共形象(保住我的面子)

47. ＿＿＿服从(有责任、履行义务) 48. ＿＿＿聪慧(有逻辑性、善思考)

49. ＿＿＿助人(为他人的福利工作) 50. ＿＿＿享受生活(享受美食、性、休闲等)

51. ＿＿＿虔诚(保持宗教信仰) 52. ＿＿＿责任(可依赖、可信任)

53. ＿＿＿好奇(对每件事感兴趣、有探索精神) 54. ＿＿＿谅解(愿意宽恕他人)

55. ＿＿＿成功(达到目标) 56. ＿＿＿清洁(干净、整洁)

　　对您的打分按大小排序，看看对您最重要和最不重要的价值观分别是什么？并把对您最重要的价值观按价值观的维度进行分类，看看您对变化所持的态度是开放的还是保守的？自我提升还是自我超越？

本 章 小 结

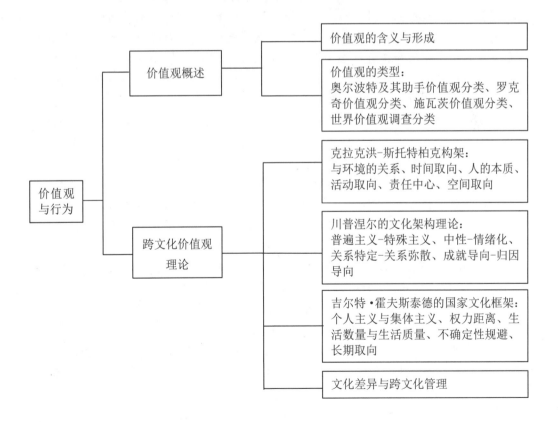

习　题

一、思考题

1. 什么是价值观？价值观分类有哪几种？

2. 本章中的几个跨文化理论哪一个对你最有启发性？用它比较中国、美国、日本的文化区别。

3. 想一想自己将来可能加入哪个跨国公司，用克拉克洪-斯托特柏克构架或霍夫斯泰德的国家文化框架分析有可能去的国家的文化特点。

二、案例分析题

海航的中西合璧[①]

同是山西走出来的晋商后裔，海航集团董事长陈峰既不同于富士康总裁郭台铭那样威严，也不同于百度董事长李彦宏那般儒雅，他更具"禅"的气质。只有小学文化的陈峰曾经拜国学大师南怀瑾为师。他喜欢钻研中国的历史、宗教等。除了博览群书，还大量阅读佛家经典，其宗旨"精进人生，造福众生"就来自佛典。

海航的佛学文化随处可见，陈峰将海航大厦外形描述为盘腿而坐的释迦牟尼，海航机长的工作牌背后都印有佛像；海娜号邮轮除了保留西餐厅外，春节会煮饺子、过节挂中国结，装修引入《诗经》的"风、雅、颂"等，再现大众、士人、贵族等的生活习俗……陈峰推广的企业文化基础是佛学、老庄，在国内算得上无出其右。陈峰身体力行"有情人生"，在海航首航航班上，陈峰亲自担任服务生，为乘客们端茶送餐。他要求空乘人员把"空中店小二"的热情转化为发自内心的东方待客之道。20多年风雨兼程，海航也探索出引领时代精神的商业文明之道，即中国文化的商道精神："计利计天下之大利。"

陈峰要找到中国的古文明传统与现代文明对接的途径，其专著《管理研究》主要阐述"管理意识革命"，这是他在实践中摸索出来的一套企业管理思想。"我们公司拥有许多人才，这是财富。没有文化，经济就难以发展，公司就不会有前途"，基于这种认识，陈峰给员工的现实指南是：规章制度和行为准则相结合。海航的职员人手一册《中国传统文化导读》，论述了"义"与"利"的关系。陈峰从精神资源开掘、道德纲常建设、文化理想铸造着手，建立一种新型的企业文化，以指导员工"有远大的理想、务实的精神和富于哲理的人生"，构建新型的人际关系，推进企业发展。

20多年来，陈峰不管工作多忙多累，有一件事始终坚持不懈：为每一批新入职的员工讲授海航文化《人道：做人的学问》，不仅要听，还要写，写完了交由陈峰批改。之后阅读《中国传统文化导读》，并接受由陈峰亲自主讲的"三为一德"培训(为人之君、为人之师、为人之亲)，告诉员工怎么做人，怎么做事。海航《员工训条》是：积厚德，存正心；乐敬业，诚为本。入角色，融团队；坚誓愿，志高远。赢道义，勿自矜；吃些亏，忌怨恨。讲学习，敬师长；不夸能，勤精进。除懒惰，止奢欲；培定力，绝私弊。离恶友，甘淡泊；

---

① 资料来源：《时代周报》、《经济参考报》、网易财经，中仁思源整理。

忍人辱，达道理。此外，海航的管理干部都要学习《精进人生》这本小册子，高级管理干部都要读《大学微言》。陈峰节选南怀瑾所撰《论语别裁》作为全体员工的学习资料。在法国蓝鹰航空一间机库里，陈峰曾向数百名"大鼻子"外籍员工逐字逐句讲解着南怀瑾先生为海航主持制订的"同仁共勉十条"法文版："团体以和睦为兴盛，精进以持恒为准则，健康以慎食为良药，争议以宽恕为旨要，长幼以慈爱为进德，学问以勤习为入门，待人以至诚为基石，处众以谦恭为有理，凡事以预立而不劳，接物以谨慎为根本。"海航文化能植入外国公司吗？"加盟海航，就必须融入海航文化。"外籍员工能认同凝聚了中国传统文化的海航"同仁共勉十条"吗？"这都是劝人上进向善的普世道理，为什么不接受？"陈峰三分之一的工作时间都会用于员工培训。从"凝聚、奉献、腾飞"的创业精神，到"至诚、至善、至精、至美"的企业宗旨，再到"大众认同、大众参与、大众成就、大众分享"的企业精神，他孜孜不倦地营造着一个既根植于中国传统文化，又融汇了西方现代企业管理方法，以人为本、多元一体的企业文化体系。

陈峰还听从南老的建议，用"百丈丛林二十要则"来管理公司，其首便为"丛林(企业)以无事(是非)为兴盛"。海航集团的官网上，集团核心价值观中提出共同信仰即是"天佑善人、天自我立、自我主宰""真、善、美"以及"无疆大爱"。海航为员工着想，新入职员工有为期2年的"萌芽成长计划"，入职2年后有高潜质人才培养计划，如果成为业务骨干，还可去波音等国际公司考察学习，或参加GE公司开展的六西格玛培训班……他如数家珍，"只要你求上进、肯努力，在这里就有提升空间。"正是凭借一系列以人为本的管理与福利，海航入选了"2011年中国最佳雇主"。

"内修中华传统文化精粹，外融西方先进科学技术"，这是海航的企业文化之魂。陈峰还十分注重融会贯通西方企业管理方法。创业伊始，海航就对标国际通行规则，建立了股东大会、董事会、监事会和CEO团队等完善的治理结构，形成了决策、执行、监督三者之间职责明确、相互独立、有效制衡的现代管理体制，在执行层面实行高标准的科学管理。特别是在执行被航空公司视作"生命线"的安全飞行管理规程方面，更是毫不懈怠。海南航空连续多次获得中国民航安全生产"金鹰杯""金鹏奖"。海航多年来持续"硬"发展的根本就在于支撑其后的"软"实力：开拓创新、与时俱进的首创精神；自强不息、永不懈怠的实干精神；爱岗敬业、不计名利的奉献精神；融贯中西、精益求精的科学态度。

"企业的目的就是为社会提供合格的产品与服务，解决就业、社会福利、公益事业等社会问题"，陈峰认为，企业应该把社会和他人利益融为一体，把社会责任推向新的高度。陈峰带头为贫困灾区等捐钱捐物，陈峰说，"我个人无所求，只求尽自己微薄之力善待他人。"随着"中华慈善奖""最佳企业公民""社会责任优秀企业奖"纷至沓来，陈峰对这些"名声"看得很淡。他说，"我们履行社会责任，不是跟风西方企业，也不是迫于外部压力，而是根植于'慈悲、利他、智慧'的价值观的自觉。以商业造福社会，共享发展成果，是企业的本分。"

分析：

1. 陈峰影响下的海航的管理实践体现了怎样的核心价值观？有何利弊？

2. 海航如何做到东西方跨文化价值观的整合？这对现代企业管理有什么启示？

三、管理技能训练

选择一个令你仰慕其价值观的公司，使用学校图书馆的资源回答：该公司的价值观是什么？员工是如何实践这些价值观的？准备一份口头陈述，在班上做现场介绍。

【推荐阅读书目】

[1] 沙因. 组织文化与领导力[M]. 4 版. 北京：中国人民大学出版社，2014.

[2] 蔡一. 见录：中国传统文化管理思想探析[M]. 南京：南京大学出版社，2017.

[3] 陈晓萍. 跨文化管理[M]. 3 版. 北京：清华大学出版社，2016.

[4] 李洁. 文化与精神医学[M]. 2 版. 北京：华夏出版社，2017.

[5] 海伦·德雷斯凯. 国际管理：跨国与跨文化管理[M]. 周路路，译. 北京：中国人民大学出版社，2015.

第六章

工作态度与工作满意度

学习目标：

概括态度改变理论及改变态度的方法，描述中国古人的工作态度；阐释工作满意度的含义以及与绩效之间的联系；描述组织承诺的结构与前因后果。

关键概念：

态度(attitudes)　工作满意度(job satisfaction)　组织承诺(organizational commitment) 认知失调理论(cognitive dissonance theory)　态度改变–说服模型(attitude change-convince model)

【专栏 6-1】海底捞的组织承诺①

海底捞的年度离职率大约是 10%，远低于 28.6% 的中国餐饮行业员工的平均流动率。这个令人惊叹的数字是如何做到的呢？原来，海底捞对员工像家人一样的关怀的企业文化大大提高了员工的组织承诺。海底捞有相关规定："必须给所有员工租住配有空调的正式住宅小区的两/三居室，不能是地下室，而且距离店面走路不能超过 20 分钟，因为太远会缩短员工的休息时间，夫妻双方都在海底捞工作的，还必须考虑配备一个单独房间。"并且，给优秀员工的父母寄"养老保险"，让优秀员工的孩子上学，设立医疗基金等，都是一种持续承诺，为海底捞的发展打下了基础。和谐的员工关系构建主要有两块基石，一个是平等，另一个就是尊重。打造平等、相互尊重的工作氛围，让员工找到了归属感，这体现的是一种感情承诺。海底捞也会对员工进行绩效考核，组织对员工贯彻"顾客第一"的原则，让员工时刻有一种观念和规范，这是一种良好的规范承诺。

请问你是如何看待海底捞影响员工组织承诺的相关规定的？有何利弊？

---

① 王香菊. 我国餐饮业人力资源管理创新及问题研究——以海底捞为例[J]. 当代经济，2019，01：120-123.

第一节　态度及其转变

一、态度概述

1. 态度的含义

态度(attitudes)是对某一客观事物、事件和他人所持的评价与行为倾向。也就是个人对环境中的某一对象的感受和看法，表现为是喜欢还是厌恶，是赞成还是反对，是一种评价性的反应倾向。

研究者发现某些态度中有很多遗传的成分，这样的态度尤其不易改变，并总是以在童年或青年时固定下来的方式持续一生。儿童最初是通过观察模仿权威性的社会范例(父母、老师、同伴)习得很多待人接物的态度。后来，随着活动范围的扩大，知识的增长，儿童对某客体进行归类和评价时态度就逐渐概括化。到了青年期，随着对人生意义的探索，理想、信念和世界观基础的形成，个人比较稳定的态度就出现了。因此，儿童的某些态度有时是可以按照教育者的特别要求，或语言的暗示，以社会赞许或不赞许的奖惩方式经过条件学习而形成的。

但有研究者发现：态度不能看作是一种人对社会客体(包括人、事件和观点等)或支持或反对的单一心理倾向，人们对同一态度客体可能同时拥有两种不同的态度——外显态度和内隐态度，称之为双重态度模型(dual attitudes model)，该理论认为人们对于同一态度客体能同时存在两种不同的评价，一种是能被人们所意识到、所承认的外显的态度，另一种则是无意识的、自动激活的内隐的态度。内隐态度也许比外显的态度更难以改变。如许多美国白人隐藏着对黑人的无意识的偏见态度，并同时保持着外显的积极态度，把自己看作是无偏见的和种族平等的人，仔细掩饰内隐的歧视态度不被发觉。[①]

2. 态度的组成成分

态度有三个组成成分：情感成分(affective component)、意向成分(behavioral component)与认知成分(cognitive component)，这些成分组成了态度 ABC 模型，如表 6-1 所示。其中，每一个成分都在态度的形成过程中起着重要的作用。情感成分是态度的核心。三种成分一致性越强，态度越稳定，越不容易改变。中国古人也发现了这样的现象，《韩非子·说难》篇中记载卫君对弥子期的态度前后判若两人，是因为卫君对弥子期的爱憎之情改变了，所以韩非子告诫沟通者在劝说时要明辨沟通对象的爱憎之情，否则将达不到态度改变的效果。

表 6-1　态度的 ABC 模型

模　型	成　分	由……测量	举　例
A	情感成分	生理指标 对情感的语言表达	我不喜欢我的老板
B	意向成分	观察到的行为 对意图/目的的语言表达	我想调到另外一个部门

---

① 张林，张向葵. 态度研究的新进展——双重态度模型[J]. 心理科学进展，2003，11，02：171-176.

续表

模　型	成　分	由……测量	举　例
C	认知成分	态度测量 对信念的语言表述	我认为我的老板在工作中偏心

二、态度转变理论

1. 态度平衡理论

社会心理学家海德的"平衡理论"吸纳了欧洲文化与东方佛学思想。他认为，在人们的态度系统中存在某些情感因素之间或评价因素之间趋于一致的压力，即出现不平衡及不愉快体验驱使人转向平衡状态，这种动机的特点是含有较多的文化因素、经济因素等社会性成分。海德的平衡理论在于使人们可以用"费力最小原则"来预计不平衡所产生的效应，即人们在改变态度时，个体尽可能少地改变情感因素而维持态度平衡结构。

中国人思想中最为讲究的就是平衡，这种平衡是由内及外的，包括自己内心的平衡、内心与身体的平衡乃至自己与世间万事万物的平衡。阴阳调和是传统文化所追求的至高境界。阴阳五行相生相克、此消彼长，它们之间能够保持"和"也就是一种相对的平衡状态时，世间万物就能欣欣向荣，而当阴阳不和之时则万事不顺。

2. 认知失调理论

美国社会心理学家列昂·费斯廷格(Leon Festinger)于1957年提出了认知失调理论。弗斯廷格把人的认知元素分成若干个基本单位，其中的任何两种元素不一致，就会产生失调。例如：认知元素 A——我在大雨中不带伞走路，认知元素 B1——我的衣服湿了，认知元素 B2——我的衣服没有湿。显然认知元素 A 与 B1 呈协调状态，而认知元素 A 与 B2 呈不协调的状态。当个体发觉自己所持有的两种或两种以上的认知元素相矛盾时，便会出现认知上的不协调，内心就会有不愉快或紧张的感觉，因而产生一种驱使个体解除这种不协调状态的动机。中国古人认为，在劝说时要顺应劝说对象的心理，与此理论观点不谋而合。鬼谷子说："欲说者务隐度，计事者务循顺。"(《鬼谷子·内揵》)"无以人之所不欲而强之于人，无以人之所不知而教之于人。人之有好也，学而顺之；人之有恶也，避而讳之。""故曰：不见其类而为之者，见逆。不得其情而说之者，见非。"(《鬼谷子·谋》)就是说，在态度改变过程中尽量顺应沟通对象，与沟通对象的内在态度相一致。[①]

3. 态度形成三阶段理论

社会心理学家凯尔曼(H. C. Kelman)于1961年提出了态度形成或改变经历了依从、认同和内化三阶段模式。依从是态度形成或改变的开始，个体可能一方面不知不觉地在模仿着他所崇拜的对象，另一方面也受一定外部压力或权威的压力，总是按社会规范和社会期待或他人意志行事，外显行为表现与他人一致，以获得奖励、避免惩罚。依从是表面的、暂时的权宜之计，是一种印象管理策略，但内心不一定接受该观点。认同是个体自愿接受他

---

①傅绪荣，孙庆民. 中国文化中态度和态度改变的心理学思想研究[J]. 湖州师范学院报，2013，03：107-111.

人观点、情感或群体规范，使自己与他人态度一致。这一阶段虽然超越外部控制的惩罚，但情感因素作用明显，认同依赖于对象对个体的吸引力，并且新的态度还不稳定，很容易改变。内化是态度形成的第三阶段。个体真正从内心相信并接受新观点、新思想，并将之纳入自己的价值体系形成新的态度。内化是个体原有态度与所认同的态度协调的结果。

4. 态度转变模型理论

霍夫兰德(C. I. Hovland)在做了大量关于沟通和态度转变的研究后，以信息传递理论与社会判断理论为基础，提出了一种以信息交流过程为基础的态度转变-说服模型，如图 6-1 所示。

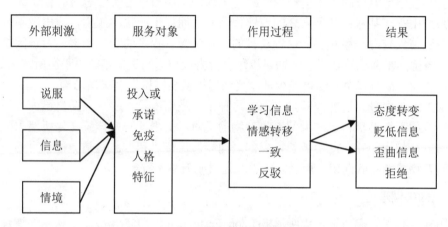

图 6-1 态度转变-说服模型

霍夫兰德认为：人格态度的转变都是当一个人的原有态度与外部不同于此的看法(或态度)发生差异时，这种差异产生压力，引起内心冲突，或不协调、不平衡、不一致，人们为缩小这种差异，减少压力，采取恢复心理协调能力的方法之一是接受外来形象，改变自己原有的态度；方法之二是采取各种办法，如贬损信誉、歪曲信息等去否定或抵制外部影响，以维持原有态度。从这一模型可以看出，发生在接受者身上的态度转变，要涉及说服者(传达者)、说服对象(接受者)、说服信息(沟通信息)和说服情境四个基本要素。态度转变的过程实际上就是外部信息作用于个体的社会判断，进而对个体的态度产生影响的过程，这一影响的结果可能导致态度的转变，也可能使态度不发生转变。

三、态度转变的方法

除了传统的说服方法外，还可以运用内、外在因素的相互作用推动态度的转变。

1. 参与改变

研究表明，引导一个人积极参加有关的实践活动，或在活动中扮演一个角色，能很好地推动一个人态度的转变，因为情境中的各种因素，能够对人们的情感产生综合性的影响，某种特定的环境气氛能够使人们受到感染，使得参加者产生某种感情上的共鸣。因此，对那些持消极态度的人，带他们到现场去亲身感受，远胜于口头劝说。例如，费斯廷格在研究美国白人对黑人的态度时，曾设置了不同的情境。第一种情境是把一批虽然住得很近，但是彼此不相往来的白人和黑人组织在一起做纸牌游戏；第二种情境是让白人和黑人共同观看别人玩纸牌；第三种情境是双方同处一室，但并不组织共同活动。研究结果发现，由于情境不同，白人对黑人显示出友好态度的人分别是 66.7%、42.9%、11.1%，这说明参加活动越积极则态度的转变越明显。明代大哲学家王守仁一心想成为圣贤，一直笃信朱熹的"格物致知"学说。为了实践，他曾格了七日七夜的竹子，希望能够格出竹子之理，但换来的却是刻骨铭心的失败，自己更因此而病倒了。从此，王守仁开始改变自己的看法。

2. 预言实现

自我实现预言的一般表述为：如果人们将虚假的情境当作是真实的，那么其结果将成为真实的。在现实生活中，如果一个人对另外一个人怀有某种期望值，这种期望值将会(不自觉地)引导着这个人对另外一个人的期待、暗示等行为，这一系列的行为将最终导致另外一个人也朝着这个原先的期待值前进，最后这个预言得以实现。最为经典的例子是萧伯纳的戏剧《皮格马利翁》效应，希金斯教授通过教给一个卖花姑娘如何着装和说话，使她真正变成了一位"淑女"。美国也曾经流传过"斯尼奈奇迹"的故事。斯尼奈原是某一药物计算中心扫地工，中心的负责人预言，他将来会成为计算机专家，并把预言告诉了这个工人，对他多方鼓励。结果工人真的成了计算机专家，实现了负责人的预言。

3. 组织规定

组织的规章制度、公约、法规，可以有效地改变人们的态度，尤其对那些自由散漫的人，严格的组织约束可以逐步改变其对纪律和自由的态度。心理学家勒温曾经为此做了这样一个实验。实验的对象是刚生过孩子的住院产妇，当她们离开医院回家时，被要求给婴儿喂鱼肝油和橘子汁。实验者把产妇分成 A、B 两组，A 组为控制组，B 组为实验组。A 组是通过医生的劝说，告知产妇为了婴儿的健康，每天应该给孩子喂鱼肝油和橘子汁；B 组则是医院给大家规定，回去以后必须给孩子吃上述食品。一个月以后进行检查。发现 B 组的产妇几乎全部照办，而 A 组的产妇只有部分人接受了医生的劝告。这说明，组织规定比个别说服更有助于转变人们的态度。

4. 睡眠者效应

"睡眠者效应"(sleeper effect)是态度转变研究中一个反常的现象，是指在态度转变过程中，说服效果随着时间的推移不降低反而提高的一种现象。"睡眠者效应"源于第二次世界大战。当时美国政府对现役的美军士兵播放了一系列的战争宣传影片，想借此提高美军的士气。政府在士兵看完电影后立即对他们进行测验。结果却让政府大失所望。但在影片播放九个星期后，当对同一批当初被测验的士兵再次进行测验时，他们发现，这些士兵的态度已经渐渐转变了，他们的士气提高，而且更愿意参战了。原来，当那些美军士兵有着比较深的既定印象"让我看影片就是为了给我洗脑，让我打仗"时，就不会相信影片中血腥、震撼的画面，他们倾向于对电影的信息打了折扣。但是，当过了两个多月后，影片中那些震撼的画面比原本的既定印象记忆得还要持久，以至于最后士兵们只记得那些画面，而忘记了让他们看这些电影的目的。这个解释就是后来闻名于世的"折扣心理假设"。英国伦敦大学最新公布的一项研究发现，对于不吸烟的人来说，偶尔尝试着抽一支烟并不是那么"无害"，这支烟的"睡眠者效应"可以持续数年，尝试吸烟者今后成为烟民的可能性将会大大增加。

"睡眠者效应"对我们在人生道路上也有启示：当我们遇到不顺心的或令人气恼的事情时，可以先等一等、缓一缓，全面冷静地看待事物，说不定会有意想不到的机会出现。

第二节 工作态度理论与工作满意度

一、中国古代的工作态度理论

在中国传统文化中，儒家认为人可以成圣，佛家认为人可以成佛，道家认为人可以成仙。中国传统儒、佛、道文化都强调要通过人品修养、责任与意志的磨砺来达到更高的理想境界，才会热爱工作并有快乐的工作状态。

(一)儒家的工作态度

1. 自强不息

中国传统文化中儒家认为人可以成圣，"天行健，君子以自强不息，地势坤，君子以厚德载物。"(《周易》)意思是作为君子，应该有坚强的意志，发愤图强，永不止息的奋斗精神，努力加强自我修养与美德，厚实和顺，拥有大地的气势和胸怀容载万物，完成并发展自己的学业或事业，能这样做才能体现出天的意志，不辜负宇宙给予君子的职责和才能。从而达到"天人合一"的境界。这个"自强不息"的品性，是"主、客合一"的，即从古人对于"天"的客观考察，并赋以君子自身的品性。在这个哲学思想上是"物、我合一"的哲学智慧。

2. 强烈的社会责任

儒家《大学》中说，一个要想在天下弘扬光明正大品德的人，首先要治理好自己的国家；唯有修养自身的品性，管理好自己的家庭和家族，才能治理好自己的国家；个人的品性修养关键要在于有端正的意念思想和价值观；要通过自强不息的努力、求实的态度获得知识，认知研究世上的万事万物，探索文明、进步的客观发展道路，治理好国家后天下才能太平。体现出了中国传统家国兼顾的情怀文化，对自我修身、内心平衡与个人能力平衡的不懈追求，通过内心的平衡来影响并带动家庭小环境的平衡。治国则更大一层次，而最终的平天下则是最高的平衡境界：由内及外、循序渐进地来逐步完成自身的平衡直至自身与外界的平衡。与孔子所说的"不器"的境界不谋而合。一个人所承担的社会责任是比职业主义更高一层的理想主义，人若失去理想和责任，就不可能活得快乐。

(二)佛家的工作态度

1. 执事尽心

"执事尽心"就是忠诚履职，对待自己分内的工作要用心去完成，而不是三心二意与敷衍，体现了真诚不欺的工作态度。《百丈清规》规定："执事以尽心为有功"，做任何事只要尽心就是有功德。

2. 精进

"精进"意思为勤奋上进。佛法八正道之一的"正精进"就是正确地努力，不断进取，不停顿、不懈怠、不放逸。精益求精和勤学苦练是传统文化精神所提倡的职业态度。例如《诗风》中记载："如切如磋、如琢如磨"，就是形容古代匠人雕刻和打磨骨头或玉石过程中认真细致、精益求精的工作态度，后泛指君子和圣人修养品德、钻研知识的过程，当下中国倡导的"工匠精神"就是传承了这一文化精髓。[①]

3. 专心致志

佛法提倡正定，就是收摄散乱的心意，摒除杂念，整合身心。慧能说："何名禅定？外离相为禅，内不乱为定。"修订的目的是开发智慧，佛经曰："制心一处，无事不办。"

(三)道家的工作态度

1. 道法自然

老子讲道法自然，是指遵循自然规律。其含义有两层："自然而然"——宇宙(以自然世界为表征的空间和时间)有自己发展的规律，并不以人的意志为转移；"顺其自然"——人可以发现规律，认识规律，适应规律，在规律的范围内做任何想做和可做的事情，但不要试图改变规律，或做一些超越规律的事情。这成为中国道家乃至中国文化全部精神的焦点——不是什么都不做，而是不做违背规律的事——无过为而无不为。很显然，要求"道法自然"的适度动力行为与"不求进取"的低端动力行为完全不同，是要人们冲破自然的桎梏，达到绝对自由的逍遥境界，这种境界的获得需要人们体道、得道。

2. 逍遥自由

《庄子》中的《逍遥游》追求一种绝对自由的人生观。庄子认为，即使是借风力飞到九万里高空的大鹏或御风而行的列子，都是"有所待"而不自由的，只有忘却物我的界限，达到无己、无功、无名的境界，无所依凭而游于无穷，才是真正的"逍遥游"，即"至人无己，神人无功，圣人无名"。

【专栏6-2】庄子钓于濮水

庄子在濮河钓鱼，楚国国王派两位大夫前去请他做官，说："想将国内的事务劳累您啊！"庄子拿着鱼竿没有回头，说："我听说楚国有一只神龟，死了已有3000年了，国王用锦缎包好放在竹匣中珍藏在宗庙的堂上。这只神龟宁愿死去留下骨头让人们珍藏，还是活着在烂泥里摇尾巴？"两个大夫说："情愿活着在烂泥里摇尾巴。"庄子说："请回吧！我要在烂泥里摇尾巴。"

二、工作满意度

工作满意度和组织承诺是研究者和管理者最为关注的关键性工作态度。两者分别是员

---

① 刘芹，刘洋，戎镓咪. "工匠精神"：非物质文化遗产传统手工艺展陈核心[J]. 中华文化坛，2018，01：81-86.

工态度的两个层次。工作满意度是员工对工作的情绪和态度的最表层表达形式，而员工的组织承诺是员工对组织态度的较深层次的情绪反应和行为反应。

(一)工作满意度的含义

霍泊克在《工作满意度》一文中提出"工作满意是工作者心理和生理对环境因素的满意感觉，亦即工作者对工作情境的主观反应"。之后，许多学者提出了众多不同的定义。其中，中国台湾学者徐光中在1977年将工作满意度的概念归纳为三大类，成为国内外研究中比较流行的定义。第一类是综合性定义，把工作满意度作整体的一般性解释，其重点在于员工对于工作本身及工作环境所持有的一般性、总体性的态度。该类定义认为员工满意度是一种单一的概念，并不涉及工作满意度的各个方面和工作满意度形成的原因和过程。第二类是差距性定义，认为工作满意度取决于对特定工作环境实际获得的报酬与期望所得的报酬之间的差距，差距越小，工作满意度越高。该定义也被称为需求缺陷性定义。第三类是参考架构性定义，指从多维度出发，将员工工作层面、个人因素、工作本身等许多因素与工作特性加以解释和比较，是员工对其工作构成的各个方面，包括与他人的比较、个人的能力、过去的经验等的认知评价和情感反应，也就是说工作满意是员工对其工作构成因素的主观情感反应。该定义也称工作要素定义。

综合性的定义强调的是一种单一的概念，强调的是工作者能自我加以平衡而得到整体满足，但难以衡量工作满足心理层面的变化所带给个人的感受。差距性的定义着重于工作所得的报酬与期望间的差距，而忽略了工作本身带给工作者的满足程度。参考架构性的定义则考虑到个人自我参考构面包括工作环境、个人因素、工作本身等，对工作满足的影响。总的来说，在工作满意度这一概念的确立上，有三个已经被普遍接受了的观点：①工作满意度是个体对于工作情境的一种情绪上的反应。正因为它作为一种内在情绪被隐藏在内心中，所以我们无法观察到，只能通过一系列推断和测量来获得其实际情况。②一个人工作满意度是高还是低，是与这个人在工作中所收获的结果在多大程度上符合或者超出他的期望来决定的。③员工对他的工作满意或不满意的评估是大量独立的工作因素的复杂总和，而非仅仅出自某一因素的考虑。在研究工作满意这一重要态度时，我们要从不同的维度去加以考虑。①

(二)工作满意度的影响因素

国内外对工作满意度一般从多维度的角度出发进行研究。决定工作满意度的主要因素大多包括具有心理挑战性的工作、公平的报酬、良好的工作环境和融洽的同事关系，以及上下级关系、人格特质与工作关系。

1. 具有心理挑战性的工作

员工喜欢选择这样的工作：这些工作能够为他们提供使用自己的技术和能力以展示自己价值的机会，能够提供各种各样的任务，有一定自由度，并能对他们工作的好坏予以反馈。这些特点使得工作更富有挑战性。挑战性低的工作使人感到厌烦，但是挑战性太强的

---

① 尹孔阳. 服务业员工工作满意研究理论综述[J]. 现代管理科学，2011，03：111-113.

工作也会使人产生挫败感。在挑战性适中的工作中，大多数员工都会体验到愉快和满意。

2. 公平的报酬

员工希望组织的分配制度和晋升政策能与其期望一致，并做到公平、公正、公开。当员工认为他们所获得的报酬是公正地建立在工作要求、个人技能水平以及行业平均工资标准的基础上时，就会表现出较高的满意度。当然，金钱和职务本身不一定是每个人的终极追求，但是却通常被员工看成是管理者对于他们对组织的贡献大小的看法的一种反映；与绝对的报酬数量相比，员工更看重与自己的付出、别人的付出以及行业整体水平相比较后的相对公平。因此，如果员工觉得分配制度和晋升决策是以公平和公正为基础制定的话，他们更容易从工作中体验到满意感。

3. 良好的工作环境

员工对工作环境的要求，既是为了个人的舒适，也是为了更好地完成工作。研究表明，大多数员工希望所工作的物理环境是安全的、舒适的和最小干扰的。如果工作环境较好(例如，洁净、设备比较现代化、有充足的工具和机械设备)，则人们不会有工作满意度上的问题。相反，如果条件很差(例如，燥热、嘈杂、肮脏的工作环境)，则员工很容易显露不满。但是，除非工作环境实在太差，否则大多数人不会太多受这一因素所困扰。

4. 融洽的同事关系

对大部分人来说，工作不仅仅意味着对物质需求和权力欲望的满足；或者说，人们从事工作不仅仅是为了挣钱养家和获得权力、地位上的成就。社会交往是组织成员在工作中追求的另一种满足。许多人宁愿接受较少的报酬，而在一个温馨、和善的组织中工作，也不愿为了赚更多的钱忍受冷漠、势利、敌对的同事关系。所以，可以说，友好的和支持性的同事关系会提高员工对工作的满意度。

5. 支持性的上级管理

上司的行为也是一个决定满意度的主要因素。研究发现，影响工作满意度的上级管理似乎有两个维度。一个是员工中心性，可以通过员工的直接主管对其的个人关注程度来测量。当主管是善解人意的、友好的、对好的绩效进行表扬，倾听员工的意见、对员工表现出个人兴趣时，员工的满意度会提高。相当多的经验性证据表明，员工辞职离开一家公司的主要原因之一就是他们的上级不关心他们。另一个维度是参与和影响。也就是说管理者允许其下属参与一些会影响其本职工作的决策过程。一般来说，参与会提高员工的工作满意度。

6. 人格与工作的匹配

1959 年，心理学家约翰·霍兰德(John Holland)提出了人格-工作匹配理论。他认为，员工的人格与职业的高度匹配将给个体带来更多的满意感。当人们的人格特征与所选择的职业相一致时，他们会发现自己有合适的才能和能力来适应工作的要求，并且在这些工作中更有可能获得成功；同时，由于这些成功，他们更有可能从工作中获得较高的满意度。对霍兰德的结论进行的一些重复性研究几乎都得到了完全支持性的结论。因此，在考虑工作满意度时人格与工作相匹配这个因素是非常重要的。

目前对工作满意度最广泛被使用的测量方法有单一整体评估法和工作要素总和评分法。单一整体评估法是一种包容性更广的、简单明了的测量办法，这种方法因只有总体得分，但无法对组织存在的具体问题进行诊断，不利于管理者改进工作。工作要素综合评价法强调用多个维度，如薪酬、晋升、管理、工作本身，评价员工工作满意度。既对各具体要素进行深入调查，同时又通过统计方法计算出整体的满意度状况。比单一整体评估法操作起来复杂一些，但能获得更具体而精确的评价结果。

工作满意度量表调查方法多采用明尼苏达满意问卷(MSQ)、工作描述指标(JDI)和波特需求满意问卷(NSQ)。国内学者也对工作满意度进行了开发和编制，中国科学院心理研究所的卢嘉和时堪等2001年编制出适合中国的工作满意度调查问卷。[①]

(三)工作满意度对员工绩效的影响

多年来，许多管理者和研究者常常围绕着究竟是"快乐的员工是生产率高的员工"，还是"生产率高的员工是快乐的员工"进行探讨。

1. 满意度与工作绩效

工作满意度与工作绩效关系的研究从因果关系论到非因果关系论，再到近年重新界定工作满意度与绩效关系的概念，再度掀起"员工满意和企业绩效"双赢战略的热潮。

"因果关系论"反映的是工作满意度导致绩效、绩效导致工作满意度、二者的交互作用；"非因果关系论"研究表明工作满意度与绩效之间并不存在直接的关系。或者，工作满意度与绩效之间没有直接的关系，但是通过绩效工资、工作投入等影响变量的作用而产生虚幻的联系。

近年来提倡"重新定义概念论"的学者认为：工作满意度与绩效之间的相关性是现实存在的，但相关性较低。原因可能是由于对它们的定义或测量问题所致，因此需要重新认识与定义工作满意度与工作绩效。以往工作满意度测度更多的是反映认知评价而不是情感成分。但在工作满意度构成中，认知成分与工资、工作条件等外在的东西有更高的相关性，而情感成分则与工作本身、成长与成就等内在的东西有更高的相关性。组织或工作情况中的客观特征并不是影响人态度及行为的最重要的因素，反而是人们对这些客观特征的主观知觉与解释才是最重要的因素，而且这种知觉与解释受到个人自我参考框架影响。因此，有学者提出用积极情绪、幸福感等代替工作满意度来研究与绩效的关系。[②]

在以往研究中，研究者通常会将工作绩效等同于特定的任务绩效，随着"任务绩效—关联绩效"二维绩效结构的兴起，重新定义绩效论的观点日渐获得人们的认可。将关联绩效分为人际技能和工作奉献两个维度，这对整体绩效具有较强的解释力。关联绩效并不是直接的生产和服务活动，但它可以促进其中的任务绩效，比如自愿承担本不属于自己职责范围的工作，主动提出有挑战性的任务，帮助同事并与之合作完成作业活动等，从而提高整个组织的有效性。重新定义的工作满意度强调员工对于其工作特性层面的情感反应，与任务绩效、关联绩效之间呈现出复杂的因果关系。进一步研究了员工的情绪智力对员工绩

① 时勘，卢嘉. 工作满意度的评价结构和方法[J]. 中国人力资源开发，2001，01：15-17.
② 夏凌翔，黄希庭. 论工作满意度与工作绩效的关系[J]. 西南师范大学学报(人文社科版)，2002，03：32-34.

效和工作满意度的影响。[①]

2. 满意度与工作退行行为

工作退行行为主要包括缺勤与离职等行为。许多研究表明工作满意度与缺勤率之间是负相关关系。尽管相关性并不很强烈，因为缺勤可能由许多因素所引起，如疾病、照顾子女以及一些外部因素，如组织制度、社会事件等也会影响两者相关的程度。但它与工作满意度的某些子维度仍然有较高的相关性。工作满意度低的员工往往得不到良好的激励，对工作的积极性不高，因而其缺勤率较高。员工的缺勤不但不利于企业对员工的管理，而且从长期看，它会影响组织的良好文化的形成。例如，如果组织有病假工资制度，有些即使非常满意的员工，也会设法休假。

研究结果一致表明，工作满意度与离职率之间是负相关关系。对于那些对工作不满意的员工来说，当他们觉得到其他组织工作有可能的话，则必然会采取离职行为。员工的离职会对企业造成巨大的影响。但是也受一些调节因素，如劳动力市场的状况、改变工作机会的期望、任职时间的长短、社会经济状况，以及最新研究提出的包括退行性认知有关的心理因素——离职意愿等，都对是否真正决定离开自己目前的工作岗位起着重要的限制作用。例如，当总体经济形势较好、失业率低时，离职率一般会有一定的增加，因为人们会去其他组织寻求更好的机会。如果其他组织所能提供的机会更好，即使他们对目前的工作感到很满意，很多人还是会离开。相反，如果找工作很不容易，裁员、合并以及收购事件风起云涌，那么即使是不满意的员工也会自愿地留在他们目前的岗位上。组织支持是解决这一问题的关键因素。[②]

第三节 组 织 承 诺

组织承诺是组织行为学领域中的重要概念，自提出后就受到理论界和企业界的广泛关注。早在 20 世纪 80 年代，大多数西方研究者将忠诚与承诺视为可以相互替换的概念，或是将忠诚视为高度的承诺。他们关注组织忠诚态度层面的含义，使用组织承诺(organizational commitment)的概念。组织承诺不仅是个人整体工作绩效预测离职率的很好指标，而且可能会影响组织整体的绩效水平、核心能力建设以及组织发展与文化变革的形成等。例如，据沃森·怀亚特公司的一份对美国 7500 名员工的调查显示，拥有较高组织承诺的员工其公司在三年内对股东的总体回报(112%)要远大于员工承诺水平低的公司，可见员工对组织的承诺对于公司是何等重要。所以，对于管理者而言，了解员工的组织承诺就显得至关重要。

一、组织承诺的含义

美国社会学家贝克尔(Becker)在 1960 年最先提出了组织承诺的概念，员工随着对组织的"投入"的增加而产生的一种甘愿全身心地参加组织各项工作的心理，员工对组织的投

---

① 杨露露，肖群雄. 员工情绪、员工绩效和工作满意度之间的影响[J]. 中国集体经济，2019，08：105-106.

② 孟祥菊. 员工组织支持感与工作满意度、离职倾向关系研究——行业重组视角[J]. 工业技术经济，2010，05：98-101.

入越多，其主动参与组织工作与活动的情感就越强烈，对组织的一种感情依赖。到了80年代，组织行为学家波特(Porter)等人认为，组织承诺是个体对组织的卷入和认同程度。还有学者认为组织承诺实质为一种"内化的行为规范"或反映了员工与企业的"心理契约"。中国学者刘小平认为组织承诺是一种对组织忠诚，充满责任感的态度和行为倾向，这种倾向来源于员工对组织目标和价值观的认可；凌文铨等研究发现组织承诺是员工对于现有组织在情感态度上的认可，以及乐意承担其作为组织成员所要承担的责任和义务。[①]

综合多种研究结论，可以将组织承诺的内涵概括为：组织承诺是一种态度，也是一种行为，它反映了员工对组织的一种态度或肯定性的内心倾向，表现为员工对组织感情上的认同、依附和忠诚；与此同时，这种内在的态度又作用于员工外在行为，使其做出相应的、特定的反应，是员工为了不失去已有位置和多年投入所换来的福利待遇而不得不继续留在该企业内的一种承诺。

尽管有两种不同的定义，但是理论界普遍认为组织承诺是员工与组织心理联系的纽带，更有人将关于组织承诺的研究从组织内部扩展到了外部其他组织。[②]

二、组织承诺的结构

组织承诺的结构从单维度发展到1990年加拿大学者梅耶(Meyer)和艾伦(Allen)的三维理论：感情承诺、继续承诺和规范承诺，成为近年来影响最深远的承诺结构理论，并得到了广泛实践论证。中国学者凌文铨基于中国文化背景补充了理想承诺的模型。[③]

1. 感情承诺

感情承诺(affective commitment)是指组织成员被卷入组织、参与组织社会交往的程度。它是个体对一个实体的情感，是一种肯定性的心理倾向。它包括价值目标认同、员工自豪感以及为了组织的利益自愿对组织做出牺牲和贡献等成分。员工对组织表现忠诚并努力工作，自愿为组织的发展做贡献，无论遇到什么诱惑都不会离开组织。

2. 继续承诺

继续承诺(continuance commitment)是员工为了不失去已有的位置和多年投入所换来的福利待遇而不得不继续留在该组织内的一种承诺。它建立在经济原则基础上，具有浓厚的交易色彩。当员工进入一家组织之时，都抱有一个期望，这一期望反映了员工三方面的需要：维持生活、发展自我和承担社会责任。而对于组织来说，在尽力满足员工这三方面需要的同时，也希望员工能忠于组织，努力工作。这种相互作用的关系，造成员工 Side-Bets 的累积。这种 Side-Bets 是指一切有价值的东西。比如，退休金、精力、已掌握的特定于该组织的技术和技巧、在组织中形成的人际关系和所具有的资历地位等。如果员工离职，所有这一切都将丧失。这个观点是在"冒险投赌"理论的基础上得出的。冒险投赌在赌博中是一种累加性的赌注，在组织中类似的例子有退休金及工龄工资的增长等。由于这些利益

① 刘小平，王重鸣. 中国中西方文化背景下的组织承诺及其形成[J]. 外国经济与管理，2002，24(1)：17-21.

② 徐阳. 国内外组织承诺研究综述[J]. 中国集体经济，2012，01：93-94.

③ 凌文铨，张治灿，方俐洛. 中国职工组织承诺的结构模型研究[J]. 管理科学学报，2000，02：76-80.

的获得是随着时间的延长而增加的，因此人们在组织中工作的时间越长，就越难以做出离开的决策。这也许可以解释为什么资深员工总是比新员工离职率低的现象。

3. 规范承诺

规范承诺(normative commitment)是指由于受长期社会影响形成的社会责任而留在组织内的承诺。个体在社会化的过程中，不断地被灌输和强调这样一种观念或规范：忠诚于组织是会得到赞赏和鼓励的一种恰当行为，以至于在个体内心中产生顺从这种规范的倾向。同时从组织那里接受利益或好处也会使员工内心产生一种要回报的义务感。

梅耶等对组织承诺的三个维度进行了一个形象的描述，认为具有高情感承诺的员工想留在组织内是因为他们想要；具有高持续承诺的员工想留在组织内是因为他们需要；具有高规范承诺的员工想留在组织内是因为他们觉得应该如此。

贝克尔还发现了四种组织承诺的形式：①对主管或者工作团队的承诺；②对高层管理团队和组织的承诺；③对两者的承诺；④对两者都没有承诺。这个视角是将组织视为利益群体的联合体。

我国学者凌文铨等结合我国实情，提出中国企业职工组织承诺的五维度模型：情感承诺、规范承诺、理想承诺、经济承诺和机会承诺，并研制出一套"中国职工组织承诺问卷"，其测量的信度和效度更为适合中国的文化。从这五个因素的定义中可以发现中西方组织承诺的维度既有共同点也有不同点。中国员工的组织承诺结构中与梅耶和艾伦的模型中感情承诺因子和规范承诺因子，其含义一致。经济承诺和机会承诺的意义也体现在了三因素承诺模型中的继续承诺因子中。然而，理想承诺这一因子却是西方的模型中未涉及的，是中国背景下所特有的因素。[①]

三、组织承诺的前因后果

组织承诺的前因后果模式如图 6-2 所示。

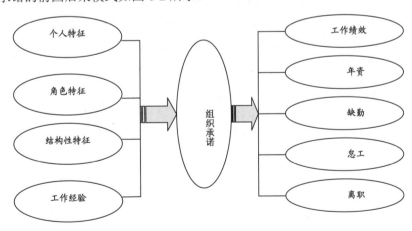

图 6-2　组织承诺的前因后果模式

---

① 谭晟，凌文铨，方俐洛. 中国员工组织承诺 5 因素结构模型的验证[J]. 广州大学学报(自然科学版)，2002，06：96-99.

(一)组织承诺的前因变量

组织承诺的前因变量主要可以归纳为三类：工作因素、组织因素和个人因素。

1. 工作因素

工作因素包括工作的挑战性、职位的明确程度、目标难度等。关于工作因素对组织承诺的影响的研究发现：组织承诺与工作自发性、更高质量的工作关系呈正相关，与工作地点大小、工作—家庭冲突的发生频率呈负相关。满意感、工作的挑战性等会影响情感承诺。

2. 组织因素

组织因素主要包括组织支持、组织可依赖性、公平性、管理层对新观点和新思想的接纳程度、集体工作精神等。研究发现，组织承诺与组织支持感显著正相关；组织气氛、管理行为、组织经历和任务明确性等对组织承诺都有很好的预测效果。艾森贝尔格(Eisenberger)提出了互惠规范和交换理论，认为当员工感觉到组织对他关心、支持和认同时，员工就会有很好的表现。肖尔(L.M.Shore)和韦恩(S.J. Wayne)实证研究结果也发现，员工感知到来自组织的支持越大，则情感承诺越高。我国的学者也发现组织支持与组织承诺的相关性高达0.61～0.71，且总体呈明显的相关关系。[①]张勉等人的研究还发现，分配公平性对情感承诺和规范承诺的影响表现出显著性。[②]

3. 个人因素

研究者一致认为，个人因素对组织承诺有很大的影响是毋庸置疑的。个人因素包括年龄、工龄、婚姻状况、受教育程度及工作经历等。此外，中西方文化背景也影响对组织承诺的影响。西方社会则更体现为基于契约思想。中国文化的忠诚概念是员工与组织之间一种下对上、个人与集体的关系。这种基于中华儒家文化所形成的忠诚更多体现为基于等级尊卑、远近差序式的概念，与西方文化下，立足于个人自由与平等，重视个人基本权利所发展出的社会契约概念，个人价值认同的契约承诺式忠诚有着根本上的不同和差异。相较于西方组织承诺的界定，姜定宇等人的研究显示：中国人组织忠诚呈现出个人与集体主义和权力距离特征的差异，而更强调组织集体目标与利益优先于个人的概念，更强调个人为组织利益而做出自我牺牲。[③]

(二)组织承诺的后果变量

绩效和员工的退缩行为是组织承诺研究中常用的两类结果变量。

1. 工作绩效

关于组织承诺与工作绩效关系的研究还没有得到一致的结论，有研究认为组织承诺与

---

① 郑馨怡，李燕萍，刘宗华. 知识分享对员工创新行为的影响：基于组织的自尊和组织支持感的作用[J]. 2017，01：24-33.

② 张勉，李海. 组织承诺的结构、形成和影响研究述评[J]. 科学学和科学技术管理，2007，05：122-126.

③ 皇甫刚，姜定宇，张岗英. 从组织承诺到组织忠诚：华人组织忠诚的概念内涵与结构[J]. 心理科学进展，2013，04：711-720.

工作绩效、个人角色行为和工作满意度有相关性。

2. 员工退缩行为

员工退缩行为主要表现在离职意向与行为、出勤率、工作转换等方面。

本 章 小 结

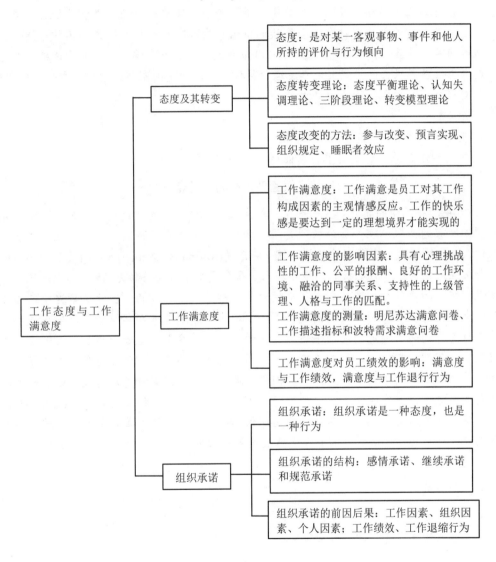

习 题

一、思考题

1. 假设你有一名缺乏责任感的员工，正在影响工作团队中的其他人，你该如何帮助他改变这种态度？

2. 回想你曾经经历认知失调的时候，分析一下你当时的体验。为了解决认知失调你是怎么做的？你还可以采取其他什么样的行动？

二、案例分析题

工匠精神

2016 年 3 月 29 日，国务院总理李克强在北京召开的第二届中国质量奖颁奖大会上作出批示："各行各业要弘扬工匠精神，勇攀质量高峰，打造更多消费者满意的知名品牌，让追求卓越、崇尚质量成为全社会、全民族的价值导向和时代精神。"工匠精神是指工匠对产品精雕细琢、精益求精的理念，距今 2000 多年的诸子百家争鸣的战国时代，就曾诞生墨子和鲁班两位世界级工匠。此次由李总理"再提出"，乃是国家打造"质量文化"价值观、为"中国制造"去污名化所做的努力。

分析：

1. 墨家的工匠精神包括怎样的工作态度？
2. 中国制造企业为什么要重塑工匠精神？如何重塑？

海厄特高级管理人员的"蹲点日" ①

1989 年，海厄特的总裁产生了一个"蹲点日"想法，每年的这一天，公司关闭总部的办公室，所有的高级管理人员分散到美国、加拿大数百家海厄特饭店里去，在那里承担一份工作。海厄特的人力资源副总裁梅尔娜·海乐曼(Myrna Hellerman)女士负责整个项目。海乐曼女士注意到，尽管海厄特的高级管理人员每年要视察公司各饭店 35 次，但是从客人的角度观察饭店的运作与从职员或服务员的角度观察是大不一样的。实际从事这项工作可以使管理者直接感受员工所面临的问题。例如，培训部经理最近在宾馆的餐厅里花了一天的时间亲自感受到她新设计的培训手册所存在的问题。这些手册是专门为长期培训设计的，但由于餐厅不能没有厨师，所以长期培训是不可能的。而且，对于那些母语不是英语的厨师来说，手册不够简洁明了。为此，培训部经理让她的部门编好了几套较短的小册子，以使信息尽快流传，并准备了多种培训材料。另外，"蹲点日"的概念为员工提供了大量证据，说明管理者很关心他们并和他们共同探讨问题。口头谈论改善员工的工作是一回事，把自己放在员工的位置上和他们并肩工作则是另一回事。

请问：你如何看待海厄特的"蹲点日"？

三、辩论题

正方：高工作满意度的重要性
反方：工作满意度强调得过头了

四、管理技能训练

考虑下面的情境。假设你的住处附近刚刚开设了一家新餐馆，你决定去吃一次，但结果却是有生以来最糟糕的一次体验。30 分钟才等到座位，还要再等 30 分钟才有人招待。菜单肮脏，水杯里面漂浮着死苍蝇。上来的菜是冷的(不是有意的)，服务生在擦桌子时把食物

---

① 蒋贵凰. 战略管理与组织行为学案例教程[M]. 北京：清华大学出版社，2013.

残渣掉在你身上，菜价太贵。由于这些经历，你决心再也不会涉足这家餐馆。

现在假设有一位几个月来你一直心仪的约会对象，尽管对方也有意和你约会，但由于种种原因你们总是聚不到一起。此刻对方刚刚和你通过电话，并且表示下周愿意和你一起外出，但所指定的餐馆恰好是你痛恨的那家。

根据上面的假设，回答以下问题：

1. 解释你对这家餐馆的态度是如何形成的。

2. 解释你对约会对方的态度是如何形成的。

3. 解释你如何解决这一选择的冲突问题。

4. 解释认知失调在这一情境中的角色。

【推荐阅读书目】

[1] 朱莉·海. 态度与动机：工作中的人际沟通分析[M]. 2 版. 张思雪，田宝，译. 北京：机械工业出版社，2020.

[2] 吕晓燕. 态度的力量：工作态度决定人生高度[M]. 成都：四川大学出版社，2018.

[3] 马春华. 端正你的工作态度[M]. 北京：中国商业出版社，2012.

[4] 张彦. 环境·态度·行为：中国企业工作环境的实证数据分析[M]. 北京：社会科学文献出版社，2020.

[5] 斯蒂芬·P.罗宾斯等. 组织行为学[M].14 版. 孙健敏，等，译. 北京：中国人民大学出版社，2012.

第七章

激励理论及应用

学习目标：

理解激励的概念与激励的心理机制，了解需要、动机、行为的概念及三者的关系；掌握几种重要的激励理论：需要层次理论、双因素理论、ERG 理论、成就需要理论、强化理论等；能灵活运用激励理论分析和解决不同层次、不同要求员工的激励问题。

关键概念：

激励(motivation) 马斯洛的需要层次(maslow's hierarch of need) 强化理论(reinforcement theory) 公平理论(fair theory) 期望理论(expectancy theory) 工作满意感(job satisfaction) 股权激励(equity incentive)

> **【专栏 7-1】 股权激励**
>
> 某医疗器械 A 公司创立于 1998 年，注册于某高新技术产业开发区，是一家高新技术企业。公司主要致力于医疗器械、医用高分子材料、生物技术和信息技术等产品的研发、生产、销售和服务。目前公司在部门设置上有生产部、质量管理部、技术部、各销售大区、财务部、行政部等，人员结构正在向研发及销售两头延展，形成哑铃式的人才发展格局。近期某竞争对手成功登陆创业板，公司上市的欲望越来越强烈，但目前公司的经营业绩与创业板要求的相关财务指标仍有一定差距。因此，公司希望通过股权激励来促进员工工作积极性，同时吸引和留住优秀人才。实行股权激励后，公司不仅没有搞好，反而越来越糟糕了。主要表现为大家积极性不高，想卖掉自己的股份，大家开始相互攀比……
>
> 请问：你如何看待公司股权激励？

第一节 激励概述

一个组织的成功，关键在于如何去激励成员使其符合组织行为并创造价值、实现组织目标，激励也就成为组织行为学的核心问题。一切管理活动的首要任务，是促使员工发挥积极性、主动性和创造性，以完成组织、部门的任务和目标。为此，领导者必须掌握和运用正确的激励手段，不断开拓新的激励方式，充分发挥激励的作用，才能成为有效的管理者。

一、激励的概念

在实践中，激励是一个应用非常广泛的词汇。在政府部门，需要激励政府人员勤勉尽责；在企业部门，需要激励员工努力工作提高业绩；在非政府组织，需要激励人员努力奉献。尽管激励是普遍被运用的词汇，但人们给激励所下的定义有很大的不同，下面是一些管理学家们给激励所下的定义。

(1) 斯蒂芬·罗宾斯(Stephen P. Robbins)：通过高水平的努力，实现组织目标的意愿，这种努力以能够满足个体的某种需要为条件。

(2) 维克托·弗鲁姆(Victor H. Vroom)：个人就其自愿行为所做的选择进行控制的过程，是诱导人们按照预期的行为方案进行活动的行为。

(3) 兹德克(Zedeck)和布拉德(Blood)：认为激励是朝着某个特定目标行动的倾向。

(4) 坎波尔(J. P. Campbell)：激励必须研究一组自变量和因变量之间的关系，这种关系在人的智力、技能和对任务的理解以及环境中的各种制约条件都恒等的条件下，能说明一个人的方向、幅度与持续性。

(5) 安德鲁·J. 杜柏林(Andrew J.Dubrin)：激励是为达到某种结果而花费的努力，而这种努力来自于个人的内在动力。

在综合前人对激励的理解和研究上，我们认为：激励就是组织通过一系列的激励性制度设计实现组织及其成员个人目标的系统过程。

在理解激励的定义时要把握以下几点。

(1) 激励的出发点是实现组织目标，不是为了激励而激励。不是为了实现组织目标的激励，都是不恰当的激励。激励的落脚点在于实现企业和员工的共同目标，不能只实现组织目标而不实现个人目标。

(2) 激励是一种制度设计。在组织中，通过设计一系列的激励制度和机制，促使员工积极完成工作。简单来说，激励是一种制度，不能朝令夕改，也不能一成不变。激励需要根据实际情况，与时俱进，保持组织活力。激励制度的设计，需要考虑组织实际情况，充分发挥人性的力量，建立起长期和短期有效结合的激励机制。激励不能只让人看到明天，或只看到当下。

(3) 激励贯穿于组织工作的全过程，包括对员工个人需要的了解、个性的把握、行为过程的控制和行为结果的评价等。

二、激励的心理机制

心理学的研究表明，人的行为具有目的性和目标性，而目的源于一定的动机，动机又产生于需要。由需要引发动机，动机支配行为并指向预定目标，是人类行为的一般模式，也是激励得以发挥作用的心理机制，如图 7-1 所示。

1. 需要

需要指人类或有机体缺乏某种东西时的状态。管理中的需要特指人对某事物的渴求和欲望。它是一切行为的最初原动力和出发点。

图 7-1　人类行为模式图

2. 动机

动机是推动人们从事某种活动并指引这些活动去满足一定需要的心理准备状态。动机在激励行为的过程中，具有以下功能。

(1) 推动功能，指动机唤起和驱动人们采取某种行动。

(2) 导向和选择功能，指动机总是指向一定目标，具有选择行动方向和行为方式的作用。

(3) 维持与强化功能，长久稳定的动机可以维持某种行为，并使之持续进行。

一般来说，当人产生某种需要而尚未得到满足时，会产生一种不安和紧张的心理状态。在遇到需要的目标时，这种紧张的心理状态就会转化为指向目标的动机，推动人们去行动，趋向目标。当人达到目标时，需要得到满足，紧张的心理就会消除。这时，人又会产生新的需要。动机来源于个人的需要和组织的激励，完成目标后产生两种结果：既满足了个人的要求，同时也实现了组织的绩效。这是一个不断循环往复的过程，如图 7-2 所示。

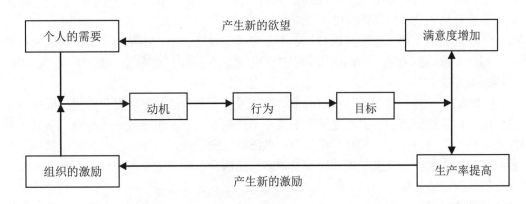

图 7-2　激励过程

三、激励的作用

(一)对员工的作用

(1) 有效的激励要求管理者准确识别员工的需求，并采取相应的措施来满足这种需求，这就有利于员工个人目标的实现。

(2) 有效的激励要求组织与员工之间进行有效沟通，这种沟通有利于员工产生被重视或尊重的感觉，从而有利于员工产生良好的工作心情。

(3) 有效的激励制度和措施有利于员工对行为结果有清晰的认识，从而增强对自己行为结果的安全感，增强对自己行为收益估计的信心。

(二)对组织的作用

有效的激励能使组织不断发展壮大、不断成长。具体表现在以下几个方面。

(1) 有利于组织目标的快速实现。激励机制的好坏，决定着组织目标实现程度的高低。一个好的激励，能快速实现组织的目标。例如，阿里巴巴公司采取合伙人模式，快速实现了公司发展。

(2) 有利于提高员工的满意度，降低人才流失。有效的激励能满足员工的需求，提高员工的满意度，进而提高员工对组织的忠诚度，减少人才流失，降低组织的人力成本。

(3) 有利于提高工作效率，提高组织的经济效益。在有效的激励作用下，员工的积极性和工作热情会大大提高，从而有利于提高组织的工作效率和经济效益。

(4) 有利于避免组织的人力资源浪费。一般情况下，人的潜能只是得到了小部分的发挥。美国哈佛大学威廉·詹姆士(William James)教授研究表明，一个计时工只要发挥个人潜力的20%～30%即可保住饭碗，但通过恰当的激励，这些工人的个人潜力可以发挥出80%～90%。显然，通过激励可以显著地提高劳动生产率，避免人力资源的浪费。

心理学家做了一个警觉性实验：要求对A、B、C、D四个人数相等的组，辨别指定光源的发光强度变化，若认为有变化就向实验者报告。对A组不给予任何奖励的暗示；对B组每正确辨别一次奖励5分钱，每错报一次罚款1角；对C组实行个人竞赛，比谁的觉察力最强；对D组实行集体竞赛，说要跟别的组比赛，比哪一组觉察力最强。各组实验结果(平均误差次数)如图7-3所示。

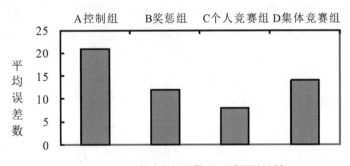

图 7-3 不同激励条件的警觉测试误差比较

实验结果：未实行激励的A组的绩效明显低于其他实行激励的三个组，个人竞赛组绩效最好。

四、中国古代的激励方法

中国古代的激励行为在人类社会早期就已出现，从奴隶社会到封建社会，激励方法不断演变。中国古代的管理激励主要有以下几种方法。

1. "士为知己者死"的情感激励

管理者、统治者从长期生存与发展的需要出发，与下属发展成为知己和至交，从而使下属不遗余力地为自己出力和服务。儒家孔子提出"仁"，主张"施仁政"，强调国家的统治者要像爱护亲属一样地对待臣民。统治者决策时，必须"惟民之承"(《盘庚》)，顺应民心，使民成为顺民，从而形成凝聚力。孙武则要求将帅一定要爱护士兵。他在《地形篇》中分析道："视卒如婴儿，故可以与之赴深溪；视卒如爱子，故可与之俱死。"将帅如能像对待自己的爱子一样对待士卒，就能取得士卒的信任，甘愿追随自己赴汤蹈火。这样的军队，就将无往而不胜。

2．"赏不可不平，罚不可不均"的公平激励方法

这是指管理者、统治者要赏罚严明，善于通过奖赏和惩罚这两种正、负强化激励手段，来达到鼓励先进、鞭策后进、提高绩效的目的。爱护下属不是溺爱，必须有必要的褒扬和处罚，恩威并施。赏罚的关键是：要严明、公正，"赏不可不平，罚不可不均"(《诸葛亮集》)。不分人的贵贱，谁有功就赏谁，谁违纪哪怕是皇亲国戚也严格惩罚。"设而不犯，犯而必诛"(《曹操集》)。曹操违纪，自罚"割发代首"；街亭失守，诸葛亮"挥泪斩马谡"，这些历史典故都是执法严明的例证。孙子把"赏罚孰明"列为七计之一，认为这是确保胜利的保障措施。"赏之以功，罚之以过"，"号令明，法制审，故能使之前，明赏于前，决罚于后，是以发能中利，动则有功"，由于号令严明，法制周详，才能使他们奋勇向前。既有明确的奖赏鼓励于前，又有坚决的惩罚督促于后，所以出兵就能获胜，行动就能成功。只有做到恩威并施，运用正负两种强化激励手段，才能"犯三军之众，若使一人"(《九地篇》)，得心应手地运筹帷幄，使之无敌于天下。

3．"任贤律己""身先士卒"的表率激励

这是说管理者、统治者要知人善任，严于律己，身先士卒，以自己榜样的作用和力量感染激励下属。中国古人历来崇尚德，用人强调德的标准。儒家曾提出"内圣外王"之说，对君子的要求是仁、智、勇、恭、敬、惠、义、达、艺，侧重于德。德的含义很广，而严于律己，"己所不欲，勿施于人"(《论语》)是其基本要求。

4．"上下同欲者胜"的目标激励

这是目标激励法，即管理者、统治者，引导上下心往一处想，劲往一处使，为实现特定的目标而不懈地努力。孙武非常强调"上下同欲"，将它列为五个制胜必备因素之一。"上下同欲"是作用极大的激励方法。军队战斗力强不强，治国政绩大不大，很大程度上取决于上下有没有共同目标，能不能团结一心，步调一致。上下同心同德则无往而不胜，上下离心离德则一盘散沙，不攻自破。上下同欲是取胜的必备条件，因而各种激励方法的采用，都必须促使上下同欲。

5．"选贤任能"的考绩激励法

绩效考核事关管理效能的提升，是调动下属积极性的最有效、最直接的方法。"选贤任能"的激励方法源远流长，《尚书·尧典》中记载："帝曰：格汝舜，询事考言，乃言底可绩，三载，汝陟帝位。"大意是尧对舜说，通过三年的考核，舜的办事能力和言行获得了嘉赏，可以荣登帝位了。此后历代有作为的君主，无不视"选贤任能"为治国统兵的金科玉律。《明史·选举三》记载朱元璋说："称职者升，平常者复职，不称职者降，贪污者付法司罪之，阘茸者免为民。"

6. 物质激励与精神激励双管齐下

中国古代的统治者很早就认识到，相对于物质激励，非物质激励具有更为特殊的意义。古代的物质激励主要包括：俸禄、土地、房产园林和其他实物，而非物质激励主要包括：职位升迁、封号、爵位、特权等。这些东西绝非银子、土地和房产可以比拟，它对各下属的激励也确实起到了巨大的作用。自秦汉以降，能够位居一二品大员、封妻荫子虽然很难，要封侯拜相那更是难上加难，但很多名臣名将仍然为此尽心竭力，夙兴夜寐，勤于王事，鞠躬尽瘁，死而后已，为一个又一个王朝立下汗马功劳。

第二节 激 励 理 论

由于人的需要的多样性、组织结构和外部环境的不同，组织行为学家在探索激励的本质以及激励手段时，提出了诸多的激励理论。本节侧重介绍几种重要的激励理论——需要层次理论、双因素理论、ERG 理论、成就需要理论、强化理论等。

一、需要层次理论

需要层次理论由美国心理学家亚伯拉罕·马斯洛(Abraham Maslow)于 1943 年提出，它虽然没有得到实验的验证，但由于与人们的感觉相符，所以得到了最广泛的承认，其主要观点如下。

(1) 人的需要可以分为五个层次，如图 7-4 所示。

① 生理需要：对食物、水、住所、性等的身体需要。

② 安全需要：对安全保障、免受肉体及精神伤害等的需要。

③ 社交需要：对爱、归属、友谊等的需要。

④ 尊重需要：对认可、尊敬和自我价值等的需要。

图 7-4 需要的层次

⑤ 自我实现需要：对个人成就、价值、认可、自我完善等的需要。

(2) 生理和安全需要属于较低层次的需要，社交、尊重、自我实现需要属于较高层次的需要。

(3) 需要的满足严格按照阶梯前进，在一段时间内只有一种需要占主导地位。同一时期，一个人可能同时存在几种需要，任何一种需要都不会因为更高层次需要的发展而消失。但每一时期总有一种需要占支配地位，对行为起决定作用。这种占支配地位的需要称为优势需要或主导性需要。

(4) 任何一种需要基本满足后，下一个更高层次的需要就成为主导需要。需要层次从低级向高一级上升，并不是突然的、跳跃的现象，而是从无到有、从少到多逐步发生的。例如，生理需要满足 10%，安全需要可能根本不会出现；但当生理需要满足 25%时，安全需要可能会出现 5%。

(5) 基本满足的需要不再有激励作用。马斯洛还认为，自我实现需要的产生有赖于前面四个层次需要的满足,他将这些需要得到满足的人称为基本满足的人。马斯洛描述的"自我实现"的人有如下特征:能更有效地意识到现实,认识自己和认识别人,自发性,集中处理问题,独立性,自立性,有不断新鲜的鉴赏感觉,有不受束缚的想象力,对社会有兴趣,与有同样自我实现需要的人有深厚的友谊,民主的性格,能辨别目的和手段,幽默感,创造性,有反潮流精神。

马斯洛等认为,一个国家的人民对各个需要层次的分布和经济发展水平直接相关。不发达国家,生理需要和安全需要的人数比重较大,高层需要的人数比重较小;发达的国家则情况相反。同一国家的各个地区、各个时期的人们的需要层次结构随生产力水平的变化而变化。针对员工不同的需要,管理者可以采取不同的管理策略,组织也可以采取相应的措施。

(1) 物质激励。物质激励是通过对物质利益关系的调节,从而激发人们积极向上的动机和行为,其出发点是为了满足人们的物质需要。物质激励的手段通常是加薪、发放奖金和福利,一般以金钱的形式体现或以金钱等价物进行。人们在企业中工作,最终目的就是赚取金钱以满足自身的"衣、食、住、行"需要,这属于马斯洛需要层次当中的生理需要层次和安全需要层次。

(2) 精神激励。精神激励是从满足人的精神需要出发,通过对人的心理施加必要的影响,从而产生激发力来影响人的行为。精神激励所满足的是人的精神需要,相对于物质需要来讲,精神需要比物质需要的层次更高。精神激励主要是通过增加员工在企业中的晋升机会、工作荣誉感和成就感来激发其工作积极性。因此,精神激励主要是满足人的社交需要、尊重需要和自我实现需要,满足人们的高层次需要。

需要与其相应的激励因素和组织措施的关系如表 7-1 所示。

表 7-1 需要的激励因素和组织措施

需要层次	需要的内容	激励因素	管理策略	组织措施
生理需要	工资 工作环境 各种福利	①金钱 ②食物 ③住处	待遇奖金 保健医疗设备 工作时间 住房福利设施	①暖气或空调 ②基本工资 ③自助食堂 ④工作条件
安全需要	职业保障 意外事故的防止	①安全 ②保障 ③胜任 ④稳定	雇佣保证 退休金制度 意外保险制度	①安全工作条件 ②附加的福利 ③普遍加薪 ④职业安全
相互关系需要	友谊(良好的人际关系) 团体的接纳与组织的认同感	①志同道合 ②爱 ③友谊	协商制度 利润分配制度 团体活动计划 互助金制度 教育培训制度	①管理的质量 ②和谐的工作小组 ③同事的友谊
尊重需要	地位、名誉 权力、责任 与他人工资的相对高低	①承认 ②地位 ③自尊 ④自重	人事考核制度 晋升制度 表彰制度 选拔进修制度 委员会参与制度	①工作称职 ②同事和上级承认 ③工作本身 ④责任

续表

需要层次	需要的内容	激励因素	管理策略	组织措施
自我实现 需要	能发展个体特长的组织 环境 具有挑战性的工作	①成本 ②成就 ③提升	决策参与制度 提案制度 研究发展计划	①有挑战性的工作 ②创造性 ③在组织中提升 ④工作的成就

表 7-1 的需要层次仅是一般人的要求,实际上每个人的需要并不都是严格地按表中的顺序由低到高地发展的,还需要具体情况具体分析。因为在不同情况下,人们需要的强烈程度是不同的。

二、双因素理论

美国心理学家赫兹伯格(F. Herzberg)在 20 世纪 50 年代末期对一些工厂企业进行调查研究,他设计了许多问题,如"什么时候你对工作特别满意""什么时候你对工作特别不满意""满意和不满意的原因是什么"等,请工人写出自己做过的"最佳工作"和"最糟糕的工作"及个人评价。调查结果如图 7-5 所示。

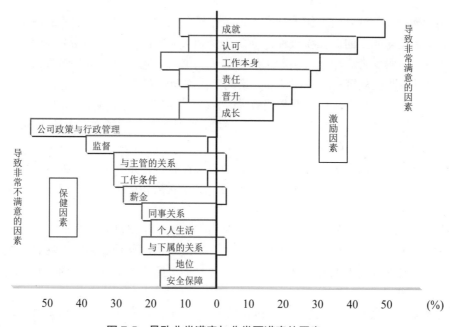

图 7-5　导致非常满意与非常不满意的因素

赫兹伯格发现,造成职工非常不满的原因,主要是在公司政策、行政管理、监督、与主管的关系、工作条件、与下级的关系、地位、安全等方面处理不当。改善这些方面,也只能够消除职工的不满,不能使职工满意,也不能激发其积极性,进而促进生产率的增长。赫兹伯格把这一类因素称为"保健因素",意思是只能防止疾病,不能医治疾病。

另外,使职工感到非常满意的因素主要是工作富有成就感、工作成绩能得到社会承认、工作本身具有挑战性、承担重大的责任、在职业上能得到发展和成长等。这类因素的改善能够激励职工的工作积极性和热情,提高生产率。赫兹伯格把这一因素称为"激励因素"。

他于 1950 年提出激励-保健因素理论,即双因素理论。

赫兹伯格认为满意的反面不是不满意,这是不正确的。满意的对立面应该是没有满意,不满意的对立面应该是没有不满意,如图 7-6 所示。

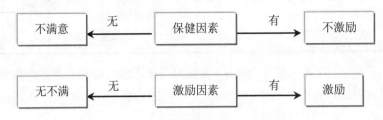

图 7-6　保健因素与激励因素的激励作用对比

赫兹伯格认为只有靠激励因素来调动职工的生产积极性,才能提高生产率。赫兹伯格认为:

(1) 对于激励因素来说,它的满足能带来工作满足感,它的不满足并不导致不满意,而是没有满意。

(2) 对于保健因素来说,它的欠缺带来不满意,它的满足并不导致满意,而是没有不满意。

(3) 激励因素可以由工作本身产生,工作对职工的吸引力才是主要的激励因素,应从工作本身来调动职工的内在积极性,当职工受到很大的激励时,对外部因素引起的不满足感具有很强的耐受力。相反,当职工经常处于保健状态时,则会对周围事物感到极大的不满意。所以,职工从事具有潜在激励因素的工作本身就有激励作用。

(4) 在两类因素中,如果把某些激励因素(如奖金)变为保健因素(如工资),或任意扩大保健因素,都会降低从工作中得到的内在满足。即外部动机的扩大会引起内部动机的萎缩,从而导致职工积极性的降低。

(5) 要调动人的积极性,不仅要注意物质利益和工作条件等外部因素,更为重要的是要注意工作的安排,注意对人进行精神激励,给予表扬和认可,给人以成长、发展、晋升的机会,这样的内在激励作用更大,维持时间更长。

从科学管理年代开始,经理人员的注意力往往集中于保健因素方面,用提高薪金、津贴、小恩小惠、改善工作条件等来激励员工。实践表明,这种简单的办法有时难以见效,赫兹伯格的研究提醒人们必须充分注意工作本身的激励作用,给管理的激励手段提供了新的内容和方法。

双因素论在企业管理上的另一项应用是"工作丰富化",通过工作丰富化,提高工作意义和工作本身的挑战性,以激发职工的积极性。双因素论还用于指导工资和奖金的管理,如果金钱与绩效没有联系,那么花钱再多,也起不了激励作用,而一旦停发或少发钱,则会造成职工的不满。金钱作为工资就成了保健因素。如果金钱作为奖金与工人的绩效挂钩,那么金钱就可以发挥激励作用,也就成了激励因素。

三、ERG 理论

耶鲁大学克莱顿·爱尔德弗(Clayton Alderfer)修改马斯洛的需要理论和赫兹伯格(F. Herzberg)的双因素理论,于 20 世纪 70 年代初提出人主要有生存、相互关系和成长三种需要。

(1) 生存(existence)：生理的，安全的。

(2) 相互关系(relatedness)：自尊的外部部分。

(3) 成长(growth)：自尊的内部部分，自我实现的。

克莱顿·爱尔德弗认为多层次需要可以同时存在；若高层次需要得不到满足，则满足低层次需要的愿望更加强烈。ERG 理论与马斯洛相比，相同之处在于，较低层次需要的满足会带来较高层次需要的愿望；不同之处在于，多种需要作为激励因素可以同时存在，如果高层次需要得不到满足，低层次需要的愿望会更强烈。需要的满足非严格的阶梯式序列。用这个理论可以解释我国提出的"待遇留人、感情留人和事业留人"，"三留人"分别为生存需要、关系需要和成长需要。

四、成就需要理论

哈佛大学心理学家麦克莱兰(David McClelland)认为，组织中人最重要的需要有三种：成就需要、权力需要和归属需要。

1. 成就需要

成就需要是对事业成功的需要，高成就需要者有以下特征。

(1) 追求个人成就、工作的成功而非报酬本身，从工作完成中得到很大的满足，喜欢表现自己。

(2) 不喜欢靠运气成功，设置中等挑战性的目标，成功概率为 50%时绩效最高。他们乐意从事挑战性的工作，为自己树立有一定难度而又不是高不可攀的目标。

(3) 喜欢长时间地工作，很少休息，即使失败也不会过分沮丧。

(4) 愿意承担责任，渴望及时获得工作绩效反馈。

(5) 全神贯注于完成自己的任务，只管自己做好，在经营自己的事业或独当一面时更易成功。

麦克莱兰认为，成就需要是较稳定的，他采用主题统觉(TAT)的投射技术，让人根据含义模糊的图片编故事，具有高度成就需要的人会编出各种取得成功或顺利达到目标的故事，从而可以了解某人的成就需要强度，进而预测他的工作行为。

麦克莱兰认为，具有高度成就需要的人对企业、对国家都有重要的作用。一个企业拥有这种人越多，劳动生产率就越高，发展和成功就越有保障。一个国家拥有这样的人越多，就越兴旺发达。据他调查，英国在 1925 年时所拥有的高成就需要的人数，在 25 个国家中名列第五，而当时的英国确实是一个兴旺发达的国家。可是到了 1950 年，英国所拥有的高成就需要的人数，在 329 个国家中已退居第 27 位，而事实上当时的英国也正在衰退。这说明不发达的国家之所以不发达，重要原因之一就是缺少高成就需要的人。

一般来说，有较高的成就激励者总是比较低成就激励者工作得更好，进步也较快。麦克莱兰等发现，小公司的总经理通常具有很高的成就需要，而大公司的总经理却只有一般的成就需要，他们往往更多地追求权力和社交需要。因为后一种需要对与人共事、合作相处是十分重要的。

2. 权力需要

权力需要是指影响和控制别人的愿望。高权力需要者喜欢影响和控制别人,喜欢承担责任,喜欢竞争性的环境,重视地位与威望,总是追求领导者的地位。他们常喜欢争辩,健谈,乐于讲演,直率而头脑冷静,善于提问题和要求,喜欢教训别人。

3. 归属需要

归属需要就是相互交往、友爱的愿望,高归属需要者寻求友谊,喜欢合作而非竞争。他们喜欢与别人保持一种融洽的关系,享受亲密无间和相互谅解的乐趣,从友爱、情谊的社交中得到欢乐和满足,随时准备安慰和帮助危难中的伙伴。最优秀的管理者有着高权力需要与低归属需要。

五、强化理论

【专栏 7-2】 强化实验

美国心理学家斯金纳把饥饿的白鼠放入箱子,让它自由行动。在木箱中安装了一个与传递食物丸的机械装置相勾连的小杠杆。当杠杆一被压动,一粒食物丸即滚进食盘。如果白鼠偶然踏上杠杆时,一个食物球就掉进来,于是吃到食物,再踩到杠杆时,第二粒食物丸放出。这样以食物为强化物,如此反复几次,条件反射就很快形成了。白鼠将持续按杠杆,取得食物,直到吃饱为止。揿压杠杆的反应由于停止供应食物丸而逐步消退。当停止供应食物,饿鼠就会主动拨动门闩来得到食物,它把按动门闩和获得食物暂时联系起来。

1. 行为定律

斯金纳由强化实验得出结论:一个行为后跟随一个有利的刺激,会增加这个行为重复发生的可能性,即行为是结果的函数:

$$B = f(R)$$

(1) 人们在行为结果得到奖励后会继续保持这种行为,奖励会强化在类似情况下再次进行这种行为的可能性。

(2) 人们在行为结果受到惩罚后会回避这种行为,惩罚会减少以后再次发生这种行为的可能性。

(3) 人们在行为结果既无奖励又无惩罚之后,最终会停止这种行为,即得到中性结果的行为将逐渐消失。

(4) 在人们进行的符合要求的每一次行为出现之后立即给予强化,会使人们的行为得到巩固。

2. 强化的类型

强化类型可以分为:积极强化、消极强化、惩罚和消退。

(1) 积极强化是在行为之后伴随一个有利的结果。

(2) 消极强化是在行为之后不再伴有不利结果。它是事前警告,如坦白从宽、杀鸡给猴看等,对鸡是惩罚,对猴是消极强化。

(3) 惩罚是在行为之后伴随一个不利的结果。

(4) 消退是在行为之后不再伴有有利的结果。例如，如果员工每次主动加班都能得到领导的表扬，加班就得到了积极强化，员工愿意经常加班；如果领导不再表扬，久而久之，员工就不再愿意加班。

为了提高组织的工作效率，就要鼓励对组织有积极意义的行为，消除有负面作用的行为，可以运用强化原理来矫正行为。矫正方式选择应视具体情况而定，一般应以正强化为主，还可辅以惩罚和消退。所谓正激励就是当一个人的行为符合组织目标和需要时，通过奖励的方式来鼓励这种行为，以达到持续和发扬这种行为的目的。所谓负激励，就是当一个人的行为不符合组织目标时，通过制裁、惩罚、批评、开除等方式来遏制这种不符合组织的行为。例如，矫正员工经常迟到的行为，可以采用奖励全勤的正强化方式，也可以采用惩罚迟到的方式。

管理者在运用这四种强化方式时应注意：

(1) 管理者影响和改变员工的行为，应将重点放在积极的强化而不是简单的惩罚。

(2) 惩罚虽然在表面上会产生较快的效果，但其作用通常仅是暂时的，而且对员工的心理易产生不良的副作用。

(3) 负强化和忽视对员工行为的影响作用也不应该轻视。

(4) 四种行为强化方式应该配合起来使用。

3. 强化的频率

根据强化的频率，强化可以分为连续性强化和间断性强化。连续性强化是每次特定行为之后均给予奖励；间断性强化则相反，并不是每次特定行为之后均给予奖励。

按时间间隔，间断性强化可以划分为固定时距的强化和可变时距的强化。前者是指每隔一定的时间给予一次强化，例如各类组织中所实行的计时工资制，即按小时、按周或按月支付报酬的制度。后者是指强化的时间是随机的而不是固定的，例如不定期发放的奖金。

(1) 固定时距强化：每隔一定时间就施行强化。时间间隔越短，强化效率越好。

(2) 可变时距强化：与固定时距强化的区别是时间间隔是变化的。

按比率，间断性强化可以分为固定比率的强化与可变比率的强化。前者是指出现一定次数正确反应后才给予强化，例如企业中实行的计件付酬制。后者是指不以作出正确反应的次数为标准，而是随机安排的强化。

(1) 固定比率强化：在特定反应次数达到一定比率时就给予一次强化。

(2) 可变比率强化：与前者的区别是比率可变，比如购买折扣，买一本书打 9 折，买 10 本书打 8.5 折，买 100 本书打 8 折。

综上所述，间断强化的四种类型的对比如表 7-2 所示。

表 7-2 间断强化的四种类型的对比

程　　序	报酬形式	绩效影响	行为影响
固定间隔	根据固定时间付酬，如月薪、年薪	导致平均绩效	行为迅速消退
固定比率	根据具体反应数量付酬，如计件工资	导致较高稳定绩效	行为中速消退
可变间隔	多种时间段后付酬，如不定期发奖	导致中高稳定绩效	行为缓慢消退
可变比率	仅给某些反应付酬，如奖励时不严格依据销量	导致较高绩效	行为极慢消退

根据强化理论,在组织中可以采用渐进法进行行为强化。根据人的认识规律,把一个复杂的目标分解成许多小的目标,把一个复杂的行为过程分解成许多小的阶段,逐步加以完成。这样可以使员工树立完成复杂目标或行为的自信心,增加工作的计划性,使员工适时了解自己的工作进展。此外,还要及时反馈工作信息,让员工适时了解自己行为的结果,针对出现的问题,分析原因,及时改进。否则,当行为偏离太远时才调整,会造成太大的损失。

六、公平理论

公平理论又称为社会比较理论,它是由美国心理学家亚当斯(J.S.Adams)在 20 世纪 60 年代提出的。这一理论是在社会比较中探讨个人所做的贡献与其所得的报酬之间如何平衡的一种理论。它侧重研究报酬的合理性、公平性对组织绩效的影响。

1. 公平公式

员工不仅关心自己的收入,也会对别人的收入感兴趣,并做比较。亚当斯认为,员工不仅关心自己的绝对报酬,也关心与别人相比较的相对报酬。人们的心里存在着一台"公平秤",衡量结果与投入的比值(O/I)(公平指数)。当发现自己的公平指数小于参照者的公平指数时,心中的"公平秤"便会倾斜,就会产生一种紧张感,出现心态失衡。他会急于消除紧张感,恢复心态平衡。心态失衡有两种,一种是觉得自己吃了亏而产生的委屈感;另一种是感到自己占了便宜而产生的负疚感。前者更为敏感、普遍而重要。

公平公式如下:

$\dfrac{O_A}{I_A} = \dfrac{O_B}{I_B}$,A 与 B 报酬相当,A 感到公平(满意)。

$\dfrac{O_A}{I_A} > \dfrac{O_B}{I_B}$,A 报酬过高,A 感到不公平(满意),产生负疚感。

$\dfrac{O_A}{I_A} < \dfrac{O_B}{I_B}$,A 报酬不足,A 感到不公平(不满意),产生吃亏感。

式中,I_A——代表自己的报酬;I_B——代表别人的报酬;O_A——代表自己的投入;O_B——代表别人的投入。

2. 比较参照的对象

比较参照的对象可以是公司内外部的人,也可能是自己在公司内外别的岗位上的工作经历。

(1)纵向比较:即把自己现在得到的报酬与自己过去的相比,如果两者相当,则公平;如果比过去少了,就会不公平,会影响工作的积极性;如果比过去多,也不公平,会主动多做些工作。

(2)横向比较。这是公平理论的主要部分,即用自己所得的报酬与投入的比值,与他人的报酬投入比值来比较。所得报酬包括工资、奖金等物质的东西。所谓投入是指个人的知识、经验、能力、努力、贡献等。横向比较会出现三种可能:①两个比值相等,产生公平感;②A 的比值小于 B 的比值,A 会产生不公平感;③A 的比值大于 B 的比值,A 也会产生不公平感。

3. 比较的主观性

公平比较是一种主观的比较，很难客观地计算。这里的投入是指员工认为他对工作有价值的所有付出，如本人教育程度、工作经验、技术、努力、时间、培训、思想、能力等。成果是指员工感觉从他的工作中所获得的任何有价值的回报，诸如工资、待遇、福利、提升、承认、安全、个人发展机会、友谊等。因此，这种比较与一个人对"投入"和"产出"的各项目重要性的评价有关。

一个人所得报酬的绝对值与其积极性高低并无直接的必然联系，只有当其付出的劳动与其所获的报酬的比值与同等情况下的其他人相比较，主观上感到是否公平、合理，这才会真正影响人的积极性。当企业职工主观上感到公平时，会带来激励作用。否则，就会有消极作用。

4. 不公平的反应

如果不公平时，员工可能会出现以下几种情况。

(1) 改变投入或产出，使分式值变小，例如不再像以前那么努力，降低工作或产品质量。

(2) 改变对自己或别人的看法，认为自己对公司贡献更大，别人没有自己工作努力。用说服比较对象减少投入，或者改变对别人的投入成果的认知。

(3) 停止当前的比较，选择另一个比较对象。

(4) 离开公司。

亚当斯还做了这样的实验，在一家公司里招聘一批大学生从事招工审查工作，事先造成一种印象，这些大学生是不称职的。对他们实行两种报酬制度，一种是按每小时付给固定报酬；另一种是计件工资，即每完成一次审查工作付给一定报酬。成绩考核按数量和质量两个指标进行。数量指标是审查次数的多少，质量指标是审查报告的详细程度。按时计酬的大学生由于感到他们的工作本来是不称职的，因而更加努力工作，或者增加审查的次数，或者提高审查的质量；而接受计件的大学生一般不增加审查的次数。这是因为他们认为自己的工作是不称职的，所得报酬已超过自己的应得标准，如果报酬过高再加剧，他们的不公平感会增加。这一实验证明了报酬过高也会引起不公平感，尽管这种不公平感不像报酬过低那么普遍。

所以，如果按计件付酬，报酬过高的员工比报酬公平的员工产品质量高，但他们不会增加产量，因为这样会加剧不公平。相反，报酬过低的员工，产量高而质量低。如果以时间付酬，报酬过高的员工比报酬公平的员工生产率更高，报酬过低的员工产量更低，质量更差。

七、期望理论

人在行动之前总是会想，我付出努力是否能把这件事情做好？做好之后有什么好处？这种好处对我是否重要？这可表示为

个人努力→个人绩效→组织奖励→个人目标

在马斯洛与赫兹伯格研究的基础上，美国心理学家维克托·弗鲁姆(Victor H. Vroom)于1964年提出了期望模型，即：

$$动机强度(M)=期望值(E)×效价(V)×工具性(I)$$

期望值——个人相信通过努力会取得优良成果的程度(努力－绩效联系)；

工具性——个人对一定的绩效能够带来某种报酬的相信程度(绩效－报酬联系)；

效价——个人对某一报酬或目标的偏爱程度，或某种结果对个人的吸引力(报酬－个人目标联系)。

期望值与效价对动机强度的影响如下：

$$E_{高}×V_{高}=M_{高}$$
$$E_{中}×V_{中}=M_{中}$$
$$E_{低}×V_{低}=M_{低}$$
$$E_{高}×V_{低}=M_{低}$$
$$E_{低}×V_{高}=M_{低}$$

例如，报考硕士研究生，有的人积极性高，有的人没有积极性，积极性高的人一定同时具备两个因素：一是认为读硕士对他很重要，效价高；二是认为他很有可能考取，期望概率高。而不想报考的人，可能认为读硕士不如早点工作，效价低，或者认为考试成功的可能性很小，期望概率低，或者二者兼而有之。效价一般用 0～10 级来表示，期望概率在 0 和 1 之间变化。如果某人报考硕士，效价为 10，期望概率为 0.9，那么 $E·V$ =0.9×10=9，即 $M_{高}=f(E_{高}·V_{高})$，则认为他的激励水平高。由于效价和工具性常常是确定的，所以，期望值是期望理论的核心，要激励个体的积极性，就要想办法提高其期望值。

再来分析为什么有的员工不受激励，只求得过且过。他可能不喜欢金钱，效价低；他可能认为目标高不可攀，或目标太低，所以没干劲；也可能组织没有有效的物质或精神奖励制度进行激励。这个人的三个值均可能较低，即他不相信自己的努力会取得好的工作成绩，或即使取得也不会受到公司的奖励，或即使有奖励，也不是他所想要的，所以他的动机强度低。

目标价值的激励力与个体的需要有关，不同的个体有不同的价值观和不同的需要，对一份奖金，有的人在意，有的人不屑一顾；只有当人把目标看得很重要时，积极性才会高。一块金牌对运动员比同样价值的钞票更有激励作用。所以，管理者应找到员工偏爱的诱因或报酬，以此作为激励物。平均主义和"大锅饭"会使职工的工作成绩的工具性降低，管理层应正视员工的合理物质需要，报酬与绩效紧密挂钩，多劳多得，按劳分配，奖勤罚懒，则可通过提高工具性提高工作动机。

八、波特-劳勒综合激励模型

波特(L.W.Porter)和劳勒(E.E.Lawler)以期望理论为基础提出了更为完备的激励模式，较好地说明了整个激励过程。波特和劳勒提出的综合激励模式涉及努力、绩效、能力、环境、认识、奖酬、公平感和满足等多个变量，认为人们的努力取决于报酬的价值和取得报酬的概率；报酬的取得取决于完成工作的绩效；工作绩效的取得取决于努力，同时要受对所要做的工作的理解程度和工作能力的影响；工作绩效导致内在报酬和外在报酬，实现满足；

满意程度受员工对所取得的报酬感到是否公平的影响。综合激励模式如图 7-7 所示。

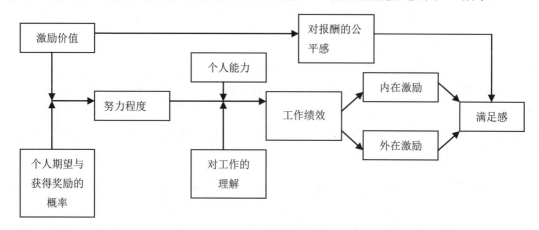

图 7-7　波特-劳勒激励模式

波特和劳勒激励理论说明了激励不是一种简单的因果关系，而是受多种因素的影响。管理者要激发员工的积极性，首先要使员工认识到目标的价值，加强工作结果和员工之间的联系，通过分析不同员工的满意水平，提高员工从工作中获得内在报酬的水平，对员工的工作进行有效的刺激。其次，要使员工真正理解工作任务本身，明确自己的努力方向和水平；最后，要努力做到报酬水平。

第三节　激励理论的应用

行为是由动机引起的，而动机是由人的需要激发的，不同的激励因素，对于不同的人，可能效果不同。如金钱可以激励某些人努力工作，而对另一部分人来说，工作成就是最大的激励因素。管理者应该按需激励，首先就要承认并尽量满足员工的不同需要。根据员工的不同需要，采取不同的适宜的激励措施，才能调动人们的积极性，使员工保持旺盛的士气。

传统的激励主要是指对员工的激励，而在现代组织中，激励可应用在股东层、经营层和操作层的所有利益相关群体上。

一、股东层激励

股东层(股东)不拿工资，其收益来自于企业生产经营产生的剩余利润。对这一层的激励的目的是保持其对企业投资的兴趣，并积极参与企业的治理与监督。而在股权高度分散化的现代企业中，股东层(股东)往往是委托董事会行使其权利，这就造成了激励股东层的巨大困难。对股东层激励，要努力完善公司治理结构，规范经营，有序运行，提高公司业绩，并做好宣传工作，使投资者对企业前途充满希望。

1. 成就激励

从马斯洛需要层次论来看，股东最需要的是成就激励，也是最高层次的激励，企业通过为社会创造价值的过程，实现股东的自我价值，成为社会受尊敬的企业和企业家。举例来说，中国企业界，受人尊敬的企业家有任正非、褚时健、柳传志等老一代知名企业家，也有中生代的企业家如马云、马化腾、李彦宏等，新生代中的代表有美团公司王兴、拼多多公司黄峥等。

2. 荣誉激励

根据需要层次理论，人有荣誉的需要，荣誉表明一个人的社会存在价值，它在人的精神生活中占有重要的地位。在中国，很多企业家被授予政协委员、人大代表、劳动模范、改革开放四十年风云人物等。荣誉激励是企业股东的最大的动力，也是一个社会快速发展的发动机。荣誉激励的成本较低，效果显著，企业采用荣誉激励是一种行之有效的方式。

3. 文化激励

企业股东不仅是"经济人""社会人"，还是一个"文化人"。人作为一种社会存在，其个人选择必然直接镶嵌到社会文化结构之中。因此"在基本生活满足以后，社会成员必然面对各种不同的基本价值以及价值选择问题，必然在各自的价值选择之间达成某种方式的谅解和兼容"。这种"价值"就属于文化的范畴。长期以来，文化激励因素并未获得足够的重视。但这并不能否认文化因素的作用，相反，文化的作用不是体现在表面层次，其作用是深层次的，带来的影响也是深远的，文化中包含的价值制度为组织带来了更高级的激励。在一个优秀的文化氛围中，组织成员获得的是一种价值的肯定，包含尊重、成就感以及自我发展，这比单纯的经济利益更高级，也更有效。

二、经营层激励

经营层对企业效率起着决定性的作用，是激励的主要对象。经营层拿工资，并享受以绩效为基础的报酬政策。

1. 年薪激励

对企业经营者可以实行风险年薪制，视企业经营业绩拿全额或部分年薪。全额年薪包括基本年薪、风险年薪和奖励年薪，增强经营者的风险意识。

经营管理人员的年薪制是以年为单位，依据经营管理人员所承担的责任确定经营管理人员的基本劳动所得(基本薪资)，与其生产经营成果挂钩考核(关键业绩指标)，确定绩效年薪相结合的薪资分配制度。年薪制在执行过程中遵循了以下几项原则。

(1) 确定经营管理人员年薪收入要贯彻"责任、利益、风险"相一致的原则；"公平、公正"一致的原则。

(2) 经营管理人员的薪资分配办法与公司内部薪资分配制度既相统一又相分离的原则，建立本公司薪资改革和发放的自我约束和自我调整的机制。

(3) 严格的绩效考核制度，考核指标明确、公开、先考核后兑现的原则；享受年薪制管理人员的薪资在年终考核后全部兑现。

(4) 所有员工"能上能下、易岗易薪、平等竞争、公平上岗"的原则。

(5) 公司所有职位每年年初时竞争上岗原则的充分体现：进行竞聘上岗，体现能者上，庸者下的公平、平等竞争原则。

(6) 公司所有员工在工作能力、工作(领导)水平几方面同等条件下享受同等竞争的权利，最大限度地发挥员工的主动性和能动性。

不同企业在年薪制的构成上稍有不同。例如，某企业年薪收入由基本年薪和绩效年薪两部分构成，其构成比例如表 7-3 所示。

表 7-3　某企业年薪收入

职　位	基本年薪	绩效年薪
总经理	60%	40%
副总/总监	70%	30%
厂长/经理	80%	20%

基本年薪按月发放，绩效年薪按照公司的绩效考核制度进行考核之后予以发放。

2. 股权激励

相对于以往的"工资+奖金+福利"为基本特征的传统激励模式而言，股权激励使得企业与员工之间建立起了一种更加牢固、稳定的战略发展关系。股权激励是企业拿出部分股权用来激励企业高级管理人员或优秀员工的一种方法。一般情况下都是附带条件的激励，例如，员工需在企业干满多少年，或完成特定的目标才予以激励，当被激励的人员满足激励条件时，即可成为公司的股东，从而享有股东权利。

股权激励的模式主要有股票期权、业绩股票、虚拟股票、限制性股权、延期支付等多种方式。

三、操作层激励

操作层是普通员工，在知识经济时代，对普通员工的激励也非常重要。

1. 物质激励

每个人都有自己的物质需求和经济利益，物质激励就是通过满足个人物质利益的需求，来调动其完成任务的积极性。在经济社会，管理者运用金钱对员工进行物质激励已成为首选的激励措施，因为金钱是人们在社会获得生存及被评价成功的最基本的要素，而且金钱奖励与员工努力之间的线性关系更能被管理者所把握，金钱激励比精神激励更易量化，更便于比较。所以多数管理者喜欢使用金钱进行激励。管理者运用金钱激励时应注意以下几点。

(1) 金钱的价值因人而异。个体存在个性差异，个体对金钱的偏爱程度不一。相同的金钱，对不同收入的员工有不同的价值。例如，由于社会文化的影响，女性更能接受较低的工资；高学历者的需要层次较高，更看重成就、尊重、地位等；能力高的人更欢迎金钱激励，而不愿搞平均主义。

(2) 金钱激励必须公正。一个人对他所得的报酬是否满意不是只看其绝对值，而更看重相对报酬，员工会进行社会比较或历史比较，判断自己是否受到了公平对待，从而影响自己的情绪和工作态度。

(3) 金钱激励必须反对平均主义。员工的奖金应主要根据个人业绩来分配，否则平均分配起不到激励作用。

(4) 金钱激励还要同其他激励手段结合使用，例如管理者还要关心员工，为员工解决实际困难，激发员工对组织共同愿景的认同，强化组织归属感，帮助员工增强自信心、自尊心等，这样才能使金钱激励发挥更大的作用。

2. 参与激励

现代员工都有参与管理的愿望，提供机会让员工参与管理是调动他们积极性的有效方法。松下幸之助曾经说过，"领导再强，但员工冷漠，仍难推动工作，必须设法使每个人都认为自己是负责人。"领导者将自己所属的部分权力授予下属，使部分权力和责任由下属分担，有利于发挥下属的积极性、主动性和创造性。善于授权的领导者通过信任下属，给下属提供成长的机会，刺激下属的责任意识，促使下属得到锻炼和发展。

例如，员工持股计划，为激发员工的主人翁精神，由公司内部员工个人出资认购本公司部分股票，并委托公司进行集中管理，使员工也参与企业所有权分配，具有劳动者和所有者的双重身份。再如股票增值权，经营者可以在规定时间内获得规定数量的股票股价上升所带来的收益。但不拥有该投票的所有权、表决权和配股权。

3. 目标激励

目标是指在一定的时间内所要达到的具有一定规模的期望标准，是人们所期望达到的成就和结果。目标激励是根据人们期望获得的成就或结果，通过设置科学的目标，使个人的需要、期望与组织的目标挂钩，以引导行为，激发工作热情的一种常用激励方式。

企业目标体现了员工工作的意义，在理想和信念层次上激励全体员工，企业要让员工了解自己在目标实现过程中的作用，以及个人目标与组织目标的相关性。科学合理的目标具有持久的激励作用，是一种高层次的激励方式。

由期望理论可知，个体对目标看得越重要，实现的概率越大。目标本身就具有激励作用，目标能把人的需要转变为动机，使人们的行为朝着一定的方向努力。当人们明确自己的行动目标，并把自己的行动与目标不断加以对照，知道自己前进的速度和不断缩小达到目标的距离时，可以保持朝向目标的积极性，还可以及时进行调整和修正，从而实现目标。

目标激励的关键是要加强目标管理，使目标明确而具体。管理者应将主要精力放在帮助员工们消除障碍上，鼓励员工主动参与目标的设定。还要不断地检查进度，不断给予阶段性的评价，及时提醒与纠正不足，同时给予员工较大的发展空间。

4. 工作本身的激励

如果员工从事自己喜欢的工作，则工作本身也有激励作用。以泰勒为代表的科学管理学派以"时间-动作"研究为基础，把工人的工作简单化、专门化，虽然极大地提高了工作效率，但工作的简单化不能满足员工成长和发展的需要。与工作简单化相反的是工作扩大化，让工人增加工作种类，同时承担几项工作，以提高他们的工作兴趣。除了横向增加工作种类外，还可以纵向增加工作的完整性。让员工参加工作计划，得到绩效反馈以修正自己的工作，从头到尾完整地完成一项工作，从而增加工人对某项工作的责任感和成就感。工作丰富化让员工承担更大的责任，有更多的工作自主性，也需要更复杂的技能才能完成。

5. 情感激励

古人云："感人心者莫先于情。"员工都有情感的需要，加强与员工的感情沟通，可以创造和谐的上下级关系和同事关系，满足员工的情感需要，使员工保持良好的情绪去工作。

根据需要层次理论，员工不仅有物质需要，还有情感需要。"霍桑试验"说明单纯用工资奖金或处罚手段并不能完全调动工作积极性，而人们的社会需要是影响工作效率的重要因素，与员工的工作干劲、工作热情与交流感情的多少直接相关。情感激励使人心情愉快、舒畅，充满信任、友谊、支持和谅解，因而激励效应也就会大大提高。古人云："以诚感人者，人亦以诚应。"人之所流，才能形成和谐的人际关系，才能增强组织的凝聚力。

小测试

一、成功对你有多重要

如实回答下面各问题，圈出最符合你情况的数字。

<table>
<tr><td></td><td>非常不同意　非常同意</td></tr>
<tr><td>1. 当有什么好事降临在我头上时，我总有种不会长久的感觉。</td><td>1　2　3　4　5</td></tr>
<tr><td>2. 当我赢得了一声争论时，我总感觉非常良好。</td><td>5　4　3　2　1</td></tr>
<tr><td>3. 我干完一件非常出色的事后，很少告诉我的朋友们。</td><td>1　2　3　4　5</td></tr>
<tr><td>4. 当我上司或教师表扬我的工作时，我常常觉得不值一谈。</td><td>1　2　3　4　5</td></tr>
<tr><td>5. 我喜欢竞争性的体育运动。</td><td>5　4　3　2　1</td></tr>
<tr><td>6. 我所取得的成绩在很大程度上得自于机遇。</td><td>1　2　3　4　5</td></tr>
<tr><td>7. 如果工作做得好，我喜欢得到表扬。</td><td>5　4　3　2　1</td></tr>
<tr><td>8. 我喜欢从事群体工作项目。</td><td>1　2　3　4　5</td></tr>
<tr><td>9. 如果一个项目或工作进展得很顺利，我总想做点什么事干扰它。</td><td>1　2　3　4　5</td></tr>
<tr><td>10. 面对新任务时，我总有种"获胜的态度"。</td><td>5　4　3　2　1</td></tr>
</table>

评分标准：

先汇总得分。得10～22分者，有强烈的渴望成功的愿望，喜欢取胜。对失败表现出极度的恐惧，憎恨失败，并在内心中非常惧怕成功不了。

得23～35分者，你有中等的成功需求。

得36～50分者，你正遭受着"惧怕成功"的困扰，或许担心伴随着成功可能出现的不利结果，可能觉得没有必要获胜，或对公众的认可感到不安。

二、激励问题诊断

1. 请您对下列薪酬管理的观点作出评价。(请在相应栏内画"✓")

项　目	很赞成	可以	反对	不清楚
1. 按贡献大小获得薪酬	1	2	3	4
2. 按岗位价值高低获得薪酬	1	2	3	4
3. 按职务高低获得薪酬	1	2	3	4
4. 按综合因素获得薪酬	1	2	3	4

2. 请对下列激励措施的有效性发表您的看法。(请在相应栏内画"✓")

	很有效	一般	效果不大	不知道
1. 奖金	1	2	3	4
2. 实物奖励	1	2	3	4
3. 增加工资	1	2	3	4
4. 升职	1	2	3	4
5. 授予荣誉称号	1	2	3	4
6. 扩大管理权限	1	2	3	4
7. 奖励度假	1	2	3	4
8. 提供深造机会	1	2	3	4

3. 请对下列惩罚措施发表您的看法。(请在相应栏内画"✓")

	很有效	一般	效果不大	不知道
1. 减发或扣发奖金	1	2	3	4
2. 直接罚款	1	2	3	4
3. 工资降级	1	2	3	4
4. 降职	1	2	3	4
5. 记过	1	2	3	4
6. 公开批评	1	2	3	4
7. 检讨	1	2	3	4
8. 缩小管理权限	1	2	3	4
9. 辞退	1	2	3	4

本 章 小 结

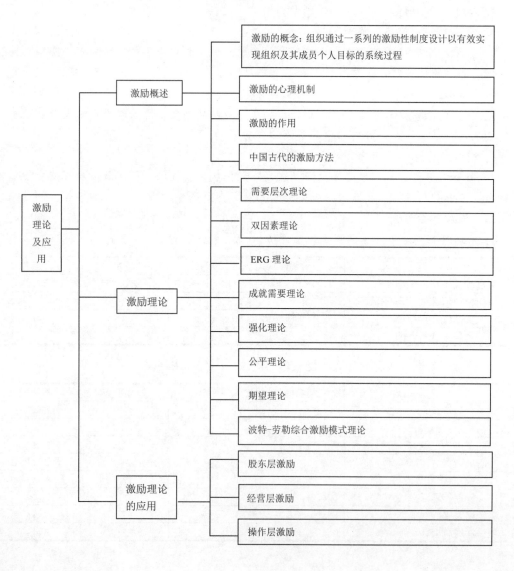

习 题

一、思考题

1. 作为一名在校大学生，你目前的主要需要是什么？它们怎样引导你的行为？设想你毕业参加工作时，你的需要有何变化？对你的行为又有何影响？

2. 根据成就需要理论，对于职业经理人，你认为应如何激励？

3. 根据期望理论，举一个例子谈谈为何你有时不被激励？

4. 有些企业实行薪酬保密政策，不仅规定管理人员不能向外透露员工薪酬情况，而且也不提倡员工与自己的同事谈论自己的薪酬。你认为这种做法对员工行为有什么影响？在中国是否行得通？

5. 设想你是一个部门主管，你怎样用强化理论纠正一个销售员经常迟到的行为？

6. 你认为股权激励在我国现阶段的可行性如何？

7. 用所学的激励理论分析我国民营企业和外资企业的激励机制有何不同，怎样改进？

8. 根据在课堂所做的积极强化与消极强化的实验，分析两名志愿者的行为有何不同，说明了什么？该实验结果对于管理者有何启示？

二、案例分析题

为什么不领奖？

某校在年终时，召开了一次授奖大会，当校长宣布本学期先进工作者名单，并请这些教师上台领奖时，却有一位中年男老师拒绝领奖。理由是：他不愿意要这份奖金。是不是这位教师自愧无功受禄，或是认为奖金太少，远没有体现"按劳取酬"的原则？都不是！这位教师工作热情，教学成绩名列前茅，完全够得上先进的资格。这是全校教师有目共睹，众口一词的。他本人也不认为这近百元的奖金太少。老实说，今年先进工作者的奖金大大超过了往年。事后，校领导特地将这份奖金送到了他家。但他就是坚持不收。言语间，终于流露了他的本意："我就弄不清他张某(这位张某，工作一般，人际关系特别好)也能得这份奖！难道我的血汗只流了他那么一点点！"校领导听后恍然大悟……

请用所学的激励理论分析这位男老师为什么拒绝领奖。

骨干员工为何要走？

某医药公司是国有大型上市公司，其业务拓展至海外市场，并在国内市场极具影响力。王经理是该公司的人力资源部负责人，近段时间他却烦恼透顶，两位他所看重的公司业务骨干提出加薪或辞职要求。主要原因是伴随着今年医药行业的竞争激烈，这两位业务骨干认为他现在所做的贡献远大于公司所给予的回报，而且事实的确如此。而公司则认为他们所取得的成绩是因为有公司作后盾，公司强大的影响力使得他们的业务工作极其顺利，离了公司他们什么也不是，也不会有大的作为。双方相持之下意见冲突严重，最终两人一气走之。

请问：假如您是公司人力资源部经理，如何挽留营销骨干？如果挽留不住，该采取哪些善后措施？

三、辩论题

正方：金钱能激励高层员工

反方：金钱不能激励高层员工

四、管理技能训练

请了解你附近某个企业的激励措施以及在激励中遇到的问题，并用你所学的激励理论分析问题，找出解决的办法。

【推荐阅读书目】

[1] 保罗·M. 马金斯基. 心理学与工作[M]. 10 版. 姚翔，等译. 北京：机械工业出版社，2014.

[2] 赵国军. 薪酬设计与绩效考核全案[M]. 3 版. 北京：化学工业出版社，2020.

[3] 郑指梁，吕永丰. 合伙人制度——有效激励而不失控制权是怎样实现的[M]. 北京：清华大学出版社，2017.

[4] 爱德华·L. 德西，理查德·弗拉斯特. 内在动机：自主掌控人生的力量[M]. 王正林，译. 北京：机械工业出版社，2020.

[5] 陈浩. 绩效考核与薪酬激励精细化设计必备全书[M]. 北京：中国华侨出版社，2014.

第八章

组织环境与健康促进

学习目标：

理解组织环境的概念；掌握组织环境影响行为的理论；理解组织环境影响行为的机理；理解工作压力的概念，掌握压力管理策略；理解心理健康的概念、标准及其影响因素；理解健康的概念及其影响因素；了解健康促进的理论与方法。

关键概念：

组织环境(organizational environment)　压力(pressure)　心理健康(mental health)

【专栏 8-1】　松下的精神健康室

日本松下电器公司认为，倾听职工的抱怨申诉，让职工的情绪有发泄机会，有助于减轻或消除挫折感，因此专门设置"精神健康室"(human control room)，里面的情境如下：

在第一室内，迎面是一排普通的镜子，让职工看到此刻自己的形象。在第二室内，迎面是一排各种各样的"哈哈镜"，上面写着："请看与你本人形象有何不同？"让职工领会到因镜子不平会使人变形。在第三室内摆放着模拟经理和老板的橡皮塑像，还有打人的棍子，职工可以对最讨厌的那个塑像打个痛快，发泄自己的怨气。最后一室则为恳谈室，内设茶点、咖啡，陈列着企业的发展简史等，满面笑容的心理学家会热情地同职工谈心，询问个人的困难和不满，以及对企业的意见。

请问你如何看待松下公司的"精神健康室"？

第一节　组织环境及其对行为的影响

一、组织环境的概念

组织环境是指所有潜在影响组织运行和组织绩效的因素或力量。组织环境调节着组织结构设计与组织绩效的关系，影响组织的有效性。从组织环境是否有形可以分为：物质环境与精神环境。

1. 物质环境

物质环境由天然环境和人工环境所组成。物质环境要素包括工作地点的空气、光线和照明、声音(噪声和杂音)、色彩等，它对员工的工作安全、工作心理和行为以及工作效率都有极大的影响。物理环境因素对组织设计提出了人本化的要求，防止物理环境中的消极性和破坏性因素，创造一种适应员工生理和心理要求的工作环境，这是实施有序而高效管理的基本保证。

2. 精神环境

精神环境又称非物质环境或社会环境，是指在社会生活中人与人的社会关系以及社会信息。具体包括政治、经济、社会、文化、心理等环境因素。文化是相对于经济、政治而言的人类全部精神活动及其产品。组织文化包括组织的价值观念、组织信念、经营管理哲学以及组织的精神风貌等。心理环境指的是组织内部的精神环境。心理环境包括组织内部和睦融洽的人际关系、人事关系、组织成员的责任心、归属感、合作精神和奉献精神等。心理环境制约着组织成员的士气和合作程度的高低，影响了组织成员的积极性和创造性的发挥，进而决定了组织管理的效率和管理目标的达成。

二、组织环境影响行为的理论

(一)中国传统的环境行为理论

中国传统风水理论所遵循的一些原则与现代环境行为原理是相通的，例如对于阳光的充分利用、空气流通和温湿环境等的设计。"天者，万物之祖，无天而生，未之有也，独阳不生，独阴不生，阴阳与天地参，然后生。"在风水学理论中，影响最大的莫过于中国风水学的三大原则：天人合一原则、阴阳平衡原则、五行相生相克原则。这三大原则相辅相成，共同构建了风水学的理论体系。

1. 天人合一原则

天人合一是中国古代的一个重要思想，是中华民族五千年的思想核心与精神实质。它首先指出了人与自然的辩证统一关系；其次表明人类生生不息、则天、希天、求天、同天的完美主义和进取精神，它渗透到了中国的每一个社会阶层，同时也是风水学说的指导思想。

在风水理论看来，人和世间万物都是天的组成部分。在中国古代，在人与自然合为一体即"天人合一"的追求中，通过对天地人的发展变化规律的长期研究，逐渐形成了一套完整的认同"天"的完美主义理论。认为人要向"天"学习，人的行为准则应把握和顺应"天道"，并且通过对"天"的学习和巧加运作达到天道自然与人类命运的协调关系，满足人的需要。

风水学的意义就在于人类探索天人合一的境界，保护与利用大自然，使人与自然和谐相处。其中要求我们了解自然、尊重自然，在此基础上再向自然索取的精神和对自然的态度是值得我们去学习的，是未来社会发展的重要财富。

2. 阴阳平衡原则

阴阳学说将宇宙万物分为阴阳两大类，认为一切事物的形成发展与变化，全在于阴阳二气的运动和转换。阴和阳，既可以表示相互对立的两个个体，同时也能表示同一事物中所存在的两个对立面，而对立的双方优势是相互统一的。阴阳的对立统一运动，是自然界一切事物发生、发展、变化及消亡的根本原因。阴阳的矛盾对立统一运动规律是自然界一切事物运动变化固有的规律，世界本身就是阴阳二气对立统一运动的结果。

在风水理论看来，阴阳二气在每一处山川之中，都会产生一个相互交织的平衡中心，这个中心能吸收山川、日月的精气，风水师把这个中心的点称为龙穴。所谓的风水格局既需有山川聚结，形成内敛的外部空间围合，并具有优美景观，更要有维持生命存在及决定其变化的"生气"充盈其间而具有生态良好的内在环境质量。两者相辅相成，"宅"遂能处在"山水相交，阴阳融凝，情之所钟处也"，即处在对自然的最佳关系中，这就是阴阳平衡原则。

3. 五行相生相克原则

五行学说认为世界上的一切事物，都是由木、火、土、金、水五种基本物质之间的运动变化而生成的。同时，还以无形之间的生、克关系来阐释事物之间的相互联系，认为任何事物都不是孤立的、静止的，而是在不断的相生相克的运动中维持着协调平衡。

风水理论按照中国古代阴阳五行来认识宇宙，把天地万物用五行来分类，并以此来把握认识自然，形成了一套五行相生相克的哲学观和宇宙图式，用阴阳五行一类的宇宙图式来把握和经营宅居环境，使建筑及其周边环境符合自然天道、天人合一或天人感应的信仰，这样五行的相生相克哲学观就成了中国古代建筑的基本精神。

风水理论体现了中国人的环境观，其中蕴含许多环境心理因素。风水强调人与自然的和谐统一，关注人与自然及环境的整体关系。风水理论思想把环境作为一个整体系统，这个系统以人为中心，包括天地万物，环境中的每一个整体系统都是相互联系、相互制约、相互依存、相互对立、相互转化的要素。根据环境的客观性，采取适宜于自然的生活方式、切实有效的方法，使人适宜于自然，回归自然，返璞归真，天人合一，这正是风水学的真谛所在。

(二)勒温的场动力理论

行为是人们心理活动的最终外显结果，是人们在对环境客观事物产生心理认知后的身体反馈，也是为了满足一定目的和欲望而产生的活动状态。德国社会心理学家勒温(K.Lewin)认为，人类行为取决于内在需要和环境的相互作用。当人们的需要尚未得到满足时，个体就会产生一种内部力场的张力，而周围环境(外在因素)起导火线作用。他提出场动力理论：

$$B=f(E, P)$$

其中，B 代表行为(behavior)；E 代表环境(environment)，即外界环境(自然、社会)的影响；P 代表人格(personality)，即个人的需要(内在心理因素)。f 代表函数，即：行为 B 是个人 P 与环境 E 交互作用所发生的函数或结果，体现人的内心需求。或者说行为是人与环境的函数。这个公式可以很好地说明了"环境—人(心理)—行为"的关系。

(三)梅奥的人际关系理论

1924 年开始，美国西方电气公司在芝加哥附近的霍桑工厂进行了一系列试验。研究者在继电器车间开展"照明度试验"(1924—1927)，即厂房照明条件与生产效率关系的试验研究。研究小组将工人分成"控制组"和"试验组"两组，控制组保持照明强度不变，试验组的照明强度做各种变化。研究者预先设想，在一定范围内，生产效率会随照明强度的增加而增加，但不论增加或减少照明强度都可以提高生产效率，有两个女工甚至在照明强度降低到与月光差不多时仍能维持生产的高效率。而且，不同的工资报酬、福利条件、工作与休息的时间比率等对生产效率的影响也不符合预期的效果。试验表明这些条件与生产效率之间不存在简单的因果关系。

1927年，哈佛大学心理学家澳大利亚人埃尔顿·梅奥(Elton Mayo)应邀参与这项工作。1927—1932年，他们将"继电器装备组"和"云母片剥离组"的女工作为试验对象，把她们组成单独的小组，脱离原来的群体，赋予新的组织体制。例如，把工资支付办法改为小组工资制，撤销工头监督，仅安排一个观察员进行质量、产量记录，及时表扬工人的创造性，维持一种友好的人际关系，免费提供点心等。试验表明，产量上升了30%以上。他们继续通过改变或控制一系列福利条件又进行了一次"照明度试验"。结果发现，在不同福利条件下，产品保持了高产量，小组中形成了和谐的人际关系与团结互助的团队精神。这说明群体内成员的人际关系是影响生产效率更有效的因素。梅奥第一次把工业中的人际关系问题提到首要地位，并且提醒人们在处理管理问题时要注意人的因素。

三、组织环境影响行为的机理

组织物质环境对感官的刺激直接影响人在环境中的行为。物质环境包括空间尺度、声、光、热、空气质量等要素。一个空间环境首先要考虑人在空间当中的舒适性。据调查表明，人体对物理环境中声、光、热三大要素的影响最为直接。日本学者总结出舒适空间环境的八大因素：安静，无噪声；空气清新无异味；丰富多彩的绿化；美丽整洁的街景；与水景亲近；有游乐设施；有历史文化古迹及适于散步的场所。可见，要满足人体舒适条件，自然、和谐、优美的空间物理环境必不可少。

1. 天气与温度

天气是指相对快速的冷热改变或是暂时的冷热条件。气候则是指一般情况下具有的天气状况或长期存在的主要天气状况。气候决定了行为的范围，对行为有一定的制约作用。

温度可分为周围温度和有效温度。周围温度是指周围环境或大气的温度，是实际的客观温度。有效温度是指个体对周围温度的知觉，是个体的主观感受。根据各种研究结果，一般来说，当温度低于4℃或高于32℃，或者风速大于7m/s时，工作效率下降。当温度为11～25℃时，进行体力劳动效率最高；脑力劳动的最佳温度是15～25℃；当温度高于40℃时，无论哪种工作，质量都大幅度降低。

2. 光照

光照通常比无光使人愉悦，从而使人更愿意做出利他行为，增加唤醒水平。阳光有助于减少瞌睡和抑郁感。如秋冬日照时间缩短，一些人会抱怨、瞌睡、疲劳、嗜食碳水化合物、体重增加、情绪不高等。白天人们最喜欢间接的自然光线。到了晚上，利用人工光源延续自己活动的时间，扩大自己活动的空间。全光谱日光灯对自然光的模拟，可以使在这种条件下工作的人更不易疲劳。

3. 色彩

色彩影响我们的情感，这与人的个性密切相关。蓝色和绿色是大自然中最常见的颜色，也是自然赋予人类的最佳心理镇静剂，可使皮肤温度下降，使脉搏减少，降低血压，减轻心脏负担，自杀人数下降；粉红色给人温柔舒适的感觉，具有息怒、放松及镇定的功效。

当犯人闹事以后就将其关进粉红色的禁闭室，10多分钟后，犯人就会打瞌睡；病人房间的淡蓝色可使高烧病人情绪稳定，紫色使孕妇镇定，赭色则能帮助低血压的病人升高血压。

4. 气味

气味依次为花香、果香、香料香、松脂香、焦臭、恶臭。香与臭是一种主观评价，香味使人感觉舒适，因人而异。不同的人对同一种气味有不同的感受，同一个人在不同的环境、不同的情绪时也有不同的感受和评价。使血压降低、心律减慢等的气味被用来治疗高血压。如茉莉花可刺激大脑；草气味具有一定的滋补功效；天竺花香味有镇定安神、消除疲劳、加速睡眠的作用；白菊花、艾叶和金银花香气具有降低血压的作用；桂花的香气可缓解抑郁，还对某些躁狂型的精神病患者有一定疗效。

5. 声音

声音分为乐音和噪声。一般比较和谐悦耳的声音，称为乐音。不同频率和不同强度的声音，无规律地组合在一起，则变成噪声。当噪声的音量很大、不可预测、不能控制时，造成的干扰是最大的：①听力损伤；②噪声对健康的影响。高水平的噪声使血压升高、影响神经系统和肠胃功能，对人类和动物的免疫系统都有影响，以及导致失眠等症状；③对人的心理健康也有不利影响，如会引起头痛、恶心、易怒、焦虑和情绪变化无常等，高噪声区域患精神病的概率更高；④噪声还会影响人们的社会关系，例如人际吸引、利他行为和攻击性。

6. 空气污染

空气污染会增加居民的死亡率。一氧化碳污染，它使有机体的组织缺氧，会导致严重的健康问题，包括视力和听力的受损、癫痫、头痛、心脏病、疲劳、记忆障碍和迟钝。微粒污染包括铅、石棉等，会造成呼吸系统疾病、癌症、贫血和神经疾病。光化学烟雾会导致眼睛痛、呼吸疾病、心血管异常以及癌症。氮和硫的氧化物，损害呼吸功能，降低免疫力。空气污染对行为和心理健康的影响：空气质量不佳时，人们不愿意进行户外活动，带来更多的敌意和攻击性行为，减少人们的互助行为，还会引起心理问题，抑郁、易怒、焦虑都会出现。

7. 空间尺度

空间尺度是指区域与区域、物与物之间的空间距离。一个空间如果宽度太窄，心理空间就会受迫，行动速度加快；宽度适中，宽高比适宜，心理空间松弛，行动速度就会放慢，人们就会驻足流连；宽度太大，心理空间再次紧张，人行速度加快，并有靠边趋势。要获得良好的空间感，必须根据物体本身的特点、场所环境的性质，满足人的使用和心理要求。

第二节 工作压力与管理

一、工作压力的概念

工作压力亦称"职业应激"(occupational stress)，是由工作或与工作直接有关的因素所造成的应激。工作压力是指在工作环境中，对工作行为造成逼迫和威胁的因素作用于个体，使个体感受到的一系列生理、心理及行为的反应过程。

导致压力反应的外部环境被称为压力源(stressor)。压力来源于生活、工作的各个方面。在工作中，个体在组织中承担的工作、扮演的角色、职业生涯的发展、组织内的人际关系、组织内外部的特征都是工作压力的来源。任何与个人工作相关的事件都可能给员工造成压力，成为压力源，影响员工的职业心理健康。其中，最常见的工作压力如下。

(1) 失业压力。人力资源的买方市场导致激烈竞争，给许多正在寻找职位的潜在员工和在职员工都带来了很大压力。

(2) 定位压力。在竞争的压力下，很多员工利用业余时间拼命摄取知识。然而随着职业资格证书的增加，职业定位的困惑也越来越多，心情越来越焦虑。

(3) 晋升压力。随着组织规模逐渐扩大以及新进人员的不断增加，晋升越来越困难，很多人觉得越来越看不到自己的未来，开始焦虑、烦躁，变得不自信。

(4) 人际关系压力。心理学家通过丰富的临床试验发现，影响职工心理健康的重要原因之一是对人际关系的困惑。一方面，由于职工每天忙碌地工作，频繁加班到很晚，很少有时间与朋友相聚，朋友开始减少，生活变得枯燥乏味，人际关系处理能力也开始下降。另一方面，工作中，人事关系的复杂性，也给职工造成了一定的人际关系压力。

(5) 职业倦怠：随着工作年限的增加，很多人产生职业倦怠，单调乏味的工作内容让自己没有工作动力。许多专家学者指出：人力资源管理的职能之一就是 "压力管理"。因为，管理(包括考核、监督、惩罚、竞争机制)必然对员工造成心理压力。日趋激烈的竞争也为人们带来了前所未有的压力，很多人都感到压力无处不在。

二、工作压力的影响

1. 工作压力对工作绩效的影响

压力与工作绩效间的关系是曲线形的。工作中，人们在低压力情况下容易放松警惕，由于没有挑战性，因而不能发挥其最高的水平。在这种情况下，压力的增加将大大提升工作绩效。但是压力增加到一定程度后，对工作绩效的促进将变得越来越弱。当压力达到某一点后，增加的压力将导致人们心理问题的产生，工作绩效的降低。

心理学家耶克斯(Yerkes)和多德森(Dodson)的研究表明，动机强度与工作效率之间的关系不是一种线性关系，而是倒 U 形曲线。各种活动都存在一个最佳的动机水平，中等强度的动机最有利于任务的完成。动机不足或过分强烈，都会使工作效率下降。

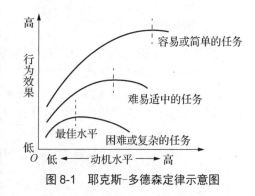

图 8-1 耶克斯-多德森定律示意图

研究还发现，动机的最佳水平随任务性质的不同而不同。在比较容易的任务中，工作效率随动机的提高而上升；随着任务难度的增加，动机最佳水平有逐渐下降的趋势。这就是著名的耶克斯-多德森定律，如图 8-1 所示。

2. 工作压力对组织承诺的影响

随着员工对组织投入的增加，会产生一种甘愿为组织牺牲的感情，这就是组织承诺。

学者大多认为工作压力过大往往会导致人才流动大，组织承诺低。研究表明工作压力对组织承诺具有显著的预测作用，其中职业发展压力对组织承诺的负向预测力最大，工作本身压力对组织承诺具有显著的正向预测力。

3. 工作压力对工作满意度的影响

工作满意度是个体通过对自己的工作或工作经历的主观评估而产生的一种愉快或积极的情绪状态。研究证明工作压力和工作满意度两者之间存在关联，工作压力对工作满意度有显著的负相关关系。①

4. 工作压力对工作动力的影响

工作压力能提高员工工作动力。工作压力可以使员工进行竞争和比较，从而看到自身的缺点与不足，通过不断学习与努力提升自己。适度压力能使员工挑战自我，挖掘潜力，富有效率，激发创造性。使员工可以对自己有更准确的定位，发现自身工作能力与工作实际需要之间的差距，从而找到学习的动力与方向，强化自己的工作能力，使得员工和岗位可以更好地匹配，优化组织的人力资源。

但是，过度的工作压力会影响员工的积极性。工作压力过量会使员工感觉疲惫和憔悴，怀疑个人的能力与前途，对自己和组织没有信心，从而影响员工的上进心和积极性，工作业绩和绩效随之下降。

5. 工作压力对员工健康的影响

过度的工作压力影响员工身心健康。压力是指当人们去适应由周围环境引起的刺激时，人们的身体或者精神上的生理反应，它可能对人们心理和生理健康状况产生积极或者消极的影响。压力对人类心理、精神的影响很难精确地表现出来，但是大量心理、精神疾病都和压力有关。研究显示，企业员工在受到长期较大的工作压力的消极影响下，会导致工作效率下降，表现为能力下降、缺乏进取心、工作兴趣减少、思想越来越刻板、缺少对单位和同事的关心、缺乏责任感。长期的工作压力最终还会导致内分泌失调，以及身心疾病的产生，表现为头痛、失眠、哮喘、高血压、心脏病、酗酒、滥用药物、消化不良、各种溃疡等。

可见，工作压力对员工的心理健康有很大的影响，适度的压力可以调动工作者的积极性，而过度的压力则会对员工的身心造成抑制，导致身体、情绪和行为的异常，不利于员工的心理健康。以中国高级经理人为例，根据《财富(中文版)》对中国 5000 名高级经理人所进行的压力与健康专题问题调查结果来看，70% 的高级经理人身心健康被压力困扰。当感受到压力存在时，通常会伴随出现诸如感觉"异常疲劳或体力透支""呼吸急促或头晕""饮食量或吸烟量比平时增加"等身体方面的不适症状。而在心理健康方面，容易出现持续的身心疲惫不堪、厌倦沮丧、悲观失望、失去创造力和生命活力的感觉。当压力过大时，会导致忧郁症、社交冷漠症，甚至"过劳死"。

---

① 蒋莹，张富宇. 工作压力对工作满意度的影响研究——以压力应对方式为调节变量[J]. 现代商业，2017，07：62-65.

三、工作压力的应对

威廉姆斯(Williams)和库珀(Cooper)探讨哪些因素导致压力以及如何使员工在工作压力与承受力之间保持平衡，提出了工作压力管理的四元动态过程模型(Four-Way-Model)，它包含压力源、个性特征、应对机制和压力结果四个方面的内容。模型指出，相同的压力源条件在不同的个性特征和应对机制下会产生积极或消极的不同结果，也就是说压力结果对个体来说既可能是一种成长促进作用，也可能是一种消极的心理压迫。模型特别强调压力源、个性特征和应对机制的动态交互作用导致了压力结果，任何一元的改变都可能对最终结果产生影响，如图8-2所示。

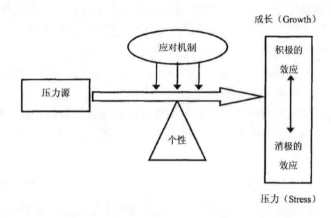

图8-2 四元模型(资料来源：Williams & Cooper，2002)

基于四元模型，工作压力管理应着眼三个方面的工作。

(1) 源头管理：控制与消除压力源。

(2) 过程管理：利用资源，积极干预。

(3) 终端管理：工作压力引发的精神疾病认定与康复。

一定程度的工作压力无论是对组织还是员工个人都是有益的。因此，如何缓解压力就显得尤为重要。压力可能提高组织的工作效率，也可能降低组织的工作效率，这取决于员工对压力的适应性。为了提高员工对压力的适应性，组织可以采取合理调配工作、创造良好的组织气氛和开展咨询工作的策略。当然，对于工作和生活的压力，个人的努力才是最重要的。个人的压力管理策略主要包括：要正确地进行自我评价；不断增强心理素质；加强与他人的合作；合理分配时间；学会自我身心放松等。

第三节　心理健康与职场保健

一、心理健康及其影响因素

连续发生的多起富士康员工坠楼事件引起了社会的广泛关注，工作压力与职业心理健康问题也越来越成为现代人力资源管理的重要课题。影响职工心理健康问题的原因是多方面的。随着我国市场经济的运行发展，社会、经济体制的剧烈变革对职工的心理承受力构成了严峻挑战。组织员工心理健康管理的目的是促进员工心理健康、降低管理成本、提升组织文化、提高企业绩效等。一个有效的组织员工心理健康管理可以为企业带来无穷的效益。第一，可以减少人才流失。实施员工心理健康管理的组织能使员工感受到组织对他们的关心，使员工更有归属感和工作热情，能吸引更多的优秀员工，由此降低重大人力资源风险，保护企业的核心资源。第二，能提高劳动生产率。通过员工心理健康管理的实施，使员工压力处于最佳水平，身心更健康，精力更充沛，由此提高企业的劳动生产率，增强企业的核心竞争力。第三，能预防危机事件发生。通过员工心理健康管理的实施，对员工的压力水平进行即时监控，并推荐适当的指导建议，促进员工随时调整身心状态，预防员工心理危机事件的发生。

(一)心理健康的概念和标准

心理健康是指心理的各个方面及活动过程处于一种良好或正常的状态。心理健康的理想状态是保持性格完好、智力正常、认知正确、情感适当、意志合理、态度积极、行为恰当、适应良好的状态。对于心理健康的标准，专家们提出了许多不同的看法。

1. 衡量心理健康的指标

著名美国社会心理学家马斯洛认为，衡量一个人心理是否健康的指标如下。

(1) 是否有充分的安全感。

(2) 是否对自己有充分的了解，并能恰当地评价自己的能力。

(3) 自己的生活理想和目标是否切合实际。

(4) 能否与周围环境保持良好的接触。

(5) 能否保持自身人格的完整与和谐。

(6) 是否具备从经验中学习的能力。

(7) 能否保持恰当和良好的人际关系。

(8) 能否适度地表达和控制自己的情绪。

(9) 能否在集体允许的前提下，有限度地发挥自己的个性。

(10) 能否在社会规范的范围内，适度满足个人的基本需要。

2. 心理健康的表现

心理健康成为评价人类健康与否的重要因素，它主要表现在人的生理、心理和社会行为上。

(1) 从生理上看，心理健康的个人，其身体状况特别是中枢神经系统应当是没有疾病的，其功能应在正常范围内，没有不健康的体质遗传。

(2) 从心理上看，心理健康的个人对自我必然持肯定的态度，能自我认知，明确认识自己的潜能、优点和缺点，并发展自我，有融洽的人际关系，能面对现实问题，有良好的心理适应能力。

(3) 从社会行为上看，心理健康的个人能有效地适应社会环境，能妥善地处理人际关系，其行为符合生活环境中当地文化而不离奇古怪，所扮演的角色符合社会要求，与社会保持良好的接触，并能为社会做出贡献。

3. 心理健康的内容

具体来说，心理健康包括以下几个方面的内容。

(1) 智力正常。智力是人的认识和行动所达到的水平，它由观察力、记忆力、思维力、想象力以及实践活动能力所组成。智力正常是人正常生活最基本的心理条件，也是心理健康的首要标准。

(2) 情绪良好。良好的情绪是个体心理健康的基本表现。在良好的情绪下，人们能够保持愉快、开朗、自信的心情，能够从生活中找到乐趣，也能在逆境中看到希望。

情绪良好的标志是情绪稳定和心情愉快。情绪稳定说明人的中枢神经系统处于平衡状态，神经活动协调，心理活动协调。心情愉快表示身心活动的和谐和满意，说明人处于积极的健康状态。

(3) 人际和谐。和谐的人际关系是心理健康必不可少的条件，也是获得心理健康的重要途径。心理健康者乐于与人交往，既有稳定而广泛的人际关系，又有知心的朋友。能客观地评价自己、评价别人，取人之长补己之短。

(4) 适应环境。心理健康的一个重要标志是能够适应变化的社会环境，表现为有积极的处世态度，与社会广泛接触，对社会现状有较清晰、正确的认识，其心理行为能顺应社会改革变化的进步趋势，能改造现实环境，从而达到自我实现与社会发展的协调统一。

(5) 人格完整。个体人格形成的标志是自我意识的形成和社会化。心理健康的最终目标是保持人格的完整，培养健全的人格。人格健康完整表现在人格的各个结构要素不存在明显的缺陷与偏差；具有清醒的自我意识，能以积极进取的人生观作为人格的核心，有相对完整的心理特征。

相反，人格障碍亦称病态人格，它是指患者的人格明显偏离正常人格并与他人和社会相悖的一种持久而牢固的适应不良的情绪和行为的反应方式。常见的人格障碍有偏执型人格、强迫型人格、反社会型人格、癔症型人格等。

(二)影响心理健康的因素

人类的心理活动是一个复杂的动态过程，影响人类心理健康问题的原因是多方面的，日益激烈的社会竞争、工作压力、工作环境、人际关系、职位变迁、福利和薪水的差异、家庭的和谐等都会直接影响员工的心理健康状况，我们可以简单归结为生物因素、社会因素和心理因素。

1. 生物因素

尽管人的心理主要是后天形成和发展起来的，但是先天的遗传因素也会对人的心理产生影响。事实上，许多精神疾病的发病原因的确具有遗传性。除了遗传因素外，一些病菌、病毒等也可能引起人的中枢神经系统损伤，导致器质性心理疾病，如斑疹伤寒、流行性脑炎等。某些严重的躯体疾病、技能障碍、脑外伤或化学中毒也会造成人的心理疾病。

2. 社会因素

(1) 生活、工作环境因素。恶劣的物质生活条件、不良的生活习惯(如过量地摄取烟、酒)对人的身心健康都会产生影响。恶劣的工作环境和工作状态，如劳动时间过长、工作压力大、工作单调、经济收入差别大等也会使人产生烦躁、焦虑、愤怒、失望等心理问题。

(2) 重大突发性事件的心理冲击。生活中的一些重大突发性事件常常会导致人的心理失常或心理疾病，如失恋、疾病、天灾、家人死亡、社会变动，以及公司的裁员、重组、破产等都会给给人们带来极大的心理震动。例如，病毒的流行、地震的发生都会使人们情绪低落、恐慌、迷茫。

(3) 文化教育因素。文化教育因素包括家庭教育、学校教育和社会文化背景。

家庭教育在个体早期心理发展中发挥着巨大的作用。研究表明，个体早期环境如果单调、贫乏，其心理发展将会受到阻碍；个体早期若能受到良好的照顾，接触到丰富的生活，个体心理及潜能的发展将更容易。

学校教育在个体青春期心理发展中至关重要。学校的教育方法、人际关系、校风、教风等潜移默化地影响着个体青春期心理的变化。

研究发现，不同文化背景者的心理问题的表现形式及发病率存在着明显的差异。例如在发展中国家狂躁或抑郁性心理疾病较少见，而在发达国家抑郁症是常见的心理疾病。

3. 心理因素

个体的个性特征是不同的。积极、乐观的个性有助于提高个体的适应能力和工作效率，增进个体的健康。消极、悲观的个性更容易导致心理疾病的发生和发展，降低个体的免疫力。在遭遇生活中的危机时，人们应该及时调整好情绪，积极适应环境的变化，以开朗、自信的态度面对危机。

实验告诉我们：恐惧、焦虑、抑郁、嫉妒、敌意、冲动等负性情绪是破坏性的情感，长期经历它们容易导致身心疾病的发生。一个人在生活中对自己的认识与评价和本人的实际情况越符合，他的社会适应能力就越强，越能把压力变成动力。

二、健康的概念及其影响因素

2016 年我国主流城市的白领亚健康比例高达 76%，处于过劳状态的白领接近六成，真正意义上的健康人比例不足 3%，中国因疾病而导致生产力丧失，在 2005—2015 年间给中国造成 5500 亿美元的经济损失[①]。

成功的企业必须具备高效的组织和管理，以优化工作需求和员工状态。研究结果表明：员工健康风险与员工的生产效率有显著的关系。隐性缺勤是企业因员工健康问题所产生的损失中的最主要原因。企业损失的直接费用主要是医疗保险费用，间接费用有隐性缺勤、人员流失、士气挫败等。不良的健康状况所产生的员工生产率低下造成的损失是医疗费用的 2~4 倍。[②]

在美国，一项 28000 人的调查结果显示，员工由于个人或家庭健康问题给企业带来的生产力损失每年高达 2260 亿美元。美国每年因抑郁所造成的误工带来的经济损失可达 440 亿美元。将健康问题转换为更为直观的经济指标，能够让组织的领导者清晰地认识到由于

---

① 中国城市白领健康状况白皮书发布，各种数据触目惊心. http://www.mztj.cn/jkzx/2017-01-04/5879.html.

② 朱妍. 企业员工健康管理评价指标体系研究[D]. 南京：南京理工大学，2014.

健康问题所带来的生产力损失是巨大的，而这一认识也将提高更多的组织领导者对健康工作场所的重视程度①。将员工健康管理纳入人力资源管理后有以下意义：提高劳动生产率和安全生产；增强企业竞争力；加强企业凝聚力；节约人力资源损失；履行社会责任和节省医疗资源。

虽然随着人们对职业健康的关注度不断增加，越来越多的健康促进项目面向职业人群在工作场所中开展，但就目前的状况而言，尤其是在国内，项目开展的广度和深度还远远不足，因此加强职场保健是至关重要的。

(一)健康的概念

由于全球化竞争时代的到来，现代人在面对科技、经济发展带来的进步的同时也面临着心理亚健康、不健康的问题。心理问题不仅带给人们心理上的困扰，还带来了不良的行为习惯和身体的疾病。

健康是人的基本权利，也是人类永恒的追求。随着社会的进步，人们对健康的理解早已不仅仅局限于身体的健康，还包括正常的心理和健康的人格。身心平衡、情感理智和谐是现代健康者必备的条件。1946 年世界卫生组织成立时提出了现代健康概念："健康不仅仅是指没有生理疾病或不正常现象的存在，还包括每个人在生理上、心理上，以及社会行为上能保持最佳、最高的状况。"1986 年提出健康是每天生活的资源，并非生活的目的。

世界卫生组织提出了简化版健康标准即肌体健康"五快"标准(吃得快，便得快，睡得快，说得快，走得快)与心理健康的"三良好"标准(良好的个性，良好的处世能力，良好的人际关系)。

吃得快：是指胃口好、不挑食、吃得迅速，表明你的内脏功能正常。"吃得迅速"不是指狼吞虎咽，是指胃口好，吃什么都香，不感到难以下咽，吃东西一定要细嚼慢咽。

便得快：是指上厕所时很快排通大小便，表明你肠胃功能良好。

睡得快：是指上床即能熟睡、深睡，醒来时精神饱满、头脑清晰，表明你中枢神经系统的兴奋、抑制功能协调，且内脏不受任何病理信息的干扰。

说得快：是指语言的表达准确、清晰流利，表明你的思维清晰而敏捷，反应良好，心肺功能正常。

走得快：是指行动自如，且转动敏捷，因为人的疾病和衰老往往是从下肢开始的。

良好的个性：是指性格温和，意志坚强，感情丰富，胸怀坦荡，心境达观，不为烦恼、痛苦、伤感所左右。

良好的处世能力：是指沉浮自如，客观观察问题，具有自我控制能力，故而能适应复杂的社会环境。对事物的变迁保持良好的情绪，常有知足感。

良好的人际关系：是指待人接物宽和，不过分计较小事，能助人为乐、与人为善。

(二)影响健康的因素

1. 行为和生活方式

行为和生活方式是指人们自身的不良行为和生活方式带来的直接或间接的危害(如糖尿

---

① 黄晓霞. 健康相关生产力影响因素研究[D]. 上海：复旦大学，2011.

病、高血压、冠心病、结肠癌、前列腺癌、乳腺癌、肥胖症、性传播疾病、精神性疾病、自杀等),它具有潜袭、累积和广泛影响性的特点。不良行为和生活方式涉及范围十分广泛(主要有不合理的饮食、吸烟、酗酒、药物滥用和依赖、吸毒、久坐而不锻炼、危险性行为、驾车与乘机不系安全带等)。美国前十位死因疾病中,不良行为和生活方式在致病因素中占70%。美国通过 30 年的努力,使心血管疾病的死亡率下降 50%,其中 2/3 是通过改善行为和生活方式取得的。

2. 环境因素

(1) 自然环境:是指环绕于人类周围,直接或间接影响人类生活、生产的一切自然形成的物质和能量的总和。自然环境主要由空气、阳光、水、土壤、各种矿物质、植物、动物等组成,是一切生物生存的根本。

(2) 社会环境:包括政治、经济、文化、教育等诸多因素。社会因素既包括社会生产力、生产关系以及与其有密切联系的经济状况、社会保障、教育、人口、科学技术等,也包括以生产关系为基础的社会制度、法律、婚姻家庭、医疗保健制度,它通过影响人们的生存环境和生活条件来影响人群的身体健康。

3. 生物因素

生物因素对健康的影响主要表现为病原微生物和遗传等。生物医学时代主要重视生物因素对健康的危害,当然,这也成为影响健康和引起疾病的主要原因之一。

4. 卫生服务

卫生服务是指卫生机构和卫生专业人员为了防治疾病,增进人类健康运用卫生资源和各种手段,有计划、有目的地向个人、群体和社会提供必要服务的活动过程。健全的医疗卫生机构和服务网络、足够的卫生经济投入及合理的卫生资源配置,对人类健康和疾病的预防均有着积极的促进作用。

三、职场健康促进

1920 年,温斯洛(Winslow)提出健康促进,2000 年第五届健康促进大会上,世界卫生组织前总干事布伦特兰解读健康促进为:"健康促进就是要使人们尽一切可能让他们的精神和身体保持在最优状态,宗旨是使人们知道如何保持健康,在健康的生活方式下生活,并有能力做出健康的选择。""以人为本,以健康为中心"是"健康促进"理念的原则,"预防"是其核心,维护健康是最终目的。

健康促进有四层内涵:提高健康素养,增加健康责任感;加强健康教育,协调健康行为;增进合作服务,维护健康环境;制定健康政策,分配健康资源。

中医"治未病"理念倡导防患于未然来维护健康,而"健康促进"理念倡导采取一系列管理措施来促进健康。两种理念都是为了让人达到身心健康的状态,都表达职场保健的核心要义。职场保健就是保持和增进员工身心健康而采取的有效措施,也就是对各种危害员工健康的因素进行预防,采取监测、分析、评估、指导与干预等综合性措施以达到维护和促进员工健康的目的。

20 世纪 90 年代初开始在试点单位开展职业健康促进工作,通过各方面努力,职业健康促进工作进展顺利，取得了明显成效。

(一)职场健康促进的任务

(1) 主动争取和有效促进领导及决策层转变观念，从政策上对健康需求和有利健康的活动给予支持，并制定各项促进健康的政策。

(2) 促进个人、家庭、社区对预防疾病、促进健康、提高生活质量的责任感。为员工提供信息，发展个人自控能力，改变不良生活方式和行为习惯，使之在面临个人或群体健康相关问题时，能明智、有效地做出正确决策。

(3) 创造有益健康的外部环境，以广泛的联盟和支持系统为基础，与有关部门协作，创造良好的生活环境和工作环境。

(4) 积极推动医疗部门观念与职能的转变，使其作用逐步向提供健康服务的方向发展。

(5) 全员深入开展健康教育，引导其破除迷信，摒弃陋习，养成良好的卫生习惯，提倡文明、健康、科学的生活方式。

(二)职场健康促进的具体策略①

(1) 需求评估：通过收集工作场所有关资料，找出影响员工健康的主要危险因素，确定健康促进的重点和工作场所健康干预的目标。

(2) 建立机构：建立由管理者、各部门经理、员工参加的健康促进委员会和由有关专业技术人员组成的办公室，负责职业场所健康促进的组织、制订规划、技术把关、质量监测和定期评估。

(3) 政策支持：制定一系列健康促进策略，使职业场所的结构、政策和文化有利于可持续发展。

(4) 环境支持：任何一个工作场所首先应该是一个健康的场所，创造一个安全卫生的作业环境，最大限度地减少职业病危害对职工健康的影响。

(5) 培训和教育：职业人群健康教育应包括职业安全与卫生教育、健康生活方式教育和心理健康教育。通过职业健康教育，使职工认识和掌握作业场所可能存在的职业性危害因素的知识，职业病危害的严重性和可预防性，提高接触职业病有害因素职工的自我保护意识，认真执行操作规程，正确使用防护用品。

(三)职场健康促进实务：以宁夏石化公司为例②

宁夏石化公司每年组织干部职工参加健康体检，并将历年体检数据导入"宁夏石化全员健康管理平台"。通过为职工健康建档，采集健康信息，进行全员健康风险评估，以及风险干预分组，并针对不同干预组的干部职工提供不同的健康风险干预措施。

1. 干预措施

(1) 为处于低风险状态的干部职工提供生活方式自我管理平台服务。

---

① 王卉，薄亚莉，孙倩，陈会祥. 我国职业健康促进现状分析[J]. 职业卫生与应急救援，2010，12：309-311.

② 周平. 促进健康必然要从工作场所开始[J]. 高科技与产业化，2017，04：42-45.

（2）为处于超重肥胖、高血压、高血糖、高血脂、脂肪肝、高尿酸血症的个体提供健康体重强化干预服务。

（3）为高血压、糖尿病、冠心病、代谢综合征等慢性病患者，提供慢性病综合干预服务。例如，医疗干预、膳食干预、运动干预、认知干预、指标监测。

（4）工作场所健康管理服务工具主要为全员健康管理班，包括健康体重强化管理平台、健康监测一体机、个人健康移动监测包。

2. 干预步骤

（1）健康管理团队：由企业健康安全环保处、职工医院、惠尔健康管理师等组成。

（2）管理对象确定：由惠尔健康管理师提供干预对象纳入标准，企业依据纳入标准采取"自愿报名、组织批准"的方式组成强化管理班。包括健康体重强化管理班、慢性病综合管理班。

（3）针对性健康教育：让管理对象非常明确地认识到自己的健康风险可控可变，关键在于自己的行动力。

（4）配置健康监测工具包：企业为健康干预对象提供可实现移动检测血压、血糖、心电图、体脂的工具包。在医生的指导下，定期监测上传数据，从而得到医生的药物处方、膳食处方、运动处方的适宜调整。

（5）制订个性化的风险干预计划：健康管理师根据个人体检数据以及健康风险评估结果，为干预对象制订个体化的健康风险干预计划，包括医疗干预计划、膳食干预计划、运动干预计划、健康监测计划。

（6）跟踪指导计划执行：健康管理师通过现场、电话、微信等方式，为个体健康风险干预计划的实施通过一对一的指导与行为矫正服务。

（7）阶段性的绩效评价：健康管理师根据计划实施的不同阶段(包括准备阶段、适应阶段、达标阶段、保持阶段)进行阶段性的评价，鼓励达标对象，提醒未达标人群，通过群组绩效排行榜的方式，促进未达标的干预对象迎头赶上。

3. 干预效果

通过 12 周的健康体重管理，以及 24 周的慢性病综合管理，干预对象的健康危险因素改善效果明显。体重、血压、血糖、血脂以及行为危险因素的改变非常明显，如图 8-3 所示。

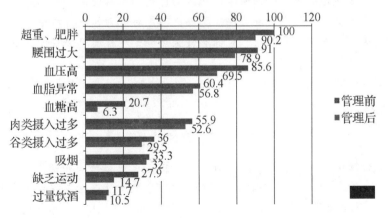

图 8-3　健康风险干预的效果

本章小结

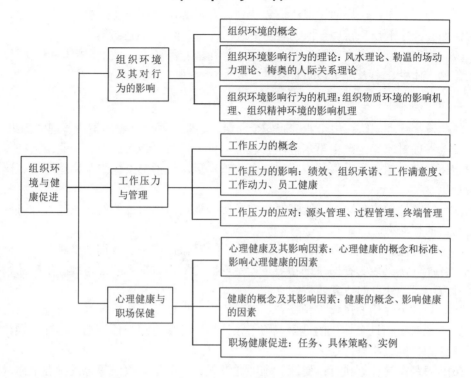

习　题

一、思考题

1. 什么是组织环境？组织环境包括哪些内容？

2. 如何认识组织环境？

3. 组织环境与行为之间存在什么样的关系？

4. 风水一定是迷信的吗？如何科学认识我国传统的风水理论？

5. 分析自己对待压力的态度和办法，思考提高应对能力的改进措施。

6. 对你来说，什么是工作压力？对你有什么影响？对就职单位有什么影响？

7. 如何进行工作压力管理？

8. 组织如何做好健康促进？

二、案例分析题

职场中层人员的工作压力

L 是 A 市科技局下属某事业单位的副主管，负责 A 市科技园和创业中心的各项具体业务。为了今后的发展，L 还在上 MBA 在职研究生班。这一天，L 像往常一样早晨 6 点半起床，洗漱完毕，便下楼买早点，回来正好妻子和 7 岁的儿子起床，一家人吃完早餐，L 匆匆送儿子上学。离开学校，L 赶紧乘车去预算外管理局，上午 8 点在门口和同事小 C 会合。

两人由财政局的一位熟人介绍，与预算外管理局的负责人和经办人洽谈有关本单位的预算外资金管理问题。离开预算外管理局，9点半L乘车去市计委，向基建科和重点项目办公室咨询创业中心扩建工程立项问题。由于项目建议书必须要有资质的机构制作，L又来到市工程咨询院，了解和洽谈委托的具体内容。上午11点L回到市科委向分管领导汇报具体情况。中午回家的路上，L倍感疲惫，在公交车上睡着了，差一点下错站。

中午吃完饭，L稍事休息，下午2点又乘公交车去远在开发区的单位上班。单位领导已经急等着和L商议工作。这时，MBA班的同学来电话，通知下学期专业报名和英语过关考试的事。3点半，L召集有关人员开会，讨论和布置单位预算外资金管理的具体问题。4点半，L终于空闲下来，正准备思考一下人力资源的论文素材，又有外单位人员进门来洽谈业务。5点20分，快到下班时间，同事老Q来找L，告诉他以前的同事W从美国回来探亲，晚上6点约好在"烧鹅仔"聚会。L赶紧和妻子联系，妻子告诉他晚上她也要出席工作宴会，L必须在7点30分回家照看儿子。L心不在焉地参加了聚会，喝了几杯酒，主食没吃就匆匆回家。辅导完孩子的功课，L筋疲力尽。妻子回来不满地说，脸色怎么这么难看，胡子几天没刮，头发也乱。L带着MBA功课毫无进展的遗憾，简单洗漱一下就入睡了。

请思考：

1. L的工作压力表现在哪些方面？

2. 造成L工作压力的原因有哪些？

3. 如果你是单位领导，如何对L的工作压力进行干预？

三、管理技能训练

1. 描述自己工作压力的表现、成因及防范方法。

2. 某公司员工普遍感觉到工作压力大，请你为公司建言并草拟公司职场保健计划。

3. 以某一企业为例，梳理该企业面临哪些组织环境并探讨这些环境如何影响企业的行为。

【推荐阅读书目】

[1] 施纳尔，多布森，罗斯金. 工作压力——健康危害与对策[M]. 余善法，译. 郑州：郑州大学出版社，2013.

[2] 学习型员工·素质建设工程教研中心. 恰到好处的工作压力[M]. 北京：企业管理出版社，2016.

[3] 钱明. 健康心理学[M]. 3版. 北京：人民卫生出版社，2018.

[4] 戴俊明. 如何应对职场压力[M]. 上海：复旦大学出版社，2015.

[5] 李英武. 职业健康心理学[M]. 北京：北京师范大学出版社，2018.

第九章

群体与团队行为

学习目标：

掌握群体的概念和类型、群体的规范与角色、群体凝聚力、群体的人际关系；能够合理地分析、解释、引导和控制群体行为，以提高群体行为的有效性；能够运用团队管理与协调解决实际问题。

关键概念：

群体(group)　社会助长(social facilitation)　社会惰化(social loafing)　从众 (conformity) 群体决策(group decision)　团队(team)　团队精神(group spirit)

【专栏 9-1】　亚当·斯密：分工合作的力量[①]

亚当·斯密较早认识到分工合作对劳动生产力的促进作用，他认为，分工的起源是由于人的才能具有自然差异，不同的个体擅长不同的工作。一家只有 10 个工人的小制针厂，制针的生产过程被分成 18 道工序，每个人负责三四道工序，不同的工序由不同的人进行。如果他们勤奋工作，一天内可生产 48000 多根针，平均每人每天可制出 4800 根针。但是，"如果他们各自独立工作，不专习一种特殊业务，那么，他们不论是谁，绝对不能一日制造 20 根针，说不定一天连 1 根也制造不出来。他们不但不能制出今日由适当分工合作而制成的数量的 1/240，就连这数量的 1/4800，恐怕也制造不出来"。

请问你如何看待亚当·斯密有关分工合作的论述？分工合作有何利弊？

第一节　群　体　概　述

一、群体的定义、类型

(一)群体的定义

群体(group)是指为了实现特定目标，两个或两个以上相互作用、相互依赖的个体的组合。群体是一个企业或部门的基本组成单位。成员在工作上相互依赖，心理上彼此意识到对方，感情上相互影响，行为上共同规范，各成员有同属于一群的感受，是彼此间有共同目标和需求的集合体。

人们加入群体是要完成某项任务或是要满足自己的社会需要。具体来说，加入群体可

---

① 亚当·斯密. 国富论. 郭大力，王亚南，译. 南京：译林出版社，2011，9.

以满足人们的很多需要。

(1) 安全需要。群体可以为个人提供安全感。作为大型组织的成员，个体可能会因为不安全感而导致焦虑，但归属于一个小群体则可以减轻这种恐惧。

(2) 情感需要。群体可以满足个人的友谊和情感需要。被他人接纳是一种重要的社会需要，它可以增强个体的自信心，使个体在人际交往中获得情感上的满足。

(3) 尊重和认同的需要。群体给个体提供了获得称赞和认可的机会，使他们感到自己的重要性，产生价值感。

(4) 完成任务的需要。群体产生的主要原因是为了完成任务。有许多工作必须协同努力才能完成，只有通过合作才能提高劳动生产力。

(二)群体的类型

1. 大型群体与小型群体

根据群体规模的大小可以把群体划分为大型群体和小型群体。凡是成员之间有直接的、个体间的、面对面的接触和联系的群体，就是小型群体。大型群体是指成员之间以间接的方式(通过群体的目标、各层组织机构等)联系在一起的群体。

2. 正式群体和非正式群体

根据构成群体的原则和方式的不同，可以把群体划分为正式群体和非正式群体。

正式群体是指为达成组织赋予的任务而由组织正式创立的工作团体。群体内的成员有明确的工作任务和工作分工。个体行为由组织目标所规定并指向组织目标。由组织结构确定的、职务分配很明确的群体可分为命令型群体和任务型群体。命令型群体是由组织结构规定、直接向某个主管人员报告工作的下属组成。任务型群体是指为完成一项工作任务而在一起工作的人所组成的群体。

非正式群体是指为了满足人们社会交往的需要而在工作环境中自然形成的一种无形团体，是没有正式结构的，也不是由组织确定的，而是以个人之间的好感、喜爱或共同兴趣为基础而构成的群体。非正式群体一般可以分为兴趣型群体和友谊型群体。兴趣型群体是具有共同或相似兴趣的组织成员组成的群体，例如组织中的合唱团、足球队。友谊型群体是建立在友谊基础上的群体。

3. 开放群体和封闭群体

根据群体的开放程度的原则，可以把群体划分为开放群体和封闭群体。开放群体的特点是成员来去自由、更换频繁，群体中成员的地位和权力不稳定。封闭群体的特点是成员比较稳定，群体成员等级关系严明。从发挥作用的情境看，开放群体由于人员不稳定，所以不适合于长期的任务。但由于经常输入"新鲜血液"，开放群体可以吸收新思想和人才，对周围环境的适应性也比较强。以上两种类型的群体适合于不同类型的活动。例如，对于长期规划，封闭群体更有效；对于发展新思想和新产品，开放群体更有效。封闭群体具有历史的眼光，而开放群体则着眼于现在。

二、群体的组成要素和特征

(一)群体的组成要素

组织中，各类群体发挥着极其重要的作用，同时个体的行为也受到群体的规范和约束。那么，群体到底是由哪些要素构成的呢？一般认为，群体的构成要素包括角色、地位、规范、群体规模和群体凝聚力。

(1) 角色。指人们对占据组织中特定位置的人所期望的一套行为模式。角色意味着人们对扮演角色的人的行为有所期待。例如下属期待领导者决策具有远见，行事沉稳果断，上级期待下属凡事服从命令，做事尽职尽责。实际上，学会认知和扮演自己的"角色"是每个职业人必须面对的挑战。有研究发现，现代社会中人们对角色的认知和学习非常迅速，个体可以很快进入"角色"，并很快熟悉和适应自己的角色行为，通过扮演角色迅速使自己融入群体和组织。然而，现实中并非每个组织成员都是合格的"演员"。糟糕的"演员"常遇到两种挑战。一是角色模糊，由于信息掌握不全面，个体对角色行为缺乏明确的理解或产生错误的认知，进而导致错误的角色行为。二是角色冲突，就是当个体扮演多个角色时，不同角色对个体提出相互矛盾的行为期待，从而造成个体难以胜任的情况。

【专栏9-2】 角色学习：津巴多模拟监狱实验[1]

为了研究个体学习角色的进程，斯坦福大学的研究者开展了一次著名的模拟监狱实验。实验的地点设在斯坦福大学心理系办公楼地下室模拟建立的"监狱"，被试是24名身心健康、情绪稳定、遵纪守法的大学生(以每天15美元雇用)。他们被随机分成2组，一组扮演"看守"，一组扮演"罪犯"。两组学生从未受过专门训练，实验者为"监狱"制定了一些基本规则。他们要求"罪犯"像真实监狱中一样生活，除了吃饭、锻炼、如厕，甚至可以探监；同时实验者提示"看守"要"维护监狱秩序"，8小时换一次班。

实验开始后第二天，"看守"粉碎了"罪犯"的反抗企图，确立了自己的权威地位。"罪犯"们消极接受了自己低人一等的地位，对"看守"唯命是从。而"看守"在实验过程中都做出"虐待"罪犯的事情。由于"看守"和"罪犯"都表现出病态反应，原计划两周的实验不得不在第六天终止。此次实验给人们两个启示：①个体对于角色的学习来自社会学习(大众传媒、他人经历等)；②个体接受和学习角色相当迅速。

(2) 地位：指个人在群体中所处的威望等级、位置或阶层。地位和角色是两个相互关联的概念，一般来说，组织中人们都在扮演一个或多个角色，同时，相应的角色也在群体中占据一定的地位。人们在群体中的地位既有可能是组织正式赋予的(正式地位)，也有可能是在群体互动中自然产生的(非正式地位)。非正式地位并不意味着不重要或不被认可，相反，正式地位的获得常常需要非正式地位的"确认"。例如，组织公布对一名领导者的任命仅仅表明他或她获得了某种正式地位，掌握了某些正式权力，但要想在部门里顺畅地行使上述权力，则必须获得下属的认可，具有某种权威才行。

通常，地位是一个社会学常用词汇，因为我们可以通过地位判断人们的社会阶层。在组织或群体中，地位也是一个重要的概念，地位的重要性在于我们需要通过人们在组织或

---

[1] Zimbardo. The lucifer effect: understanding how good people turn evil[M]. New York: Random House.

群体中的地位设计或调整与其交往的方式。例如，群体中地位高的人主动与地位低的人沟通时(如上级找下级沟通)，沟通往往较为顺畅；相反，如果沟通的主动权掌握在地位较低者手中(如下级找上级沟通)，沟通的目标往往难以实现，甚至有可能引发群体成员之间的冲突。

群体中，地位与个体的某些个人特征有一定的关系，如教育程度、年龄、技能、经验等。为了增加群体成员的公平感，管理者应当尽量使个人所感受到的地位和群体所授予的地位相一致。

(3) 规范。指群体成员所共同接受的行为标准。规范让群体成员意识到在特定环境中自己应当做什么，或者应当避免做什么。从个体角度看，规范是群体对成员行为方式的期望。规范一旦被群体成员认可，就会成为群体成员行为的重要约束力量。

通常，组织或群体中的规范可以分为正式的和非正式的两类，其中正式规范经常以指南、手册、规章、制度、准则的形式出现，然而大多数群体规范并不以上述书面形式表现出来，而是以心理契约的形式"隐藏"在管理过程中。工作场所中，为了便于理解规范的具体表现形式，一般将其归为四类。第一类是与群体绩效相关的规范，例如群体到底要求成员为工作付出多大努力，工作绩效应当达到什么水平；第二类是与群体成员形象有关的规范，例如如何着装，如何表现对组织或群体的忠诚感；第三类是与群体其他成员的社交规范，例如应当与谁一起吃饭，应当避免与谁交往；第四类是与资源分配有关的规范，例如如何发放报酬、如何分配困难任务等。

(4) 群体规模。指群体成员数量。群体规模显然是影响群体整体行为的重要变量。有研究表明，很多情况下小群体完成任务的速度比大群体快；在遇到难题的情况下，如果大群体成员能够充分参与问题解决的过程，那么大群体在问题解决的效果上要好于小群体。值得注意的是，经过大量实证研究，并没有发现一个普适性的"最佳"群体规模。关于群体规模对群体效率的影响，我们将在后面的"群体互动"小节中进行讨论。

(5) 群体凝聚力。指群体成员相互吸引及共同参与群体目标的程度。在早期的群体效率研究中，人们发现凝聚力高的群体通常比凝聚力低的群体更有效。然而，后来的研究发现群体凝聚力与群体效率之间并非简单的因果关系，有些额外变量(例如引导方式)也会制约或调节两者之间的关系。

影响群体凝聚力的因素很多，例如群体成员相处时间、加入群体的难度、群体规模、群体构成、来自外界的威胁、以往成功的经验等。对于管理者来说，有一些现成的办法可以增强群体凝聚力。第一个办法是使群体规模小一点，让群体成员有充足的机会进行人际交往，增进相互之间的信任；第二个办法是促进群体成员对组织或群体目标的认同，使群体成员产生共识；第三个办法是增强群体在组织中的地位和认同感，让群体成员对群体产生归属感；第四个办法是使群体相对孤立，鼓励群体成员同其他群体竞争，强化群体成员之间相互依赖、相互合作的关系；第五个办法是强调群体绩效，给予整个群体奖励，而不是奖励个人。

(二)群体的特征

作为组织的组成部分，群体的特征表现在以下 4 个方面。

1. 共同的目标

一个群体必须具有共同的目标，因为任何群体都是为目标而存在的，不论这种目标是明确的还是隐含的，目标是群体存在的前提。显然，不同群体的目标有较大的不同。比如，某个软件开发小组的目标可能是根据顾客需要完成开发项目；而某个大学篮球队的目标是战胜参加比赛的其他球队实现小组出线。

2. 共同的价值观与行为规范

群体成员不仅拥有共同的目标，他们还具有共同的价值观和行为规范，正是共同的价值观和行为规范才可以把不同的个体凝聚为一个群体，这是一个群体存在和发挥作用的灵魂所在。

3. 群体结构

组织中，每个群体都具有特定的结构，而这种结构体现出群体中不同成员的分工、合作关系，也体现出不同成员的重要性。群体结构是群体存在的机构基础，由于有了上述角色、地位、规范等群体构成要素，群体成员不再是乌合之众，而是通过分工与合作被组织起来，共同为实现群体目标而努力。

4. 群体意识和归属感

一个群体能够成功地保持并发挥功能，要使每一个成员具有群体意识和对群体的归属感。这是在实际中最能体现群体特征的方面，一个成员对于一个群体的忠实和服从往往决定于对群体整体的认同，这是建立在共同的价值观和行为规范的基础上的，具有更加内化的思想特征。

三、群体互动

群体对个人的心理和行为有很大影响。我们通常讲，好的群体是个大熔炉，后进的可以变先进；坏的群体是个大染缸，先进的可以变为后进。群体对个人的影响，往往通过以下几种心理效应表现出来。

(一)社会助长效应

所谓社会助长，是指个体与人一起工作时的绩效优于个体单独工作时的绩效的现象。早在1898年，心理学家特里普利特[①]就在论文中报告了自己在实验中发现的社会助长现象。在其实验中，实验者让被试在三种情境下骑车完成25英里路程。第一种情境是单独骑行，第二种情境是让一个人伴跑，第三种情境是与他人竞赛。结果发现单独骑行时，平均时速为24英里；有人伴跑时，平均时速为31英里；与人竞赛时，平均时速为32.5英里。

工作场所中，社会助长现象比比皆是。例如，我们常说的"男女搭配，干活不累"，就是一种性别社会助长现象。再如，将良性竞争引入部门，往往能够促进同事之间的"比学赶帮"，从而提高部门的总体绩效水平。

---

① Triplett. The dynamogenic factors in pacemaking and competition[J]. American journal of psychology, 9: 507-533.

对于社会助长现象的形成机制，社会心理学家奥尔波特认为可能有三个原因[①]：①与其他人一起工作，个体意识到自己的行为会受到他人评价，因此有可能会增加个体的兴奋水平；②与他人一起工作，有可能增加了相互模仿和竞争的动机；③与单独工作相比，与他人一起工作时的单调感和孤独感会降低。

但是，并非任何情况下群体都有助长作用。后来的社会心理学研究发现，社会助长效应一般发生在完成简单的、常规性任务的过程中。对于那些复杂的、创造性的工作任务，有他人干扰反而会对绩效产生消极影响[②]。

(二)社会惰化效应

社会惰化(social loafing)，是指群体成员一起完成任务时，每个成员所付出的努力比单独完成时减少的现象。在中国文化中，这种现象常被形象地比喻为"三个和尚没水吃"。早在1935年，心理学家达谢尔就发现，随着共同完成一件事情的人数增加，每个人所做的个人努力程度也会逐步下降。现实生活中，社会惰化现象也常常发生。例如，大学里有些老师要求学生组成一个小组完成课程报告，但每次上交的报告质量总是不尽如人意，究其原因就是小组成员的行为受到了社会惰化效应的影响。再如，在一个暂时缺少正式领导者的部门中，主动承担责任的员工常常要提防同事们的闲言碎语，于是表现得"懒惰"一点反而成了大多数员工的正当选择了。

对于社会惰化产生的原因，主要有两种解释。第一种解释认为社会惰化是由不公平感引起的。人们常常习惯把自己付出的努力和所得的奖励，与别人或自己过去付出的努力和所得的奖励进行比较。如果比较的结果证明是公平的、合理的，那么就会心情舒畅地继续努力工作；如果比较后得出相反的结果，就会产生不公平感，影响其积极性的发挥；第二种解释认为社会惰化的原因是责任分散。所谓责任分散是指在与他人共同工作时，个人有责任感下降、将工作推给别人去做的倾向。群体工作中，任务被分解到每个人身上，因此责任也被分散到每个人身上，最终落到每一个人身上的责任就很少了。在缺乏责任压力的情况下，个体倾向于互相依赖、互相推诿。

为了减少社会惰化效应对群体工作的影响，管理者应当注意以下两个方面：①在群体成员分工合作之前，应该使群体成员明确共同目标和各自任务，将责任分解、落实到每个成员，这样就可以有效降低责任分散带来的消极影响；②绩效评价时管理者应当公正、客观地测量群体成员完成任务的数量和质量，并根据绩效测量结果对其进行有针对性的激励和沟通，只有这样才能减少不公平感引起的社会惰化。

(三)社会标准化倾向

社会标准化倾向通常指在群体规范的影响和制约下，群体成员的心理差异逐步减少，行为趋向一致的现象。也是人们在群体中按照常规行事的倾向。任何一个群体都有许多成文或不成文的，却被大家所认可的行为标准。这些标准很少是群体领导者正式规定的，往

① Allport. The influence of the group upon association and thought[J]. Journal of Experimental Psychology, 3(3): 159-182.

② Zajonc. Social facilitation[J]. Science, 149: 269-274.

往是自然形成的。这些标准对大家的行为有着极大的约束和影响力，成为群体成员的行为规范，我们称之为常规。

常规是一种非道德行为标准，它表明群体对成员的要求和希望。常规的具体内容取决于群体的性质和目的，但是一般而言，常规受着社会标准的影响。例如，车间里干活的速度不能太快也不能太慢，一天完成的工作量不能太多也不能太少，既不可太勤快也不可太懒惰，否则就会受到群体成员的责难与讥讽。我们身边组织中的很多模范和标兵尽管得到领导者的称赞和表扬，却常常被同事冷落，究其原因就是他们的行为违反常规。

常规的存在有其合理性，群体成员往往根据是否遵守常规来判断是否接纳其他成员。但是当常规成为阻碍工作绩效提高的障碍时，尤其是在常规与组织正式规范相悖的时候，管理者就应当对其加以注意了。

(四)从众行为

所谓从众，是指由于群体的引导或压力，个体的观念与行为朝着与大多数人相一致的方向变化的现象。中国文化中，从众行为常常表现为"随大流"或"人云亦云"。

社会心理学家阿希曾做过有关社会从众行为的实验[1]，他将实验的大学生分为 8 人一组，要求他们指出图 9-1 中左图的线段与右图中的哪条线段(A、B 和 C)等长。实验中，每组只有一位是真正的被试，被安排在每组的最后。阿希让每组的前 7 人(假被试)都有意做出错误判断。结果，真正的被试中竟有 32%的人也跟着做出错误判断。1985 年，国内的社会心理学研究者重复

图 9-1 从众实验示意图

了阿希的实验，结果不仅证明了从众现象的存在，而且发现随着实验次数的增加，从众现象越来越多。

从众行为既有主观原因，也有客观原因。从众行为的主观原因是自我怀疑和不愿意被孤立。当个人的意见与众不同时，心理上就有一种紧张感，往往产生自我怀疑，甚至一种孤立的感觉，从而使个体产生不愿意标新立异，而愿意顺从多数人的倾向。从众行为的客观原因是外来的影响和压力。当群体中出现不同意见时，为了保持群体行动的一致性，达成群体目标，使群体免遭分裂，群体确实会对持有异议的成员施加影响和压力。

正由于上述两方面的原因，对从众行为的研究也往往从两个方面着手。从从众行为的主观方面着手，需要讨论的是"哪些人更容易产生从众行为呢"？研究结果发现：如果个体在群体中的地位比别人高，会较少出现从众行为，反之则容易产生从众行为；如果个体的智商很高和能力较强，则不容易表现出从众行为，否则就容易产生从众行为；如果个体情绪稳定且自信，会较少出现从众行为，否则就容易产生从众行为；如果个体重视人际关系，就容易产生从众行为，否则就不容易产生从众行为；如果个人集体观念强，就容易表现出从众行为，否则就不容易产生从众行为。

从从众行为的客观方面着手，需要讨论的是"哪些群体更容易滋生从众行为呢"？一般来说，群体对于个体越重要，那么个体就越愿意顺从群体，也越容易出现从众行为；群体成员间的人际关系越好、感情越深厚，则越容易出现从众行为；如果群体氛围是民主的，

---

[1] Asch. Opinions and Social Pressure[J]. Scientific American, 193 (5): 31-35.

允许群体成员发表不同意见，此时个体就容易坚持自己的异议，从众行为就比较少。相反如果群体氛围是专横的，群体内存在排斥异己和打击报复现象，个体就倾向于放弃异议，选择从众；如果群体的多数意见受到社会支持，个人意见遭到社会反对，则容易出现从众现象，反之则不容易。

另外，还有人专门探讨了从众行为产生的情境，结果发现：人们往往对非原则问题比对原则问题更容易从众，对一般问题比对重大问题更容易从众；同时，对有明确答案的问题，人们往往不易从众，而对没有明确答案的问题，人们则容易从众。

四、群体决策

(一)群体决策与个体决策

当代组织中，管理者每天都要决策，决策的质量体现了管理的价值，也体现了管理者的水平。依据参与决策者的数量，可以将决策分为群体决策和个体决策。当前，组织中群体决策的应用范围越来越广，这是否意味着群体决策一定比个人决策优越呢？答案似乎没有那么简单。决策的效果最终取决于多种因素，管理者应当了解群体决策的利弊，如表 9-1 所示。

表 9-1　群体决策的利弊

利	弊
信息来源广	浪费时间
信息具有多样性	群体从众压力大
决策结果易被接受	少数人控制局面
决策过程更合法	责任不清
更准确，更有创造性	

1. 群体决策的优点

群体决策和个体决策各有其优势，但都不是可以适用于任何环境的。与个体决策相比，群体决策有下面一些主要的优点。

(1) 更完全的信息和知识。通过综合多个个体的资源，我们可以在决策过程中投入更多的信息。

(2) 增加观点的多样性。除了更多的投入以外，群体能够给决策过程带来异质性，这就为多种方法和多种方案的讨论提供了机会。

(3) 提高了决策的可接受性。许多决策在做出之后，因为不为人们所接受而夭折。但是，如果那些会受到决策影响的人和将来要执行决策的人能够参与决策的过程，他们就更愿意接受决策，并鼓励别人也接受决策。这样，决策就能够获得更多支持，执行决策的管理者和员工的满意度也会提高。

(4) 增加合法性。群体决策与现代社会中的民主理想是一致的。因此，群体决策往往被认为比个体决策更合乎法律要求。如果个人决策者在进行决策之前没有征求其他人的意见，决策者行使权力可能会被看成是独断专行。

(5) 更准确，更有创造性。群体决策往往集中了多数人的智慧，是大家集体智慧的结晶。因此，与个体决策相比，群体决策更准确，更具有创造性。

2. 群体决策的缺点

当然，群体决策也不是没有缺点，其主要不足包括以下几个方面。

(1) 浪费时间。与个体决策相比，群体决策是一个"漫长"的过程。组织一个决策群体需要时间，群体成员之间相互磨合也需要时间，群体成员达成一致更需要时间。因此，群体决策需要更多时间，有可能限制管理者快速对环境做出反应的能力。

(2) 从众压力。决策群体中也存在社会压力。群体成员希望被群体接受和重视的愿望可能导致群体成员都追求观点统一，不同意见被压制。听不见"异议"的决策群体往往做出低效和危险的决策。

(3) 少数人控制。在有些群体中，群体讨论可能会被一两个人所控制。如果控制群体决策的个体完全出于私利，群体决策的结果就有可能损害其他人的利益；即使控制群体决策的个体大公无私，以个体决策代替群体决策也会降低决策方案的丰富性。

(4) 责任不清。个体决策中，决策者毫无疑问就是责任承担者。群体决策中，决策群体成员对决策结果共同承担责任，但谁对最后的结果负责呢？答案往往是没有人负责。群体决策过程中，责任划分不清会造成群体成员的责任感降低，甚至出现前面提到的社会惰化现象。

管理者在决定到底采用群体决策还是个体决策时，应当首先分析决策的标准和情境。如果你追求决策的准确性和决策质量，那么采用群体决策的确更有优势；但如果你追求的是决策速度，显然个体决策更有优势；如果你追求决策中的创造性，那么群体决策会比个体决策更优越；如果你强调的是最终方案的可接受性，那么还是群体决策较好；如果你需要考虑决策效率，那么群体决策往往不如个体决策。因此，在决定是否采用群体决策时，应权衡群体决策在决策效果上的优势能否超过它在效率上的损失。

(二)群体思维和群体转移

除了上述群体决策的弊病之外，由于群体规范和从众压力，群体成员在进行群体决策的过程中还会出现两种现象——群体思维和群体转移。这两种现象都会导致错误决策，甚至为组织带来巨大损失。

1. 群体思维

群体思维是指由于从众压力，群体中不寻常的、少数人的、不受欢迎的观点得不到充分表达和客观评价的现象。20世纪50年代，乔治·奥威尔的文学作品里描绘了一个他幻想出来的极权主义社会，独裁者剥夺了人民的自由，独立思考被"双重思想"(指同时接受两种相反信念的行为)代替。1972年，心理学家詹尼斯对乔治·奥威尔的"双重思想"进行了发挥，他在《群体思维》一书中从决策的角度分析了群体思维现象[①]。詹尼斯以珍珠港事件、朝鲜战争、越南战争、马歇尔计划、"猪湾事件"和"水门事件"等大量引人注目的案例作为注解，剖析了群体决策中的这种非理性现象。通过案例分析，詹尼斯认为群体思维一

---

① Janis. Victims of groupthink: a psychological study of foreign policy decisions and fiascoes[M]. Boston: Houghton Mifflin.

般有以下 8 种典型表现形式。

(1)　无懈可击错觉。群体对自身过于自信和盲目乐观,意识不到自己面临潜在危险。这种过分的乐观主义使群体看不到外来的警告,意识不到决策风险。

(2)　行为合理化。群体通过集体将已经做出的决策合理化,忽视外来的挑战。群体形成了某种决策后,主要时间被花在如何将决策合理化,而不是对它们重新审视和评价。

(3)　对群体道德深信不疑。相信群体所做出的决策是正义的,不存在伦理道德问题,拒绝理会从道德上提出的挑战。

(4)　对群体外成员(例如对手)看法刻板化。群体成员一旦卷入群体思维,就会倾向认为任何反对他们的人或者群体都是不屑与之争论的,或者认为这些人或者群体过于软弱、愚蠢,不能够保护自己,而群体既定的方案必定获胜。

(5)　从众压力。群体不接受不同的意见和看法。对怀疑群体立场和计划的人,群体总是处于随时反击的状态,而且常常不是以证据来反驳,取而代之的是冷嘲热讽。为了获得群体的认可,多数人在面对这种嘲弄时会变得没有了主见,从而选择与群体保持一致。

(6)　自我压抑。由于不同意见会显示与群体的不一致,破坏群体统一性,因此群体成员会避免提出与群体不同的看法和意见,压抑自己对决策的疑惑,甚至怀疑自己的担忧是否多余。

(7)　全体一致错觉。从众压力和自我压抑会使群体的意见看起来是一致的,并由此造成群体成员意见统一的错觉。表面的一致性又会使群体决策合理化,这种由于缺乏不同意见而造成的一致的错觉,甚至可以使很多荒谬、罪恶的行动合理化。

(8)　心理警戒。群体决策一旦形成,某些群体成员会有意扣留或隐藏那些不利于群体决策的信息和资料,或者限制成员提出不同意见,以此来保护决策的合法性和影响力。

通过对典型案例的分析,詹尼斯剖析了造成群体思维的 8 种前提条件:①群体凝聚力强;②群体与外界的隔绝;③命令式的领导方式;④缺乏有条理的决策程序;⑤群体成员背景和价值观相似;⑥具有外部压力;⑦现有的方案被有影响力的领导所接受,决策群体没有信心去寻找更好的方案;⑧刚刚经历失败,群体自尊水平很低。

群体决策过程中,群体思维现象会扭曲决策者的认知,限制决策者的理性判断,制造"一致性"幻想,最终导致错误决策。为了改进群体决策效果,限制群体思维对群体决策的消极影响,可以尝试以下方法。

(1)　领导者应当赋予每个成员"批评性"评价者的角色,鼓励群体公开讨论各种想法,包括反对意见和疑问。

(2)　分配工作任务时,领导者不要率先表达自己个人的观点。

(3)　为了避免对群体决策的过度影响,领导者应当有意缺席某些群体会议。

(4)　在组织中建立多个独立群体,为解决同一个问题进行决策。

(5)　条件允许时,对所有备选方案进行检验。

(6)　引入可信任的第三方,让群体成员与他们讨论对群体决策方案的真实态度。

(7)　邀请群体外的专家参与群体决策会议,允许群体成员与专家讨论,甚至质疑专家意见。

(8)　每次会议选择一位成员扮演"魔鬼代言人"角色,专门挑剔群体决策的毛病,与其他成员唱反调。

2. 群体转移

群体转移有时也称群体极化,是指在群体决策过程中,群体成员倾向于夸大自己的立场或观点,从而使群体决策的结果比个体决策更冒险或更保守的现象。现实中,大多数研究者对群体转移的关注主要集中在风险转移上。

实验表明,群体决策中风险转移的方向具有一致性(要么一致倾向于冒险,要么一致倾向于保守),因此群体转移常常被视为群体思维的一种特殊形式。对于造成群体转移现象的原因,一般有以下4种解释。[①]

(1) 责任分散。群体决策冒险性的结果由群体承担,由于责任分散,减轻了成员对失败的恐惧,因而敢于做出冒险性决策。即使人们是在讨论后自己做出决策,他也可以感到没有责任,因为他是在群体之中。

(2) 领导者的倾向。群体决策过程中,可能会出现一个对其他成员影响较大的成员,即群体中的领导者。如果领导者倾向冒险,群体决策就容易出现风险转移,如果领导者倾向保守,那么群体决策就会出现保守转移。

(3) 说服力。群体中既有喜欢冒险的成员,也有倾向保守的成员。在多数情况下,冒险者更具有说服力,能在群体中起更大的作用。因此,群体常做出冒险性决策,发生风险转移。

(4) 文化价值。群体决策是发生冒险转移还是发生保守转移,取决于群体依赖的社会文化。在崇尚冒险精神的文化中,常发生风险转移;如果一个社会的文化高度谨慎,那么群体决策就会更倾向于保守。

五、群体决策技术

群体决策是群体成员相互作用的产物,群体的行为受群体规范、群体规模、领导、目标、成员构成、外界环境等多种变量的影响,群体会对群体成员个人形成压力,迫使他们从众。管理实践中,人们设计出头脑风暴法、名义群体法、德尔菲法、电子会议法等多种决策技术,以克服群体决策的弱点,提高群体决策的有效性。

1. 头脑风暴法

头脑风暴法又称脑力激荡法,指群体成员就特定问题畅所欲言,并在群体讨论的基础上列举解决方案的群体决策技术。典型的头脑风暴法讨论中,6~12人围坐在一张桌子旁,群体领导用清楚明了的方式把问题说明白,让每个人都了解。然后,在给定的时间内,大家可以自由发言,尽可能地想出各种解决问题的方案。在这个阶段,哪怕有些方案听上去稀奇古怪或匪夷所思,任何人都不得对发言者的方案加以评价。同时,鼓励群体成员相互启发,激发群体成员产生更多方案。最后,所有方案都记录在案,由群体成员分析和完善这些方案。

头脑风暴法最初产生于广告行业,广告创意需要创新性思维和创造性的问题解决方法。广告公司经理奥斯本发现传统商业会议效率低下,群体成员的"点子"在评价焦虑和从众压力的影响下难以充分表达出来,需要一套能够激发创造性思维的会议规则。奥斯本提出

---

① 杨雷,席酉民. 群体讨论对个体偏好极端性转移的影响[J]. 系统工程,1997(01): 9-13.

的头脑风暴法遵循4条基本原则[①]：①延迟评价性判断，对设想的评价要在以后进行；②鼓励"自由想象"，设想看起来越荒唐就越有价值；③追求方案数量，方案越多越好；④鼓励组合与改进方案。

实证研究发现，头脑风暴法在促进发挥群体创造力和共同探索新观念时十分有效，因此这种群体决策技术已经在技术革新、管理创新、复杂问题处理等管理情境中得到广泛应用。为了进一步优化头脑风暴的效果，管理实践中还出现了很多对传统头脑风暴法的改进方案。例如，用名义群体替代传统的互动群体，用逆向头脑风暴为组织"挑刺"，借助互联网进行"不见面"的电子头脑风暴等。

2. 名义群体法

名义群体法是一种独特的群体决策技术，也可以视为对头脑风暴技术的一种改进。与传统的会议模式不同，名义群体法对群体成员的讨论或人际沟通(即互动群体)加以限制。这种群体决策方法要求群体成员先进行个体决策，然后再群体讨论。标准化的名义群体法一般包括5个阶段：①引入阶段，会议组织者向群体成员介绍决策目标和程序；②独立决策阶段，让群体成员用纸笔独立写出自己对问题的所有思考；③分享观点阶段，在群体中说出自己的观点，会议组织者逐个公开记录观点，鼓励其他成员完善观点；④群体讨论阶段，群体成员对其他成员不清楚的观点进行解释，避免对任何观点进行评价或批评；⑤决策阶段，对问题解决方案进行投票决策。

名义群体法的主要优点是允许群体成员正式地聚在一起，但是又不像互动群体那样会限制个体的思维。在互动群体中，群体成员的地位往往是不平等的。有的群体成员思维敏捷、能言善辩，以至于常常操纵会议。名义群体法通过严格的程序为那些缺乏自信或不善言辞的群体成员创造了平等表达观点的机会，同时也为那些害怕批评和规避冲突的群体成员提供了较为安全的参与决策的渠道。

3. 德尔菲法

德尔菲法是20世纪40年代由美国兰德公司提出的一种群体决策技术，也是较为典型的专家决策技术。其特点是不需要群体成员面对面地聚在一起，而采用背对背匿名通信的方式进行决策。规范化的德尔菲法一般包括6个步骤：①在问题明确之后，要求群体成员通过填写精心设计的问卷，来提出可能解决问题的方案；②每个群体成员匿名并独立地完成第一份问卷；③把第一次问卷调查的结果在另一个地点进行归纳整理；④把整理和调整的结果分发给每个人；⑤在群体成员看完整理的结果之后，要求他们再次提出解决问题的方案，结果通常会启发出新的解决办法，或使原有方案得到改善；⑥如果有必要，重复步骤4和步骤5，直到找到大家意见一致的解决办法为止。

就像名义群体法一样，德尔菲法能够保证群体成员免受他人的不利影响，个人可以更自由地独立思考，更充分地发表意见。德尔菲法不需要群体成员相互见面，它可以使地理位置分散的群体成员参与到一个决策中。这样可以节省把这些群体成员召集到一起的巨额费用。同时，个人以书面形式表达意见往往比口头表达更为慎重、理智。当然，德尔菲法也有其不足。因为这种方法要占用大量时间，如果需要快速做出决策，它就不适用了。另

---

① 王国平，阎力. 头脑风暴法研究的现状和展望[J]. 绥化学院学报，2006(03)：173-175.

外，由于群体成员是"背对背"组织起来的，缺乏生动的群体成员互动，因此通常也无法像名义群体法那样产生丰富的解决方案。

4. 电子会议法

电子会议法是名义群体法与计算机技术相结合而产生的新型群体决策技术。采用这种群体决策技术，需要为每个决策者准备一套用于决策的计算机终端。会议组织者将问题通过大屏幕呈现给每个决策者，要求他们在不受干扰的情况下把决策意见输入面前的计算机终端。电子会议系统自动收集所有决策者的意见和投票，并适时显示在大屏幕上，以便于决策者能够自由、匿名地提出意见，对决策意见进行修改和评判。

电子会议法的主要优势是匿名、高效、迅速，可以有效避免互动群体中少数人控制、从众行为、歧视异见等弊端。决策者可以采取匿名形式把自己想表达的任何想法表达出来，因此决策者的满意度也较高。

传统的群体决策方法有助于增强群体的凝聚力，但从众压力、盲目讨论可能使决策速度慢、责任不清。当前，丰富多彩的群体决策技术可以有效改善群体决策的效果，提高群体决策的效率。其中，头脑风暴法可以使群体压力降到最低，名义群体法可以同时增加观点的数量和质量，德尔菲法可以避免决策中的人际冲突，电子会议法可以快速处理和综合各种观点。每种方法都有其优势和劣势，选择哪一种决策技术，取决于用来评价群体决策效果的标准，如表9-2所示。

表9-2　群体决策效果的评价标准

效果标准	决策方法				
	传统群体决策法	头脑风暴法	名义群体法	德尔菲法	电子会议法
观点的数量	低	中等	高	高	高
观点的质量	低	中等	高	高	高
群体压力	高	低	中等	低	低
财务成本	低	低	低	低	高
决策速度	中等	中等	中等	低	高
任务导向	低	高	高	高	高
潜在的人际冲突	高	低	中等	低	低
成就感	从高到低	高	高	中等	高
对决策结果的承诺	高	不适用	中等	低	中等
群体凝聚力	高	高	中等	低	低

第二节　团队建设

一、团队的定义和特征

"团队"不是什么新概念，原本指集体运动项目中的一组队员。例如 NBA(美国国家篮球联盟)的球迷常常怀念迈克尔·乔丹率领的芝加哥公牛队，因为在球迷们的眼里，这支球队的队员既保持了自己的鲜明个性，又具有顽强的团队精神，并且最终以骄人的战绩出色地完成了球队的任务。

有学者认为，"团队"的概念被引入管理领域受到了日本经济奇迹的启迪。20世纪50年代至70年代，日本从战争废墟中迅速恢复和崛起，重新回到经济强国的行列。对此美国的学者们大为震惊，一时间，研究日本"经济奇迹"成为美国管理学界的时尚。在研究过程中，有人曾经把日本最优秀的员工与欧美最优秀的员工放在一起进行比较，结果发现：如果是个体之间的一对一的对抗赛，日本的员工多半不能取胜；但是如果以班组和部门为单位进行比赛，日本的员工往往能够取得比赛的胜利。研究者们由此对培育日本企业的文化产生了浓厚的兴趣，经过对日、美两国企业文化的对比，他们发现：日本民族的独特文化影响了日本企业的组织文化，当时日本企业普遍采用的终身雇佣制度、年功序列制度和企业内工会制度有效地将员工的命运与组织的兴衰紧密联系起来，使员工对企业产生强烈的归属感，因而员工不仅独自工作时兢兢业业、勤奋认真，还能在需要合作时结成"团队"，成员间精诚团结、协同作战，发挥集体的力量，创造出"1+1＞2"的业绩，从而最终使企业获得强大的竞争力。

其实，"团队"在管理实践中的运用并非日本企业的独创，一些有远见的企业早就尝到了团队管理的甜头。早在20世纪60年代初期，美国宝洁公司就开始运用团队进行管理，但当时并未引起媒体关注。宝洁公司一直视团队管理为加强其竞争优势的管理"法宝"，因此在整个60年代都在试图隐瞒这个"商业秘密"，为此宝洁的管理者甚至要求顾问和员工签订保密协议以控制机密外传。

如今，团队管理早已经不再是什么"商业秘密"，或者说已经成为组织公开的"秘密"了。美国70%的企业正在实行团队管理，其中包括通用电器、摩托罗拉、惠普、波音等知名企业，正如斯蒂芬·罗宾斯在其《组织行为学》中所提及：20年前，当沃尔沃、丰田、通用等公司把团队引入它们的生产过程时，曾轰动一时，成为新闻热点，因为当时没有几家公司这样做。现在，情况截然相反了，不采用团队方式的企业可以成为新闻热点了。

1. 团队的定义

如果要追寻团队的定义，不同的人会有不同的理解，有人把它局限在体育活动领域内，认为"教练指导""个人最佳成绩"和"力争第一"就是团队的代名词；有人一想到团队就想起团队工作的价值观(即团队精神)，如：同甘共苦、通力合作和相互帮助；有人认为团队是一种不同于以往的组织形式；有人认为在一起工作的群体都是团队；有人认为组织里中、高层管理人员的组合也是团队；甚至有人把婚姻关系和伙伴关系中的两人搭档也看作是团队。我们一般把组织中的工作团队定义为：为了实现灵活管理或完成特定任务，在组织内部建立起来的一种特殊的、正式的工作群体，这种群体中的成员具有不同的个性、能力，甚至价值观，他们在完成任务的过程中相互依存、相互补充、责任互担，发挥协同作用，产生出超越个体能力总和的效能。

2. 团队的特征

从上述定义中不难发现，一个工作团队应当具备以下基本特征。

第一，工作团队是一种特殊的、正式的工作群体。从管理学视角看团队必须把"工作团队"从人们容易混淆的体育团队、军事队伍中抽离出来，纳入组织的范畴。团队是一个工作群体，意味着团队首先是由一些组织成员(一群人)组成的社会系统。当然，团队规模(即构成团队的人数)在不同情境下有不同的要求，有人对团队规模进行了调查，发现一般团队的规模大都在 2～25 人之间。单独一个人无法形成团队，超过 25 人则会产生难以克服的技术问题和沟通障碍，也无法形成真正意义上的工作团队。再有，工作团队不同于一般的工作群体，而是一种特殊的工作群体。工作团队与工作群体的比较①，如图 9-2 所示。

图 9-2　工作团队与工作群体的比较

第二，团队管理的目标是实现灵活管理或完成特定的任务。面对日益激烈的竞争，传统的组织结构已经日益僵化，难以适应多变的环境。组织建立工作团队、以团队为单位进行管理的主要原因就是为了更加灵活、迅速地应对多变的环境，使组织能够在第一时间觉察到市场环境的变化，并且立即做出恰如其分的反应。因此，大多数工作团队都是目标导向型(也可以称为问题导向)的群体，即每个团队都必须有清晰的目标或明确的任务，团队成员也正是由于这些目标或任务被组织凝聚到一起工作的，如果丧失了一致的目标，工作团队也就丧失了赖以维系的基础。

第三，从工作团队的建构原则和团队成员互动准则上来看，团队是一个多元化、较为复杂的社会系统。人们在组织中建立非正式人际关系的时候往往遵照"接近性"准则，这种准则使得"物以类聚""人以群分"——拥有类似需要、价值观、兴趣爱好、个性特征和能力的人往往形成良好的人际关系。当组织为特定目标或任务构建工作团队的时候，选取团队成员的首要标准是"差异性"准则——为了在实现目标的过程中充分发挥每个团队成员的作用，专门选取那些来自不同群体(部门)，个人经历、个性特征、技能特长，甚至价值观都有差异的成员组成一个工作团队。这种团队建构原则对团队成员间的信任程度和沟通效率都提出了更高的要求，团队成员在完成任务的过程中必须放弃单打独斗和钩心斗角，只有相互依赖、互为补充、协同作战，才有可能最终达成目标。

第四，从工作效率上来看，高效工作团队能够发挥协同效应，创造出超越个体能力总和的效能。协同效应的概念最早来自生物学，在管理学中协同效应一般指两个以上的单位(个人、部门或企业)合并以后精诚合作、彼此促进，发挥出的效能超出原先各单位效能的简单相加。近代科学(尤其是经典力学)建立在还原论的基础之上，认为可以把复杂的研究对象分解成简单的部分来研究，整体就是部分之和。现代科学(以现代生物学为代表)发现世界远比还原论者想象的要复杂得多，整体有可能大于部分之和。团队的整体效能是否大于团队中成员个人效能之和，是评价团队效率的基本标准。

值得注意的是，上述四个特征是我们识别团队的完整标准。然而，现实组织中的大多数团队并不符合以上团队特征的所有标准。有些团队在仓促中组建，只符合其中 2～3 个标

---

① 姚裕群. 团队建设与管理[M]. 4 版. 北京：首都经济贸易大学出版社，2017，6.

准,但我们仍然称其为团队,因为真正符合所有标准的"完美团队"并不多见。

二、团队的角色

团队成员在工作团队中完成不同的任务,同时也扮演着不同的角色。对团队成员角色的研究是组织行为学的一个重要研究领域。当前关于团队角色的研究主要有两种。1981 年英国学者贝尔宾最先提出团队角色理论,认为团队成员一般在团队中分担 8 种角色[①],如表 9-3 所示,并且每个人可以承担多个角色,成功的团队应当选取具有不同特征的人扮演特定的角色。

表 9-3 贝尔宾的团队角色

团队角色	在团队中的作用	特 征
主席	阐明团队目标和目的,帮助分配角色、责任和义务,为团队做总结	稳重、公正、自律、自信且信任别人,略外向,积极思考且对人有控制力;对达成组织目标有强烈内驱力;能做出坚定的决策
造型师	寻求群体讨论的模式,促使群体达成一致,并做出决策	有较高成就动机,精力旺盛有干劲,具有舞动性,督促团队前进;外向、好交际、喜欢辩论;急躁、易怒(易激动)、无耐心
开拓者	提出建议和新观点,为行动过程提出新视角	个性突出、聪明、知识渊博、想象力丰富;但非正统、不实际、不善于具体操作,显得高高在上,有些孤独
监控评价者	对问题和复杂事件进行分析,评估其他人的贡献	聪明、冷静、言行谨慎、公平客观、理智、好批评但不情绪化,不易激动;喜欢对事情反复考虑,决策速度慢但很少出错;缺少灵感,不会激励别人
普通员工(执行者)	把谈话和观念变成实际行动	勤勤恳恳、任劳任怨,实际;即使对工作没有兴趣也会认真完成工作;信任他人且对他人宽容;守纪律、保守、不灵活
团队成员	为别人提供个人支持和帮助	敏感,喜欢社交,信任他人且对人有强烈兴趣;行动以团队为导向,促进团队精神,减少团队成员摩擦,但不具有决定作用,工作中优柔寡断
资源调查者	介绍外部信息,与外部人谈判	好奇心重,求知欲强,喜欢了解周围发生的事情,性格外向,喜欢社交,直言不讳,多才多艺,具有创新精神
完成者	确保完成既定程序和目标	对任何事情善始善终,坚持不懈,注意细节且有条不紊,完美主义;事事好担忧,焦虑感强

除了从角色类型的角度研究团队角色,还有一些学者认为团队角色多种多样,难以具体细分,但是可以根据"不同角色对团队的贡献"把团队角色分为三个主要类别:任务中心型角色、关系中心型角色和自我中心型角色。

任务中心型角色——这种角色的主要任务是为实现团队目标、完成团队任务提供直接帮助。其具体行动包括:提出解决问题的新想法;搜集决策所必需的信息;积极参与群体决策;协调成员间的工作任务;评估团队的有效性。

关系中心型角色——这种角色的主要任务是促使团队成员产生共识,维护和谐的人际关系,以确保团队的长远发展。其具体行动包括:通过表扬和接受成员的建议激励团队成员;

---

① Belbin. Management teams: why they succeed or fail[M]. Oxford: Butterworth-Heinemann.

协调和调解团队内部冲突；鼓励团队成员参与决策；确保团队成员目标一致；鼓励团队成员采用"以团队为重"的价值观。

自我中心型角色——这种角色强调成员个人需要和个人目标，其角色行为很可能以牺牲团队利益为代价，因此对团队来说具有一定破坏性。其具体活动包括：为了争取在团队中的地位，使用各种手段(如自我吹嘘、宣扬个人成就等)引起别人注意；消极、顽固地抵制其他团队成员一致的决定；操纵团队或玩弄权术，阻碍他人为团队做出贡献；与团队其他成员保持距离，以避免卷入。

有效的团队往往是由那些善于扮演任务中心型角色或关系中心型角色的成员组成的，他们都有可能成为优秀的团队成员。如果有些人能够同时出色地扮演任务中心型角色和关系中心型角色，他们往往是挑选团队成员时的最佳选择。虽然有时自我中心型角色的团队成员也能够发挥积极作用甚至是关键作用，但是他们不具备真正的团队精神，他们的行为有可能破坏团队凝聚力，因此需要得到正确的引导。

三、团队的类型

当前管理实践中团队越来越流行，团队的分类方式也越来越复杂。例如，依据团队功能可以将团队分为行动团队、咨询团队、指挥团队、决策团队、执行团队和项目团队等。传统上，学者们一般依据目标和组织形式将常见的工作团队分为以下4类。

1. 问题解决型团队

问题解决型团队是团队在企业中运用的最初形式。20世纪80年代，在有些日本企业中出现了"质量圈"团队和"全面质量管理"团队，这些团队由来自同一部门的员工和管理者组成，他们每周定期集中，专门讨论企业面临的质量问题，研究如何有效提升产品质量、提高生产效率、改进工作程序等问题，这就是最早的团队类型——问题解决型团队，如图9-3所示。由于团队成员主要来自同一部门，因此在知识、技能、视野上多有雷同，这使问题解决型团队的有效性和影响力都受到限制。

2. 自我管理型团队

问题解决型团队开了团队管理的先河，但是这种类型的团队难以激发员工参与管理的积极性，也缺乏决策权，更不能单方面采取行动落实决策。为了弥补这些缺陷，就产生了自主权更大的自我管理型团队，如图9-4所示。

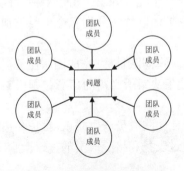

图9-3　问题解决型团队

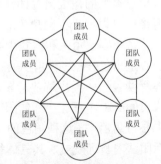

图9-4　自我管理型团队

自我管理型团队是真正独立自主的团队，这种团队不仅有权进行决策，而且有权执行决策，并对执行结果承担责任。自我管理型团队通常由10～15人组成，团队成员承担起以前应当由自己的上司承担的一些责任。例如，他们可以自主控制工作节奏、决定工作任务的分配、安排工间休息，有些自由度较大的自我管理型团队甚至可以自主决定领导者、挑选团队成员，并可以让团队成员相互评估绩效。自我管理型团队使主管人员的重要性下降，甚至可以彻底取消主管人员的职位。

需要注意的是，尽管自我管理型团队很流行，但是它并不一定总是带来积极的管理效果，有些组织采用了自我管理型团队，但结果令人失望，另一些采用自我管理型团队的组织出现了缺勤率和流动率偏高的现象。这说明，采用自我管理型团队需要具备一定条件，对团队成员成熟度的要求很高。

3. 多功能型团队

多功能型团队是由来自同一等级、不同工作领域、跨越部门界限的员工组成的团队，团队成员聚集到一起的目的是完成一项特定的任务，如图9-5所示。多功能型团队使组织中不同领域的员工互相交换信息，从而有可能激发出新观点，有利于组织集中力量完成具有挑战性的大型项目或者处理亟待解决的棘手问题。多功能团队的兴盛是在20世纪80年代末，当时，所有主要的汽车制造公司——丰田、尼桑、本田、宝马、通用汽车、福特、克里斯勒都采用了多功能团队来协调完成复杂的项目。

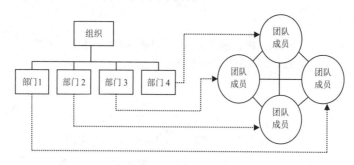

图9-5 多功能型团队

多功能型团队的缺点是团队成员在团队形成初期必须花费大量时间学习如何处理复杂多样的工作任务，同时团队成员之间的差异性也要求团队花更多时间培养成员间的相互信任。

4. 虚拟团队

信息技术的迅速发展和广泛应用不断改变着组织管理实践的面貌，团队的最新类型——虚拟团队就是在信息技术基础上发展出来的一种新型组织模式，如图9-6所示。虚拟团队是利用电脑和信息技术把实际上分散的成员联系起来，以组建一个共同目标的工作团队。虚拟团队的最大特点是这种团队的工作环境是"虚拟"出来的，即团队成员并不需要身处同一时空，组织甚至不需要为这样的团队建设或租用办公场所，团队成员只需要通过电话(移动电话)、网络(无线网络)、传真或可视图文来沟通、协调、研讨、决策，就可以协作完成一项工作任务。与其他类型的团队相比，虚拟团队能够充分整合组织资源，成本低、效率高，并且能满足团队成员平衡"工作-生活"矛盾的需要，真正使"在家办公"由理想变为现实。

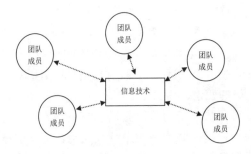

图9-6　虚拟团队

　　然而，虚拟团队也必须面对来自沟通效率和文化差异等方面的挑战。虚拟团队的成员经常分散在全国各地甚至世界各地，作息时间也各有差异，所有管理活动都必须借助信息技术所提供的渠道来实现，因此虚拟团队对沟通效率要求很高。信息技术为远程沟通提供了极大便利，但同时也屏蔽了一些面对面沟通时很容易知觉到的重要信息，例如，不管是通过电话、电子邮件还是传真，都很难知觉到对方的表情、眼神、手势、姿态等肢体语言，也很难觉察到对方的情绪变化，这有可能使团队成员间的沟通效率大打折扣。当虚拟团队的成员具有不同的文化背景时，文化差异就成为影响团队效率的另一个重要因素。

四、团队建设的策略

　　尽管很多组织都采用团队管理，但实际上不同团队的有效性和效率都存在着明显差别，想要建设高效团队，管理者需要注意灵活运用以下策略。

1. 团队构建策略

　　团队的成功从为团队寻找成员开始。构建一个新团队，既要控制团队规模，也要注意团队结构。虽然研究者们对于最佳团队成员人数还没有达成共识，但经过长期观察发现：高绩效团队一般规模都比较小，有人甚至认为，如果团队成员人数超过12人，团队就很难顺利开展工作。当然，团队规模还受到管理情境的影响。研究表明，当期待团队行动时，团队规模不宜过大；当团队任务是做出高质量的复杂决策时，最好由7～12人组成；当团队的任务是解决矛盾和冲突并取得协议时，最好由3～5人组成；当团队既要取得协议，又要做出高质量决策时，最好由5～7人组成；当团队要迅速做出决定并采取行动时，团队成员人数最好是奇数而不是偶数。

　　团队成员的多样性和差异性既是团队活力之源，也是团队冲突之源。同质性的团队成员可以提高团队凝聚力，但同时可能丧失团队的创造性和协同作用。异质性的团队成员可以激发团队创新能力，但同时可能牺牲团队的稳定性，这是管理者在构建团队时必须面对的一对矛盾。管理者应当根据团队任务的性质和难度调整团队成员的结构，在团队创造性和稳定性之间找到恰当的平衡点。

2. 团队精神培养策略

　　团队精神是以整体团队为重的价值观和信念，是团队成员为了团队利益和目标相互协作、互为补充、共同奋斗、共担责任的精神品质。团队精神是高绩效团队的灵魂，是成功团队身上难以模仿的特质。尽管团队精神很难用语言表述，但每一个团队成员都能够切身感受到由这种精神传递出来的令人振奋的力量。有人试图对团队精神进行理性概括，认为团队精神主要包括三个层面：团队凝聚力、团队互信合作意识和团队士气。其中，凝聚力是团队精神的基础，凝聚力使不同的团队成员对团队产生共同的归属感、自豪感和责任感，并乐意成为团队一员与其他成员合作；互信合作意识是团队精神的核心，相互信任、相互依赖使团队成员主动调整个体需要和团队目标的关系，进而与其他成员建立密切无间的协作关系；团队士气是团队精神的外在表现，突出体现在团队成员一致认同团队目标，并且渴望通过协作为团队实现目标。

团队精神不是天生的，后天的经历和培养可以造就成员的团队精神。在这层意义上，管理者也是教育者，负有传授团队价值观、互信合作意识和团队合作技能的责任。问题在于团队精神易于体会却难以言传，传统教学手段(如课堂教学、讲座等)难以发挥作用。好在当代管理培训实践已经创造出很多可以用于团队精神培养的培训技术，如小组互动讨论法、案例分析法、行动学习法、管理游戏法、敏感性训练法，以及深受欢迎的户外拓展训练，都为培养团队精神提供了便利。

3. 团队领导策略

领导在西方管理学中被看作一种通过影响他人实现目标的活动。领导者在团队中处于一种极为特殊的位置，因为不管哪种类型的团队，团队成员间都是平等互助的关系，不存在明显的权力等级和命令指挥关系。因此，在团队中领导权实际上是相互分担的，即团队成员各有分工、各司其职，他们在自己的岗位上都有权决定如何配置资源、如何推动工作进程，工作结束后每个成员也都准备为自己和其他成员的工作结果承担责任。也就是说，团队内每个成员都是领导者，都具有影响他人实现目标的权力，同时他们也都是被领导者，在工作中不可避免地受到其他人的影响。

每个人都是领导者——实际上对团队外和团队内的领导活动都提出了很高的要求。在团队外部，团队的上级领导者应当充分授权(包括决策权、日常管理权，甚至部分人事权、财务权)，使团队拥有充分的权力和自由度应对管理环境的变化。在团队内部，团队成员在一起分享权力、分担责任，因此也应当具有与其拥有权力相匹配的自我管理能力，团队成员的成熟度应当优于其他普通雇员，每个成员都必须懂得应当在什么时候运用自己的权力、如何充分发挥自己的影响力，以及如何对其他成员进行有效激励。

4. 团队激励策略

激励是管理学里的一个核心概念，简单来说就是通过有针对性地满足员工的需要，调动员工工作的主动性、积极性。团队是一个异质性的群体，团队成员在需要上也差异明显，因此管理者应当根据不同团队成员的特性选择不同的激励方式。

有人建议，对那些办事效率高、自发性和主动性强、目标明确的效率型团队成员，管理者应当给他们安排有挑战性的工作，支持他们的目标，肯定并赞扬他们的绩效，让他们感觉对工作有自主权；对那些善于理解和同情他人、具有合作意识、特别在意他人对自己看法的关系型团队成员，管理者应当想办法使他们感受到尊重，给他们人际关系和心理上的安全感，适当对他们承诺负责任以增强其归属感，给他们安排工作时强调工作的重要性，并指出不完成工作对他人的影响，以使他们为了和谐的关系努力、拼搏；对那些掌握核心技术、坚持维护专业标准的技术专家,管理者应当坦诚沟通,重视他们的工作成果,对他们的工作给予充分的支持,在试图说服他们时要注重事实、数据和科学依据,避免直接批评他们,但可以提醒他们不要过分追求完美;对那些现实、崇尚努力、计划性强、拥有良好自控力和纪律性,对团队忠诚度高的实干型团队成员,管理者应当对他们表示充分信任,给他们相匹配的报酬,奖励他们的勤勉。

本 章 小 结

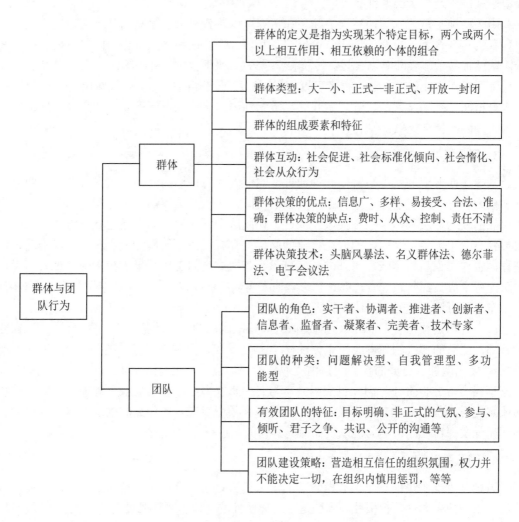

习 题

一、思考题

1. 什么是群体?群体有哪些类型?

2. 什么是角色?群体中的角色表现有哪几种?

3. 社会从众行为产生的原因是什么?你认为从众行为是正确的还是不正确的?请

解释。

    4. 有效的团队应具备哪些特点？

    5. 试讨论如何和不同类型的团队成员协作完成目标，你属于哪种类型的团队成员？

二、案例分析题

新员工的转变①

    陈某是大型国有企业 A 集团某车辆厂的助理工程师，女，今年 26 岁。她半年前从某高校硕士毕业，专业为电力电子与电力传动。临近毕业的时候，正逢 A 集团某车辆厂到学校举行招聘会，陈某凭借在校期间的优异成绩作为当批应聘人员中的唯一女性顺利入职，身边同学对她能顺利进入国企羡慕不已。

    刚进入企业的陈某，带着满腔热情投入工作。虽然是女性，但她在工作过程中毫不含糊。在车间生产出现异常的时候，经常与其他负责技术指导的男同事一起下到车间，用她自己的话说就是"工作的时候，没把自己当女生看待"。一个月以后，陈某领到了第一笔工资，可是发现，自己作为一名硕士毕业生，居然与同批次进入公司的本科生们领取的工资是一样的。而陈某记起应聘时招聘人员曾告诉她，硕士生的工资比本科生的工资要高。陈某先后找到人事和财务分别询问了缘由，得到的答复是她和其他同批次的同事都还在试用期，所以工资没有太大的区别，半年期满转正以后就好了。

    试用期满 3 个月后，在本批招聘的技术人员之中有两个提前转正名额，陈某认为自己提前转正的希望很大。然而结果却出乎陈某的意料，提前转正的是两名本科毕业的男生。陈某找到了负责指导自己的师傅，得到的解释是女员工不太适合下车间，因此领导考虑提前转正人选问题时，自然而然地就把陈某排除在外了。陈某心有不甘，却也无能为力。陈某的试用期已到，当她再次把工资领到手的时候，发现确实比试用期间有了很大的改善。然而，不久她就发现同批转正的本科毕业生的工资和自己的相差无几，感觉完全体现不出自己作为硕士毕业生的价值。她再一次找到了人事和财务，相关人员告诉陈某，由于她和同批次的同事转正之后的职称都是助理工程师，工资自然不会有太大的差别。陈某这时感到自己受骗了，她开始计算，如果工资水平不与学历挂钩，而是与职称挂钩的话，按照行业的规律，一般由助理工程师升为工程师需要 4 年左右，再次升为副高级工程师还要 5 年左右，而等到升为高级工程师，恐怕已经是自己 40 岁以后的事了，升职加薪变得遥远起来。想到这些，陈某的工作积极性受到很大打击。

    此时，陈某虽然刚刚转为正式员工，但是已然没有了当初的工作热情和积极态度。由于待遇优厚且稳定，陈某暂时没有考虑跳槽，只是在工作的过程中不可避免地产生了消极怠工的情绪，她几乎不再下车间，终日悠闲地处理着自己手头为数不多且轻松简单的工作。

    讨论：

    1. 短短 6 个月的工作中，陈某从一位满怀工作热情、积极肯干的新员工转变成了工作懈怠、不求上进的"老"员工。为什么陈某在入职前后工作态度和行为有如此大的转变？

    2. 哪些原因造成了陈某与企业之间心理契约的破裂？

---

    ① 张金玲，朱晓妹，朱嘉蔚. 新员工心理契约破裂动态变化的个案研究[J]. 中国人力资源开发，2013(01)：63-68.

三、辩论题

正方：团队需要有个性的员工

反方：团队不需要有个性的员工

四、管理技能训练

1. 课堂小游戏

由老师随机抽签把全班同学分为几组，给出任务。例如，在规定时间内，以组为单位得到最终统一的结论"谁是班上最受欢迎的同学"。要求每位同学观察本组的完成时间和进度，描述每个人的决策角色，以及每个组是如何得到统一结论的，最后每组选派一个人到讲台前发言。

2. 团体拍手训练

(1) 首先将本班学生分成3到4组，所有学生在游戏过程中都必须闭上眼睛。

(2) 第一组全部学生开始拍手，通过倾听使第一组拍手的节奏逐步一致。

(3) 第一组的拍手节奏保持一致后，第二组全部学生开始拍手，第二组拍手必须在第一组两次拍手之间拍两下，直到第二组的拍手节奏一致。

(4) 第二组的拍手节奏保持一致后，第三组全部学生开始拍手，第三组拍手必须在第一组两次拍手之间拍四下，直到第三组的拍手节奏一致。

(5) 以此类推，第四组拍6下……

讨论：

如果要想使所有的节奏保持一致，需要团队具备什么条件才可以实现？

【推荐阅读书目】

[1] 戴维·W. 约翰逊. 合作的力量：群体工作原理与技巧[M]. 10 版. 崔丽娟，王鹏，等，译. 上海：上海人民出版社，2016.

[2] 吴建国. 华为团队工作法[M]. 北京：中信出版集团，2019.

[3] R. 梅雷迪思·贝尔宾. 团队角色：在工作中的应用[M]. 2 版. 李和庆，蔺红云，译. 北京：机械工业出版社，2017.

[4] 博克. 重新定义团队：谷歌如何工作[M]. 宋伟译. 北京：中信出版集团，2015.

[5] 于显洋. 组织社会学[M]. 3 版. 北京：中国人民大学出版社，2016.

第十章

人际关系与冲突管理

学习目标：

理解人际关系的概念和理论，了解建立良好人际关系的途径；理解影响人际吸引的因素；理解冲突的概念；弄清组织中冲突的主要来源；了解在组织中减少引起冲突的策略。

关键概念：

人际关系(interpersonal relationship)　人际吸引(interpersonal attraction)　冲突(conflict)　冲突管理(conflict management)

【专栏10-1】　日本企业的人际关系[①]

日本企业中员工的敬业精神闻名于世，其中重要原因之一在于企业的主要管理者常常要花费大量的精力做人的工作，注意调整职工内部关系，形成一种良好的人际关系环境。他们强调有了"人和"，企业才能很好地发展。在日本，许多企业的车间里，都挂着写有"团结一致""以和为贵"的条幅，老板、经理经常宣传"劳资利益一致"，各公司还以自己的"社训"和发展史教育职工。企业管理者不仅把职工作为生产者，同时认为职工是本企业的"家庭成员"，注意从精神上、物质上关心职工，常常对职工进行家访，祝贺生日，联络感情。对企业职工的住房、食品供应，乃至午餐质量、红白喜事等都有许多关心和照顾的措施，从而进一步增强了职工对本企业的依附感，成为勤勤恳恳为企业奋斗的"工作狂"。有些企业管理者还组织花展和美术作品展，既美化工厂，又给热爱这方面活动的职工以表现自我的机会。日本企业的领导人对容易引起职工内部矛盾的事非常敏感，总是采取各种办法予以杜绝。例如，他们一年定期发两次奖金，从不搞职工之间的评奖活动，认为评奖容易引起职工之间的不和，"评奖评奖，越评越僵"。

请问：你如何看待日本企业不搞职工之间的评奖活动？

第一节　人　际　关　系

美国石油大王洛克菲勒说："我愿意付出比天底下得到其他本领更大的代价来获取与人相处的本领。"在美国，曾有人向2000多位雇主做过这样一个问卷调查："请查阅贵公司最近解雇的 3 名员工的资料，然后回答：解雇的理由是什么。"结果无论什么地区和行业的雇主，三分之二的答复都是："他们是因为不会与别人相处而被解雇的。"由此看来，

---

① 冯建. 日本企业文化的特色[J]. 企业改革与管理，2009(09)：45-46.

人际关系对组织来说非常重要。

一、人际关系的概念

人与人之间会发生接近、友好、疏远或敌视的关系，统称为人际关系。心理学范畴的人际关系是指人们在交往中心理上的直接关系或距离，又称人际交往。社会学范畴的人际关系是指社会人群中因交往而构成的相互依存和相互联系的社会关系，又称为社会交往。人际关系包括亲属关系、朋友关系、同学关系、师生关系、雇佣关系、战友关系等。

人际关系的构成成分有 3 种。

(1) 认知成分：指人与人之间是相互肯定还是相互否定，以认识上的一致为相互选择的标准。

(2) 情感成分：指人与人之间是相互喜爱还是厌恶，以情感上的倾慕为相互选择的标准。

(3) 行为成分：指人与人之间是相互交往还是相互隔绝，以行为上的共同活动为相互选择的标准。

二、人际关系的作用

组织中，在一起工作的人形成工作群体，群体中的个人相互沟通、反复互动，必然形成一定的人际关系。组织中人际关系的作用主要表现在以下 5 个方面。

1. 沟通信息

通过人际交往可以传递信息，消除个体的不确定感，有助于人们更客观地判断形势，更好地决策，并能增进人与人之间的相互了解。

2. 心理保健

与人交往是每个人内心深处与生俱来的一种基本需求。向朋友诉说可以降低和消除消极情绪的影响，恢复心理平衡，产生归属感和安全感；参加联谊会可以满足人们包容、控制、感情的需求。在工作群体中，人与人之间相互理解、信任、关心、友爱会使人产生开朗、乐观的情绪，激发工作热情。反之，则容易使人压抑、孤独、苦闷，从而对工作、社会、人生形成逃避甚至对抗等消极态度。

3. 提高工作效率

人际关系是群体成员之间的一种独特的联系，群体中人际关系是否融洽、协调，对工作效率有着直接影响。如果人与人之间猜忌、冷漠、排斥、冲突，不仅使人分散精力，浪费时间，而且会造成心理消耗，影响工作效率。反之，群体中成员相互理解、沟通、体谅、同情，有助于形成宽松、相容的心理气氛，提高组织的绩效。所以，人际关系是影响群体活动效率的一个重要因素，是实现管理目标的重要环节。

4. 自我认识

人们在交往过程中，通过与别人的比较和别人对自己的反映来认识自己，有利于形成对自己较客观、准确的评价。

5. 促进自我发展

人是社会化的动物，个体在自我发展的过程中，既受外部客观环境的影响，又受人与人之间相互交往关系的影响。良好的人际关系常常会发挥社会助长作用，促进个人的成长。组织中员工互帮互学，可以相互促进，增进员工之间的行为模仿和相互竞争的动机，加速员工的自我发展和自我完善。

三、人际关系的理论

1. 社会交换理论

社会学家霍曼斯受经济贸易理论的影响，提出了社会交换理论[①]。此理论是以理性主义和个人主义为基础的。霍曼斯认为，社会互动过程中的社会行为类似一种商品交换，不仅是物质商品的交换，而且是诸如赞许、荣誉或声望之类的非物质商品的交换。人们按照尽量付出最小代价和尽量换取最大收益的原则来行动，只有双方都获益的关系才能维持下去。用公式来表示，利润=所得报酬-所付出的代价。对于个体来说，利润可以是物质的、情感的和精神的，个体的计算可能依据长期人际关系的期望，总的情况是要保持自己的收支平衡。

显然，人与人之间的社会交换会出现 4 种结果：自己的获利大于付出，对方获利少于付出；别人获利大于付出，自己的获利少于付出；双方获利基本相等；双方都吃亏。在此基础上，霍曼斯提出"公平原则"，即存在着一个制约社会交换的普遍规范，人们总是期望自己的付出代价与所得报酬成正比。在商品生产的社会里，人际交往原则就如同商品的交换原则一样，是等价的公平交易。如果认为自己所获得的少于自己的付出，就会生气、不满、抱怨或愤怒，反之，个人会感到内疚和不安。

2. 舒茨的人际需要理论

心理学家舒茨认为，人有自发的人群关系倾向。在社会生活中，人的心理需求必须依赖他人的协助才能获得满足，而且这种社会与自我需求的实现越来越与他人或群体有关。例如，一个人的安全感就与其所属群体成员的接纳与排斥态度有关。舒茨经过调查研究认为，个体的人际关系呈3种类型：容纳型、控制型和情谊型[②]。

(1) 容纳型。作为社会动物的人，都希望与人交往，希望被群体所容纳。具有容纳型需求的人在人际交往时希望与他人建立和维持相互容纳的和谐关系，因而在行为上表现出交往、接近、沟通、参与、合作等特征；反之则表现出孤立、疏远、排斥、退缩等特征。

(2) 控制型。人们都希望支配、控制他人或期待别人来引导自己。具有控制需求的人的控制欲望较强，在人际交往中常表现为运用权力或权威影响、支配和领导他人；反之则常表现出依附、追随、受人支配的特征。

(3) 情谊型。人们都有与他人建立和维持亲密情感联系的欲望，人们在感情需要满足

---

① Homans. Social behavior as exchange[J]. American journal of sociology, 63 (6): 597-606.

② Schutz. FIRO: a three-dimensional theory of interpersonal behavior[M]. New York, NY: Rinehart.

时产生稳定感和幸福感，否则便产生恐惧和焦虑感。具有感情需要的人，愿意对他人表示亲密，或期待别人对自己表示亲密。在人际交往中，具有感情需要的人常常表现为友善、热心、同情、喜爱、亲密、照顾、尊重、理解等特征；反之则表现出憎恶、厌恶、冷漠等特征。

3. 霍妮的人际关系理论

心理学家霍妮是精神分析学派中社会文化方向的先驱和主要代表人物。与当时其他方向的学者不同，她认为神经症人格是人际关系紊乱的表现。人际关系的不同策略，将形成不同人格。霍妮归纳了3种不同的人际关系策略：亲近人、对抗人与回避人[①]。

如果在与人交往的过程中，你的主导方式是亲近，那么久而久之，你将形成依赖型人格。依赖型人格的特点是"朝向他人"，行为顺从，讨人喜欢。如果对抗成为你主要的人际关系策略，那么你的人格可能是自恋型、完美型或报复型。对抗型人格的特点是"对抗他人"，总想知晓他人力量对自己是否有用。如果你在人际关系中总是采用回避策略，那么你就会形成逃避型人格。逃避型人格的特点是"疏远他人"，常考虑别人是否干扰自己。

4. 社会需要理论

社会心理学家魏斯在分析人类亲和需要的基础上，提出了自己的社会需要理论。魏斯认为人们拥有以下6条基本的"社会需要"[②]。

(1) 依附的需要：这是由最亲密的人际关系所提供的安全感和舒适感。

(2) 社会整合的需要：这是渴望与人共同分享相同的兴趣及态度的需要。

(3) 价值保证的需要：这是希望获得他人的支持以提供给个体自我有能力、有价值感的需要。

(4) 可靠同盟的需要：这是个体希望得到他人帮助的需要。

(5) 寻求指导的需要：每个人都需要不断地学习、生活，以丰富自己的经验体系。

(6) 关心他人的需要：在关心、照顾他人时，个体本身也体验到一种被重视、被需要的感觉。

5. 社会实在论

社会心理学家菲斯汀格从社会比较理论和认知失调理论的角度来解释人们建立人际关系的需要[③]。他认为为了维护和发展有效的群体活动，使群体活动协调有序，必须开展人际交往。当人们对自己的态度和意见正确与否的判断无确定事实上的标准时，就采用现实主义的立场和观点来评判，将周围其他人的态度、意见或行为作为暂时性判断标准，使自己的认知和行为与群体保持一致。因此，人与人之间的亲和行为是消除不协调的一种有效工具。当人们进入群体并在一起互动和讨论时，可引入消除不协调的认知因素，如新的消息和意见，从而使焦虑大大减轻。

---

① Horney. The neurotic personality of our time[M]. New York, NY, US: Norton.

② Weiss. The provisions of social relationships. In Rubin, Z., Ed., Doing unto Others, Prentice Hall, Englewood Cliffs: 17-26.

③ Festinger. A theory of social comparison processes[M]. Human Relations, 7: 117-140.

心理学家沙赫特通过实验证实了上述观点①。他的实验以女大学生为被试，将被试分成两组。高焦虑组被告知将接受比较厉害的电击，尽管不会造成永久性伤害。低焦虑组被告知将接受很轻的电击，只会产生发痒或震颤的不舒服感。焦虑唤起后，休息 10 分钟，休息方式可选择：独处或与他人集中一起等待。实验结果为：高焦虑组选择和他人一起等待的占 62.5%，而低焦虑组的只占 33.5%。实验结果说明：亲和的倾向，随焦虑的增加而增加。

6. 罗杰斯的人际关系哲学

心理学家罗杰斯在自身成长经验的基础上提出了自己的人际关系哲学，强调人际关系和人际交往对个体成长的重要意义。罗杰斯出生于一个虔诚的宗教家庭，因为周围的邻居都是异教徒，所以从小罗杰斯就被父母关在家里，不能与邻居的孩子一起游戏，罗杰斯感到非常孤独。这样一种离群索居的童年生活使罗杰斯非常渴望友谊。于是后来他创立了自己的人际关系理论，将人际关系上升为一种哲学②。

罗杰斯认为，人与人的交往是可能的，人们不仅可以交流思想，而且可以分享许多隐私的情感。例如对未来的梦想、内心的感受、隐私的冲动。人际交往对人是有益的，通过沟通，可以相互启迪、丰富彼此人生。在友谊关系中，人们相互接纳及彼此探索，可以促进个人的成长，满足个体自我实现的需要。

7. 互动分析理论

精神病学家柏恩在弗洛伊德精神分析技术和自己精神病治疗实践的基础上提出了人际关系互动分析理论③。柏恩是传统精神分析流派中的叛逆者，他另辟蹊径从人际交往过程中的自我状态角度来分析精神病人的人格。柏恩认为，人格通常有三种状态：P(父母)状态、A(成人)状态和 C(儿童)状态(见表 10-1)。人际沟通过程中，不同情境中的个体通常以不同自我状态在互动。

通常，当人际互动双方期望的自我状态一致时，人际互动会更加有效。例如，下属对主任说："主任，我不太舒服，想请假回去休息。"此时下属的自我状态是 C 状态，期待主任以 P 状态与自己对话。此时，主任必须意识到下属的期待，要以 P 的状态回复下属，可以回答说："回去吧，留下的工作明天再做好了。"在此例中，下属和主任对自我状态的期待是一致的(P—C)。

然而，一旦出现期望的与自我状态不一致时，交流将可能出现冲突、中断或不愉快，达不到沟通目标。例如，下属问主管："这次加薪我能否被提级"，显然是以 A 状态提出问题，期待主管理性地以 A 状态回答。假如主管意识不到自己的角色要求，转而指责下属："任务都完成不好，还谈什么提级"，以 P 状态训斥下属，上下级之间的谈话就不欢而散了。

---

① Schachter. The psychology of affiliation: Experimental studies of the sources of gregariousness[M]. Stanford: Stanford University Press.

② Rogers. On Encounter Groups. New York: Harrow Books, Harper and Row.

③ Berne. Games People Play. New York: Grove Press.

表 10-1　三种心理状态的特征

	P 状态	A 状态	C 状态
特征	以权威和优越感及长者自居	成熟的成年人思维和行为方式	自我为中心、感情冲动
标志	权威、指责、命令或慈爱	心理成熟、实事求是、客观、理智	幼稚、不成熟、冲动、任性
行为	统治人、训斥人、权威式、命令式、家长式作风	较冷静、慎重、理智、果断	幼稚、可爱又讨厌、冲动、无主见、依赖、畏缩
态度	主观、独断、专行、滥用权威	较民主、平等、尊重别人、决策冷静	自然、服从、不稳定、易耍小孩子脾气
语气	强制命令式：你应该……、你必须……、你不能……	商量讨论式：我个人的想法是……、你考虑考虑……	夸张幼稚式：我想要……、我不知道……

　　工作场所中，理想的情况下沟通双方应当是 A—A 的沟通模式，即双方都平等、理性地交换信息。然而现实的职场比理想状态复杂得多，有时上级习惯了辱虐管理，采用 P 状态面对下属，有时下级习惯了攀附权力，采用 C 状态面对上级，这都是不正常和不健康的。

　　8. 六度空间理论

　　从宏观角度观察微观人际关系，常常会感叹世界太小了，或者人生何处不相逢。小世界问题(small-world problem)就是指两个看似不相识、不相关的个体，只要有少数几个中介就可以产生关联。20 世纪 60 年代，社会心理学家米尔格兰姆设计了一个连锁信件实验来验证"小世界"现象[①]。米尔格兰姆把信随机发送给住在美国各城市的一部分居民，信中写有一个波士顿股票经纪人的名字，并要求每名收信人把这封信寄给自认为是比较接近这名股票经纪人的朋友。朋友收到信后，再把信寄给他认为更接近这名股票经纪人的朋友。最终，大部分信件都寄到了这名股票经纪人手中，每封信平均经手 6.2 次到达。

　　六度空间假设和"小世界"实验表明世界上任意两个人之间建立联系，最多只需要 6 个人。显然，这并不是说任何人与其他人之间的联系都必须通过 6 个中介才会产生联系，而是表达了这样一个重要的概念：尽管世界巨大而复杂，但以人际关系为基础的社会网络把人们连接起来。任何两个素不相识的人，通过一定的方式，总能够产生必然联系或关系，如图 10-1所示。

图 10-1　六度空间理论示意图

① Milgram. The small world problem[J]. Psychology today, 2: 60-67.

第二节 人际吸引

人际关系的具体表现有两种：人际吸引和人际排斥。人与人之间有相互依存、相互吸引的一面，即人际吸引，它是建立良好人际关系的重要因素。人与人之间还有相互排斥、相互分离的一面，即人际排斥，它是建立良好人际关系的障碍。

一、人际吸引的效应

在人际吸引过程中，与人格特征相关的心理效应有以下 3 种。

(一)热情的中心性品质效应

心理学实验表明，热情与人类的其他人格特性紧密相关，热情和冷酷这一对品质对印象形成有着决定性的影响。

【专栏 10-2】 热情的魔力[①]

美国心理学家所罗门·阿希在 1946 年做过这样的经典实验，他给被测者有关某人品质的描述表格，其中包括 7 种品质：聪明、熟练、勤奋、热情、坚决、实干和谨慎。同时，也给了另外一组被测者一张某人品质的描述表格，这张描述表格中只是把上述七种品质中的热情换成冷酷，而其他 6 种品质保持不变。然后，阿希让两组被测者对表格所描述的人进行较详细的人格评定，并要详细地说明最希望这个人具备哪些品质。结果阿希从两组被测者那里得到了完全不同的答案：第一个人，仅仅因为他有热情的品质，受到了被测者的喜爱，被测者毫不吝啬地把一些表格中根本没有的好品质，统统地"送给"了第一个人，对其品质的期待就更是锦上添花了；第二个人，仅仅因为用冷酷代替了热情，结果就受到了被测者的厌恶，被测者在评价这个人时恰好相反，把一些表格中根本没有的坏品质，统统地"送给"了第二个人，对其品质的期待也是消极的。由这一实验结果可以看到，热情还是冷酷，使被测者对他人的印象发生了实质性的变化。

(二)犯错误效应

能力强者使人敬佩、羡慕，使人愿意与其接近、交往。在其他条件相等的条件下，一个人的能力越高，就越受欢迎。伟人、歌星、影星、球星和媒体名人等都是因为有某种才能而备受爱戴，知名度具有商业价值。但实验结果表明，最有能力者往往不是最受喜欢的人，当某个人的才能和人格的完善使人可望而不可即时，人们就会感到一种压力，于是对他采取敬而远之的态度。心理学实验证实：并不是完美无缺的人最有吸引力，一个看起来很有才华而又表现出一点小小的过错或缺点的人反而招人喜欢。

【专栏 10-3】 犯错误效应

心理学家阿诺森(Aronson)等人在 1978 年做过一个"犯错误效应"实验。阿诺森给被测

---

① 崔丽娟，王小晔，赵鑫. 皮格马利翁的象牙雕像[M]. 上海：上海科学技术出版社，2005.

者呈现四种人，让其评价哪一种人最有吸引力。

结果表明：

(1) 才能出众但犯错误的人最有吸引力。

(2) 才能平庸而犯同样错误的人最缺乏吸引力。

(3) 才能出众但没错误的完美者吸引力列第二位。

(4) 平庸但没有错误的人吸引力居第三位。

(5) 小过错会使才能出众的人吸引力增加。

此外，实验证明，犯错误效应还受性别角色和自尊心的影响。男性更喜欢犯了错误的才能出众的男性；女性更喜欢能力出众而没有犯错误的男性和女性。自尊心极高或很低者更喜欢完美无缺的人。

(三)喜欢导致喜欢效应

心理学实验表明：我们喜欢那些喜欢我们的人，因为喜欢带来愉快、友好、肯定、回报的心理效应。我们更喜欢那些对自己的喜欢程度不断增加的人，尽管他人起初对自己并不喜欢，但只要后来确实表现出喜欢自己，这种人就会备受欢迎。我们不喜欢那些对我们的喜欢程度逐渐减少的人，即使他们当初的确喜欢过我们，但只要后来变得不喜欢了，那么这种人就比那种一贯不喜欢我们的人更加不为我们所喜欢。《圣经》说："你们用什么量器量人，人也必用什么量器量你们""你期望别人怎么待你，你也要怎么待人"。心理学的研究表明，我们通常喜欢的人是那些也喜欢我们的人。心理学上把这一相互喜欢的规律叫作人际吸引的相互性原则。

二、人际吸引的影响因素

什么决定了人与人之间的吸引力？一般来说，影响人际吸引的因素有以下几种。

(一)临近性

所谓远亲不如近邻，地理位置的接近，容易使人形成亲密的人际关系。例如，同桌、同室、同班组的人或邻居等，与我们的空间距离越小，越容易接近而成为朋友。

美国一位心理学家把人与人之间的亲疏程度分为亲交域(相距 40～50cm，能感受出对方的气息)、个人域(相距 50～120cm)、社会域(相距 270～360cm)、公共域(相距 360cm 以上)四个区域，通常以这四个区域来测量交往中双方的心理距离。

交往的频率即相互接触次数的多少也影响人与人之间的吸引力。一般来说，彼此之间交往的频率越高，越容易相互了解，形成共同的语言、兴趣和经验等，越容易形成比较亲密的关系。

(二)相似性

俗语说"物以类聚，人以群分"，就是指相似因素对人际吸引的作用。人与人之间常常存在着某些方面的相似性，如相似的文化背景、年龄、学历、修养、社会地位、职业、兴趣、态度、理想、价值观等。比如，人与人之间有共同的理想、信念，就是所谓的"志同道合"，这些能在交往过程中促使人们产生同情、理解、支持、依赖与合作，从而形成密切的关系。

双方越相似越能相互吸引，越容易产生亲密感，尤其是态度和价值倾向的相似。因为一个人面对一个和自己的观点一致的人，不仅是对自己观点的支持，而且也是对自己观点正确性的一种证实，可以增强安全感和自信心。心理学实验表明，在交往的初期，空间距离决定了人们之间的吸引力，而在交往后期，态度和价值观所起的作用越来越大。

(三)互补性

当交往双方的个人需求和期望正好与对方的特长构成互补关系时，就会产生强烈的吸引力。心理学家克克霍夫对恋爱中的大学男女学生进行调查发现，双方关系一旦进入友谊或婚姻阶段，在影响他们相互吸引的因素中，人格特质和需求上的互补具有举足轻重的作用。例如，一个独立性较强的人往往喜欢和一个依赖性较强的人在一起；脾气急躁的人往往喜欢与脾气温和的人相处，这样双方的关系才能协调。人们还常常希望与自己不同的人成为互补的朋友，使自己的不足由别人的长处来补偿，自己的长处又能弥补对方的缺陷，这就是需要的互补决定了互补性吸引。

(四)互利性

根据社会交换理论，只有互利的关系才能持久。所以，人们一般会因互利而相互吸引，因为利益冲突而相互排斥。

(五)相悦性

相悦主要是指人际之间情感上的相互接纳和肯定。人们愿意与喜欢自己的人建立良好的关系，相互熟悉的人比陌生人更易于建立良好的关系。相悦会在人们的言谈举止中不知不觉地表现出来，彼此都感到对方能接纳自己和喜欢自己时，就会产生最大的相互吸引力，极易建立良好的人际关系。

(六)人格特征

人们更愿意与性格好的人交朋友。社会心理学家通过一项对人际关系的跟踪调查表明，富有人际吸引力的性格特征如下。

(1) 具有与他人建立和维持和睦关系的良好愿望，乐于与别人友好相处。

(2) 尊重他人，关心他人，乐于助人，有同情心，感情动机强，一视同仁。

(3) 热情开朗、性格外向，积极参加社会活动。

(4) 稳重、耐心、忠厚老实、为人可靠，对集体有强烈责任感。

(5) 聪明能干，善于独立思考，在学习和事业上有成绩。

(6) 具有自尊心和自爱心，重视自己的独立性和自治性，谦逊，不过分取悦他人。

(7) 兴趣广泛，有多方面爱好。

(8) 真诚、善良。

(七)外貌

外貌对于人际关系的影响很大,外貌常能带来光环效应。在其他条件相同的情况下,外貌出众的人比外貌普通的人更具吸引力。面部造型越是符合美学原理,就越有吸引力。

第三节 冲 突 管 理

一、冲突

1. 冲突的概念

冲突是我们身边经常发生的一种现象,甚至有人认为"冲突是仅次于上帝和爱之外充斥于人们之间的主题"。的确,冲突是一个非常宽泛的概念,大到国家之间的战争,小到一个人为买不买一件商品而产生的短暂犹豫,都属于冲突的范畴。相应地,社会科学不同领域的学者们多多少少都涉及了对冲突的研究:国际政治学家研究国家之间的冲突,在他们看来,冲突是一种国际政治事件;人类学家研究不同文化的差异,他们以为冲突是一种文化现象;社会学家研究社会阶层之间的冲突,他们把冲突作为社会发展的基本规律;经济学家研究不同国家和地区之间的贸易摩擦,他们把冲突当作一种经济现象;社会心理学家研究人际冲突和群体之间的冲突,他们认为冲突是社会心理事件;心理学家研究个体的内心冲突,他们认为冲突是心理现象。

组织行为学的研究领域使我们对冲突研究的视野限定在一个较为合理的范围内,我们关注的冲突主要有三类:个人的心理冲突、个人之间的冲突(人际冲突),以及群体之间的冲突(群际冲突)。根据这三种类型冲突的特征,我们给冲突的定义是:由于认知、利益、目标、需要、价值观、情感等因素的不一致,造成的个人内心的矛盾,或者是个人与个人之间、群体与群体之间的对立或潜在对立。这个定义在无数关于冲突的定义中也许不是最好的一个,但这个定义简洁明了地概括了冲突的三个方面。

(1) 冲突是由认知、利益、目标、需要、价值观、情感等因素的不一致引起的,因此,冲突管理的主要途径是调整这些引起不一致的因素。

(2) 组织行为学中研究的冲突主要有三种类型:个人的心理冲突、人际冲突和群际冲突,其中对个人心理冲突的研究成果主要来自心理学家,而对于人际冲突、群际冲突的研究成果主要来自社会学家和社会心理学家。

(3) 我们很容易意识到两个正在公开场合大声争论的人之间产生了冲突,这是通过明显的对立可以识别的冲突。但是个人的内心冲突是内在的,难以直接观察到,还有一些冲突处于萌芽阶段,冲突双方的对立没有通过激烈的形式表现出来,这时冲突是以潜在对立的形式存在的。

2. 对冲突的认识过程

社会学家和管理学家对冲突的看法经历了一个发展演进的过程,从开始把冲突视为消极的、具有破坏性的组织大忌,逐渐演变到认为冲突是组织难以避免的自然现象,直到发现冲突也有良性作用。斯蒂芬·罗宾斯把人们对冲突的认识过程分为三个阶段[1]。

(1) 传统观点阶段(1930—1940)：传统观点认为所有冲突都是破坏性的、消极的、有害的，冲突会破坏组织和群体的人际关系，造成组织、群体、个人之间的矛盾，影响工作绩效，最终阻碍组织目标的实现。因此，管理者唯一的办法是尽量减少冲突，最理想的状况是彻底避免冲突的发生。

(2) 人际关系理论阶段(1941—1970)。20 世纪 40 年代末至 70 年代中叶，人际关系学派在管理学研究中非常活跃，他们对冲突的观点受到人们的重视。他们认为对于任何组织来说，冲突都是与生俱来的，无法避免的，既然冲突不可能被彻底消除，管理者应当接纳冲突，并将冲突的存在合法化。

(3) 互动理论阶段(1970 年以后)。人际关系学派建议管理者接纳冲突，而互动理论认为冲突对组织来说既有积极的、建设性的作用，也有消极的、破坏性的作用，如表 10-2 所示。一个组织如果过分融洽、平静，就会缺乏活力和创新精神，适当的冲突能够刺激组织始终保持旺盛的生命力，管理者应当在组织中维持一定限度的冲突，使组织保持足够的活力和创新能力。互动理论提醒人们关注冲突的积极作用，在此基础上，冲突被分为两类：功能型冲突和功能失调型冲突。前者是具有建设性、能够提高群体和组织绩效的冲突，后者是具有破坏性、阻碍组织目标实现的冲突。

表 10-2　冲突的作用[2]

正面作用	负面作用
产生新的观点	耗费工作精力
刺激创造性	威胁心理健康
激励变革	浪费资源
提升组织的活力	产生消极的工作氛围
帮助个体和群体建立认同感	破坏群体的凝聚力
作为暴露问题的安全阀	增加敌意和攻击性行为

二、个体心理冲突

当个体面临两种互不相容的目标时，个体会体验到进退维谷、左右为难，这时个体遇到的就是心理冲突。个体心理冲突主要是个体心理活动的一部分，因此这也是一种最不容易被人们觉察到的冲突。在组织中，由角色引发的心理矛盾是最为常见的个体心理冲突，这些冲突包括两种：角色间冲突和角色内冲突。

人们在生活中承担着不同的角色，这些不同角色对同一个人的行为要求(角色期望)各异。当不同角色对同一个人的行为要求产生冲突时，我们把这种冲突称为角色间冲突。例如"工作-家庭"冲突就经常在我们身边发生，作为劳动者(角色一)，我们应当爱岗敬业、守时诚信；作为孩子的父母(角色二)，我们应当关心呵护、承担抚育义务。当孩子突然发生意外事故需要我们立即到场，同时企业也面临危机需要我们马上处理的时候，两个角色对

---

① 斯蒂芬·罗宾斯，蒂莫西·贾奇. 组织行为学[M]. 14 版. 孙健敏，等，译. 北京：中国人民大学出版社，2012：387.

② 黛布拉·纳尔逊. 组织行为学：基础、现实与挑战[M]. 北京：中信出版社，2004：409.

我们的行为要求产生了巨大分歧，我们将会承受巨大压力，感受到角色间冲突对于自己的挑战和煎熬。

每个角色面对着不同的对象，这些对象对同一角色也会产生不同的行为要求，当这些行为要求产生冲突的时候，我们把这种冲突称为角色内冲突。例如，人力资源经理是组织中非常特殊的一种角色，因为这个角色同时面临高层管理者和雇员两个不同利益群体，这两个群体并不总是意见一致。高层管理者的目标是实现组织战略、追求利益最大化，因此要求人力资源经理严格管理，尽量控制人员成本，缩减不必要开支(角色要求一)。同时，普通雇员的目标是通过工作养家糊口、满足自己的需要，因此要求管理更加人性化，降低工作强度，增加薪酬、福利，减少员工的后顾之忧(角色要求二)。当这两种难以调和的要求汇集到人力资源经理这一角色身上的时候，复杂的思想斗争和反复的轻重权衡就在所难免了。

三、人际冲突和群际冲突

人际冲突和群际冲突是最容易被发觉，同时也是最受人们关注的冲突类型。这两种冲突发生在人与人之间或者群体之间，冲突的结果对组织绩效和冲突双方都会产生深刻的影响。美国学者露易斯·庞迪从冲突发展过程的视角研究了冲突的一般过程，他把冲突过程划分为五个阶段，如图 10-2 所示[1][2]。

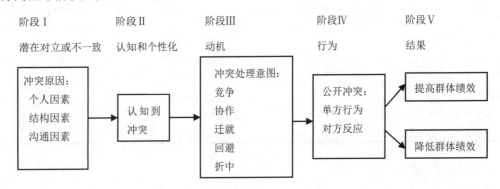

图 10-2　冲突的一般过程

1. 阶段Ⅰ：潜伏阶段

人际冲突和群际冲突不是突然发生的，在发展为尖锐对抗之前，冲突往往已经经历了一个漫长的潜伏期。在此期间，由于某些因素的作用，冲突双方已经形成了紧张关系，这种紧张关系未必一定导致对抗的发生，但紧张关系的积累却是冲突发生的必要条件之一。

2. 阶段Ⅱ：认知阶段

具备了以上引发冲突的三种因素，冲突还仅仅处于潜伏期，我们可以把还处于第一阶段的冲突称为潜在冲突。如果冲突的一方或双方体验到潜在冲突引起的紧张或焦虑、意识

① Pondy. Organizational Conflict: Concepts and Models. Administrative science quarterly, 12(2): 296-320.

② 斯蒂芬·罗宾斯，蒂莫西·贾奇. 组织行为学[M]. 14 版. 孙健敏，等，译. 北京：中国人民大学出版社，2012：388.

到矛盾的存在，这时冲突就进入了第二阶段——认知阶段。

3. 阶段Ⅲ：动机阶段

动机阶段介于认知阶段和行为阶段之间，在这个阶段，意识到潜在冲突的一方在自己的认知基础之上，根据对冲突性质的判断，选择恰当的行动策略。

4. 阶段Ⅳ：行为阶段

发展到行为阶段，冲突就从潜在冲突演变成为人们日常可见的、公开的冲突。在这个阶段，冲突往往发展成带有刺激性、对抗性的互动行为，一方有所行动，另一方立即予以反击。有时，由于情绪的卷入和第三者的加入，冲突双方会失去对冲突的控制权，使冲突的强度不断升级。对于管理者来说，这时冲突已经激化到非解决不可的地步了。

5. 阶段Ⅴ：结果阶段

冲突行为必然导致一定的结果，前面提到的功能型冲突和功能失调型冲突就是依据冲突的结果对冲突进行的分类。功能型冲突能够提升组织绩效，功能失调型冲突会降低组织绩效。人们对功能失调型冲突的危害往往很警惕，但功能型冲突对组织变革的积极作用却常常被人们忽视。有大量的事实证明，在组织中保持适度的功能型冲突，有可能提高决策质量、激发革新与创造、调动员工的兴趣与好奇、提供多样化的问题解决渠道、培养自我评估和自我变革的环境。

换一个角度，从冲突双方的胜负关系来看，冲突的结果会有赢-赢、输-输和赢-输三种形式。这三种形式说明，冲突双方在冲突发生后会有不同的损益，只有少数冲突的结果能够使双方都满意，大多数冲突的结果是至少一方受到损失。冲突双方会在冲突后对冲突的结果进行评价，获胜一方的自信心和满意度往往会得到增强，对对手的否定看法也会得到强化；而失败方则往往难以接受失败的事实，努力为自己开脱责任，把失败归咎于外界因素。

四、冲突管理

有研究表明，管理者20%的时间都用在处理各种冲突上。然而，并不是每一位管理者都善于进行冲突管理，甚至有时管理者的冲突处理起到火上浇油、越理越乱的作用。那么有哪些方法可以帮助管理者有效地进行冲突处理呢？

> **【专栏10-4】 如何进行冲突处理："史上最牛女秘书"事件①**
>
> 2006年4月7日晚，一家跨国公司的总裁回办公室取东西，到门口才发现自己没带钥匙。他与秘书瑞贝卡联系，但其手机关机，无法联系上。于是，他通过内部电子邮件系统给瑞贝卡发了一封措辞严厉的"谴责信"。信中要求瑞贝卡"从现在起，无论是午餐时段还是晚上下班后，要跟你服务的每一位经理确认无事后才能离开办公室"，并将这封邮件同时发送给了公司的几位高管。面对总裁的责备，身为秘书的瑞贝卡回复了一封咄咄逼人的邮件，并抄送给了这家公司中国区的所有员工。邮件内容是："首先，我做这件事是完全正确的，我锁门是从安全角度考虑。北京这里不是没有丢过东西，如果一旦丢了东西，

---

① 姜玉梅. "史上最强女秘书"错在哪里?[J]. 秘书工作，2010(03)：34.

我无法承担这个责任。其次，你有钥匙，你自己忘了带，还要说别人不对。造成这件事的主要原因都是你自己，不要把自己的错误转移到别人身上。第三，你无权干涉和控制我的私人时间，我一天就8小时工作时间，请你记住中午和晚上的下班时间都是我的私人时间。第四，从到公司的第一天到现在，我工作尽职尽责，也加过很多次班，我没有任何怨言，但是如果你们要求我加班是为了工作以外的事情，我无法做到。第五，我们虽然是上下级的关系，也请你注意一下你说话的语气，这是做人最基本的礼貌问题。第六，我要在这里强调一下，我并没有猜想或假定什么，因为我没有这个时间，也没有这个必要。"

此事发生后不久，瑞贝卡被解雇，而那位总裁也离开了公司。一次偶发事件被酝酿成两败俱伤的职场"事故"，这表明即使是训练有素的管理者，也常常忽视冲突处理。

肯尼斯·托马斯及其同事提出了处理冲突的二维模式，并定义出五种冲突处理的策略[①]，如图 10-3 所示。

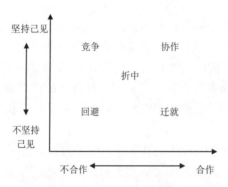

图 10-3　冲突处理的策略

(1) 竞争(competing)：采用坚持己见、不合作的方式处理冲突。例如以牺牲他人利益为代价达到自己的目标。

(2) 协作(collaborating)：采用坚持己见、合作的方式处理冲突。例如试图找到双赢的解决办法，使双方的目标都能够实现。

(3) 回避(avoiding)：采用不坚持己见、不合作的方式处理冲突。例如回避别人的不同意见。

(4) 迁就(accommodating)：采用不坚持己见、合作的方式处理冲突。例如放弃自己的意见，转而支持别人的意见。

(5) 折中(compromising)：双方都放弃部分权利，以使双方都能够分享利益。例如通过谈判，找到双方在某些方面的共识。

从冲突处理的策略上来看，除了前面提到的托马斯的五种冲突处理策略(图 10-3)外，心理学家罗伯特·布莱克和简·莫顿的"冲突方格"(conflict grid)模型也是帮助管理者分析和选择冲突处理策略的重要工具[②]。冲突方格模型脱胎于布莱克和莫顿较早提出的"管理方格"

① Thomas K. Conflict and Negotiation Process in Organizations. 引自 M.D. Dunnette and L. M. Hough 等, Handbook of Industrial and Organizational Psychology, 2nd ed., vol.3(Palo Alto, CA: Consulting Psychologists Press, 1992): 668.

② 王琦，杜永怡，席酉民. 组织冲突研究回顾与展望[J]. 预测，2004(03)：74-80.

理论，这种模型认为管理者处理冲突的时候，主要是要处理好"人"的问题和"事"(工作)的问题，因此冲突处理的策略一般可以分为五种，如图 10-4 所示。

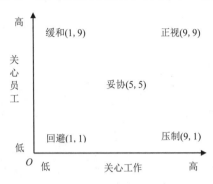

图 10-4　冲突方格模型

具体来看，管理者处理冲突要掌握两种技术，如表 10-3 所示，一种是在组织中解决冲突的技术，另一种是在组织中激发冲突的技术。斯蒂芬·罗宾斯认为这些技术可以帮助管理者调节和控制组织中的冲突水平，在冲突比较严重时，设法化解冲突，减少功能失调型冲突对组织的破坏；在冲突水平过低时，设法激发冲突，发挥功能型冲突对变革和创新的促进作用。

表 10-3　冲突管理技术[①]

冲突解决技术	加强沟通、问题解决	冲突双方直接会晤，通过坦率、真诚的讨论来确定问题并解决问题
	目标升级	提出一个共同的目标，该目标不经冲突双方的协作是不可能达到的，促使双方放弃对抗，进行合作
	资源开发	如果冲突是由于资源缺乏造成的，那么对资源进行开发可以产生"赢-赢"的解决办法
	回避	逃避或抑制冲突
	缓和	通过强调冲突双方的共同利益而减弱他们的差异性
	折中	冲突双方各自保留一些权利，同时放弃一些权利
	官方命令	管理层运用正式权力解决冲突，然后向卷入冲突的各方传达他的希望
	改变人的因素	运用行为改变技术(如人际关系训练)，改变造成冲突的态度和行为
	改变结构因素	通过工作再设计、工作调动、建立合作等方式，改变正式的组织结构和冲突双方的相互作用模式
冲突激发技术	运用沟通	利用模棱两可或具有威胁性的信息，可以提高冲突水平
	引进外人	在群体中补充一些背景、价值观、态度和管理风格方面均与当前群体成员不同的个体
	组织重构	调整工作群体，改变规章制度，提高相互依赖性，以及使用其他类似的结构变革以打破现状
	任命一名吹毛求疵者	任命一名批评家，他总是有意与组织中大多数人的观点不一致

---

① 斯蒂芬·罗宾斯，蒂莫西·贾奇. 组织行为学[M]. 14 版. 孙健敏，等，译. 北京：中国人民大学出版社，2012：392-393.

本 章 小 结

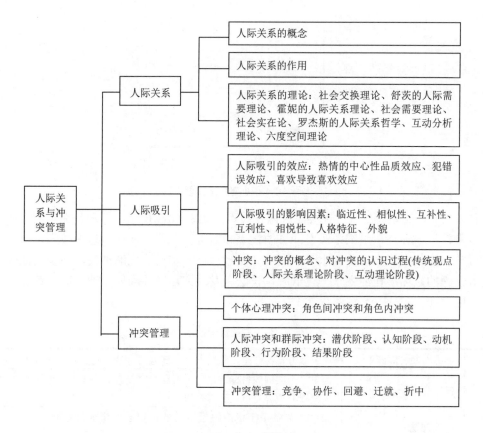

习 题

一、思考题

1. 良好的人际关系对个体有哪些作用?

2. 了解你周围的人际关系状况,并一起探讨人际关系问题是怎样产生的? 如何化解? 思考处理人际关系的技巧。

3. 组织中的冲突可以分为几类?

4. 冲突解决技术有哪些? 冲突激发技术有哪些?

二、案例分析题

人际关系与企业成败

美国福特汽车公司在新泽西的一家分工厂,过去曾因管理混乱而差点倒闭。后来总公司派去了一位很能干的人物,在他到任后的第三天,就发现了问题的症结:偌大的厂房里,一道道流水线如同一道道屏障隔断了工人之间的直接交流;机器的轰鸣声、试车线上滚动轴发出的噪声使人们关于工作的信息交流越发难以实现。由于工厂濒临倒闭,过去的领导一个劲地要求生产任务，而将大家一同聚餐、厂外共同娱乐的时间压缩到了最低。所有这些，使得员工之间谈心、交往的机会微乎其微，工厂的凄凉景象很快使他们工作的热情大减，人际关系的冷漠也使员工本来很坏的心情雪上加霜。组织内出现了混乱，员工之间争吵不断，不必要的争议也开始增多，有的人还干脆破罐子破摔，工厂的形势每况愈下。

这位新上任的经理在敏锐地觉察到这一问题的根本之后，果断地决定以后员工的午餐费由厂里负担，希望所有的人都能留下来聚餐，共渡难关。在员工看来，工厂可能到了最后关头，需要大干一番了，所以心甘情愿地努力工作，其实这位经理的真实意图是给员工一个互相沟通、了解的机会，以建立信任空间，使组织的人际关系有所改观。在每天中午大家就餐时，经理还亲自在食堂的一角架起了烤肉架，免费为每位员工烤肉。

一番辛苦没有白费，在那段日子里，员工们餐桌上谈论的话题都是有关组织未来走向的问题，大家纷纷献计献策，并就工作中的问题主动拿出来讨论，寻求最佳的解决途径。这位经理的决定是有很大风险的。他冒着增加成本的危险拯救了企业不良的人际关系，使所有的成员又回到和谐的氛围中。尽管机器的噪声还是不止，但已经挡不住人们内心深处的交流了。两个月后，企业业绩回转，5个月后，企业奇迹般地开始赢利了。这个企业至今还保持着这一传统，午餐时大家欢聚一堂，由经理亲自派送烤肉。

请用所学的人际关系理论分析上面的故事，讨论人际关系与企业成败之间的关系。

员工的冲突拉锯战[①]

从生产车间出来后，生产部经理韩琳怒气冲冲地来到人力资源经理郑玫的办公室，大声嚷道："我受不了这两个家伙的矛盾了，我要炒掉她们俩。"早在一周前，生产部就向负责生产计划安排的专员孙婷提出预警：原料一周后即将耗尽！由于正值生产高峰，按常理孙婷应当在当天通知负责采购与出货的客户部专员胡春莉，由胡春莉尽快下单采购，保证原料入库。"在下单的时候，孙婷没有直接与胡春莉打招呼，告诉她原料必须在一周内入库才能保证生产正常进行，而是采取电子邮件正式通知的方式。也不知道胡春莉是有意还是无意，总之她声称她晚了两天才看到邮件，由此造成生产无法按正常进行。"郑玫对此颇为头疼：追究起责任来，两人都是各有各的理，归根结底就是两人的个人嫌隙影响了工作的正常开展，感情用事已经到了极限。

按照生产部经理韩琳的说法，年龄相仿的孙婷和胡春莉一前一后加入公司，开始还是一对好友，在工作上配合得不错，相互学习的意识也很浓。最先发现两人之间的配合出现不协调的是孙婷的上司韩琳。她发现，原来办公室的欢声笑语突然少了很多，再有意识地注意一下，发现孙婷和胡春莉之间的话语极少，慢慢只剩下礼节性的一问一答了。韩琳与孙婷做了一次非正式沟通，了解到由于胡春莉在了解到孙婷的工作流程后，认为孙婷在工作中有些拖泥带水，给她增加了一些不必要的麻烦。而孙婷则为自己辩护说，由于自己的工作需要与国外的供货商沟通，英语能力欠佳，有时只能绕着弯子去完成工作目标。

此外，胡春莉还认为，生产部经理韩琳太喜欢出风头，总是把一些本不该由深圳工厂完成的生产任务主动从广州总部那边要过来做，而这些吃力不讨好的工作不仅给胡春莉增加了工作压力与负担，也让她不胜其烦。而孙婷则认为这些都是管理层的事情，自己实在受不了胡春莉在工作上这个那个的牢骚，所以也不自觉地疏远了她。

---

①　钟孟光. 员工冲突拉锯战[J]. 管理@人，2006(10)：70-71.

在工作价值理解、公司资源分配的竞争上存在的明显差异，使两人的关系一日不如一日。到后来，胡春莉对孙婷提出的额外工作配合要求，开始出现不情愿甚至拒绝的态度。最后，两人之间有什么需要配合的事情，都需要其他同事代为传话。

公司是欧洲企业，是典型的矩阵式组织架构，孙婷的岗位与胡春莉的岗位分属两个部门，但公司为了更好地监管生产与采购，将原料采购的部分工作硬性分离到客户部。郑玫认为这两个岗位的工作一直以来都是难以严格分隔的，不少工作都需要相互配合来完成。胡春莉的直接上司在广州的公司总部，她的主要工作与生产部孙婷的配合非常重要，一个环节配合不好，生产就会掉链子。郑玫感到自己必须出面干预。

郑玫了解了具体情况，并和当事双方私下进行了沟通，从谈话中她得出了一个基本结论：显然胡春莉的思维与做法稍显极端。她先提醒孙婷：在矛盾的化解中表现得主动一点、积极一点，就可以尽快把工作理顺。然后，她把解决问题的重点放在说服胡春莉上，她向胡春莉摆出很多事实，认为她在工作中掺杂了太多的个人感情，从而影响了正常的工作效果，这样是公司所不允许的。郑玫举例告诉胡春莉，由于这段时间胡春莉在配合孙婷的工作上不甚积极，不再像以前那样分担孙婷的工作，致使孙婷忙得焦头烂额，迫不得已，韩琳协助孙婷做了不少工作。但胡春莉马上反驳：这是生产部的工作安排有问题，不属于该部门的与自己无关。郑玫被反驳得哑口无言，这次干预在尴尬的言谈中不欢而散。就在郑玫还在苦思冥想如何调解两人矛盾的时候，又出现了胡春莉涉嫌"故意"延迟下单导致生产部无法正常生产的困境。郑玫对此非常苦恼。

请分析：

1. 你认为有哪些因素导致了孙婷与胡春莉的矛盾？

2. 你认为郑玫的干预为什么没有收到理想的效果？

3. 假如你是郑玫，你会怎样进一步处理两人的冲突？

三、管理技能训练

1. 找出与你关系不好的人，主动与他沟通，并从对方的角度考虑问题，看看结果如何。

2. 找出一个人缘很好的人，请他(她)介绍增强人际吸引力的经验，并对照分析自己的问题，思考提高自己人际吸引力的对策。

3. 你所在组织中发现过功能型冲突吗？你如何看待功能型冲突？

【推荐阅读书目】

[1] 赵广娜. 图解人际关系心理学[M]. 北京：北京联合出版公司，2017.

[2] 熊太行. 掌控关系[M]. 北京：北京联合出版公司，2018.

[3] 大卫里德尔. 冲突管理：化解职场冲突的深度行动指南[M]. 杨献军，译. 北京：中国友谊出版社，2018.

[4] 钱明. 健康心理学[M]. 3 版. 北京：人民卫生出版社，2018.

[5] 保罗 M. 马金斯基. 心理学与工作[M]. 10 版. 姚翔，等，译. 北京：机械工业出版社，2014.

第十一章

沟　通

学习目标：

理解沟通的含义；认识沟通对组织的作用；了解沟通的网络模型；区分沟通的基本类型；了解影响沟通的主要障碍，并学会克服这些障碍以及一些常见的沟通技巧。

关键概念：

沟通(communication)　沟通渠道(communicational channel)　反馈(feedback)　噪声(noise)　沟通障碍(communication barrier)

【专栏11-1】墨子苦心激励耕柱

耕柱是一代宗师墨子的得意门生，但他老是挨墨子的责骂。有一次，墨子又责备了耕柱，耕柱觉得自己非常委屈，因为在许多门生之中，大家都公认耕柱是最优秀的，却偏偏常遭到墨子指责，让他没面子。一天，耕柱愤愤不平地问墨子："老师，难道在这么多学生当中，我竟是如此地差劲，以至于要时常遭您老人家责骂吗？"墨子听后，毫不动肝火："假设我现在要上太行山，依你看，我应该用良马来拉车，还是用老牛来拖车？"耕柱答："再笨的人也知道要用良马来拉车。"墨子又问："那么，为什么不用老牛呢？"耕柱答："理由非常简单，因为良马足以担负重任，值得驱遣。"墨子说："你答得一点也没错，我之所以时常责骂你，也只因为你能够担负重任，值得我一再地教导与匡正你。"

请问你认为墨子的沟通方法有效吗？

第一节　沟　通　概　述

一、沟通的含义和作用

(一)沟通的含义

将英语中的 communication 一词翻译成汉语，有多种不同的含义，如交通、交流、交际、交往、交换、通信、沟通、传达、传播、传递等。在组织行为学中，我们通常将其翻译成"沟通"。

什么是沟通？斯蒂芬·罗宾斯在其经典教材《组织行为学》[①]中为"沟通"下了一个极

---

① 斯蒂芬·罗宾斯，蒂莫西·贾奇. 组织行为学[M]. 14 版. 孙健敏，等，译. 北京：中国人民大学出版社，2012：289.

其简单的定义：沟通就是意义的传递与理解。剖析这个定义对于我们理解"沟通"非常重要。

1. 沟通涉及传递者和接受者

沟通的过程是传递者(sender)和接受者(receiver)相互交换意义的过程，这意味着沟通至少有一个传递者和一个接受者。在一个组织中，传递者和接受者既可以是组织中的个人，也可以是一个群体，甚至是组织本身。

同时，传递者和接受者的角色也不是一成不变的。随着沟通的进行，接受者可能需要向传递者反馈信息，这时沟通双方的角色就会产生变化。

2. 沟通的目的

沟通双方沟通的目的是传递和理解意义。这里所说的"意义"有多种内涵，既包括对客观事物、客观事件的知觉，也包括知识、情感、态度、价值观、行动意向，还包括语言、故事、信仰、理论等。因此，要使沟通具有意义，沟通双方必须预先掌握相应的背景知识，传递者要言之有物，接受者要善解人意。以组织中经常召开的工作会议为例，会议发言者作为意义传递者，必须事先对自己发言的问题进行深入、细致的思考，预先撰写发言提纲，避免发言时东拉西扯、不着边际；参与会议者作为意义接受者，则应当事先了解会议内容，确定会议的主题和需要解决的主要问题，以便将主要注意力集中在主要问题上，避免分心、走神现象。

3. 沟通的效率在于能否准确地传递与理解意义

有效的沟通就是能够准确地传递和理解意义的沟通。换句话说，如果意义能够毫无损失地从传递者到达接受者，并被接受者精确地理解，那么这次沟通就是一次成功的、有效的沟通。

在实际生活中，还有一种观点认为有效的沟通必须能够使沟通双方的观点达成一致，这种观点是对沟通的苛求。因为沟通的过程仅仅是传递和理解意义的过程，并不能保证使沟通双方的意义融合，或者使接受者完全接纳传递者的意义。这意味着组织中的沟通虽然很重要，但沟通不是解决所有问题的"万能钥匙"。在组织中，想要劝服他人或者使双方意见达成一致，除了要进行充分、有效的沟通之外，还要看双方的需要和利益是否一致，以及价值观是否有冲突。

(二)沟通的作用

沟通发生在人们工作、生活的各个方面，是人类活动中的一种普遍现象。组织行为学中研究的沟通主要是与管理活动有关的沟通行为，我们一般称其为管理沟通。这些沟通发生在组织内部管理者及被管理者当中，管理沟通对组织的作用主要表现在控制功能、激励功能、情绪表达功能和信息传递功能4个方面[①]。

(1) 沟通是控制员工行为的手段。通常，管理者通过与员工的沟通把任务布置给员工，要求员工按照精心设计的工作流程进行工作，宣布工作数量和质量标准；在员工完成任务

---

① 斯蒂芬·罗宾斯，蒂莫西·贾奇. 组织行为学[M]. 14版. 孙健敏，等，译. 北京：中国人民大学出版社，2012：290.

的过程中，管理者也是通过沟通监督员工工作进度、检查员工工作质量；员工完成工作任务之后，管理者还要通过沟通反馈员工绩效状况，与员工一起分析绩效偏差出现的原因，并制订改进计划。显然，管理沟通与管理控制形影相随，缺一不可。

(2) 良好的管理沟通可以起到振奋员工士气、提高工作效率的作用。随着社会发展，人们不再一味追求高薪金、高福利等物质待遇，而要求能积极参与企业的决策，满足自我实现的需求。良好的沟通使员工能自由地和其他人(尤其是管理人员)谈论自己的看法和主张，使他们的参与感得到满足，从而激发他们的工作积极性和创造性。

(3) 对很多员工来说，工作群体是他们主要的社交对象。管理者和员工可通过群体内的沟通来表达自己的挫折感和满足感。因此，沟通提供了一种释放情感的情绪表达手段，并满足了员工的社交需要。

(4) 管理决策需要大量和准确的信息作为依据，畅通的组织沟通使管理者能够便捷而准确地获得所需信息，有利于他们开发、评估各种备选方案，并在此基础上做出正确的判断。

二、沟通的过程

从过程上来看，各种类型的沟通都有其相似性，沟通的一般过程如图 11-1 所示。

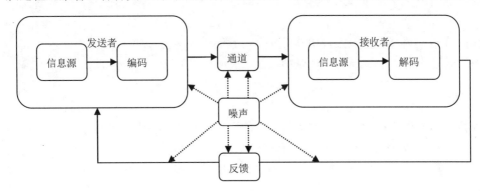

图 11-1　沟通的一般过程

通过图 11-1 不难发现，沟通是一个连续过程，会随着时间的进程不断发展。信息首先被编码(转化为信号形式)，然后通过信息渠道(也称媒介)传递至接收者，再由接收者对接收到的信息进行编译和理解(解码)，通过这个过程，信息的意义就从一个人传递到另一个人。

在沟通的一般过程中，要特别注意下面几个要素。

1. 信息发送者和接收者

信息发送者和接收者是沟通的主体和客体，信息发送者与接收者之间的互动关系直接影响着沟通的效果和效率。作为信息发送者，最好事先对信息接收者进行分析，了解信息接收者的信息需求和信息加工水平，这样才能够有的放矢地传递信息，避免对牛弹琴，提高沟通的成效。信息接收者最好事先为沟通进行背景知识准备，以便抓住沟通的重点，实现沟通的目标。

2. 编码和解码

编码是信息发送者将意义转化为符号的心理过程，解码是信息接收者将接收到的符号转化为可理解的意义的心理过程。在沟通过程中，人们的编码和解码受到很多因素的影响。例如，人们的语言能力、信息加工能力会影响编码和解码，人们的知识储备、情绪、态度、沟通环境、文化背景也会成为制约编码、解码效率的因素。

3. 信息渠道

信息渠道是信息从发送者传递到接收者的媒介，组织当中的信息渠道多种多样。例如面谈、信函、通知、备忘录、公告、电话、传真、E-mail、会议、电子会议等，每一种信息渠道所能够承载的信息数量和质量都有所不同，因此，人们应当根据不同类型的沟通选择恰当的信息渠道。

> **【专栏11-2】 一项有关信息渠道选择的调查**[①]
>
> 美国有关专家曾经进行了一项研究，请51名有关公司的经理选择他们在传达重要政策问题时喜欢采用的信息渠道，结果是：
> (1) 召开管理人员会议，做口头说明　　44人
> (2) 亲自接见重要工作人员　　27人
> (3) 在公司公报上宣布政策　　16人
> (4) 在组织内部备忘录上说明政策　　14人
> (5) 通过电话或内部通信系统说明政策　　1人

4. 噪声

噪声是指妨碍沟通效果、影响沟通效率的因素，与下一节中"沟通障碍"的概念类似。在图11-1中不难发现，沟通中的噪声有可能出现在沟通的每一个过程当中。一般来说，可以把沟通过程中的噪声分为三类：外部噪声、内部噪声和语义噪声。

5. 反馈

反馈是信息接收者对信息发送者传递的信息做出的反应。有时，我们可以将反馈当成一次反向的沟通过程，在这个过程中，信息发送者与接收者调换了角色。反馈是沟通过程中的一个重要环节，通过反馈，信息发送者和接收者可以检验沟通中是否已经产生"误发"和"误解"，以便及时修正信息，使沟通完整、顺畅地进行下去，成为一种双向、互动的过程。

三、沟通的类型

广义的管理沟通包括人与人的沟通(人际沟通)、人与机器的沟通，以及机器之间的沟通，组织行为学主要研究组织中的人际沟通。依据不同的标准，我们可以将组织中的人际沟通分为下面几种不同的类型。

[①] 肖余春. 组织行为学[M]. 北京：中国发展出版社，2006：178.

1. 正式沟通与非正式沟通

依据组织中人们采用的信息渠道的正规程度，可以将沟通分为正式沟通与非正式沟通。

正式沟通是通过组织明文规定的信息通道进行的与工作相关的信息传递和交流，如上级下达的命令按组织的层级逐级向下传达；下级获得的情报逐级向上报告；组织内部规定的会议、汇报、请示、报告制度；组织内部上下级之间和同事之间因工作需要而进行的正式接触；组织之间的函件、文书往来等。正式沟通是组织内部信息传递的主要方式，组织中大量的信息都是通过正式信息通道传递的。

正式沟通的优点在于沟通效果好，沟通信息量大，有较强的约束力，易于保密，并且具有权威性，重要信息一般都采用这种方式。正式沟通的缺点在于因为必须依靠组织系统层层传递，因而沟通速度一般较慢，且不够灵活。

非正式沟通是指利用非正式信息通道进行的信息传递和交流，例如，雇员之间的私下交谈、聚会，组织内部的小道消息，甚至针对某些敏感事件的谣言等。非正式沟通的优点在于操作简便、内容广泛、方式灵活、信息传播速度较快。非正式沟通的缺点在于散播信息的准确性和可靠性欠缺，容易造成歪曲事实、以讹传讹，甚至可能引发组织、群体成员的集体恐慌。

【专栏 11-3】　如何对待传言[1][2]

管理者们对组织中的传言总是有难言的感受。一方面，他们知道传言是有害的，能破坏正式沟通渠道，尤其是在所传信息有误的时候。另一方面，他们也想知道传言的内容，以便了解隐蔽的企图或掩藏的问题。有人认为小道消息来自搬弄是非者的好奇心，其实这不是事实，传言的产生有四个原因。

(1) 人们用传言来克服信息缺乏的焦虑。

(2) 人们通过传言拼凑零散的信息。

(3) 人们通过共同参与传播传言来识别伙伴关系。

(4) 人们通过散播传言来显示地位或权力。

2. 垂直沟通与水平沟通

从沟通的方向上来看，沟通可以分为垂直沟通与水平沟通。

垂直沟通是组织中上、下级之间的信息传递和交流，这种类型的沟通又可以分为上行沟通和下行沟通。上行沟通指由下级向上级传递信息的沟通。例如当面汇报、书面报告、建议、意见箱、申诉、上下级讨论会、满意度调查问卷等。上行沟通的目的主要是汇报现在的工作进展、绩效，反映现存的问题和困难，反映员工的意见、情绪，使上级管理者掌握下级的工作状况，及时根据情况进行决策。下行沟通指由上级向下级传递信息的沟通。例如主管向下属指派任务、指挥工作、提出问题、评价绩效等。下行沟通的目的主要是指导和控制下属工作，保证工作计划顺利执行。不管是上行沟通还是下行沟通，都是组织不可缺少的沟通形式。垂直沟通使信息在组织的上、中、下不同层次的员工之间流动起来。

---

① 王垒. 组织管理心理学[M]. 北京：北京大学出版社，1993：170.

② 余世维. 有效沟通[M]. 北京：机械工业出版社，2012：95-96.

水平沟通是组织中同一层级的人或部门之间的信息传递和交流。例如，组织中高层领导者就危机问题展开的讨论；中层管理人员通过年会交流业绩；不同部门在一起举办的联欢会等。与垂直沟通不同，水平沟通打破了信息必须按照隶属关系层层传递的惯例，使信息传递变得简单、快捷，在组织中能起到增进感情、协调关系、缓解矛盾、促进合作的作用。由于最早提出水平沟通思想的人是法国管理学家亨利•法约尔，因此这种同级管理者之间的直接沟通又被形象地称为"法约尔桥"或"跳板原则"。值得特别注意的是，水平沟通必须得到沟通双方上级的认可和支持，否则这种沟通就是一种"不合法"的越级沟通，可能破坏管理的统一性原则。

3. 单向沟通与双向沟通

根据沟通过程中是否有反馈、信息发送者与接收者的角色是否进行交换，可以将沟通分为单向沟通和双向沟通。

单向沟通是信息发送者主动发送信息，接收者被动接收和理解信息的沟通形式。单向沟通没有信息反馈发生。在组织中，向下属下达命令、对下级的演讲、向新员工播放入职宣传片等都属于单向沟通。单向沟通的特点是沟通速度较快，但准确性较差。

双向沟通是信息发送者与接收者不断相互交换角色，信息在双方之间反复流动的沟通形式。相互反馈信息是双向沟通的重要特征。组织中的谈判、群体决策、招聘面试等都是双向沟通的例子。与单向沟通相比，双向沟通的特点是准确性较高，反馈信息有利于增进沟通双方的了解，加深感情，建立良好的人际关系。但是，双向沟通需要花费更多的时间，沟通过程中信息发送者必须承担更大的心理压力，因为双向沟通中信息发送者不得不恰当地应对信息接收者的提问、质询甚至反驳。

4. 言语沟通与非言语沟通

言语沟通指借助语言符号进行的沟通形式，这种沟通形式又包括口头沟通和书面沟通。口头沟通是组织人际交往中最普遍的一种形式，人们习惯于通过研讨、会议、演讲、访谈、打电话、聊天、传话等形式来交流观点、表达思想、抒发情感。口头沟通的优点在于传递快捷、反馈及时，沟通双方可以形成较为密切的情感关联。口头沟通的缺点在于口头表达随机性较强，除非受过专门训练，人们往往不会像书面沟通那样字斟句酌。另外，口头沟通的信息难以保存和复现，在管理中仅仅使用口头沟通往往缺乏合法性和权威性。书面沟通是运用书面文字符号进行的沟通，组织中的通知、手册、文件、会议记录、书信、留言、报纸、杂志、传真、E-mail 都是书面沟通的例子。书面沟通的优点在于规范、严肃，具有较强的权威性，不易被歪曲，可以复查，利于保存，易于深入领会。但是，书面沟通缺乏及时反馈，一般需要更长的时间，要求沟通双方必须具备一定的文字处理能力和修养，并且这种沟通形式不够灵活，形成了"白纸黑字"以后就难以调整和修改了。

除了语言符号之外，人们还常常通过空间距离、肢体动作、面部表情、眼神等非语言符号传递信息，我们称其为非言语沟通。这些非语言符号是人类在熟练使用语言符号之前就采用的一种古老的沟通渠道，有很多学者认为非语言符号更能够真实地反映人的情绪和个性，甚至有研究显示，在成功的面对面沟通中，38%与语音语调有关，55%与非语言系统有关(包括手势、表情、体态、眼神、眼色、空间距离、陈设等)，仅有 7%与沟通的内容有关。可见，在有些情况下，言语信息本身并不是最重要的因素，"怎么说"甚至比"说什么"还重要。

有时体态能够反映沟通者的情绪和态度。体态传达的意义，如表 11-1 所示。

表 11-1　体态传达的意义

体态语言	暗示的意义
说话时捂上嘴	说话没把握或撒谎
摇晃一只脚	厌烦
咬笔头	需要更多信息或焦虑
避免眼神交流	试图隐瞒
脚置于朝门的方向	急着准备离开
擦鼻子	反对别人说的话
揉眼睛或捏耳朵	疑惑
紧握拳头	意志坚定、愤怒
手指指着别人	谴责、惩戒
坐在椅子边沿	随时准备行动或离开
坐在椅子上往前移动	表示赞同
背部靠在椅背上	支配感、优越感
小腿在椅子上晃动	放松或不在乎
跷二郎腿	舒适、没有忧虑
双臂交叉置于胸前	不乐意
背着双手	优越感
搓手	有所期待
双手紧合指向天花板	充满信心、骄傲

四、人际沟通网络

在社会学中，社会网络研究是一个非常重要的研究视角，这种视角认为社会、群体就像是由许多成员构成的网络，成员在网络中相互互动、相互影响、传递信息、维持人际关系。在组织中，人们通过沟通形成的网络被称为人际沟通网络。研究者通过对组织中人际沟通网络的研究发现，组织中的正式群体和非正式群体的人际沟通网络的结构大相径庭。

1. 正式沟通网络

心理学家利维特通过实验对正式沟通的网络模型进行了全面研究，他提出了图 11-2 所示的五种不同人际沟通网络模型[①]。

链式沟通网络是一个纵向沟通网络，信息自上而下或自下而上逐级传递。在这个网络中，信息经层层传递和筛选容易失真，各个信息传递者所接收的信息差异很大，平均满意度较低；环式沟通网络可以视为链式网络的一种变形，沟通网络首尾相连表示 5 个人之间依次联络和沟通，每个人都可同时与两侧的人沟通信息。环式沟通网络中成员较为平等，因此满意度较高，成员士气高昂；Y 式沟通网络是链式网络的另一种变形，网络中的一名

---

① Leavitt H. J.. Some effects of certain communication patterns on group performance. The journal of abnormal and social psychology, 46(1): 38-50.

成员处于沟通的中心和媒介。Y 式沟通网络集中化程度高，解决问题速度快，但除核心人员外其他成员的平均满意程度较低。轮式沟通网络中，一名成员成为信息的汇集点和传递中心。显然，轮式沟通网络的集中化程度高，解决问题的速度快，但成员的满意程度低。全通道式沟通网络是一个开放式的网络系统，每个成员之间都紧密联系，彼此了解。这种沟通网络的集中化程度低，成员的平均满意程度高，合作气氛浓厚。

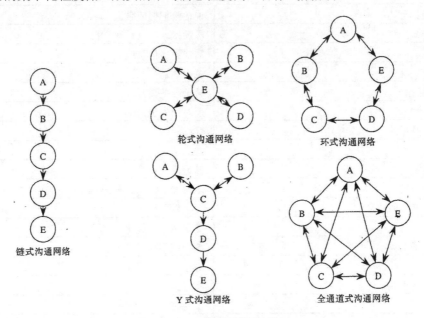

图 11-2　正式沟通的网络模型

正式沟通网络的各种类型都既有优点也有缺点，如表 11-2 所示，并不存在任何情况下都适用的沟通网络。组织要进行有效的管理，应当根据组织规模、技术水平、成员特征、工作性质采用恰当的正式沟通网络。

表 11-2　正式沟通网络的比较[①]

网络类型	问题解决速度	信息精确度	组织化程度	领导产生	士　气	工作变化弹性
链式	较快	较高	慢、稳定	较显著	低	慢
轮式	快	高	迅速、稳定	显著	很低	较慢
环式	慢	低	不易	不发生	高	快
Y 式	较快	较低	不一定	会易位	不一定	较快
全通道式	最慢	最高	最慢、稳定	不发生	最高	最快

2. 非正式沟通网络

心理学家戴维斯对典型的非正式沟通进行了研究，发现这些"小道消息"的传播同样会形成某种网络，他提出了单线式、流言式、偶然式、集束式四种非正式沟通的网络模型[②]，如图 11-3 所示。

---

① 苏勇. 管理沟通[M]. 上海：复旦大学出版社，2014：66.

② Davis K. Grapevine communication among lower and middle managers. personnel journal: 271.

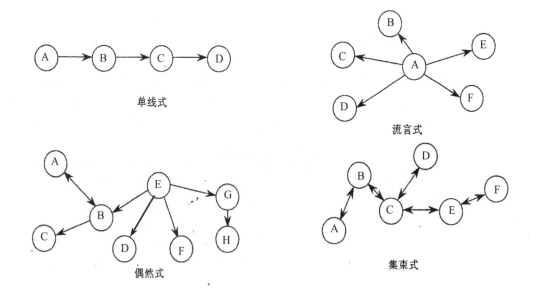

图 11-3　非正式沟通的网络模型

非正式沟通是组织的必然产物，对组织来说，非正式沟通是一柄"双刃剑"。管理者应当正视非正式沟通的存在，注重因势利导，充分发挥其形式灵活、渠道广泛、散播迅速、参与面广的优点，利用非正式沟通增强组织凝聚力，提高员工参与度，把非正式沟通作为正式沟通的一种有益补充。同时，管理者还要注意非正式沟通的负面效应，严格区分事实和观点，不能偏听偏信，及时控制不利于组织的谣言传播。

第二节　沟通的障碍与改善

一、常见的沟通障碍

从过程上来看，沟通应该是一个非常简单的过程，可是在现实生活中，人们之间的沟通却总是不那么顺利。究其原因，沟通是否成功受到很多因素的制约，总结这些因素就会发现，沟通的障碍主要来自两个方面：沟通者的因素(内部因素)和沟通环境的因素(外部因素)。

1. 沟通者自身的障碍

(1) 选择性知觉。面对纷繁复杂的世界，信息接收者不是一味被动地接收和理解信息，而是会根据自己的需要、动机、经验、背景及其个人特点有选择地接收信息，在对信息进行解码的时候，还会把自己的兴趣和期望带进信息中去，这就是所谓的选择性知觉。例如当负责招聘的人力资源部经理面对一大堆求职资料无所适从的时候，可能没有比突然发现一位校友的简历更让他感兴趣的事了。再如，当一位经理认为某位下属工作表现一向很好的时候，他很可能就会忽视掉那些能够证明该下属表现不佳的证据。

(2) 过滤。过滤指信息发送者有意地操纵信息，以使信息显得对接收者更为有利的现象。我们身边最常见的过滤现象就是"报喜不报忧"现象。例如，下级在向上级汇报工作的时候，故意投其所好，对事实进行加工，主要汇报取得的成绩，回避问题和过失，这种经过过滤的汇报往往使上级无法全面掌握真实信息，做出错误的决策。当然在下行沟通中也存在过滤现象。例如，董事会的决议通过链式沟通网络向下传达，不断有信息被中间层级的管理者过滤掉，以至于传达到基层管理者那里，只剩下原始信息的 30%，这主要是由于沟通网络层级过多，每一层次的管理者都故意截留部分信息或去掉对己不利的信息，如表 11-3 所示。

表 11-3　自上而下的沟通损失①

层　级	信息接收者百分比/%
董事会	100
副总经理	63
高级主管	56
工厂主管	40
领班	30
员工	20

(3) 语言障碍。言语沟通是组织中人际沟通的主要形式，因此语言问题是沟通的一个核心问题。言语沟通要求沟通双方必须能够熟练掌握同一种语言，这对跨文化管理的组织尤为重要，因此很多跨国公司将语言培训作为员工培训的一项重要内容。然而，即使沟通双方都能够熟练地运用同一种语言进行交流，仍然存在某些语言障碍可能影响沟通效果。例如，前面提到的语义噪声，就是因为不同地域、年龄、教育、文化背景下的人对同一词汇的理解不尽相同，从而造成沟通的失败。还有一种常见的语言障碍是专业术语(或行话)的使用。专业术语是同一领域的专业人员进行快速沟通的方式。例如，人力资源管理专业的学生通常把"目标管理"简称为 MBO(management by objective)；把"工作分析"简称为 JA(job analysis)；把"在职培训"简称为 OJT(on the job training)，这些专业词汇对从来没有学习过人力资源管理的人来说简直是不知所云。

(4) 情绪和心理状态。每个人都常常从工作中体验到喜、怒、哀、惧等不同情绪，这些情绪会使沟通双方在编码和解码过程中不由自主地带上情绪的色彩，不同的情绪体验会使人们采用不同的说话方式，也会使人们对同一信息的解释截然不同。情绪与沟通的关系非常复杂，积极的情绪可以促进沟通，消极的情绪会成为沟通的障碍，某些极端的情绪体验，如狂喜或抑郁，可能阻碍有效的沟通。优秀的管理者不会试图把情绪因素全部剔除出职业活动，而是学会管理和控制好自己的情绪，在工作群体中建立良好的沟通氛围。

(5) 个体差异。个体差异是个性心理学概念，从心理学上来看，人与人的差别主要包括个性心理特征差异(能力、气质和性格)和个性倾向性差异(需要、动机、爱好、兴趣、态度、价值观等)。中国人有一句俗语叫"酒逢知己千杯少，话不投机半句多"，实际上就说明了个体差异对人际沟通有很大影响。我们很容易发现那些个性开朗、外向、坦诚的人易于沟通，而与个性内敛、内向、含蓄的人沟通则比较困难，这是由于人们之间的个性特征差异造成的。还会发现，相近年龄的女性之间总是有很多话说，相同职业的人碰到一起不

---

① 徐子健. 组织行为学[M]. 北京：对外经济贸易大学出版社，2005：311.

会担心没有话题，这是因为他们的个性倾向性比较接近。管理者在沟通前应当分析沟通对象的个体差异，找到对方感兴趣的"切入点"，选择对方能够接受的沟通渠道，有的放矢地进行沟通，这样才能提高沟通效率。

2. 沟通环境的障碍

(1) 沟通距离。沟通双方占有一定的空间，并且需要保持一定的沟通距离。沟通距离一般可以分为物理距离和心理距离。美国学者爱德华·霍尔(Edward Hall)研究了美国人在人际沟通中的物理距离与心理距离之间的关系，他发现美国人沟通距离可以分为四种：亲密距离(1.5英尺)、个人距离(1.5~4英尺)、社会距离(4~12英尺)和公共距离(12英尺以上)。在一般情况下，物理距离能够反映心理距离。另一项心理学研究发现，人与人空间距离上彼此接近可以增加沟通的频率，是建立良好人际关系的必要条件。在组织中，工作场所的空间设计、陈设会直接影响沟通距离，继而影响人际沟通。在跨文化沟通中，沟通距离具有特别重要的意义，因为不同文化背景中的人对于沟通距离有不同的要求。例如，英国人与人交谈的时候希望保持一个手臂的距离，而阿拉伯人与人交谈时却几乎可以感觉到对方的鼻息；美国的经理一般都拥有独立的办公室以便将自己与下属分隔开，而日本的经理却习惯于将办公桌与下属们的办公桌放在一起，与自己的下属分享同一个开放的空间。

(2) 沟通渠道选择。组织中的沟通渠道多种多样，每种沟通渠道能够承载的信息各有不同，选择什么样的沟通渠道，要综合考虑沟通的目的、沟通对象的特点和技术条件，沟通渠道的误选和误用都有可能造成沟通的失败。例如培训师在设计培训课程的时候，必须事先对培训对象的沟通习惯和教育水平进行分析，了解培训对象是习惯接受课堂授课式培训，还是善于从实践中进行学习，抑或是喜欢通过阅读培训手册掌握信息，然后再设计培训课程，否则，培训的沟通方法与培训对象的需要不符，培训效果自然不好。再如，有些重要的沟通结果(如聘用合同、报价单、采购协议、发票等)必须留下书面凭据，因此必须采用书面沟通方式进行确认，而不能仅仅口头答应了事。有些管理者在遇到类似重要问题的时候，往往善于综合利用多种沟通渠道，在面对面谈妥后还追加一份备忘录请对方确认，这是非常好的习惯。

(3) 信息过载。每个人在有限的时间里处理信息的能力是有限的，当我们面对的信息量超过我们能够处理的信息量时，就会出现信息过载，信息过载会严重地降低沟通效率。大部分管理者都有信息过载的经历，每天走进办公室，打开电子信箱有数十封邮件等待回复，下属递交的报告要看，例行会议要参加，还有几份文件要批阅……管理者每天被淹没在海量的信息中，难免会忽略或者遗漏某些重要信息，这样必然会降低沟通效率。因此，管理者必须学会时间管理，学会向下属授权，科学地安排自己的时间，发送信息时言简意赅，接收信息时抓住重点，避免信息过载引发的沟通不畅。

(4) 文化差异。全球化趋势和跨国公司的业务拓展，使现代组织的人力资源构成越来越复杂，许多组织中都出现了来自不同文化的雇员在一起工作的现象，跨文化沟通进一步增加了沟通的难度。

【专栏11-4】 广州标致的解体——文化差异的代价[①]

广州标致成立于1985年，曾经是我国改革开放后最早的一家合资汽车生产企业，总投

---

① 文风. 从广州标致公司的解体看跨文化冲突与整合[J]. 科技进步与对策，2004(04)：127-129.

资 8.5 亿法郎, 拥有 2000 多名职工。截至 1997 年 8 月, 广州标致累计亏损人民币达 10.5 亿元, 实际年生产汽车 2.1 万辆, 远没有达到预计要求, 1997 年 10 月法方撤资, 广州标致解体。广州标致的经营失败, 除了中、法双方在重大问题上的分歧外, 文化差异和冲突是无法进一步合作的主要原因。合作之初, 管理人员主要由法方人员担任。法方管理人员无视两国的文化差异, 一味照搬法国企业的管理经验, 对下属要求严格、态度生硬, 以强制方式推行法国式管理, 在沟通中他们固执己见, 拒绝采纳中方员工的建议, 业绩评价中只看结果不看过程, 与中国传统观念和文化格格不入。由此引起中方员工的强烈不满, 甚至导致罢工事件, 最后由中国政府和法国领事馆出面调解才平息。事后, 该企业的中方员工道出了心里话: "法国人的管理方式我们接受不了, 我们受不了洋人的气。"

二、沟通障碍的改善

克服沟通障碍、提高沟通的有效性是管理者义不容辞的责任, 那么管理者应当从何着手改善组织中的人际沟通呢?

1. 创造良性的沟通氛围

有利于沟通的氛围是建立在沟通双方相互理解和相互信任的基础上的, 如果沟通双方在沟通前就心存芥蒂、相互猜忌, 难免会在沟通中产生偏见、感情用事, 甚至尖锐对立, 那么沟通的结果就不难想象了。管理者与被管理者之间的信任感不是一朝一夕建立起来的, 而是长期经验积累的结果。因此, 管理者应当重视自己的日常言行, 不仅要保证发送信息的可靠性, 言必行、行必果, 还要善于换位思考、替人着想, 争取被管理者的信赖, 在被管理者心目中树立良好的形象。

同时, 良好的沟通氛围还要求组织建立健康、积极、民主的组织文化, 保障组织中的正式沟通渠道畅通无阻, 小道消息的消极作用得到有效控制。基层员工在组织中向上级提出意见、发表观点时没有恐惧感, 员工的发现和建议都能够迅速、准确地向上传递, 而高层管理者的指示、计划都能够高效地向下传达。这就要求管理者(尤其是中间层次的管理者)以组织利益为重, 不做信息通道中的"过滤器", 原汁原味地将信息上传下达。

2. 利用反馈, 采用双向沟通

从沟通的过程上来看, 没有反馈的沟通是不完整的沟通。沟通中的很多问题都是由于误解造成的, 误解实际上就是信息接收者产生了解码错误。如果管理者能够在沟通中正确地使用反馈, 以双向沟通代替单向沟通, 就会有效地降低误解发生的概率。因此, 管理者应当学会主动反馈, 与上级沟通时积极主动地汇报工作进度, 与下级沟通时不断检查任务执行情况, 与伙伴沟通时经常交换意见, 使信息在沟通双方、多方之间流动起来, 这样就能够有效地避免误解, 提高沟通的有效性。

3. 使用多种沟通渠道发送、接收信息

使用多种沟通渠道可以使信息接收者获得来自多方面的信息, 避免只使用单一沟通渠道造成的局限。假如一位秘书要向 20 名部门经理发出一个重要会议的通知, 书面通知和电话通知分别可以给这些经理带来视觉和听觉刺激, 有的经理认为电话通知不太正规、容易遗忘, 因此比较习惯接到较为正式的书面通知, 另一些人则认为书面通知费时费力, 不如

电话通知简便易行。此时该秘书如果能够先通过内部网络向每位经理发出正式的书面会议通知，然后在会议前一周电话提醒这些经理，让他们注意到会议的重要性，那么经理们缺席这次会议的可能性就大大降低了。

换一个角度，在面对面的言语沟通中，信息发送者除了发送言语信息外，还会伴有大量的非言语信息。这些非言语信息与言语信息同样重要，管理者应当特别关注这些非言语信息，还需要学会比较言语信息与非言语信息是否一致，我们可以依此判断对方言语信息的感情色彩、意图和真实性。

4. 克服沟通中的心理障碍

选择性知觉、过滤、情绪问题和个体差异问题都是由于心理原因造成的沟通障碍，对于个人来说，这些障碍自然而然、不知不觉地就产生了，而要克服这些沟通中的心理障碍却需要长期有针对性的训练。例如要克制情绪，在下属办糟了某件事后不发脾气，这对于那些胆汁质气质类型的管理者来说简直是不可能完成的任务。但是聪明的管理者在这个时候都会首先冷静下来，因为过度的情绪表达解决不了问题，学习以理性的态度对待工作是一个管理者的基本素质。再如，有些原先从事技术工作的人转而从事管理工作，发现自己的个性内向、言语生硬、不善交际，于是对管理沟通产生畏难情绪，这也是一种常见的沟通心理障碍，克服这种障碍需要经过必要的训练和疏导。

5. 学习沟通技巧，提高沟通能力

沟通能力不是与生俱来的，而是在成长过程中学习和锻炼出来的。因此，不管是管理者还是被管理者，都应当加强对沟通技巧的学习，努力提高自己的沟通能力，这是改善组织中人际沟通的根本途径。

三、沟通的技巧

1. 学会倾听

不管是管理者还是被管理者，每天都要花大量时间听别人讲话，但是实际上我们从中获取的信息并不多，如表 11-4 所示。这表明大多数人听的效率不高，大多数时候我们听见了，但没有真正听进去(即常说的"听而不闻"现象)，没有做到有效地倾听。

表 11-4 各种感觉器官在沟通中的作用[①]

感官	视觉	听觉	触觉	味觉	嗅觉
比例/%	75	13	6	3	3

实际上，倾听不是纯粹的信息接收过程，从沟通过程图 11-1 中会发现这是信息接收者解码和反馈的过程。倾听的效果和倾听者自身的状态非常相关，倾听者的不良倾听习惯、不良的心理状态、心理定式、消极的肢体语言都有可能降低倾听的有效性。为了使倾听更有效，斯蒂芬·罗宾斯提出以下建议[②]。

---

① 叶龙. 组织行为学教程[M]. 北京：清华大学出版社，北京交通大学出版社，2006：235.
② 斯蒂芬·罗宾斯. 组织行为学精要[M]. 北京：电子工业出版社，2006：157.

(1)　保持眼睛接触。我们用耳朵听，但人们通过观察眼睛判断我们是否在听。保持眼睛接触可集中人们的注意力，减少精神分散的可能和鼓励发言者。

(2)　表现出肯定的点头和适当的面部表情。有效的倾听者通过非言语信号，表现出对所说的话感兴趣。肯定地点头和适当的面部表情，并辅以良好的视线接触，向发言者表明正在认真倾听。

(3)　避免走神的动作或手势。表示感兴趣的其他方面是避免出现走神的行为，许多行为，例如看表、折叠纸或者玩弄铅笔，会使发言者觉得倾听者很厌烦或不感兴趣。

(4)　提问。倾听者分析所听到的内容，并提出问题。提问使问题得到阐明，确保理解，并使发言者相信人们都在认真倾听。

(5)　解释。有效的倾听者经常使用这样的语句"我听到你说的是……"或"你的意思是……"，解释行为可以很好地检验一个人是否在认真倾听，也有助于听得更准确。

(6)　避免打断发言者。让发言者说完自己的想法，不要试图猜测发言者思想将往何处去。

(7)　不要口若悬河。我们大多数人宁愿说自己的想法而不愿听别人说，我们很多人听别人说仅仅因为这是人们让自己说话的代价。说话较为有趣，而沉默会使人不舒服，但不可能在同一时间既说又听，好的倾听者应认识到这一点，不要口若悬河。

2. 学会演讲的艺术

管理者不仅要学会听，还要学会说，面对众人的演讲是对部分管理者的挑战。演讲有时是为了当众说明情况，更多情况下是为了说服听众、激励听众或娱乐听众。管理者在重要的演讲前必须分析听众构成和听众需求，根据听众的特点准备素材。演讲过程中要把握好语音、语调、节奏，控制好肢体语言，采用精练的、通俗易懂的、口语化的语言，适当地使用名言、比喻和故事是演讲中的重要技巧。

3. 正确运用反馈

有些组织的管理者每次绩效考核后都会按上级要求及时将考核结果反馈给下属，但他们常常发现下属比较容易接受积极的反馈，当下属遇到不利的反馈信息时，经常进行抵制和反驳。其实，反馈也需要一定技巧。

(1)　强调具体行为。管理者的反馈不能是一般性的泛泛而谈，而应当针对具体行为告诉下属因为什么受到表扬，因为什么遭到批评，而且表扬和批评都应当有充分的证据，并提出建设性意见，告诉下属职业行为在哪些方面能够改进。

(2)　使反馈对事不对人。反馈应当与工作行为相关，不要涉及下属的品质，最好多采用描述性的语言，避免过多采用判断、评价性的言辞，切忌进行人身攻击。例如当面说某人"愚蠢""无能"，或者"你的某种爱好影响生产"等。

(3)　使反馈有的放矢。管理者的反馈信息必须明确这种沟通的目标到底是什么，是为了帮助下属改进行为，还是为了激励下属？尤其当反馈的信息中包含严厉批评时，管理者必须确定反馈是有利于组织和下属本人的。

(4)　掌握好反馈时机。管理者必须及时反馈信息，不要因为过去很久的错误批评下属。下属的行为发生与管理者反馈之间间隔时间越长，反馈的效果越差，反馈对下属的行为纠正作用越弱，反馈引起下属不满的可能性也越大。

(5)　确保下属理解。管理者要尤其注意反馈的信息是否被管理者清楚、完整地理解，必要的情况下，管理者应当要求下属复述反馈内容，以此来判断对方是否彻底领会了意思。

(6) 将批评指向下属能够改善的行为。仅仅让下属记住自己的失误或缺点是毫无意义的，反馈的最终落脚点应当在让下属明确如何改进自己的职业行为上。这不仅减弱了批评可能造成的伤害，还给那些知道自己存在问题但不知道如何解决的下属提供了指导。

4. 正确使用肢体语言

有人估计，"仅人的脸，就能做出大约 25 万种不同的表情"，"可以明确区分的手势达 7777 种之多"，这表明肢体语言也是一种重要的沟通技巧。但在现实中，肢体语言在沟通中的作用常常不被人重视。其实在管理沟通中，尤其是在需要表达丰富的情感，增强表达效果时，都必须借助准确的肢体语言。有时，肢体语言比口头语言更能够表达说话者的真实含义。

本 章 小 结

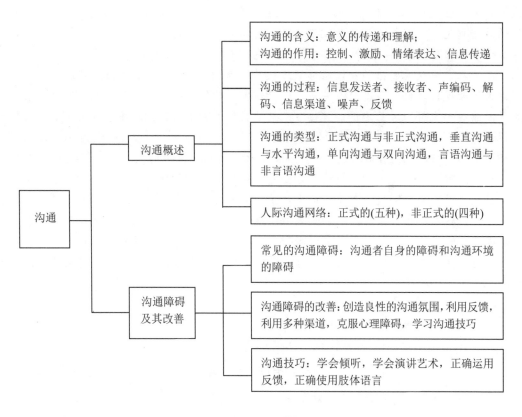

习　　题

一、思考题

1. 给沟通下一个定义。

2. 举例说明什么是人际沟通网络，你处于哪个人际沟通网络当中？

3. 你懂得哪些肢体语言，不借助言语，让你的同伴猜猜你的肢体语言表达的是什么含义。

4. 你认为来自不同文化的雇员之间在沟通中可能出现哪些障碍？

二、案例分析题

失败的会议[①]

王力刚刚来到某公司研发部门的管理岗位任职，在上班的第一周，他召集所有员工在一起开会。会议开始，王力唱起了高调，满怀热情地说："我有自信，本部门一定会成为公司最棒的部门。"为了迎合员工们的心意，王力接着说，"我还想听一听为了实现这个目标，我们应该怎样做呢，你们有什么想法？"

员工们僵坐在那里一言不发。有的盯着自己的鞋，有的在桌上用手指胡乱地写着什么，还有的人盯着王力身后的那堵墙沉默不语，有一个员工竟然拿出移动电话准备打电话。没有一个人对王力的问题做出应有的反应。王力又尝试了一次："你们都是同一条战壕里的战友，有的在这儿已经待了很长时间，对这里的工作有很多经验。我希望听一听你们对工作的改进意见。"在很长时间的沉默之后，有人从会议室后面发言了："我倒有个主意。这个会议什么时候结束，我好回去工作！"说着这个人不屑地跨出了房间。

王力本来希望他安排的会议能够被活跃的观点撞击填满，因此并没有安排其他什么议程。为了表现出良好的态度，他笑着说："我觉得你们都同意了。"仍然没有什么反应。为了做最后一次努力，王力说，"接下来就让我们开始干吧！但我希望你们下去之后好好考虑考虑，下一周我们再开会听听你们的意见。"回办公室后，王力想：这帮人都怎么了？担任这个职位前，他们告诉我这是一个很好的团队，但今天他们坐在那儿都像木头一样。

与此同时，几名员工回到自己的办公室，也对会议大加评论："那个'改进意见'到底是什么意思？我觉得我们都干得很出色了，他凭什么说我们部门还不是最好的？他以前不在这儿，根本不了解情况。""如果他还继续占用我们的时间来开会玩，我们是永远不可能成为最好的部门的。下周的会议我们怎么办？""从个人角度而言，我一点儿也不在乎。我讨厌他那种优越感。他说我们有经验，我们当然有经验，他认为我们是什么？是一群木头吗？"

思考：

1. 哪些原因导致了会议的失败？

2. 如果你是王力，你将如何开下一次会议？

面对发脾气的同事[②]

周天和陈颖正在讨论如何应对胡先生。

周天：你看过胡先生发过来的电子邮件吗？

陈颖：我看过了，我从来没有见过他发那么大的火。你发现了吗，他讲的话都前后矛盾了。我现在真不知道他到底要我们做什么。

周天：我也是，真想去问问清楚，否则我们还是会很疑惑。可是，我又怕他现在正在

---

① 谢惠娟. 浅谈企业管理中的沟通障碍与方法[J]. 市场周刊. 理论研究，2006(09)：141-142.

② Tim Ang，姜旭平. 挖掘我的沟通潜力[M]. 上海：上海交通大学出版社，2005：23.

气头上，我讲什么他都听不进去。

请问如何面对发脾气的同事？

三、管理技能训练

举例说明你曾经遇到过的沟通障碍，分析引起障碍的原因。

【推荐阅读书目】

[1] 陈晓萍. 跨文化管理[M]. 北京：清华大学出版社，2016.

[2] 陈国海，安凡所. 跨文化沟通[M]. 北京：清华大学出版社，2017.

[3] 庄恩平. 跨文化商务沟通教程：阅读与案例[M]. 上海：上海外语教育出版社，2014.

[4] 海伦·德雷斯凯. 国际管理：跨国与跨文化管理[M]. 周路路，译. 北京：中国人民大学出版社，2015.

[5] 朱莉·海. 态度与动机：工作中的人际沟通分析[M]. 2版. 张思雪，田宝，译. 北京：机械工业出版社，2020.

第十二章

权力与政治

学习目标：

理解权力的概念，把握权力的本质是影响力；了解组织中权力的五个主要来源；通过韩非子的权术思想理解权术的概念以及对组织的作用；懂得授权的重要性，知道正确授权的主要原则；结合实际理解权术与组织政治行为的概念以及对组织的影响。

关键概念：

权力(power)　权术(tactics of power)　授权(delegation)　组织政治(organizational politics)

【专栏 12-1】　不善授权的诸葛亮[①]

三国时期诸葛亮在上书后主的《自贬疏》中说："街亭违命之阙，箕谷不戒之失，咎皆在臣授任无方。"诸葛亮忠心耿耿辅佐阿斗，日理万机，事事躬亲，乃至"自校簿书"。司马懿一次接见诸葛亮的使者问诸葛亮身体好吗，休息得怎么样？使者对司马懿说，(诸葛亮)"夙兴夜寐，罚二十以上，皆亲览焉；所敢食不至数升。"使者走后，司马懿对人说："孔明食少事烦，其能久乎！"果然不久，诸葛亮病逝军中，蜀军退师。诸葛亮为蜀汉"鞠躬尽瘁，死而后已"，但蜀汉仍被灭亡。

请问蜀汉被灭亡与诸葛亮不善授权有无关系？

第一节　权　　力

一、权力的概念

权力(power)问题一直是我们这个时代的敏感问题，权力是什么？权力从何而来？权力的作用是积极的还是消极的？怎样正确、高效地发挥权力的作用？这些问题与我们每个普通人的命运休戚相关。

权，繁体字为"權"，从木从雚，本义是黄花木，不易变形，可做秤之杆、锤之柄、挂之杖，引申为衡器。后来"权"再引申为两种含义：一是衡量审度的意思，如孟子说"权，然后知轻重"；二是指制约束别人的能力，如管子说："欲用天下之权者，必先布德诸侯。"

对权力的理解众说纷纭，国内政治学者有人认为"权力是根据自己的目的去影响他人行为的能力"，有人认为"权力是主体基于对特定资源的支配而使相对人服从并使相对人

---

① 张向前. 领导应当学会授权艺术——从诸葛亮不善授权说起[J]. 管理科学文摘，2003(3).

的不服从丧失正当性的作用力"，有人认为"权力是特定主体将他的意志强加于他物使之产生一种压力，进而服从的一种能力"，也有人认为权力是"一个人根据自身的需要，影响乃至支配他人的一种力量""权力是一种关系范畴，是一种强制性力量"。领导学强调权力是领导者为实现组织目标，在实施领导的过程中而对下属实行的强制性影响或制约力。管理学中权力指一定的社会主体，为了达到一定的目的，通过一定的方式支配或制约客体的一种现实能力。法理学中把权力定义为国家凭借和利用对资源的控制，以使社会上的公民法人或者其他组织服从其意志的一种社会力量和特殊影响力。

西方学者对于权力的理解，大致可以归纳为以下几种。

(1) 以德国社会学家、政治经济学家马克斯·韦伯为代表的"能力说"。韦伯认为，权力"是一个人或一些人在社会行为中，甚至不顾参与该行为的其他人的抵抗而实现自己意志的机会""是把个人的意志强加在其他人的行为之上的能力"。[1]罗伯特·比尔施太特认为，"权力是使用武力的能力，但不是它的实际使用，是应用制裁的能力。"[2]他们把权力视为一种惩罚或强制的能力。

(2) 以英国思想家伯特兰·罗素为代表的"预期说"。罗素认为，权力是"预期效果的产生"。英国的另一位政治哲学家托马斯·霍布斯也认为，权力是"获得未来任何明显利益的当前手段"。[3]美国纽约大学社会学教授丹尼斯·朗则认为，权力是"对他人产生预期和预见效果的能力"[4]。

(3) 以恩格斯为代表的"力量说"。恩格斯认为，国家是阶级矛盾不可调和的产物，是经济上占统治地位的阶级进行统治的，是凌驾于社会之上而且日益与社会脱离的特殊力量。国家权力则是统治阶级利用的工具。法国管理学家法约尔明确指出，"权力是下达命令的权力和强迫别人服从的力量"。

(4) 以美国学者詹姆斯·麦格雷戈·伯恩斯为代表的"关系说"。他认为"权力是人之间的一种关系"[5]。

(5) 以美国社会心理学家克特·W.巴克为代表的"控制说"。他认为权力是"在个人或团体的双方或多方之间发生权益冲突或价值冲突的形势下执行强制性的控制"。[6]

权力内涵梳理后可以看出尽管表述上各有千秋，但可以归纳出权力要素：第一，权力的基本要素是权力行使方和权力接受方，也即权力主体与权力客体。权力总是存在于权力主体和权力客体的相互作用之中。权力主体是占据主导地位、起主导作用的要素。第二，权力的核心要素是以某种形式潜藏着或显示出来的力量。无论什么形式的权力，都体现了权力主体的一种影响力、控制力或强制力。"权"是其外在形式，其蕴含的最本质的东西则是"力"。第三，权力要素中还包括命令服从关系。权力总是发生在相关的人与人之间，一群互不相关的人之间不存在权力。第四，权力一般与资源的控制和利用有关。权力资源是权力主体用于影响权力客体行为的手段，权力资源多种多样，包括财富、报酬、奖金、

① 马克斯·韦伯. 马克斯·韦伯文选[M]. 北京：牛津大学出版社，1964：180.

② 丁一凡. 权力二十讲[M]. 天津：天津人民出版社，2008：311.

③ 李剑宏. 王权论[M]. 北京：社会科学文献出版社，2009：108.

④ 丁一凡. 权力二十讲[M]. 天津：天津人民出版社，2008：311.

⑤ 陆德山. 认识权力[M]. 北京：中国经济出版社，2000：48.

⑥ 吴振钧. 权力监督与制衡[M]. 北京：中国人民大学出版社，2008：4.

人力，甚至信息垄断。

通过对各种有关权力定义的考察及对权力所包含要素的分析，本书认为权力是个人或群体控制或影响他人活动的能力。假如 A 能够影响 B 的行为，使 B 做出在其他情况下不可能做的事情，我们就说 A 对 B 拥有权力。此定义不仅点明了权力主体与权力客体之间的影响和制约关系，而且说明这种关系必须从权力主体所具备的支配能力中体现出来。因此，它涵盖了"权力"最基本的要素，揭示了权力的本质。

二、权力的本质

权力是某些人对他人产生预期效果的影响力，因此权力不仅限于国家权威机构所集结起来的权力，也包括私人部门中的以及日常生活中的各种各样的权力，还包括在人的社会地位势差中所形成的一切力量。举一个极端的例子，在幼儿园中，幼儿感受到了老师对他们的影响力，进而有一些幼儿选择了争宠老师的举动，以争取老师给他们的愉悦及化解老师影响力给他们带来的心理压力，或者改变老师支配力的方向。老师的影响力是一种权力，幼儿围绕这种权力而开展幼儿之间利益争夺的活动。推而广之，我们就会发现，在社会生活的每一个领域，甚至在人们开展互动的每一个社会事项中，都包含着围绕结构化的或尚未结构化的权力而开展的活动。

影响力概念的界定，观点甚多，美国政治学学者罗伯特·A.达尔及杰克·奈格尔的影响力理论最有利于考察权力与影响力之间的关系。他们认为影响力是行动者之间的一种关系："一个或更多行动者的需要、愿望、倾向或意图，影响另一个或其他更多行动者的行动，或行动倾向。"影响力是一种"力"，即力量的力，而非技术性、技巧性的能力，它具有发生一定作用的能量，通过"力"的作用能够使作用对象的存在方式或运动轨迹发生改变。影响力之所以是"力"，是因为它有特定的"资源"，或者说是能量基础，如物质的金钱、土地，精神的名誉、地位等。

从影响力视角解读权力，可以看出：首先，权力是一种特殊形式的影响力，具备影响力所应当包含的最基本形式要件和最基本的内容。其次，作为权力的影响力还需附带条件：A 的权力行为使 B 不得不服从并付之于行动，否则就会被制裁或有被制裁的威胁。第三，权力与影响力的实质区别只是"度"的问题，即当影响力在强制性方面达到及超出某一"度"(界限)——制裁或制裁的威胁，则可称该影响力就是权力，在不严格区分语义的情况下，可以将影响力与权力互换使用。

三、权力的来源

那么组织中的权力从何而来呢？美国学者弗兰奇(John French)和雷文(Bertram Raven)认为权力主要有五种来源。

1. 强制性权力

强制性权力(coercive power)通常指组织中的权力主体(A)对权力客体(B)进行惩罚和制裁的能力。例如，管理者对被管理者进行规劝、训导、批评甚至警告，就是在使用强制性权力。对于权力客体来说，强制性权力大多数情况下是以威胁、警告的形式出现的，因此强制性权力是一种建立在权力客体对权力主体的畏惧感基础上的权力，这种权力的大小取决于权力主体能够对权力客体造成多么严厉的惩罚。例如，雇员接受老板增加工作时间的不合理要求，是因为害怕会失去来之不易的工作；下级不得不硬着头皮去处理上级交办的棘手难题，是因为害怕被降级或者停职；有些下属对上司的违法行为睁一只眼闭一只眼，是害怕揭发后遭到打击报复。在所有权力的来源中，强制性权力是被经常使用的一种权力，同时也是最容易受到谴责和最难以控制的权力。

2. 奖赏性权力

奖赏性权力(reward power)与强制性权力相反，指权力客体服从权力主体的指示，权力主体能够给予权力客体奖励的能力。在组织中，领导者控制着褒奖、加薪、奖励、升职、休假、安排有意义的工作、分享信息，这些方面都是领导者拥有奖赏性权力的表现。强制性权力与奖赏性权力实际上是一组相对的概念，如果你能够剥夺他人的有价值的东西，那么你对他就拥有了强制性权力；如果你能够给他人带来利益，你就对他拥有了奖赏性权力。

3. 法定性权力

法定性权力(legitimate power)是通过组织的正式层级结构获得的权力，就是前面提到的职权。法定性权力实际上包含了强制性权力和奖赏性权力，但是法定性权力的范围比强制性权力和奖赏性权力更加宽泛。例如，公司总经理拥有向董事会汇报公司经营状况的权力，一般不能由其他角色越俎代庖；学校里职能部门报销票据，必须由部门主管签字，否则财务部门不会兑现。法定性权力来自人们之间形成的契约(包括正式的书面契约和非正式的心理契约)，因此在行使法定性权力的时候，领导者单方面自以为是地认为自己拥有影响下属的权力是不够的，法定性权力需要得到下属的接受和认可，否则就有可能造成对权力的误用或滥用。

4. 专家性权力

专家性权力(expert power)来自专家和技术人员的专业知识、专长和专业技能。例如，当组织遇到资金困难，急需筹措资金的时候，管理者首先想到的往往是咨询财务总监，因为他最熟悉财会知识、最了解组织的财务状况；当组织的网络运行不畅，人们会立刻向组织的网络管理员求助，因为他们掌握计算机和网络知识，懂得如何解决类似问题。由于社会分工越来越细，专业化程度越来越高，人们在完成工作的过程中几乎无法完全离开专家的帮助，因此，诸如网络工程师、会计师、营销策划专家、理财顾问、心理咨询师等新兴职业的从业者，都因为他们掌握的知识和技能获得了影响人们工作和生活的权力。

5. 参照性权力

参照性权力(referent power)是一种基于对理想人格的崇拜和对崇高品格的敬仰而形成的权力，因此有时也被人称为个人魅力(charisma)。例如，有些公司不惜花费上百万元邀请电影明星为其产品做广告，就是因为看中明星的个人魅力有可能说服观众使用其代言的产品。同样，组织中某些领导者认真负责、敢于冒险、感觉敏锐、自信大度，这些个性特征都可能成为受到下属尊敬的个人魅力，成为参照性权力。

在上述五种权力的来源中，强制性权力、奖赏性权力和法定性权力属于组织赋予的正式权力，而专家性权力和参照性权力属于个人拥有的非正式权力。在组织中，正式权力是领导者开展工作的基本条件，这三种权力保证领导者的命令能够得到下属的服从。但是，如果领导者过分依赖正式权力，就会出现"两面派"现象：有领导监督的时候就认真工作，没有监督的时候就偷懒。因此，要成为一位出色的领导者，必须学会更巧妙地运用自己的非正式权力，用专业知识、特殊技能、个人魅力、高尚品格去影响下属，只有这样才能够得到下属发自内心的跟随和拥护。

四、正确授权

授权(delegation)就是领导者将权力授予下属，让下属代表领导者处理某些工作。值得注意的是，还有一个与此类似的概念是分权(decentralization)，指将领导者的一部分权力分配给下属。两者的区别主要在于，授权的本质是领导者将工作任务交给下属完成，不管下属完成得好不好，领导者都必须承担责任；而分权的本质是权力的转移，分权后下属将对任务完成的结果负直接责任。

现代组织面临着异常复杂多变的环境，领导者面对的问题也往往千头万绪，每个领导者的精力、能力都是有限的，他们没有分身术，无法大包大揽地解决所有问题，因此学会正确地向下属授权是领导者的基本技能。

现代组织的领导者应当吸取诸葛亮的教训，其实，领导者向下属授权对组织来说有很多好处。首先，授权有利于减轻领导者的工作负担，让领导者从繁杂的日常事务中解脱出来，弥补领导者个人在管理中的精力和能力的不足，使领导者能够集中精力做好战略性决策；其次，授权有利于调动和发挥下属的工作积极性和创造性，充分挖掘和发挥下属的管理才能，满足下属参与管理、参与决策的需要；再次，授权有助于培养下属的管理意识、提高下属的管理水平，为组织发现和培养管理人才创造条件；最后，授权还有利于促进垂直沟通，在组织中形成相互信赖、相互理解的上下级关系。

尽管授权很重要，但并非每个领导者都会授权，有时授权不当比不授权造成的后果更加严重。正确的授权应当遵循以下原则。

1. 目的性原则

授权是让下属分担领导者的工作任务，因此领导者在授权之前必须对自己的职责(responsibility)进行科学的分解，确定哪些能够交给下属代行，哪些必须由自己亲自执行。对那些能够交给下属执行的任务，领导者必须明确告诉下属这个任务的目的是什么，如何才能够达到目的，衡量任务完成的质量标准是什么，以及顺利完成任务以后会得到什么奖励。

2. 自担责任原则

领导者授权时，把职责分派给下属，但不能把最终的责任(accountability)也同时转嫁给下属，不管下属任务完成得好还是不好，领导者都要准备为此承担责任。因此，授权后领导者应当对下属行使权力是否得当进行有效的监控，认真听取下属的汇报，在下属不能够正确行使赋予权力的时候应当及时收回权力。

3. 责权对等原则

授"权"的过程就是授"责"(职责)的过程。授权要避免发生下属"有权无责"或者"有责无权"的现象。权大责小，容易造成下属不负责任，滥用权力；权小责大，下属就难以开展工作，无法完成任务。因此，授予多大的权力，就必须承担多少职责；要承担多少职责，就应该授予多大的权力，权力与职责应当对等。

4. 择人授权原则

授权能否取得成功，很大程度上取决于下属的成熟度。因此，领导者应当认真观察、培养和考验下属的品格、能力和个性，选择那些品格端正、值得信赖、综合能力强的下属逐步授予权力，而对于那些未能够很好运用赋予权力的下属，应当逐步缩减或收回赋予的权力。总之，对于不同成熟程度的下属，应当采用不同的授权策略。

5. 正式性原则

授权必须当众进行，这样赋予下属的权力就能够被他人确认，从而可以避免在今后的工作中出现程序混乱以及其他人"不买账"的现象。在授予某些重要权力的时候，甚至需要以批件、授权书、委托书、备忘录等书面形式进行确认，使授权双方以及其他人都明确权力和职责的转移。

6. 统一指挥原则

一个下级只从一个领导者那里接受分派的权力和职责，并且只对这个上级负责。如果一个下级接受多人领导，从不同的上级那里接受命令，就会出现"一仆难伺二主"的尴尬局面。

第二节　权术与组织政治行为

一、权术

权术(power tactics)一般被认为是人们使用权力影响他人的策略。当你拥有了某些权力，权力本身不会自动地发挥作用，领导者应当依据某些策略行事，才能发挥这些权力的作用。值得注意的是，在汉语文化背景中，"权术"一词含有非常明显的贬义，常与争权夺利、钩心斗角、尔虞我诈、满足私欲联系在一起，但在组织行为学中我们讨论运用权力的策略时，这个概念是一个中性概念。

韩非是战国时代韩国的贵族，法家思想的集大成者。他通过对法家前辈思想的研究和总结，形成了完整的法家思想体系。他的法术势之道被历代君主视为治世之宝。《韩非子》一书也被奉为经典之作，影响着中国两千多年的历史进程。

韩非研究权术理论的直接起因则是为了处理当时混乱不稳的君臣关系，对荀子的性恶说进一步发展并提出人性假设：贪生怕死；趋利避害；好逸恶劳；自私自利；欺软怕硬；党同伐异。在他看来，这个世界人人自危，毫无真情可言。为了在这个弱肉强食的世界上生存下来，只怀着一颗孔孟所称许的"仁""爱"之心是远远不够的，必须学会与他人打交道的能力，还必须学会另一套本领，这就是韩非所阐述的权术理论。

韩非认为，术是权力的应用。"术者，因任而授官，循名而责实，操杀生之柄，课群臣之能者也，此人主之所执也"（《定法》），即术是根据能力授予官职，承担相应的职责。掌握生杀大权，考核臣子的绩效。

韩非认为管理的手段有两种,即赏和罚:"明主之所导制其臣者……刑德也。杀戮之谓刑,庆赏之谓德。为人臣畏诛罚而利庆赏,故人主自用其刑德,则群臣畏其威而归其利矣。"(《二柄》)做臣子的害怕刑罚而贪图奖赏,所以君主亲自掌握刑赏权力,群臣就会害怕他的威势而追求他的奖励。可见,赏、罚是管理的手段。

二、组织政治行为

1. 组织政治行为的定义

马克斯·韦伯在 1947 年就将政治引入了组织学的研究,提出了组织政治的思想,但是没能明确概括出一个概念。彭斯(Burns)在 1961 年提出了"微观政治"的概念,即组织成员通过运用某些行为活动来使自己在组织的竞争中占据有利地位,自此,开启了关于组织政治学的研究。许多学者们都试图对组织政治进行定义,但是至今仍然没有一个统一的共识。

一般来说,组织政治的定义可以包括以下几个层次:精心设计的未被组织批准的策略性行为,目的是追求最大化的个人利益;为了获得个人权力,从而控制或影响组织的决策制定或利益分配;可以与其他个人或者团体的利益相一致,也可能相违背;一系列的社会性行为,可以有效地增进组织基本功能的一种工具。

我们一般把组织政治行为定义为:组织成员在自己的正式角色所要求的行为之外,运用自己的权力对组织中其他成员(上级、同事或者下级)产生影响,以便能够使自己在组织决策和组织资源分配中获得利益的活动。这个定义表明,首先,组织政治行为不在组织成员正式职责要求的范围内。因此,组织政治行为的内容一般是组织规章制度中没有规定的。正是由于组织政治行为的这种特性,国内的学者又将组织政治行为所遵循的规则称为"潜规则"。其次,组织政治行为的主要途径是运用权力或影响力对他人产生影响。这种影响有可能符合组织规范,也有可能不符合组织规范,有可能符合道德,也有可能是不道德的。第三,组织政治行为是为自己或自己所隶属的群体争取利益。

在组织中,政治行为是一种普遍存在的事实,在权力划分、资源分配、绩效评估、职位晋升、工资提升的过程中,无不隐藏着政治行为的身影。组织是由具有不同价值观、目标和利益的个人和群体组成的,这些个人和群体必然存在对资源的潜在冲突,这些潜在冲突就是组织中政治行为的根源。

2. 组织政治行为的类型

加拿大管理学家亨利·明茨伯格(Henry Mintzberg)研究了组织政治行为的主要表现形式,总结出 13 种组织中常见的政治行为,如表 12-1 所示。尤其值得我们注意的是,由于受到中国传统文化和多年"单位"组织形态的影响,国内组织内部的政治行为往往表现出浓厚的"中国特色"。例如,儒家世界观和伦理观是政治行为的基础,人情和面子在政治行为中发挥着重要作用,"官本位"仍然是很多政治行为的基本准则等,这些研究还处于起步阶段,有待进一步深入探索。

表 12-1　组织政治行为的 13 种类型[1]

行为名称	主要参与者	内容和使用目的
叛乱	大型雇员群体(无须技能)，有时是个别专业技术人员	自下而上，反抗合法权威
平息叛乱	高级管理者	自上而下，平息对合法权威的反抗
寻找靠山	任何下属、下级，通常是低层管理者、单个员工或年轻的专业技术人员	攀附、依靠高层管理者，依靠上级的权威建立权力基础
建立同盟	基层管理者、专家	与同事建立同盟关系，依靠同事建立权力基础
建立"独立王国"	基层管理者	笼络下级，依靠下属建立权力基础
抢占资源	基层管理者	从组织中争夺尽可能多的资源，依靠资源建立权力基础
依仗专业技能	专家、技术工人	依靠真或假知识和技能建立权力基础
展示权威	在拥有权力的职位上的人	依靠向下属发号施令、展示权威(特别是通过科层制获得的权威)建立权力基础
直线管理者与参谋人员(Advisor)	直线管理者与参谋人员，直线部门与职能部门	直线管理者熟悉日常管理，参谋人员期望操作流程优化、规范化，双方都希望击败对手获得更大的权力
不同竞争阵营的对垒	任何同盟或"独立王国"之间	更像是不同营垒之间的战争，常发生在利益冲突的不同部门之间(如市场部与销售部)，双方都期望击败对手
战略候选人	基层管理者、专业人士和操作员、基层管理者、首席执行官	不同人员和群体找到特定的人代表自己的利益(就像选举中的候选人)，通过支持这些人的观点影响组织决策和变革
散布谣言	基层雇员	一种短暂、简单的政治手段，如诋毁、造谣、揭短、中伤
冲动和攻击	较高层管理者/职员，有时是专业人员	希望通过挑战权威、彻底改变组织战略、替换意识形态、铲除领导阶层来对组织进行变革

　　20 世纪 70 年代以前，大多数管理学学者在提到组织政治行为时，都强调它的负面影响，认为组织政治行为从一开始就代表着组织生活的非理性和阴暗的一面，它使人们偏离组织任务目标，甚至有人认为组织政治是"组织的最后一个肮脏的秘密"。这种看法在进入 20 世纪 80 年代以后发生了改变。艾伦·曼迪逊(Allen D.L Mandison)则认为组织政治行为是一把双刃剑，既有积极的一面，也有消极的一面，管理者有能力鉴别某种组织政治行为对组织到底是有利还是有害。

3. 引发组织政治行为的因素

　　组织政治行为并非在每个组织中都很活跃，组织政治行为往往发生在特定条件下，斯蒂芬·P. 罗宾斯将引发组织政治行为的因素归纳为两类。

　　(1) 个人因素。从个性特征和需要出发，我们会发现不同的人会选择使用不同的途径

---

① 亨利·明茨伯格. 组织的政治竞技场(上)[J]. IT 经理世界，2001(10).

解决遇到的人际问题,有些人习惯采用职务规定的正式途径,另一些人喜欢采用政治行为。例如,那些喜欢专制的、热爱冒险的或者相信能够控制自己命运(内控者)的人往往更喜爱采用政治行为,那些权力需求较高的人(即所谓马基雅维利主义者)更愿意控制和操纵他人。因此,为了自己的利益或所属群体的利益,他们会心安理得地玩弄政治手腕。

(2) 组织因素。组织政治行为的产生更有可能与管理情境、组织文化有关。例如,当一个组织资源趋于紧缺,现有的资源分配模式发生变化或存在晋升机会时,往往容易引发政治行为。再有,当组织文化具有如下特征:组织内部信任度低、角色模糊、绩效评估标准不明确、采用零总和报酬模式、民主化决策、以高压手段追求高绩效、高层管理者自私自利,那么这样的组织往往会成为滋生政治行为的温床。

值得注意的是,中国传统文化中包含有浓厚的权谋文化,从先秦时代的《商君书》到近代的《厚黑学》,从《三国演义》中的国家智斗到《红楼梦》中的家族计谋,都是权谋文化的体现。权谋文化为组织带来了更多、更复杂的政治行为。当前,权谋文化并不因时代进步和组织发展彻底被人遗忘,相反,它以不同方式继续吸引着人们的注意。

本 章 小 结

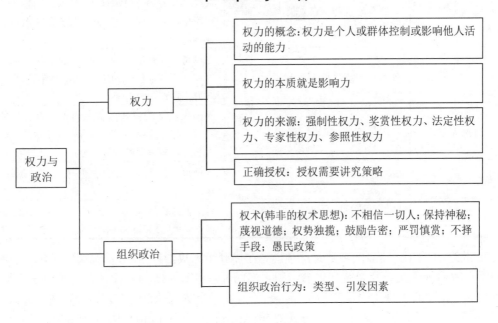

习　　题

一、思考题

1. 对你来说,什么是权力?权力与领导有什么区别?

2. 你认为管理者应当如何在工作中影响他人?

3. 权力与组织政治有什么关系?

4. 你发现过组织政治行为吗?你怎样看待组织政治?你认为哪些因素导致了组织政治

行为？

5. 除了本章提供的三个标准，你认为哪些标准能够判别权力的运用是否符合道德？

二、案例分析题

华为的"干部改进作风8条"

华为在反思干部的责任和使命时不遗余力，要求华为人践行和传承公司文化和价值观，以文化和价值观为核心，管理价值创造、价值评价和价值分配。特别是管理者，要带领团队持续为客户创造价值，实现公司商业成功和长期生存。为此华为提出干部改进作风8条。

(1) 我们决不搞迎来送往，不给上级送礼，不当面赞扬上级，把精力放在为客户服务上。

(2) 我们决不动用公司资源，也不能占用工作时间，为上级或其家属办私事。遇非办不可的特殊情况，应申报并由受益人支付相关费用。

(3) 我们决不说假话，不捂盖子，不评价不了解的情况，不传播不实之词，有意见直接与当事人沟通或报告上级，更不能侵犯他人隐私。

(4) 我们认真阅读文件、理解指令。主管的责任是胜利，不是简单地服从。主管尽职尽责的标准是通过激发部属的积极性、主动性、创造性去获取胜利。

(5) 我们反对官僚主义，反对不作为，反对发牢骚讲怪话。对矛盾不回避，对困难不躲闪，积极探索，努力作为，勇于担当。

(6) 我们反对文山会海，反对繁文缛节。学会复杂问题简单化，六百字以内说清一个重大问题。

(7) 我们决不偷窃，决不私费公报，决不贪污受贿，决不造假，我们也决不允许我们当中任何人这样做，要爱护自身人格。

(8) 我们决不允许跟人、站队的不良行为在华为形成风气。个人应通过努力工作、创造价值去争取机会。

请分析华为有关干部的行为规定是否合理。

三、管理技能训练

1. 在你所处的组织中，产生组织政治行为的最主要原因是什么？如何识别办公室政治？
2. 权术与组织政治行为有什么关系？

【推荐阅读书目】

[1] 樊峰宇. 公司政治[M]. 北京：中国纺织出版社，2004.

[2] 詹姆斯·菲舍尔. 权力没有过错[M]. 张云峰，等，译. 北京：京华出版社，2006.

[3] C. 赖特·米尔斯. 权力精英[M]. 李子雯，译. 北京：北京时代华文书局，2019.

[4] 杰弗瑞·菲佛. 权力：为什么只为某些人所拥有[M]. 杨洋，译. 杭州：浙江人民出版社，2015.

[5] 曾仕强. 中国式管理[M]. 北京：中国社会科学出版社，2005.

第十三章

领导及领导理论

学习目标：

理解领导的含义、作用和本质；正确区分领导与管理；了解主要的几种领导理论及其发展趋势；掌握领导的艺术。

主要概念：

领导(leadership)　管理方格理论(managerial grid theory)　费特勒模型(fiedler contingency model of leadership)　领导生命周期理论(life cycle theory of leadership)　路径-目标理论(path-goal of leadership)

> **【专栏 13-1】　乔布斯的领导力**
>
> 他，从白手起家创办公司引发个人电脑行业革命，成为声名显赫的"计算机狂人"，到被迫黯然离开自己的公司进行二次创业，而他重新创立的公司，是世界上最成功的电脑制作公司，制作了世界上第一个用电脑完成的动画电影——《玩具总动员》。随后他临危受命，带领濒临崩溃的公司摆脱危机，一路高歌猛进，用 iPod 超越 MP3 的鼻祖——索尼，用 iPhone 甩掉手机霸主诺基亚，用 iPad 挑战 IT 巨人微软和英特尔。当他辞去 CEO 的时候，公司股价立马下跌 5%，市值蒸发掉 180 亿美元。从 1997 年乔布斯回到苹果到 2011 年 8 月因病辞任苹果 CEO，在大约 14 年的时间里，苹果从一家即将倒闭的企业脱胎换骨，成为全球市值最高的企业，市值也从 1997 年的不到 40 亿美元到他辞世时的 3428 亿美元(现在则超过 5000 亿美元)，增加了近 90 倍。一个改变世界的人，除了乔布斯，还有谁可以做到这一点？
>
> 请问：你如何评价乔布斯的领导力？

第一节　领　导　概　述

一、领导的概念

关于"领导"的含义，历来众说纷纭。"领导"从词性上看，既可以作名词，也可以作动词。作名词理解时即指领导者(leader)或领导(leadership)，作动词理解时为 lead，至今没有一个统一的定义，可谓见仁见智。诸如领导是使别人服从的艺术，是对别人影响力的施加，是通过权力实现目标的手段等。许多著名的管理学家也对领导做了不同的定义。

泰勒(Frederick Winslow Taylor)：领导是影响人们自愿努力以达到群体目标所采取的

行动。

孔茨(Harold Koontz)：领导是促使其下属充满信心、满怀热情来完成任务的艺术。

凯利(John R. Kelly)：领导是为了帮助团体达到一定的目标。

戴维斯(Davis)：领导是一种说服他人热心于某一目标的能力。

阿诺德(Arnold)和菲尔德曼(Feldman)：领导是一个影响过程，包括影响他人的一切活动。

以上这些说法都是从不同角度看待领导的本质。从领导的形式上看，领导是组织赋予领导者的职位和权力，是一门领导者通过运用这些法定的权力促使下级以高度的热情和信心来完成他们任务的艺术。从领导的实质来看，领导是一种影响力，即领导通过其影响力来影响追随者的行为以达到组织目标。影响力是一种追随，是一种自觉，是一种认同，是非制度化的。从本质上说，领导是对下属施加影响，使下属自觉地为实现组织目标而努力的过程。而领导者则是指实施领导活动的个人。在理解领导的概念时，要把握以下几点。

(1) 领导是领导者发挥影响力的过程。领导的作用在于能带动、激励下级为完成组织任务而积极努力地工作，这不仅要靠领导者手中权力的强制力，更重要的是通过影响力去影响下级积极工作。

(2) 领导是以正式的职位和权力为前提的。在组织中，有些人虽然没有正式的职位和权力，但能左右和带动一部分人。这就是这些人的影响力在发挥作用，但这种作用只能够称之为影响，而不能称之为领导。

(3) 领导与领导者是有联系和区别的两个概念。领导本身就是一个外来语，在英语中领导指领导活动，而领导者则指从事这些领导活动的人。在我国，无论在理论上还是在实践上对领导和领导者都没有作明确的区分，二者混用的现象十分普遍。我们认为，将领导作为一种管理职能来看待，把领导和领导者从理论上作一个区分是必要的。

(4) 领导必须有部下或追随者。领导者不是孤立存在的，如果想知道你是不是在施行领导，只要看一看有没有什么人跟随着你即可。领导拥有影响追随者的能力或力量。这种能力或力量，来源于组织赋予领导者的职位和权力，也可能来源于领导者个人所具有的品格魅力或专业技能。

二、领导的职能和作用

一个组织要实现组织目标，要领导有方，管理有效，就要明确领导的职能：确立共同愿景，确定经营方向，打造团队，鼓舞士气。领导者在影响他人以实现预期目标的过程中，起着指导、协调和激励的作用。

1. 指导作用：确定愿景和经营方向

高瞻远瞩的领导者可以帮助人们认清所处的环境，提出明确的目标和实现目标的途径，指导组织各项活动的开展。例如，指导下属制定具体的目标、计划，明确各自的职责，制定规章制度，引导组织及成员认识和适应环境变化。

愿景是组织永远为之奋斗希望达到的图景，它是一种意愿的表达，愿景概括了一个组织的未来目标、使命及核心价值，是领导中最核心的内容，是组织最终希望实现的图景。它就像灯塔一样，始终为组织指明前进的方向，是组织的灵魂。领导中的愿景同管理中的计划是不同的，前者注重长远、战略性的，后者注重近期、策略性或占属性的。

企业所处的环境是极端复杂的，同时又瞬息万变。此种情况下，制订长期计划就显得不够现实。因为制订长期计划要花费大量的人力物力，耗时长久，而一旦出现意外，又得重来，实在得不偿失。这也是多数成功企业对其计划活动的时间范围加以限制的原因。

2. 协调作用：打造团队

领导者虽然为其追随者指明了奋斗的目标，但由于组织成员在能力、态度、性格、地位等方面存在差异，加上各种外部因素的干扰，不可避免地出现思想上的分歧和行动上的偏离。因此，需要领导者来协调人们之间的关系，朝着共同的目标前进。

3. 激励作用：鼓舞士气

组织成员在向领导所指明的目标奋斗的过程中，难免会遇到困难或挫折，影响工作热情，这就需要领导者以高超的领导艺术诱发下属的事业心和献身精神，加强他们积极进取的动力。在现代企业中，员工特性具有多面性，既有工作积极主动、热情的一面，也有懒惰、无组织、不服从管理的一面，需要采取不同的激励手段和措施。

三、领导与管理的区别

对于领导与管理的关系一直是一个有争议的话题。有的说领导包括管理，有的则主张管理包含领导，有的甚至将管理与领导等同起来。

> **【专栏 13-2】帅与将**
>
> 上常从容与信言诸将能不，各有差。上问曰："如我能将几何？"信曰："陛下不过能将十万。"上曰："於君何如？"曰："臣多多而益善耳。"上笑曰："多多益善，何为为我禽？"信曰："陛下不能将兵，而善将将，此乃言之所以为陛下禽也。且陛下所谓天授，非人力也。"(《史记·淮阴侯列传三十二》)
>
> 请问："将将"与"将兵"有什么区别？

我们认为在广义上说，二者是等同的，在狭义上说，则有本质的内涵区别。从本质上说，管理是建立在合法的、有报酬的和强制性权力基础上的对下属命令的行为。而领导则是可能建立在合法的、有报酬的和强制性的权力基础上，也可能更多的是建立在个人影响权和专长权以及模范作用的基础上，且两者所担负的工作内容不同。领导，主要是指统率、指引一个相对独立的组织，领导的目标就是确定整个组织的奋斗方向、共同愿景。而管理则是指对于某个组织进行指挥、控制、监督、反馈等工作，它是领导活动的分支，是领导活动的具体化，如人事管理、物资管理、财务管理等。领导是管理活动的进一步抽象，它强调的是处理人与人之间、人与事之间关系的艺术，而管理则强调处理人与物、物与物之间关系的技巧。常言道：大海航行靠舵手。领导者作为企业的领头人，就要担负起舵手的职责，为企业的未来发展指明方向。管理者可以不考虑企业的明天，而只把今天的事情安排得井井有条。这样的管理者应该说是做好了自己的工作：维持企业良好、高效地运转。但领导者不同，他要为企业的明天负责。他必须保证企业在未来的生存与发展。为此他要像舵手一样，密切关注周围形势，不断协调各种因素，同时保证企业的前进方向。

《易经》中乾卦和坤卦的差异说明领导者与追随者(管理者)的区别，如表 13-1 所示。

表 13-1　乾卦和坤卦的内涵差异

乾　卦	坤　卦
象曰："天行健，君子以自强不息"，即：乾象征着天或阳，君子处世也应像天一样，刚毅图强，永不停息。 卦辞："元亨，利贞"，即：原始、发展、成熟、收藏四个阶段	象曰："坤厚载物，德合无疆"，即：坤象征大地，包容、滋生万物。 卦辞："元亨，利牝(pìn 雌)马之贞"，即：初始顺利，应像母马那样温顺。执着地追求正道，才能够吉祥
乾卦是领导，阳的极致、刚健，虽有开拓的本领，但缺守成的功夫，因为性格阳刚而成事，也因此而败事	坤卦是追随者、管理者，得者应顺从、谨言慎行才无过失，寻找明主等待时机，一旦得势可成就大业

尼克松说："伟大的领导是一种特有的艺术形式，既需要超群的力量，又需要非凡的想象力。"领导必须能说服、感化下属为后天的目标而努力，而管理者主要用道理来说服，较少用感情来感化。

领导者必须考虑长远的、宏观的目标，必须考虑明天、后天应该做些什么。管理者可以只为今天的、短期的目标而工作。领导者确定目标，给下属解释、灌输目标，并借此激发出力量；管理者则控制着指使别人的权力。管理者失去了权力，也就失去了指挥他人的基础，但是，失去权力的领导者，照样拥有深远而广泛的影响力。

所以，领导是管理的灵魂，是管理的升华；管理是领导的基础，是领导的保证。领导者不一定是管理者，但管理者应该成为领导者。

四、正式领导与非正式领导

领导按其权威基础可分为正式领导和非正式领导。

1. 正式领导

正式领导是指领导者通过组织所赋予的职权来引导和影响所属员工实现组织目标的活动过程。正式领导的主要功能是带领下属员工完成组织任务，实现组织目标。包括确定目标与使命，建立组织机构，制定工作程序，授权下属承担各自的任务，对下属进行奖励，沟通上下关系等。

2. 非正式领导

非正式领导是指领导者不是靠组织所赋予的职权，而是靠其自身特长而产生的实际影响力进行的领导活动。非正式领导的主要功能是满足组织中某些局部的、特殊的需要。例如，为组织提供情报资料或咨询，进行决策分析；借助于个人威望协调正式领导与下属的矛盾、正式领导成员间的矛盾，并帮助他人排忧解难等。

非正式领导者虽然没有组织赋予他的职位与权力，但由于其个人的条件优于他人，如知识丰富、能力超人、亲和力强、大公无私，或具有某种人格上的魅力，令员工佩服，因而具有实际的影响力，往往起到实际领导者的作用。

就组织目标的实现而言，非正式领导通常具有重要的影响作用，应引起高度的重视。如果他赞成组织的目标，则有利于员工执行组织的任务。反之，如果他不赞成组织的目标，则他也可能引导员工阻挠组织任务的执行。

3．正式领导与非正式领导的关系

(1) 正式领导者一般是工作领袖，非正式领导者往往是情绪领袖。

(2) 正式领导者和非正式领导者可以集于一身，也可以分离。

(3) 一个真正有作为的领导者，必须同时将工作领袖和情绪领袖两种角色集于一身。

4．正式领导者对待非正式领导者的态度和方法

一个有效的领导者，既要是正式的领导者，在组织结构中拥有法定的职位和权力，也要能对组织成员产生现实的由人格魅力带来的影响力，具有较高的被组织内部成员所接受的感情。但是，现实生活中的大量事实表明，大多数组织中的领导者并没有集正式领导者和非正式领导者两种角色于一身。这样，就必然涉及正式领导者如何对待非正式领导者的关系问题。正式领导者应借助于非正式领导者在组织中具有的实际影响力，为实现组织目标服务。如果非正式领导者的影响方向与组织目标相悖，就采取激励手段加以规范。

五、领导艺术

从领导理论来看，领导是一门权变的艺术，但不是"权谋"和"权术"，领导的核心是识人、用人，因此历来就有"一将无能，累死千军""得一人而得天下，失一人而失天下"之说。作为一个现代化的管理者，必须懂得领导艺术。

(一)领导艺术的概念

领导艺术是领导者运用管理理论解决实际领导问题的技能，是领导者在履行领导职责的活动中表现出来的具有创造性的技能和技巧，是领导者根据不同环境，结合个人特点对科学领导方法的具体运用，是领导者知识、才能、经验、风格、气质等因素的综合反映。

(二)领导艺术的特征

领导活动的复杂性和多变性，要求领导不仅要掌握科学的领导方法，而且要具体运用科学领导方法的技能和技巧。对于大量的、非程序化管理来说，领导艺术决定着管理成效。领导艺术具有鲜明的特点：实践性、科学性、创造性、灵活性，实践性是领导艺术的本质特征。

1．实践性

领导艺术是领导者把管理理论在实际领导活动中的具体应用，具有很强的实践性。脱离了实践性的领导艺术是纸上谈兵，毫无价值。

2．科学性

领导艺术是领导科学的组成部分，艺术性离不开科学性，否则就成为玩弄权术的伎俩。科学性也离不开艺术性，否则不能灵活解决复杂多样的领导难题。领导艺术有主观性，但不能脱离领导活动客观规律的制约，领导者对客观规律的正确运用就体现为领导艺术的科学性。所以，学习与掌握领导科学理论对提高领导艺术有重要意义。

3. 创造性

在现代社会里,领导所面临的问题日益复杂,要求领导者充分发挥主观能动作用,综合分析,提出解决问题的创造性设想。领导艺术是领导者在实践中对管理活动规律的创造性应用。

4. 灵活性

领导艺术不是按照规范化的程序去解决问题,而是根据不同的时间、不同的条件,灵活运用已有的经验和知识来认识和处理随机问题,需要领导者审时度势,随机应变。

第二节 领 导 理 论

以领导的本质和有效性为分类标准,当前的领导理论大致分为三类:领导特质理论、领导行为理论、领导权变理论或情境理论。

一、领导特质理论

(一)中国古代的领导特质理论

领导的本质是什么,如何进行有效的领导,一直是历代统治者关注的问题。中国远古时期的管理活动有史记载的传说有:盘古创始,女娲补天,后羿射日,大禹治水,有巢氏"构木为巢,以避群害",燧人氏"钻燧取火,以化腥臊",神农氏"木为耜,揉木为耒,教民耕作",伏羲氏"结绳而为罔罟,以佃以渔"等。《尚书·大传》记"三皇"为燧人、伏羲、神农,《白虎通》以伏羲、神农、共工为"三皇",《史记·五帝本纪》以黄帝、颛顼、帝喾、唐尧、虞舜为五帝。在"三皇时代",实行的是"父死子继,兄终弟及"的血统继位制,国家最高领导人在风姓家族中产生。约4000多年前,中国社会到了五帝时期,尧将部落联盟首领位置传给了德行出众的虞舜而不是自己的儿子。这种让位,历史上称为"禅让"。这是中国上古五帝所谓"公天下"时代产生部落联盟领导人的制度。

1. 道家的领导特质理论

对于人与万物的特质,庄子提出齐物论,他否定世俗分别之心,向往无差别的自由境界。他认为世间万物都是浑然一体的、平等的,并且处于不断相互生成和转化的过程中。因此,一切事物的本质归根到底都是相同的,没有什么差别,这是"齐物"。例如,人与动物是无差别的,生和死没有绝对的隔绝。在"齐物"的基础上可以推论,人也没有是非、美丑、善恶、贵贱之分,这是"齐论"。庄子认为,要达到无差别的精神自由之境,必须超脱世俗观念的束缚,忘掉物我之别,忘掉是非之辩,"存而不论,论而不议,议而不辩"。

老子提出"为而不争",是无为思想的具体应用。"上善若水。水善利万物而不争,处众人之所恶,故几于道"(《道德经》),即高尚的善像水一样,水处在众人讨厌的低洼处,居下不争,博大宽容,藏垢纳污。老子认为,领导要胸怀广阔,包容别人。"圣人执左契,而不责于人",圣人待人,就好像拿着借据的存根,而不向人索取。"圣人无常心,以百姓心为心。善者吾善之,不善者吾亦善之:德善。信者吾信之,不信者吾亦信之,德信"(《道德经》),即圣人没有固定不变的意志,而是以百姓的意志为意志。不论善良还是不善良的人,我都以善良对待他。这样天下人的品德都善良了。不论诚信还是不诚信的人,我都以诚信对待他,这样天下人的品德就都诚信了。"受国之诟,是谓社稷主,受国之不详,是谓天下王"(《道德经》)。老子认为,接受他人的缺点才能成为好的管理者。"天之道,利而不害。圣人之道,为而不争"(《道德经》),即天之道,是让万事万物都得到好处,而不伤害它们。圣人的行为准则,有所作为,但不要争强。

老子认为,好的领导者因为不争才没有人能争得过他们。"是以圣人欲上民,必以言下之;欲先民,必以身后之。是以圣人处上而民不重,处前而民不害,是以天下乐推而不厌,以其不争,故天下莫能与之争"(《道德经》),即圣人想出众,必定要使自己的言谈谦恭;若想领导他们,必定要将自身利益退置于众人之后。因此圣人虽居上,而民不觉其沉重;圣人虽居前,而民不以其为妨碍,天下人乐于拥戴他而不厌烦。因为他谦下不争,因而天下没有与他竞争的。"是以圣人后其身而身先,外其身而身存,非以其无私邪?故能成其私"(《道德经》),即因此有道的圣人遇事谦退,反而能在众人之中领先;将自己置之度外,反而能保全自身生存。这不正是因为他无私吗?所以能成就他的自身。可见,最好的领导是帮助下属获得成功,而不是与员工争功。

2. 儒家的领导特质理论

儒家思想是中国古代最有影响的学派,是中国传统文化的内核,也是维护封建君主专制统治的理论基础。儒家思想、君主专政制度构成了中国古代行政管理的两大主体内容。儒家提倡的品质核心是:仁、义、礼、智、信、恕、忠。

3. 兵家的领导特质理论

孙子认为,将帅是国家之辅助,辅助之谋缜密周详,则国家必然强大,辅助之谋疏漏失当,则国家必然衰弱,好的统帅要有"将者,智、信、仁、勇、严也"(《计篇》)。智是主将的智慧和谋略;信是对外能取得领导者和百姓的信任;仁是能够关心下属;勇是勇敢;严是坚定认真地执行部队的纪律。"故知兵之将,民之司命,国家安危之主也"(《作战篇》)。"故进不求名,退不避罪,唯民是保,而利于主,国之宝也"(《地形篇》)。进不谋求战胜的名声,退不回避违命的罪责,只求保全百姓,符合国君利益的将帅是国家的宝贝。《九地篇》:"将军之事,静以幽,正以治。"将帅考虑谋略要沉着冷静而幽邃莫测,管理部队则要公正严明而有条不紊。"故将有五危,必死,可杀也;必生,可虏也;忿速,可侮也;廉洁,可辱也;爱民,可烦也。凡此五者,将之过也,用兵之灾也。覆军杀将,必以五危,不可不察也"(《九变篇》)。即:将帅的缺陷有五种:死拼蛮干、贪生怕死、急躁易怒、廉洁好名、溺于爱民,也是用兵的灾难,对这样五种人才要注意识别。

(二)现代的领导特质理论(20世纪40年代以前)

阐述领导的最古老理论就是领导遗传理论。该理论认为,领导能力是遗传而来的。"领导人是天生的,而不是后天造就的",这句话涵盖了这一理论的全部内容。随着环境的变化,领导遗传理论无法解释不是领导的人为什么也能够走上领导岗位的问题。于是,二战后研究者开始将目光转向领导者身上的一些特殊素质,这些特质铸就了他们的成功。

斯托迪尔(R. M. Stogdill)把领导者的特质归纳为六大类:①身体特性,如身高、体重、外貌等；②社会背景特性，如社会经济地位、学历等；③智力特性，如判断力、果断性、知识广博精深、口才流利等；④个性特性，如自信、机智、见解独到、正直、情绪稳定、民主等；⑤与工作有关的特性，如高成就需要、愿意承担责任、工作主动、重视任务的完成等；⑥社交特性，如善于交际、喜合作、积极参加各种活动等。吉布(Gibb)(1969)研究认为，天才领导者应该具有七种特质：①善于言辞；②外表英俊；③高超智力；④充满自信；⑤心理健康；⑥支配趋向；⑦外向敏感等。美国学者对领导特质也进行了深入的研究，区分了领导者与非领导者的六项特质，如表 13-2 所示。

表 13-2　领导者的特质

进取心	领导者表现出高努力水平，拥有较高的成就渴望，他们进取心强、精力充沛，对自己所从事的活动坚持不懈，并有高度的主动精神
领导愿望	领导者有强烈的愿望去影响和领导别人，他们表现为乐于承担责任
诚实与正直	领导者通过真诚以及言行高度一致而在他们与下属之间建立相互信赖的关系
自信	下属觉得领导者从没有缺乏过信心，领导者为了下属相信他的目标和决策的正确性，必须表现出高度的自信
智慧	领导者需要具备足够的智慧来收集、整理和解释大量的信息；并能够确立目标、解决问题和做出正确的决策
工作相关知识	有效的领导者对于公司、行业和技术事项拥有较高的知识水平

【专栏 13-3】 宝洁(P&G)的 5E 领导力

宝洁公司认为领导力的要件可以概括为 5 个 E，它们是 envision(高瞻远瞩)、engage(全情投入)、energize(鼓舞士气)、enable(授人以渔)、execute(卓越执行)。

envision 更多是指一个领导者构筑愿景的能力，给整个组织指明方向，从而激发团队内心的激情。engage 是从人和资源两个角度，能够很好地将利益攸关者-员工、同事、客户、甚至老板，纳入自己的愿景，达成支持梯队。energize 是鼓舞团队的热情和士气，使团队始终保持在高昂的工作状态。enable 构建团队整体的能力，培训与教授，重在授人以渔。execute 是要率先垂范，亲身投入完美执行的推动，结果导向。

早期的领导特质理论假定成功的领导是天生的，这与事实不符。因为并非所有的成功领导者都具有所谓的领导特质，普通人也可能具备其中的大部分或全部特质。现代领导特质理论则认为领导的特质是在实践中形成的，是可以通过教育训练培养的。但不同的研究对哪些特质是领导特质、应达到何种程度的结论并不一致。

从 20 世纪 30 年代开始，人们逐渐发现这种理论的局限性，没有一种特质是成功的保证，因为人们很难找到领导者身上共有的个性品质。领导者的领导技能不是先天遗传的特有品质，而是可以通过后天学会的。于是，管理学者把研究的重点转向了领导行为上。

二、领导行为理论

由于领导特质理论的缺陷，使人们把研究的重点转到领导行为的有效性问题上，试图说明领导者之所以成功，是因为他们采取了正确的领导行为，而不是具有独特的领导特质，领导行为理论应运而生。

(一)中国古代的领导行为理论

1. 道家的领导行为理论

道家认为，管理者不要违背自然规律，胡作非为，"以辅万物之自然而不敢为"(《道德经》)，即辅顺万物的自然本性而不会妄加干预。"治大国，若烹小鲜"(《道德经》)。即治理大国像煎小鱼，不要频繁翻动导致破碎。唐玄宗注："烹小鲜者，不可挠，治大国者不可烦，烦则伤人，挠则鱼烂矣。"宋徽宗注："烹小鲜而数挠之，则溃，治大国而数变法，则惑。"

老子痛恨统治者扰民掠民。"民之饥，以其上食税之多，是以饥。民之难治，以其上之有为，是以难治"(《道德经》)，即百姓饥饿，是因为政府收税太多，所以饥饿；百姓难治，是因为政府太有作为了，所以难治。"民不畏威，则大威至"(《道德经》)，管理者用苛政暴刑来威慑下属，导致反抗作乱，那么可怕的事情就会发生。"为者败之，执者失之"(《道德经》)，即逆规律行事，即使以强力、权力作后盾，都将咎由自取。庄子也反对世俗的有为，"无为谋府""无为知主"(《应帝王》)。道家认为无为胜过有为，庄子说"帝王无为而天下功"，"无为也，则用天下而有余，有为也，则为天下用而不足，故古之人贵夫无为也"(《庄子·天道》)。老子说"其政闷闷，其民淳淳。其政察察，其民缺缺"。政策不要用言语讲出来，那么百姓也就淳朴。如果政令非常清楚，那么百姓就会不安。

道家认为圣人是无为的，是最好的管理者。"圣人者，原天地之美，而达万物之理。是故至人无为，大圣不作，观于天地之谓也"(《庄子·知北游》)。"明王之治，功盖天下而似不自己，化贷万物而民弗恃，有莫举名，使物自喜，立乎不测，而游于无有者也"。即明主治理天下，功德覆盖天下，好像不归自己，化育万物而人民并不感到依赖他，得到功劳不去称举表白，使人各得其所，而自己却站在不可识测的境地，与虚无之道同游。"是以圣人居无为之事，行不言之教，万物作而弗始也，为而弗志也，成功而弗居也。夫唯弗居，是以弗去"。即：因此圣人用无为观点对待世事，用不言的方式施行教化：听任万物自然兴起而不为其创始，有所施为，不加自己的倾向，功成业就而不自居。正由于不居功，就无所谓失去。

"无为"不是无所作为、放任自流，而是依循事物的内在规律去做，有所为有所不为。道家设计了"上无为而下有为"的模式，即管理者在具体事务上放手让被管理者积极有为。"太上，不知有之；其次，亲而誉之；其次，畏之；其次，侮之。功成事遂，百姓皆谓：'我自然'"(《道德经》)。"太上"，是指最理想的管理者，使下属各顺其性，各安其生，仅知道有这么一个领导人。等到功业完成，下属会说：是我们自动完成的。次一等管理者，用仁义去治理下属，人人亲近他，赞誉他。再次一等管理者，用刑法威吓下属。最末等管理者，用权术欺骗下属，下属都厌恶他。

无为的思想在国外也很受重视。里根总统在1987年国情咨文中曾引用老子的"治大国若烹小鲜"的话，来阐明施政纲领。美国的里根总统所代表的保守派崇尚无为而治，反对干涉主义，他在第一次总统就职演说中提出的治国理念是："政府不能解决问题，政府就是问题所在。"耗散结构理论创始人普里高津、协同论创始人哈肯、突变理论的创始人托姆，都认为其理论与中国道家朴素的自组织思想是吻合的。

英国科学史家李约瑟认为"无为"不应翻译成"没有行动"，"无为在最初原始科学的道家思想中，是指'避免反自然的行为'，即避免拂逆事物之天性，凡不合适的事不强而行之，势必失败的事不勉强去做，而应委婉以导之或因势而成之。"美国物理学家卡普拉："西方人常常把道家的'无为'解释为'消极'，这是非常错误的……'无为'不是戒绝活动，而是戒绝某类活动。道家区分了两种活动：与自然和谐的活动和反自然的活动，'无为'是戒绝反自然的活动。"

2. 儒家的领导行为理论

对于君子的行为规范，儒家提出了"修身、齐家、治国、平天下"(《礼记·大学》)，即"天下之本在国，国之本在家，家之本在身"(《孟子·离娄上》)。《大学》云，"古之欲明明德于天下者，先治其国；欲治其国，先齐其家；欲齐其家者，先修其身；欲修其身者，先正其心；欲正其心者，先诚其意；欲诚其意者，先致其知；致知格物"。这句话表明了要想齐家、治国平天下，必须先修身，强调管理者个人道德修养的重要性。可见，修身被儒家看作是对管理者的基本要求，君子修身要做到"望之俨然，即之也温，听其言也厉""君子食无求饱，居无求安，敏于事而慎于言，就有道而正焉，可谓好学也已"。君子修身的戒律如下。

(1) 三谦："言未及之而言，谓之躁。言及之而不言，谓之隐。未见颜色而言，谓之瞽。"君子有九思："视思明，听思聪，色思温，貌思恭，言思忠，事思敬，疑思问，忿思难，见得思义。"

(2) 三戒："少之时，血气未定，戒之在色；及其壮也，血气方刚，戒之在斗；及其老也，血气既衰，戒之在得。"

(3) 三畏："畏天命、畏大人、畏圣人之言。小人不知天命而不畏也，狎大人，侮圣人之言。"

(4) 三患："未之闻，患弗得闻也；既闻之，患弗得学也；既学之，患弗能行也。"君子有四不："君子不妄动，动必有道；君子不徒语，语必有理；君子不苟求，求必有义；君子不虚行，行必有正。"

(5) 五耻："居其位，无其言，君子耻之；有其言，无其行，君子耻之；既得之而又失之，君子耻之；地有余而民不足，君子耻之；众寡均而倍焉，君子耻。"以上内容从不同角度提出了对领导者的要求。

领导者要严于律己，以身作则，影响组织成员，就能达到最有效而轻松的管理目标。孔子曰："苟正其身矣，于从政乎何有？不能正其身，如正人何？"(《论语·子路》)即君主要治理好国家，必须端正自己本身，严于要求自己。如果自己不端正，就不可能去端正别人。孔子还以舜为例说明君主严于律己的重要性。孔子曰："无为而治者，其舜也与？夫何为哉？恭己正南面而已矣。"(《论语·卫灵公》)即真正能从容安静使天下太平的人大概只有舜吧，那么他做了些什么呢？不过是庄严端正地坐在朝廷上罢了。这里舜的庄严端正行为正是他实现太平世道的关键所在。孔子说："其身正，不令而行；其身不正，虽令不从。"(《论语·子路》)孟子也说："君子之守，修其身而天下平。"(《孟子·尽心下》)

领导要自我监控，自我管理。孟子认为"爱人不亲，反其仁；治人不治，反其智；礼人不答，反其敬——行有不得者皆反求诸己，其身正而天下归之"(《孟子·离娄上》)，即管理者要经常自省。凡是行为得不到预期的效果，都应该反省检查自己，自身行为端正了，天下的人自然就会归服。孔子也说过："君子求诸己，小人求诸人。"

儒家提倡管理者自省、自我约束。曾子曰："吾日三省吾身：为人谋而不忠乎？与朋友交而不信乎？传不习乎？"（《论语·学而》)即"我每天多次反省自己，为别人办事是不是尽心竭力了呢？同朋友交往是不是做到诚实可信了呢？老师传授给我的学业是不是复习了呢？有了自省作保证，儒家忽略外部监督。儒家成为官方正统文化后，上级的权力一直缺乏外部客观的监督，且儒家的"人性本善"假设使被管理者不用去质疑管理者的善恶。

3. 兵家的领导行为理论

1) 重视谋略

孙子强调了谋略的重要性，"兵者，诡道也。故能而示之不能，用而示之不用，近而示之远，远而示之近。利而诱之，乱而取之，实而备之，强而避之，怒而挠之，卑而骄之，佚而劳之，亲而离之，攻其无备，出其不意。此兵家之胜，不可先传也"。

孙子认为，在战争中要巧妙地把握奇和正、虚和实。"奇"是指攻其不备，出其不意。"正"是指采用常规战法。老子认为："以正治国，以奇用兵，以无事取天下。"而孙子则言："战势不过奇正，奇正之变，不可胜穷也。奇正相生，如循环之无端，孰能穷之？"

孙子区分了领导决策失误导致失败的几种情况：走、弛、陷、崩、乱、北。"夫势均，以一击十，曰走；卒强吏弱，曰弛；吏强卒弱，曰陷；大吏怒而不服，遇敌怼而自战，将不知其能，曰崩；将弱不严，教道不明，吏卒无常，陈兵纵横，曰乱；将不能料敌，以少合众，以弱击强，兵无选锋，曰北"（《地形篇》)，即在敌我条件相当时，以一击十倍于我的敌人，叫作走。士卒强悍，将吏懦弱，叫作弛。将吏本领高强，士卒怯弱，叫作陷。部将怨怒而不服从指挥，遇到敌人愤然擅自出战，主将又不了解他是否能赢，叫作崩。主将软弱而又缺乏威严，训练教育不明确，吏卒无所遵循，布阵杂乱无章，叫作乱。主将不能正确判断敌情，以少击多，以弱击强，又没有精锐部队，叫作北。凡此六者，败之道也，将之至任，不可不察也。凡此六者，非天地之灾，将之过也。以上六种情况必然导致失败，这是领导的重大责任，不可不认真考虑。

2) 掌握主动权

孙子认为，在战场上要把握主动权，而不能被敌人调动。"善战者，致人而不致于人"（《虚实篇》)。掌握主动权的途径有：①以逸待劳，"凡先处战地而待敌者佚，后处战地而趋战者劳"（《孙子兵法·虚实篇》)。大凡先期到达战地等待敌军的就精力充沛、主动安逸，而后到达战地匆忙投入战斗的就被动劳累。②兵贵神速："兵之情主速，乘人之不及，由不虞之道，攻其所不戒也。"（《九地篇》)③有备无患："故用兵之法，无恃其不来，恃吾有以待之。"《九变篇》不要侥幸指望敌人不来袭我，而要依靠自己随时应付敌来的充分准备。④利用间谍。《孙子》对使用间谍的方法作了精辟的论述："故用间有五：有因间，有内间，有反间，有死间，有生间。五间俱起……反报也。"（《孙子兵法·用间篇》)⑤充分准备。为掌握主动权，战争的准备工作要充分，"凡用兵之法，驰车千驷，革车千乘，带甲十万，千里馈粮，则内外之费，宾客之用，胶漆之材，车甲之奉，日费千金，然后十万之师举矣"（《作战篇》)，要兴兵作战，需准备物资：轻车千辆，重车千辆，全副武装的士兵十万，并向千里之外运送粮食。那么前后方的军内外开支，招待使节、策士的用度，用于武器维修的胶漆等材料费用，保养战车、甲胄的支出等，每天要消耗千金。按照这样的标准准备之后，十万大军才可出发上战场。

4. 墨家的领导行为理论

1) 重视民生

春秋战国之际社会经济发生了巨大的变革，出现了新兴的社会阶级，如地主、小生产劳动者(包括小农和小手工业者)、商人。墨子作为小生产劳动者的思想代表，切身体会到生命的可贵和生存的艰辛。墨子重视人之所欲，对墨子来说，人之所欲的基本内容就是人的生存和繁衍，"食之利也，以知饥而食之者智也"(《三辩》)，"生为甚欲，死为甚憎"(《尚贤》)，"欲福禄而恶祸祟"(《天志》)，墨子明确提出人的物欲的合理性，并以满足万民之物欲作为治国安邦的出发点。"若己不为天之所欲，而为天之所不欲，是率天下之万民，以从事乎祸祟之中也"(《天志》)，为满足基本物欲，墨子提出"生财密"的生产思想(《七患》)，即勤快地生产和工作。墨家反对剥削，崇尚劳动，提出"赖其力者生，不赖其力者不生"(《非乐》)，"不与劳动"的就不能"获其实"。为长期满足基本生存条件，墨子重视储备，"备"主要指储备、准备。"仓无备粟，不可以待凶岁"，没有储备就度不过灾年。墨子认为储备关系到国家安危存亡，国家和私家都保持三年粮食储备是抗御天灾战祸的最低限度储备，称之为"国备"。"国无三年之食者，国非其国也；家无三年之食者，子非其子也"(《七患》)。

2) 节用

与儒家提倡的厚葬相反，墨家提出"节用"的观点。节用就是指要节约消费，不能奢侈。将消费品区分为生活必需品与奢侈品，认为只有用于满足生活所必需的消费才是正当的消费，才是合乎"法"或"义"的消费，否则，便是不合"法"或"义"的消费。墨子认为，"凡足以奉给民用则止，诸如费不加于民利者，圣王勿为"(《节用》)，即足以供给就可以了，英明的君王不会去征收那些不能增加百姓利益的费用。

墨子的消费思想是以满足基本的生理需要、生产需要为标准的节用论。节用论在墨子经济思想中占有极其重要的地位。"圣人为政一国，一国可倍也；大之为政天下，天下可倍也。其倍之，非外取地也，因其国家去其无用之费，足以倍之"(《节用》)，墨子认为，圣人治国、理天下，财力可以成倍增长。加倍增长的办法不是对外掠夺土地，而是根据社会经济情况，节约不必要的费用。墨子认为，节用的好处是：①可以为简单再生产提供条件；②可有社会剩余，加强粮食储备和兵备："去大人之好聚珠玉、鸟兽、犬马，以益衣裳、宫室、甲盾、五兵，舟车之数"(《节用》)；③可以使财富"一国倍之""天下倍之"，从而保证社会多数人的长远消费，维持社会安定，"俭节则昌"，反之则亡。

墨子节用思想主要是向上的而不是向下的，是以限制统治阶级上层的寄生消费为主要要求的。他认为，淫侈的社会风气是由上层统治者一手造成的。上有好者，下必效之。"昔者晋文公好士之恶衣，故文公之臣，皆牂羊之裘，韦以带剑，练帛之冠，入以见君，出以践朝"(《兼爱》)，"楚灵王好士细要，故灵王臣皆以一饭为节，胁息然后带，扶墙然后起。比期年，朝有黧黑之色"(《兼爱》)，可见上层的示范是有力的导向。因此，墨子要求天子、诸侯、王公大人"节于身，诲于民"，以身作则，民众全面实行节用。这样才能形成良好的社会风气，富国利民。

墨子在提出"节用"的消费主张之余，还指出具体的实践标准，他提出财富使用中的节用应该以实用为标准，并且对衣食住行四个方面做出了详细的描述。衣服之法："故圣人之为衣服，适身体，和肌肤，而足矣"(《辞过》)；"冬服绀緅之衣，轻且暖；夏服絺绤之衣，轻且清，则止"(《节用》)。出行之法："圣王作舟车，以便民之事"(《辞过》)，即衣食住行以能满足百姓的生活需要即可。饮食之法："足以增气充虚，强身养腹而已矣。故其用财节，其自养俭，民富国治"(《辞过》)，"足以充虚继气，强股肱，耳目聪明，则止。不极五味之调，芬香之和，不致远国珍怪异物"(《辞过》)。住宿之法："室高足以辟润湿，边足以圉风寒，上足以待雪霜雨露，宫墙之高，足以别男女之礼。"(《辞过》)

(二)现代的领导行为理论(20世纪40—60年代)

这个时期的学者们普遍认为，对领导行为的研究应包括工作行为(生产导向、结构维度、关心工作)和关系行为(员工导向、关怀维度、父心人)两个维度。这两种因素的各种组合方式成为重点研究的对象。

1. 勒温的领导风格理论

最早的领导行为研究可以追溯到著名社会心理学家库尔特·勒温(Kurt Lewin)的领导风格实验。勒温将被试分为条件大致相似的三组，给各组布置相同的任务，但要求领导者采用不同风格进行领导。第一组采用专制型领导，群体一切活动由领导者个人决定，成员只能依令行事。领导者依靠权力和强制命令让下属服从，权力完全掌握在领导者个人手中。第二组采用民主型领导，群体一切活动由领袖和群体成员共同讨论而后决定。领导者以理服人，以身作则，群体成员分享权力。第三组采用放任型领导，领导者布置完任务就让群体成员凭其所好各行其是。群体中毫无规章制度，权力被分散到每个成员身上。

实验结果表明，不同的领导者通常使用不同的领导风格，后者对群体成员的工作绩效和工作满意度有着不同的影响。从工作效率上看，放任自流的领导风格造成最差的工作效率。专制型领导者虽然带领群体达到了目标，但群体成员出现了消极态度和对抗情绪。在民主型的领导者率领下，群体工作效率最高，不但达到了目标，而且群体成员没有消极行为和对抗情绪。据此，研究者们认定民主作风是最好的领导风格。

2. 利克特的领导系统模式

美国管理学家利克特(Rensis Likert)于1947年在用二维理论研究"以生产为中心"和"以人为中心"两种领导方式的有效性的基础上，于1961年在《管理的模式》中提出领导系统模式，将领导方式归纳为四种系统，即系统1、系统2、系统3、系统4。

系统1：专制独裁式。决策权集中在最高层，下级没有发言权，只有执行权，上下级缺少交往，领导对下属缺乏信任，下级对上级心存戒备和恐惧。

系统2：温和独裁式。决策权控制在最高层，但授予中下层部分权力，领导对下属态度较谦和，有主仆间的信任，下级对上级也有戒备和恐惧心理。

系统3：协商式。重要任务的决策权控制在最高层，中下层有较低层次的决策权，领导对下属有一定程度的信任，上下级间有双向的信息沟通。

系统4：民主参与式。下属参与管理，上下级间彼此平等、信任，有双向沟通和平行沟通，共同制定目标，协商讨论问题，最高领导者最后决策。这是利克特的理想体系。

根据实际情况，可以选择不同的领导方式。

3. 领导行为四分图模式理论

20 世纪 40 年代，美国俄亥俄州立大学商业研究所的斯多基尔(Ralph Stogdill)等在使用多种调查问卷研究领导效能的基础上，将领导行为归纳为两个方面，即结构维度(initiating structure)和关怀维度(consideration)。

结构维度的领导行为重视工作任务的完成。例如，领导者建立明确的组织模式，明确上下级的职责、权力和相互关系，确定工作目标和要求，制定工作程序、工作方法和制度。

关怀维度的领导行为以人为重，注重建立领导者与被领导者之间的友谊、尊重和信任的关系。包括尊重下属，满足下属的需要，给下属较多的工作主动权，平易近人，平等待人，关心群众，作风民主。

调查表明，领导者行为以人为重和以工作任务为重常常是同时存在的，只是强调的侧重点不同。根据结构维度和关怀维度，可以把领导行为划分为四种类型，如图 13-1 所示。

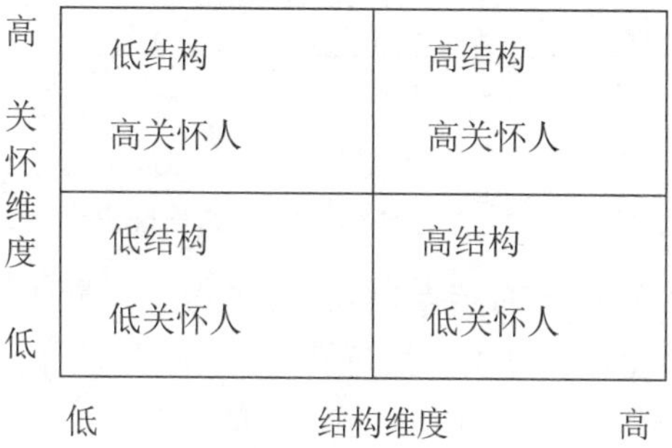

高 关 怀 维 度 低	低结构 高关怀人	高结构 高关怀人
	低结构 低关怀人	高结构 低关怀人
	低 结构维度 高	

图 13-1 领导行为四分图

研究者进一步提出"双高假说"，即认为最好的领导方式是兼具高结构、高关怀两方面，一个领导者只有把这两方面结合起来，才能进行有效的领导。但是，双高风格并非总能产生积极效果。比如，当工人从事常规任务时，高结构维度的领导行为会导致投诉率高、缺勤率高和流动率高，员工的工作满意度也很低。

4. 管理方格图理论

在领导四分图理论和领导系统模式理论的基础上，美国心理学家布莱克(R. Blake)和莫顿(S. Mouton)提出了管理方格图理论。他们把对人的关心度和对生产任务的关心度各划分为九个等分，形成 81 个方格，代表了 81 种不同的领导行为类型。纵轴的刻度越高，表示越重视人的因素，横轴上的刻度越高，表示越重视生产任务，如图 13-2 所示。

最典型的五种领导行为是：(1.1)型为贫乏型的管理，管理者希望以最低限度的努力来完成组织的目标，对职工和生产均不关心。(1.9)型为乡村俱乐部型的管理，管理者只注重搞好人际关系，而不注重工作效率，这是一种关系型的领导方式。(9.1)型为任务型的管理，管理者高度关心生产任务的完成，注重生产效率，只关心生产不关心人。(9.9)型为团队型管理。管理者既关心生产又关心人，通过协调各项活动，提高士气，促进生产。(5.5)型为中庸型的管理，管理者对人和生产都有适度的关心，维持一般的工作效率与士气。

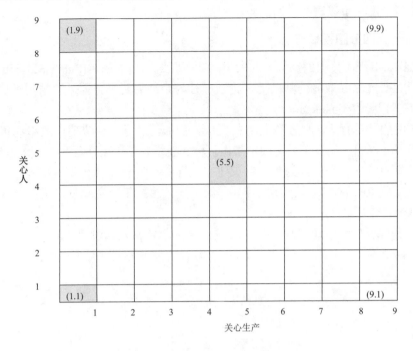

图 13-2　管理方格理论

　　哪一种领导行为最好呢？布莱克和莫顿认为(9.9)型最佳，也有不少人认为(9.1)型好，其次是(5.5)型。管理方格图理论提供一种衡量管理者所处领导行为状态的模式，可使管理者较清楚地认识到自己的领导行为，并指出了改进的方向。

　　以上的几种领导行为理论在确定领导行为类型与组织工作绩效之间的一致性关系上，仅获得了有限的成功。之所以不能做出具有普遍意义的结论，是因为不同的情境下研究结果大相径庭。虽然领导行为理论没能找到一种正确的领导风格，但还是为我们理解领导的本质做出了很大的贡献。上述理论把人们的注意力从早期的天赋因素和特质转移到了后天学得的东西，并且提出了更加复杂的领导观。这种更加复杂的领导观促使后来的研究者去考察领导风格、领导能力、领导技巧和具体需要之间的关系。

三、领导权变理论

(一)中国古代的领导权变理论

1. 儒家的领导权变理论

　　孔子认为管理不应因循守旧，提出"因革损益""三代之礼"、不因循周礼的主张。颜渊问为邦，子曰："行夏之时，乘殷之辂，服周之冕，乐则韶舞。放郑声，远佞人。郑声淫，佞人殆。"即博采历代的长处，确定时令、车制、服制，选最好的音乐，禁用郑声佞人，就能治国平天下。孔子还说："可与立，未可与权"（《论语·子罕》），即能够坚守道的人，未必能够随机应变。荀子的"宗原应变，曲得其宜"（《荀子·非十二子》），即遵守着根本原则来应对各种变化，各方面都做得恰当。

关于领导权变，孔子主张执经达权。其中的"经"指基本的原则，"权"指随机应变的技巧，"执"指"坚持、遵循"，"达"指"通达事理"，执经与达权要相结合。儒家执经达权的基本原则有四条：适其时，取其中，得其宜，合其道。

子张问："十世可知也？"子曰："殷因于夏礼，所损益，可知也；周因于殷礼，所损益，可知也。其或继周者，虽百世，可知也。"（《论语·为政》）孔子认为，商朝继承了夏朝的礼仪制度，所增减的是可以知道的；周朝又继承商朝的礼仪制度，所增减的也是可以知道的。将来有继承周朝的，就是一百世以后的情况，也是可以预先知道的。"百世可知"就是孔子的"经"；"适时变化"就是孔子的"权"，即活泼而不僵化。

2. 道家的领导权变理论

在刚柔、强弱、雌雄等矛盾对立中，老子赞的是柔、弱、雌，忌的是刚、强、雄。反复强调的是贵柔、处弱、守雌思想，实质是以柔克刚，以弱胜强，以屈求伸。"天下莫柔弱于水，而攻坚强者莫之能胜，以其无以易之。弱之胜强，柔之胜刚。"（见《道德经》）意思是天下没有比水更柔弱的了。但攻坚克强的能力，没有能胜过水的，因为没有东西可以代替它。弱能胜强，柔能胜刚。"守柔曰强"，即能秉守柔弱，才算是真正的坚强。"勇于敢则杀，勇于不敢则活。"（《道德经》）"敢"指刚坚，"不敢"指柔弱。即勇于表现刚强，就会送命；相反，勇于表现柔弱，则能以柔弱去胜刚强。"弱者道之用"（《道德经》），柔弱是"道"的作用所在，处柔守弱是"自然无为"的主要体现。

老子认为，一切事物无不向其相反的方向变化，老子揭示出诸如高下、有无、祸福、刚柔、强弱、智愚、进退、荣辱等一系列矛盾都是"对立统一"的，相互依存，即"有无相生，难易相成，长短相形，高下相倾，音声相和，前后相随"。他还深刻地认识到矛盾的双方可以相互转化，"祸兮福所倚，福兮祸所伏。孰知其极？其无正邪？正复为奇，善复为妖。"祸福总是相伴在一起的，它们之间并无明确的标准与界限，正反总是在转换之间的。老子把事物都包含有向相反方向转化的规律概括为"反者道之动"，即一切事物无不向其相反的方向变化。"塞翁失马，焉知非福"（《淮南子·人间训》），"既以为人，己愈有；既以与人，己愈多"，尽其全力帮助别人，自己反而更充裕；倾其所有施给别人，自己反而更富有。

老子认为，好的领导者要功成身退，"是以圣人为而不恃，功成而不处，其不欲见贤"（《道德经》），即有道的圣人有所作为而不占有，有所成就而不居功。他是不愿意显示自己的贤能。"功遂，身退，天之道"（《道德经》），即功业完成后，要含藏收敛，这是合于自然的道理。"善用人者，为之下。是谓不争之德，是谓用人之力，是谓配天古之极"（《道德经》），即善于用人的人，对人表示谦下。这叫作不与人争的品德，运用别人的能力，符合自然的道理。

3. 兵家的领导权变理论

孙子认为，作战策略要因时而变，因地制宜，"故兵无常势，水无常形；能因敌变化而取胜者，谓之神"（《虚实篇》）。具体问题要用具体办法去解决，"夫兵形象水，水之行，避高而趋下；兵之胜，避实而击虚。水因地而制行，兵因敌而制胜。故水无常行，兵无成势；能因敌变化而取胜者，谓之神"（《虚实篇》）。作战根据敌情而决定取胜的策略，没有固定的方式，就像水没有固定的形态一样。孙子曰："昔之善战者，先为不可胜，以待敌之可胜。不可胜在己，可胜在敌。故善战者，能为不可胜，不能使敌之必可胜。"

(二)现代的领导权变理论(20世纪60年代中期以后)

事实表明，领导特质和领导行为能否促进领导有效性，受环境因素的影响很大。管理者的领导行为不仅取决于他的品质、才能，也取决于他所处的具体环境。例如，被领导者的特质、工作性质等。有效的领导行为应当随着领导者的特点和环境的变化而变化，这就是领导权变理论。可以表示为：$E = f(L, F, S)$，式中，E代表领导的有效性，L代表领导者，F代表被领导者，S代表环境。

1. 费特勒模型

美国管理学家费特勒(Fred Fiedler)从1951年开始，首先开始研究组织绩效和领导态度之间的关系，提出"有效领导的权变模式"，简称费特勒模型。其基本观点是：不存在一种普遍适用于一切情境的最好的领导方式。一种领导方式在某种情况下可能有效，但在另一种情况下则可能无效，领导方式的有效性取决于管理者的领导风格与组织环境的匹配。

(1) 领导风格的确定。费特勒用一种"最不愿与之共事的同事"(least preferred co-worker，LPC)量表测定领导者的领导风格。他认为，一个领导如果对其最不喜欢的同事都能给予较好的评价，那么说明他宽容、体谅，注重人际关系，是以人为主的领导；否则是惯于命令和控制，只关心工作的领导。所以，LPC分数可以说明人的内在倾向和领导风格。LPC分数高的人重视人际关系，LPC分数低的人重视任务。据此可把领导方式分为两大类：以人为主(LPC＞64)和以工作为主(LPC＜57)。

(2) 组织环境的确定。费特勒提出从以下三个方面确定组织环境因素。

① 上下级关系(好、不好)。指领导者与下属之间相互信任、相互喜欢的程度，领导者越受下属的喜爱、尊敬和信任，越能吸引下属追随他，领导者的影响力也越大。

② 任务结构(高、中、低)。指下属所从事工作或任务的明确性。如果任务清楚，组织纪律明确，职责分明，有章可循，则任务结构性高。

③ 职位权力(大、小)。指组织赋予领导者的权力大小。一个领导者对其下属的雇用、工作分配、报酬、提升等的直接决定性权力越大，对下属的影响力也就越大。

费特勒将这三个环境变量任意组合成八种群体工作情境，对1200个团体进行了观察，得出了在各种不同情况下的最有效的领导方式，其结果如图13-3所示。

(3) 结论。结果表明：当情境非常有利或非常不利时，适于采取工作导向型领导方式。非常有利的情境是指：①上下级关系好；②任务十分明确；③领导者拥有大量权力。非常不利的情境是指：①领导者被下属厌恶；②任务不明确；③领导者在组织中没有权力。在这两种情况下，以工作任务为重的领导风格是有效的。情境有利程度适中是介于非常有利和非常不利的两个极端情境的中间情况，此时最有效的领导方式是以人为重的关系导向型。

费特勒的权变理论表明：并不存在一种"绝对最好"的领导方式，领导者必须具有适应性，自行适应变化了的环境。为了得到最有效的领导方式，可以根据环境的具体情况来选用领导人，使管理者的领导风格适应具体的环境情况；也可以改造环境以符合领导者的风格。例如，可以通过改变下属组成来改善上下级关系；或通过详细布置工作内容使工作任务明确化；也可以通过充分授权而加强领导者的职位权力。

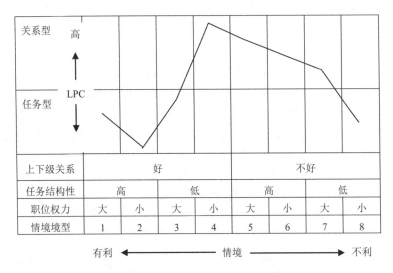

图 13-3　费特勒模型

2. 成熟-不成熟理论

美国学者克里斯·阿吉里斯(Chris Argyris)研究了领导方式对下属成长的影响，提出"成熟-不成熟理论"。阿吉里斯认为，下属随着年龄的增长，会逐步从不成熟走向成熟，但成熟的进程不尽相同。下属由不成熟转变为成熟，主要表现在以下 7 个方面。

(1) 由被动转为主动。

(2) 由依赖转为独立。

(3) 由少量的行为转为能做多种行为。

(4) 由错误而浅薄的兴趣转为较深和较强的兴趣。

(5) 由只知眼前转为能总结过去、展望未来。

(6) 由附属地位转为同等或优越的地位。

(7) 由不明白自我转为能明白自我、控制自我。

阿吉里斯认为，领导方式是否得当对人的成熟进程很有影响。如果把成熟的下属当不成熟的下属对待，总是指定下属从事具体的、过分简单的或重复性的劳动，使其不必发挥创造性、主动性，会阻碍下属的成熟进程。反之，如能针对下属不同的成熟程度采取不同的领导方式，对不成熟的人适当加以指点，促其成熟；对较成熟的人创造条件，增加其责任，给予更多的机会，便会加快其成熟进程。

3. 领导生命周期理论

美国管理学家赫塞(Paul Hersey)和布兰查德(Kenneth Blanchard)把领导行为四分图理论和阿吉里斯的不成熟－成熟理论结合起来，提出了一个三维结构的有效领导模型。认为领导者的风格应适应其下属的成熟程度，成功的领导者要根据下属的成熟程度选择合适的领导方式。当下属成熟程度提高时，领导行为也需相应地改变，从以工作为主逐渐转变为以关系为主。成熟度是指人们完成某一具体任务的能力和愿望的大小。它取决于两个方面。

(1) 任务成熟度：如果一个人具有无须别人指点就能完成其工作的知识、能力和经验，那么他的工作成熟度较高，反之则低。

(2) 心理成熟度：心理成熟度是指做事的愿望或动机的大小。如果一个人能自觉地投入工作，而无须外部的激励，则他的心理成熟度较高。

根据以上两个维度，可以把下属的成熟度分为四种类型。R_1：无能力，且不愿意；R_2：无能力，但愿意；R_3：有能力，但不愿意；R_4：有能力，并愿意。

该理论在原来的以人为主和以工作为主的二维领导模型基础上，增加了下属成熟度这一新的维度，成为由关系行为、任务行为和下属成熟度组成的三维领导模型，如图 13-4 所示，横坐标为任务行为(指领导者和下属为完成任务而形成的交往形式)，纵坐标为关系行为(指领导者给下属以帮助和支持的程度)，在下方再加上一个成熟度坐标。

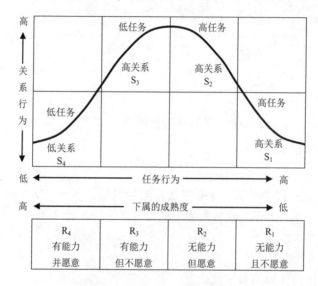

图 13-4 领导的生命周期理论

用 R_1、R_2、R_3、R_4 分别表示下属的不同成熟度，根据关系行为、任务行为和下属成熟度三个维度，可以把领导方式分为四种类型：命令式(S_1)、说服式(S_2)、参与式(S_3)、授权式(S_4)。其特点分别如下。

(1) 命令式(S_1：高工作-低关系)：适用于下属成熟度低(R_1)的情况，领导者具体指点下属应当干什么、如何干、何时干等。

(2) 说服式(S_2：高工作-高关系)：适用于下属较不成熟(R_2)的情况，领导者既注重工作任务的完成，指点下属，也注意与下属进行双向的沟通，鼓励下属的积极性。

(3) 参与式(S_3：低工作-高关系)：适用于下属较成熟(R_3)的情况，领导者与下属共同参与决策，领导者考虑下属的意见、建议和要求，通过与下属协作与沟通，支持下属完成任务。

(4) 授权式(S_4：低工作-低关系)：适用于下属高度成熟(R_4)的情况，领导者直接授权，由下属独立开展工作，完成任务。

所以，根据领导生命周期理论，当下属从不成熟走向成熟，领导行为应从命令式转变为授权式。

4. 路径-目标理论

美国管理学家罗伯特·豪斯(Robert House)把动机激发的期望理论与领导行为理论结合起来，于1971年提出路径-目标理论(path-goal theory)。该理论认为，领导者的工作是通过指明实现目标的途径来帮助下属实现他们的目标。领导者应根据不同的环境因素(下属特点和任务特点)来调整自己的领导方式。在不同的情境中，对不同的下属要选用不同的领导风格。领导风格应该适合于下属特征和任务特征。

(1) 下属特征。当下属对自己的才能和能力的知觉上升时，对指导性领导的需要会下降。当下属感到有能力完成自己的工作时，指导性领导行为就变成多余了。

(2) 任务特征。任务特征包括下属的任务结构设计、组织的正式权力系统、工作群体，这些特征共同对下属起激励作用。当在明确的具有结构层次的任务、严格的团体规范和已经建立权力系统的情境中，领导行为是多余的。

反之，不明确的和含糊不清的任务需要领导来组织，高度重复的任务需要领导提供支持来维持下属的动机。在正式权力系统比较弱的工作情境中，领导可以帮助下属将工作规则和工作要求弄清楚。当团体准则较弱且是非支持性时，领导可以帮助下属建立内聚力和工作责任性。路径-目标理论如图13-5所示。

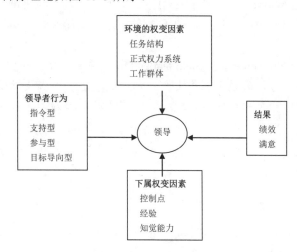

图13-5 路径-目标理论

路径-目标理论阐述了如下四种不同类型的领导行为，如表13-3所示。

表13-3 领导风格和环境

领导风格	领导行为	环境(下属特征和任务特征)
指令型	确定群体任务目标 明确各自职责 严格管理员工 用正式的权力管理	群体的任务是非程序化的 员工期望得到指点
支持型	友好、平易近人 明白下属的兴趣 用奖励支持下属	任务缺乏刺激性 员工希望得到领导的支持鼓励

领导风格	领导行为	环境(下属特征和任务特征)
参与型	让下属参与决策 分担职责 鼓励协调一致 用非正式权力领导	任务复杂，需要团体协调 员工希望某种指点 员工有工作所需技能
目标导向型	鼓励下属设置高目标 让下属充分发挥创造性 实行目标管理	员工希望自我控制 员工能自我激励 员工有所需工作技能

指令型领导(directive leadership)：领导对下属明确任务目标和职责，严密监督，通过奖惩控制下属的行为，减少不确定性。适于的情境是：任务不明确，组织的规章和程序不清晰，或下属对工作不熟悉，下属具有教条、权力主义和外在控制需要。

支持型领导(supportive leadership)：领导对下属友好、尊重、平易近人，关心下属的福利和需要，是下属满意的来源。适于的情境是：下属具有强烈归属需要，工作高度程序化，结构层次清晰，枯燥乏味，工作缺乏吸引力。

参与型领导(participative leadership)：领导鼓励下属一起参与决策。适于的情境是：任务复杂而不明确，需要成员高度协作，或下属有能力完成任务，下属具有独立性，并希望得到尊重和自我控制。

目标导向型领导(achievement-oriented leadership)：领导为下属设置富有挑战性的目标，信任下属有能力完成目标，鼓励下属将工作做到最好。适于下属履行模棱两可的任务的情境，不适于任务结构性较强和模棱两可程度较低的情境，因为领导者提高了下属达到目标的自信心。

四、领导理论的新进展

(一)魅力型领导理论

魅力型领导理论(charismatic leadership theory)是指领导者利用其自身的魅力鼓励追随者并作出重大组织变革的一种领导理论。

20世纪初，德国社会学家韦伯(Max Weber)提出 charisma，即"魅力"这一概念，意指领导者对下属的一种天然的吸引力、感染力和影响力。但从20世纪70年代后期开始，一些学者对这一概念作了重新解释和定义，进行了深入的研究，充实了新的内容。罗伯特·豪斯于1977年指出，魅力型领导者有三种个人特征，即高度自信、支配他人的倾向和对自己的信念坚定不移。

随后，本尼斯(W. Bennis)在研究了90名美国最有成就的领导者之后，发现魅力型领导者有4种共同的能力：有远大目标和理想；明确地对下级讲清这种目标和理想，并使之认同；对理想的贯彻始终和执着追求；知道自己的力量并善于利用这种力量。

1987年，麦克基尔大学(McGill University)的康格(J. A. Conger)与卡纳果(R. N. Kanungo)对魅力型领导者进行了系统的研究，概括出魅力型领导者区别于无魅力领导者的下述特征。

(1) 他们反对现状并努力改变现状。

(2) 设置与现状距离很远的目标前景。

(3) 对自己的判断力和能力充满自信。

(4) 能深入浅出、言简意赅地向下级说明自己的理想和远大目标，并使之认同。

(5) 采取一些新奇、违背常规的行为，当他们成功时，会引起下级的惊讶和赞叹。

(6) 对环境的变化非常敏感，并采取果断措施改变现状。

(7) 经常依靠专长权力和参照权力，而不只用合法权力。

(8) 经常突破现有秩序的框架，采用异乎寻常的手段达到远大的目标。

(9) 被认为是改革创新的代表人物。

魅力型领导理论从 20 世纪 80 年代起，日益受到研究者的重视。这是因为随着经济全球化的发展，市场竞争日趋激烈，各类组织，尤其是企业组织迫切需要魅力型领导者的改革和创新精神，以对应环境的挑战。

但一些学者的研究也指出，魅力型领导者也可能有消极方面。如果魅力型领导者过分强调自己个人需要高于一切，要求下级绝对服从，或利用其高超的说服能力误导或操纵下级，则可能产生不良结果。

目前，多数研究者还是采用面谈、传记、观察等描述性方法对魅力型领导者进行定性研究。不少研究者正在探索研究魅力型领导者的定量方法。

(二)交易型领导与变革型领导

1978 年，詹姆斯·麦格雷戈·伯恩斯(James MacGregor Burns)在《领袖论》中对政治型领导人进行定性分类研究的基础上，提出领导过程应包含交易型和变革型两种领导行为，这一分类为领导行为的研究开辟了新的思路。1985 年，巴斯(Bernard M.Bass)正式提出了交易型领导行为理论和变革型领导行为理论，其比以往理论采取更为实际的观点，是以一个"走在大街上的"普通人的眼光看待领导行为，具有实际的应用价值，在实践中得到了广泛应用。从 20 世纪 80 年代开始，学者们开始对领导者在情绪上以及象征意义上对追随者所产生的影响力产生兴趣。为什么有些追随者会把组织的人或目标置于个人利益之上？巴斯就将上述现象分为变革型领导和交易型领导。巴斯将变革型领导与交易型领导特征总结如下。

1. 交易型领导

交易型领导行为理论的基本假设就是：领导与下属间的关系是以两者一系列的交换和隐含的契约为基础。该领导行为以奖赏来领导下属，当下属完成特定的任务后，便给予承诺的奖赏，整个过程就像一项交易。

(1) 权变奖赏：奉行努力与奖赏相交换的原则，对良好的绩效给予奖励。

(2) 例外的管理：监督、发现不符合规则和标准的活动，并对其采取修正措施。

(3) 自由放任：放弃责任，回避作决策。

20 世纪 80 年代以前创立的领导行为理论和权变理论都是以交易型领导行为为基础。交易型领导行为理论已得到了广泛的验证，例如，路径-目标理论、领导-成员交换关系理论。这些理论都强调环境因素对领导行为产生缓冲效应的重要性，也注意到了领导—下属这对关系，并认为应运用综合性指标对其进行测量，以便能预测领导行为对个体的作用。

2. 变革型领导

变革型领导行为是一种领导向员工灌输思想和道德价值观，并激励员工努力工作的过程。在这个过程中，领导除了引导下属完成各项工作外，常以领导者的个人魅力，通过对下属的激励、刺激下属的思想、对下属的关怀改变员工的工作态度、信念和价值观，使他们为了组织的利益而超越自身利益，从而更加投入于工作中。

(1) 领袖魅力：提供愿景和使命感，赢得尊重和信任。

(2) 感召力：传达高期望，使用各种方式强调努力，以简单的方式表达重要的目标。

(3) 智力上的激励：鼓励智力、理性活动和谨慎解决问题。

(4) 个体化关怀：关注每一个人，针对每个人的不同情况给予培训、指导和建议。

全球顶尖CEO，通用公司总裁杰克·韦尔奇认为通用公司之所以能够成为世界500强中最优秀的公司，一个主要的原因就是通用公司愿意不断地尝试新事物，总愿意进行变革，并且能够对变革做出承诺。变革的根本并不在于"组织"的转变，而是组织中"人"的转变。"事在人为"，只有"人"转变了才能最终保证变革的成功实施。

变革型领导与交易型领导(transactional leadership)既有区别又有联系。交易型领导者通过明确角色和任务要求指导或激励下级向既定目标前进，而变革型领导者则是通过下级接受某种价值观，鼓励下级为了组织利益超越个人利益向远大的目标前进，并能对下级产生深远的影响。但两种领导并非截然对立，变革型领导是建立在交易型领导的基础之上的。

【专栏 13-4】 系统领导力

从1951年起，德国经济开始高速增长，德国人霍恩教授发现，这种高速增长是建立在战后的巨大需求的基础之上的。根据彼得·德鲁克在20世纪50年代提出的"目标管理"，霍恩教授和专家小组发明了一个培训模式，叫"以目标为导向的企业管理模式"，培训德国企业领导者。从1956年德国领导力学院成立后开始，每年培训8500人，到2009年共培训了70万德国企业的高层管理者。

系统领导力是建立在霍恩教授培训基础之上的，这个模式叫作哈尔茨堡模式，经历了几十年的发展，随后德国人皮诺把它发展为系统领导力。何为系统？比如说在一个企业里有高层、中层、基层员工。若高层想改变企业的框架，如果没有中层和基层的配合，这个目标就不可能实现。

系统领导力用系统的视角看待一个人、一个组织(企业)、一个社会。在这个系统里的组成部分不是相互排斥，而是相互兼容。系统领导力的核心是要解决三个层面的问题。

第一，个人系统的改变，系统提升个人素质。一个人要改变，是多方面的，这是一个系统。比如说有个员工迟到，领导通常用警告、罚款等改变他。但是他内心还是没有得到改变。这就需要从行为、能力、情绪、心智、身份定位等方面做出系统的改变。比如说员工不会打电话销售，就去参加打电话技巧培训，但是由于不是系统性的培训，所以效果无法持续，也无法让这个人发生全面性的改变。可能他的情绪控制能力还没有掌控好，或从更高的层面——心智，这里指的是信念和价值观方面没有改变。所以，人要想得到全面的改变、深层次的改变、彻底的改变，必须系统地改变。

第二，高层、中层、基层这三者之间要形成一个良性的能量流动循环。在一个企业里面，有高层、有中层、有基层。高层、中层、基层这三个角色，表面上看来它们之间是在一个系统里面，其实他们还没融合成一个系统，没有形成完整的能量流动环，能量流动被阻挡在某个地方。比如说一个企业高层想做一件事情，如果中层没有配合，即使得到基层的拥护，事情也执行不下去。在这个系统里，能量应该是流动的，如果它不能流动，企业高层的意志无法得以贯彻执行，所以，系统是能量，也是企业成长发展的原动力。没有系统，企业就无法成长，这就是系统领导力要解决的问题。

第三，企业、环境、客户三者形成一个统一的整体系统。一个企业不能脱离环境而存在，它一定处于某种环境之中。比如说相应的政治环境、经济环境、社会环境、法律环境。环境会影响企业的发展，好的环境就会给企业带来很多方便。

(三)正念领导力

正念是源自东方佛学的一个古老概念，从"冥想""坐禅"等发展而来。正念的英文mindfulness，本意是"留心"，即全心全意、不加评判地留心、关注、沉浸于当下自身的内在状态(包括思想、情绪、身体感受)和行为，以及能感知到周围正在发生的一切，并接纳它们，哪怕是让你感觉不快。即常说的"活在当下"，不受过去的经历和对将来想象的困扰。正念一般需要通过冥想、反思、内观、祷告、情商训练、心理治疗等方法获得。

正念带给我们的好处至少包括：内心平静、自我认知更为清晰、专注力倍增、创造力加强、洞察力更为敏锐、身心更为健康、正能量和幸福感大大提升、对外界事物更为敏感、对他人更为理解和仁慈、人际关系有效改善、工作绩效越来越好。

正念最早在亚洲地区盛行，后由 Jon Kabat-Zinn 教授引入到美国社会中，他认为正念是指一种有意识的觉察(on purpose)、活在当下(in the present moment)及不做判断(non judgmentally)的状态(kabat-zinn，2005)，并诞生了正念减压疗法，通过数十年在临床上的应用，取得了显著的效果。20 世纪 90 年代，正念被 Weick 引入管理学领域，近些年，"正念"训练以及与之有关的"禅修""冥想"练习在西方管理实践中得到广泛关注，乔布斯、乔丹以及福特汽车现任掌门人比尔·福特、脸谱创始人马克·扎克伯格等组织巨擘都是正念的坚定实践者。以谷歌为代表的硅谷和通用磨坊、孟山都、麦肯锡等其他众多全球知名公司，也把正念训练作为提升领导力、专注力、创造力和员工身心健康的常规做法。管理学领域以"正念"为主题的研究成果日益丰富，研究成果也直接表明了正念对员工的同事关系、离职意愿、工作绩效和领导力水平的积极影响。

正念领导力强调领导者坚持研习正念，强化自我觉察能力；激发自己的高层潜意识思考；找到自己的使命，排除干扰，提升抗挫能力；认识自己，接纳自己，极大地改善自我。具有正念的领导者们能更有效地理解他人以及和他人相处，进而显著提升对他人的影响力，能成为更加高效的领导者。正念领导力有四个基本目标。

1. 提高自我觉察能力

在正念领导力中，正念是一种聚焦于当下的状态，感知自己，感知身边的人，以及在面对紧张环境时感知自己反应的敏感度。通过"我给我自己的大脑做手术"，从优秀领导向卓越领导发展。

2. 激发高层潜意识思考

通过练习正念实现自己念头状态的转变与升级，从以前以混乱的状态为主，逐渐转变为以安静的状态为主，"止"和"定"的状态占一定比例，从而激活高层潜意识思考，深刻洞察自己、周围的人和世界，获得创新性想法。

3. 找到自己的使命

领导者需要在正念练习中不断倾听内心，了解自己的使命，从而不受外界干扰，能够抵挡住各种诱惑，提升抗挫能力，更加专注地执行自己的目标。

不愿意花时间自省和反思的领导者，在权力、金钱和认可这些外部奖励面前很容易受诱惑；另一部分人则认为要在他人面前保持完美的形象，因为不能接受自己有任何的瑕疵，也不承认错误。惠普和英国石油公司的困境，华尔街倒闭公司的CEO都是这一问题的例证。

4. 认识和改善自我

情商较低的领导者们往往缺乏自我认知和同情心，这导致他们缺乏自我调节能力。这样的领导者通常不容易对别人有怜悯心和同理心，因此，他们在建立可持续且可靠的人际关系时会很困难。

对于正念领导者而言，至关重要的是真实性，即他要诚恳而真实地坚持自己的信念、价值观和原则。真实性需要我们提高自我认知，否则很难对他人产生真正的同情怜悯。自我认知开始于了解自我的生活经历，了解过去严酷经历对其动机和行为的影响。当一个人开始接受自己不够完美的一面，即接受自己不喜欢的或想要拒绝的部分，同时又能从失败中学到经验和教训时，他们就获得了对自己的同情怜悯，变得更为真实，就能推己及人，更好地影响和激励他人。

在组织实践中，领导力培养通常都会涉及领导团队、领导业务和领导自己三个方面。在组织领导力项目培训中，培养内容和训练花在前两者上的时间一般都要远远多于领导自己。正念正好填补了领导力培养中有关领导自己这一部分内容的很大一块空白。正念虽是修炼自我的最佳方式之一，但因其带有宗教渊源和色彩，之前常常被组织和身在职场的人排斥。直到谷歌等大公司大张旗鼓地宣扬和实践正念，才逐渐被各种组织和人群所接受。

小测试

一、领导风格的诊断

用"是"(+)或"否"(−)来回答下列问题。

1. 你是否对自己领导的单位规定工作目标？
2. 你对下级是否表示个人兴趣？
3. 你允许下级设置他们的任务指标吗？
4. 你是否告诉下级他们该干些什么和该怎样干？
5. 你是否态度友善，平易近人？
6. 你是否允许下级去安排他们自己的工作？
7. 你是否设置等级森严、职责分明的指挥链？
8. 你是否鼓励下级把他们的感情和关切的事说出来？
9. 你是否利用职工参与作为一种沟通方法？

10. 你向下级提供必要的情况的指标吗？

11. 你是否阻止下级之间矛盾与冲突的发生？

12. 你是鼓励集体精神而不是竞争的吗？

13. 你是否告诉部下你将怎样给他们奖酬？

14. 你是否用给部下奖酬来使他们高兴？

15. 你是否鼓励部下讨论他们和自己主管人之间的冲突或问题？

16. 你是否以奖惩手段来驾驭部下？

17. 你重视和强调忠诚及人与人间的关系吗？

18. 你跟下级共同分担本单位的成败吗？

若把领导风格分为指令型、支持型和参与型三类的话，则上列问题能分别代表这三类风格，对 1、4、7、10、13、16 的回答"是"的，为指导型；对 2、5、8、11、14、17 的回答"是"的，为支持型；对 3、6、9、12、15、18 的回答"是"的，为参与型。

现在，请将你的各项小计分记录如下：

1. 指令型行为 _____

2. 支持型行为 _____

3. 参与型行为 _____

哪一项分数最高，该项就是你的领导风格类型。

二、最不愿与之共事的同事(LPC)分级测量表

想一想跟你一起共事最难把工作干好的那个人吧。他可以是现在跟你一起工作的人，也可以是你过去认识的人。他未必一定是你最不喜欢的人，可却是跟他一块最难把事办成的人。请你描述一下对你来说，他是什么样子的。请利用下列 16 对意义截然相反的形容词来描述他。每对形容词间分成八个等级，除由这对形容词所代表的两种极端情况外，还有一些中间状态。请圈出最能代表你要描述的那个人真实的情况的等级数。

令人愉快的	8 7 6 5 4 3 2 1	令人不愉快的
友好的	8 7 6 5 4 3 2 1	不友好的
随和的	8 7 6 5 4 3 2 1	不随和的
乐于助人的	8 7 6 5 4 3 2 1	使人泄气的
热情的	8 7 6 5 4 3 2 1	冷淡的
轻松的	8 7 6 5 4 3 2 1	紧张的
密切的	8 7 6 5 4 3 2 1	疏远的
温暖人心的	8 7 6 5 4 3 2 1	冷若冰霜的
易合作的	8 7 6 5 4 3 2 1	不好合作的
支持的	8 7 6 5 4 3 2 1	敌意的
有趣的	8 7 6 5 4 3 2 1	讨厌的
和谐的	8 7 6 5 4 3 2 1	爱争执的
自信的	8 7 6 5 4 3 2 1	优柔寡断的
效率高的	8 7 6 5 4 3 2 1	效率低的
兴高采烈的	8 7 6 5 4 3 2 1	低沉阴郁的
开诚布公的	8 7 6 5 4 3 2 1	怀有戒心的

结果：要是你的小计分是64分或更高，你就可以算是一位把处理好人与人的关系放在首位的领导人，小计分是57分或更少，你就是一位首先重视完成任务的领导人。

本 章 小 结

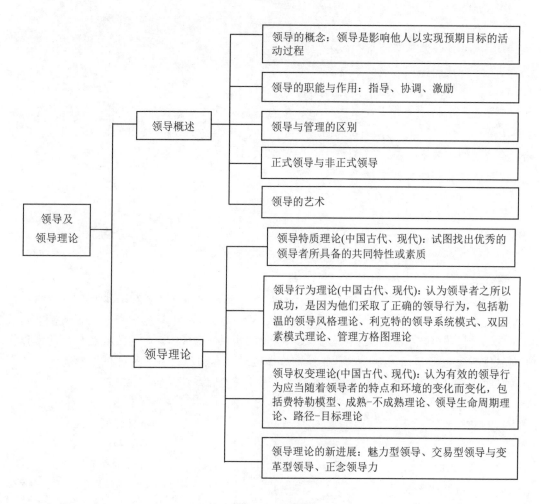

领导及领导理论

领导概述
- 领导的概念：领导是影响他人以实现预期目标的活动过程
- 领导的职能与作用：指导、协调、激励
- 领导与管理的区别
- 正式领导与非正式领导
- 领导的艺术

领导理论
- 领导特质理论(中国古代、现代)：试图找出优秀的领导者所具备的共同特性或素质
- 领导行为理论(中国古代、现代)：认为领导者之所以成功，是因为他们采取了正确的领导行为，包括勒温的领导风格理论、利克特的领导系统模式、双因素模式理论、管理方格图理论
- 领导权变理论(中国古代、现代)：认为有效的领导行为应当随着领导者的特点和环境的变化而变化，包括费特勒模型、成熟-不成熟理论、领导生命周期理论、路径-目标理论
- 领导理论的新进展：魅力型领导、交易型领导与变革型领导、正念领导力

习   题

一、思考题

1. 你怎样看待正式组织与非正式组织中领导者的影响力的？
2. 人们是否可以通过学习成为成功的领导者？
3. 根据领导行为四分图，你认为双高型是最有效的领导方式吗？
4. 孙子说："将者，智、信、仁、勇、严也。"用有关理论分析这句话的含义。
5. 你认为当前我国领导者应具备哪些基本特质？
6. 领导者应该如何正确地对待自己的权力？
7. 试分析领导艺术与权术的区别。

8. 结合所学的领导理论分析自己的领导风格特点。

9. 谈谈你对正念领导力建设的认识和思考。

二、案例分析题

贾厂长的困惑

贾炳灿同志是 1984 年调任上海液压件三厂厂长的，他原是上海高压油泵厂厂长，治厂有方，使该厂连获"行业排头兵"与"优秀企业"称号，已是颇有名望的管理干部了。这次是他主动向局里请求，调到问题较多的液压件三厂来的。局里对他能迅速改变该厂的落后面貌寄予厚望。贾厂长到任不久，就发现原有厂纪厂规中确有不少不尽合理之处，需要改革。但他觉得先要找到一个能引起震动的突破口，并能改得公平合理，令人信服。他终于选中了一条。原来厂里规定，本厂干部和职工，凡上班迟到者一律扣当月奖金 1 元。他觉得这个规定貌似公平，其实不然。因为干部们发现自己可能来不及了，便先去局里或公司兜一圈再来厂，有个堂而皇之的因公晚来借口免于受罚，工人则无借口可依。厂里 400 来人，近半数是女工，孩子妈妈，家务事多，早上还要送孩子上学或入园，有的甚至得抱孩子来厂入托。本厂未建家属宿舍，职工散住全市各地，远的途中要换乘一两趟车；还有人住在浦东，要摆渡上班。碰上塞车、停渡，尤其是雨、雪、大雾天气，尽管提前很早出门，仍难免迟到。他们想迁来工厂附近，无处可迁；要调往住处附近工厂，很难成功，女工更难办。所有这些，使迟到不能责怪工人自己。贾厂长认为应当从取消这条厂规下手改革。

有的干部提醒他莫轻举妄动，此禁一开，纪律松弛，不可收拾；又说别的厂还设有考勤钟，迟到一次扣 10 元，而且是累进式罚款，第二次罚 20 元，三次罚 30 元。我厂才扣 1 元，算个啥？但贾厂长斟酌再三，这条一定得改，因为 1 元虽少，工人觉得不公、不服，气不顺，就影响工作积极性。于是在 3 月末召开的全厂职工会上，他正式宣布，从 4 月 1 日起，工人迟到不再扣奖金，并说明了理由。这项政策的确引起了全厂的轰动，职工们报以热烈的掌声。不过贾厂长又补充道："迟到不扣奖金，是因为常有客观原因。但早退则不可原谅，因为责在自己，理应重罚；所以凡未到点而提前洗手、洗澡、吃饭者，要扣半年奖金！"这有时等于几个月的工资啊。贾厂长觉得这条补充规定跟前面取消原规定同样公平合理，但工人们却反应冷淡。

新厂规颁布不久，发现有 7 名女工提前 2~3 分钟去洗澡。人事科请示怎么办，贾厂长断然说道："照厂规扣她们半年奖金，这才能令行禁止嘛。"于是处分的告示贴了出来。次日中午，贾厂长偶过厂门，遇上了受罚女工之一的小郭，问她道："罚了你，服气不？"小郭不理而疾走，老贾追上几步，又问。小郭悻悻然扭头道："有什么服不服？还不是你厂长说了算！"她一边离去一边喃喃地说："你厂长大人可曾上女澡堂去看过那像啥样子？"贾厂长默然。他想："我是男的，怎么会去过女澡堂？"但当天下午趁澡堂还没开放，他跟总务科长老陈和工会主席老梁一块去看了一趟女澡堂。原来这澡堂低矮狭小，破旧阴暗，一共才设有 12 个淋浴喷头，其中还有 3 个不太好使。贾厂长想，全厂 194 名女工，分两班每班也有近百人，淋一次浴要排多久队？下了小夜班洗完澡，到家该几点了？明早还有家务活要干呢。她们对早退受重罚不服，是有道理的。看来这条厂规制定时，对这些有关情况欠调查了解了……下一步怎么办？处分布告已经公布了，难道又收回不成？厂长新到任定的厂规，马上又取消或更改，不就等于厂长公开认错，以后还有啥威信？私下悄悄撤销对她们的处分，以后这一条厂规就此不了了之，行不？……贾厂长皱起了眉头。

思考题：

1. 贾厂长为什么作出案例中的决定？请运用利克特的领导行为理论分析其领导方式。

2. 如果你是贾厂长，该怎么办？

三、管理技能训练

请与你所认识的某一个企业的领导交流，倾听他的领导经验，了解他在领导工作中遇到的问题以及解决的办法，并用你所学的领导理论与他一起进行复盘(分析)。

【推荐阅读书目】

[1] 沙因. 组织文化与领导力[M]. 4 版. 北京：中国人民大学出版社，2014.

[2] 李永瑞. 领导力与组织管理[M]. 北京：清华大学出版社，2011.

[3] 马图雅诺. 正念领导力：卓越领导者的内在修炼[M]. 北京：机械工业出版社，2017.

[4] 弗里斯. 正念领导力[M]. 上海：东方出版社，2016.

[5] 安轶龙，兰芳. 组织管理与领导力[M]. 天津：南开大学出版社，2017.

第十四章

人力资源管理

学习目标：

系统了解人力资源开发与管理的基本理论与核心问题；阐述中国传统优秀文化中的人才观；掌握人力资源管理的技术与常用方法；结合理论解决人力资源管理中的各种问题。

关键概念：

招聘(invite)　职业生涯管理(occupation career management)　绩效评估(performance evaluation)　结构化面试(structured interview)

> **【专栏 14-1】阿里"闻味道"文化**①
>
> 　　阿里有一种说法叫作"阿里味儿"，它跟文化价值观紧密联系，但又不是摸得着、碰得到的东西。阿里在招聘员工的时候有一个特别的环节，除了 HR 和用人部门面试之外，也会有一个"闻味官"参与面试。在面试新员工中设置"闻味官"，就是专门评估应聘者的价值观是否与应聘岗位相符。"闻味官"从不同部门的资深的老员工中选拔，在招聘中，"闻味官"甚至拥有一票否决权，就是说 HR 和技术主管都满意，但只要闻味官觉得应聘者和部门精神及岗位所要求的素质不相符，企业就不会招这个人。
>
> 　　这个"闻味"跟结构化面试不同，主要是聊聊工作，聊聊家庭，这样"闻味官"就能感觉到，被面试者跟这个组织是否味道相同，发现他是否是部门和岗位需要的人才。同时，"闻味官"也可能一言不发，在一旁观察应聘者在整个面试过程中的举止言行，以及行事风格。一些"闻味官"表示，在"闻味"过程中不会故意设陷阱让应聘者往里钻，他们只是希望充分发现应聘者的特质，全面地检验其是否与岗位需要"对味"。这就是为什么阿里员工对于阿里的核心价值观都高度认同的一个重要的原因。

　　这是司马光在人才选拔和管理方面提出的 4 条标准：要用人之长处，不求全责备；要仔细分辨，听其言，观其行；要量才适用，让人各得其所，发挥特长；对看准了的人要大胆使用。当今，人力资源管理水平成为一个组织的文化和人才吸引力的主要指标。

　　本章主要探讨人力资源的开发与管理，具体包括选人、用人、育人、留人等几个方面。

---

① 天机(李川). 三板斧：阿里巴巴管理之道[M]. 北京：电子工业出版社，2016.

第一节　选　人

一、尚贤使能：中国古代选才观

中国古代先哲对选拔人才有许多真知灼见。首先体现为"尚贤使能"的思想。孔子认为举贤才是管理国家的大事。孔子曰："先有司，赦小过，举贤才。"(《论语·子路》)举荐人才是关乎政息存亡的大事。"举直错诸枉，则民服；举枉错诸直，则民不服"(《论语·为政》)。孔子认为，为政治国要贤才才能使人民心服，只有贤能之士执政才能称职地履行管理职责。

孔子追求的理想人才是君子，君子必须具备多种才能，不能只像器具一样，而应"义以为质，礼以行之，孙以出之，信以成之"(《论语·卫灵公十五》)，即君子应以义作为根本，用礼加以推行，用谦逊的语言来表达，用忠诚的态度来完成。并且应"志于道，据于德，依于仁，游于艺"(《论语·述而》)，即：志向在于道，根据在于德，凭籍在于仁，活动在于六艺(礼、乐、射、御、书、数)。

墨子关于人才选拔、任用、考核等观点涉及人力资源管理的大部分问题。墨子认为，尊重贤才是政治的根本。"尚贤者，政之本也"(《尚贤》)，墨子认为，贤人乃治国安邦之才，古代贤明君主，之所以能天下和、庶民阜，是因为他们身边都有真正的人才在起作用，如尧有舜，舜有禹，禹有皋陶，汤有伊尹，文王有闳天、泰颠、南宫适、散宜生；因此近者安之，远者归之，政治清明，天下太平。国家拥有的贤良之士众多，统治基础就坚实；拥有的贤良之士少，统治基础就薄弱。

墨家认为贤才应有三方面素质，即"厚乎德行，辩乎言谈，博乎道术"(《尚贤》)。墨家重视人品，尊重才能，而不论出身，"列德而尚贤，虽在农与工肆之人，有能则举之"(《尚贤》)。主张以个人的德行来排列官位的位次，尊重贤良有才能的人，无论是农夫还是工匠，只要有才能便提拔任职。墨家还从动机与效果来考察人才，"听其言，迹其行，察其所能，而慎予官"(《尚贤》)。

其次，对于贤才要"器之"，善于运用。荀子则根据言行是否一致的情况，把管理人才区分为"国宝、国器、国用、国妖"四种类型，提醒治国者"敬其宝，爱其器，任其用，除其妖"。而且，对人才要放手，不要越权干涉，要求"不在其位，不谋其政"(《论语·泰伯》)，每个人只需认真做好分内的事。

墨家主张量才授官，根据才能的不同，分别让他们治理国家、主持官府、管理都邑。这与法约尔区分企业中不同岗位与不同能力相对应的观点相似。墨家主张将爵位、俸禄、权力授予贤人以让其有所作为，"高予之爵，重予之禄，任之以事，断予之令"(《尚贤》)，封他很高的爵位，给他丰厚的俸禄，委任他官职，授予他决策的权力，目的是让他办事成功。

二、能岗匹配原则

管理学家泰勒说过，只要工作对员工是适合的，他就是第一流的工人。我国古代有个管工最懂得在施工中运用"岗位匹配"的机制：他让腰粗的人背土——不伤力，让腿粗的人挖土——有劲，让驼背人垫土——弯腰不吃力，让独眼龙看准绳——不分散注意力。

　　能岗匹配原则就是人的能力与岗位要求的能力相匹配，使得人得其职、职得其人。人与组织匹配模型如图14-1所示。在该模型中，箭头 a 标识的是一致性匹配(supplementary fit)，其存在的条件是：个体和组织的基本特征相似。组织的基本特征主要包括文化/氛围、价值观、目标和规范，个体的基本特征包括价值观、目标、个性和态度。箭头 b 和 c 标识的是互补性匹配(complementary fit)。箭头 b 标识的是需求-供给匹配(needs-supples fit)，指组织供给经济的、物理的、心理的资源和提供工作发展与人际交往的机会来满足个体的相应方面的需求。箭头 c 标识的是要求-能力匹配(demands-abilities fit)，指个体提供资源(时间/努力、承诺、经验)和综合技能来满足组织相应方面的要求。

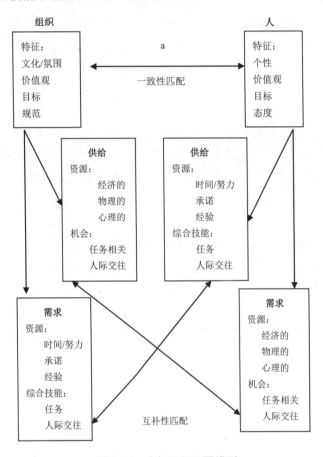

图 14-1　人与组织匹配模型

　　基于人与组织匹配的概念，相应的招聘模式要达到两个匹配：个体的综合技能与工作的任务要求的匹配；个体的个性、需求、价值观与组织的文化或氛围的匹配。

三、选拔手段

　　当前最常用的人员招聘选拔手段包括：笔试、面试、心理测验、评价中心测评等方法。这些方法除评价中心测评主要用于管理人员(尤其是经理或部门负责人)外，其他既适用于一般工作人员，也适用于管理人员。

(一)笔试

笔试是最古老、最基本的对基础知识和素质能力的测试。涉及一般的知识和能力:语言理解能力、数字能力、推理能力、记忆能力等。专业知识和能力:与应聘岗位相关的知识和能力。笔试的优点:题目多,信度、效度高;使用范围大;成本低,时间少;成绩评定客观;应聘者心理压力小。笔试的缺点:不能全面考察应聘者的工作态度、品德以及管理能力、口头表达能力等。

> **【专栏14-2】科举制度①**
>
> 科举是古代通过考试选拔官吏的一种方式。由于采用分科取士的办法,所以叫科举。从隋代至明清,科举实行了一千三百多年。明朝科举考试形成了完备的制度,共分四级:院试(即童生试)、乡试、会试和殿试,考试内容基本是儒家经义,以"四书"文句为题,规定文章格式为八股文,解释必须以朱熹《四书集注》为准。人们为了取得参加正式科举考试的资格,先要参加童试,包括县试、府试和院试三个阶段,参加童试的人称为童生,录取"入学"后称为生员(清代有府学、州学和县学)。生员"入学"后即受教官(教授、学正、教谕、训导)的管教,生员需要在学宫肄业;每年由学政考试,按成绩等第依次升降;然后再依次参加乡试、会试、殿试。

(二)面试

面试是最常见、最普遍的测试方法,可以测试应聘者的综合素质、工作动机以及经验。孔子认为,选择人才要多方考察。"今吾于人也,听其言而观其行"(《论语·公冶长》)。诸葛亮有"七观法",即"问之以是非而观其志;穷之以辞辩而观其变;资之以计谋而观其识;告之以福祸而观其勇;醉之以酒而观其性;临之以利而观其廉;期之以事而观其信"。魏征有"六观法",即"贵则观其所举;富则观其所养;居则观其所好;习则观其所言;穷则观其所不受;贱则观其所不为"。"六观法""七观法"都是一个面试考察人才很好的工具。

1. 面试的分类

(1) 从面试所要达到的效果来看,分为初步面试和诊断面试。初步面试是根据考官的经验剔除明显不合格者;诊断面试是对面试者素质结构的缺陷进行测试的面试,从而剔除综合素质不合格者。

(2) 根据面试的结构化程度,分为非结构化面试和结构化面试。对于非结构化面试,事先无须太多准备,面试者只要掌握组织、职位的基本情况即可,具有很大的随意性。结构化面试对整个面试的实施、提问、内容、方式、时间、评分标准等过程因素都进行了严格的规定。面试前经过了比较完整的设计,主考官不能随意变动。它具有内容确定,程序

---

① 于天娇. 浅议明朝的科举制度[J]. 学理论 2012,23:177-178.

严谨，评分统一，效度、信度较高，形式活而不乱等特点，比较适合规模较大，组织、规范性较强的录用、选拔性考试。德国西门子公司的结构化面试就是有一个全球性的人力资源题库，一个多小时的面试，前 5 分钟测什么，后 10 分钟测什么，非常严格，并且最后都有结论。近年来，我国政府部门也对这种方法进行了有益的尝试并进行了推广运用。

(3)　BD 面试与能力面试。

BD 面试即行为描述面试，是近年来的研究成果。这种面试是基于行为的连贯性原理发展起来的。能力面试是继 BD 面试之后的又一研究成果，与注重被测者以往取得的成就不同的是，这种方法关注的是他们如何去实现所追求的目标。

2. 结构化面试的特点

所谓结构化面试是指依照预先确定的内容、程序、分值结构进行的面试形式。其系统结构性主要表现在以下四个方面。

(1)　考官的组成。结构化面试的考官不是随意构成的，而是由 7~9 名考官依据选人岗位的需要，按专业、职务甚至年龄、性别以一定比例进行科学配置，其中有一名是主考官，一般由其负责向考生提问并把握整个面试的总过程。

(2)　测评的要素。要根据测试前所做的工作分析来确定，并按一定的顺序及不同分值比重进行结构设计，同时还要在测评要素下面明确测评要点即观察要点。测评要点下面是测试题目，每个测试题目都有出题思路或答题参考要点以供考官评分时参考。

(3)　测评标准。它突出表现在要素评分的权重系数结构，一般在评分表中分优、良、中、差四级，应试者最后的面试成绩是经过科学方法统计处理的(即去掉众多考官要素评分中的最高分、最低分，然后得出算术平均分，再根据权重合成总分)。作为对考官评分科学性的估价及对考官打分公正性的监督，还可以设标准差一项，看每一位考官的打分与标准分的离散度。

(4)　面试程序。结构化面试是严格遵循一定的程序(如考官、考场的选择、监督机制与计分程序的设立等)进行的，一般每个考生的面试时间在 30 分钟左右。

3. 面试考官的心理特征

(1)　注重第一印象，即首因效应，根据开始几分钟甚至是面试前从资料中得到的印象对应聘者做出评价。在喜欢或不喜欢的第一印象支配下，对应聘者的进一步认识，也常常不自觉地受第一印象的影响。如你给人留下的最初印象不好，那么要改变这种印象将是很困难的，这就是负面加重倾向的作用。国外有学者研究结论，至少有 85% 的考官在面试真正开始前，已根据应聘者的应聘资料对其产生了最初的印象。

(2)　定式心理。指考官以自己的思维惯性来判断、评价考生的倾向。思维惯性指人在思想认识、思维方式和兴趣爱好等方面的习惯行为。定式心理往往让考官的判断带上个人色彩，降低评价的客观性。

(3)　赏心悦目。指考官看重求职者应聘时的眼睛、面部表情。有研究表明，那些善于用眼睛、面部表情，甚至简单的小动作来表现自己情绪的应聘者的成功率，远高于那些目不斜视、笑不露齿的人。

(4) 光环效应。"以点代面"从某一方面的优点或缺陷出发去评价应聘者的其他方面。如果发现了某人在某方面符合自己的理想，误以为他在所有方面都好，因此影响对其做出客观正确的评价。

(5) 雇佣压力。上级对招聘结果有定额要求或时间紧迫，为完成招聘任务而加快速度，急于求成。考官可能无意识地用暗示来表现这种情绪，甚至主动引导应聘者正确回答问题。

(三)心理测验

心理测验是先进的招聘方法。心理特征数量化具有客观性、确定性和可比较性的特点。

1. 心理测验的含义与分类

心理测验是对行为样组客观的和标准化的测量。根据测验的具体内容，可以将心理测验划分为认知测验与人格测验。认知测验测评的是认知行为，而人格测验测评的是社会行为。认知测验又可以按其具体的测验对象分为成就测验、智力测验与能力倾向测验。成就测验主要测评人的知识与技能，这是对认知活动结果的测评。智力测验主要测评认知活动中较为稳定的行为特征，是对认知过程或认知活动的整体测评。能力倾向测验是对人的认知潜在能力的测评，是对认知活动的深层次测评。人格测验，按其具体的对象可以分为态度、兴趣与品德(包括性格)测验。

2. 心理测验的主要方法

(1) 纸笔测验。简称笔试，即要求被测者根据项目的内容，把答案写在纸上，以了解被测者心理活动的一种方法。纸笔测验的形式主要有七种：单项选择题、多项选择题、是非题、匹配题、填空题、简答题、小论文。纸笔测验在员工招聘中有很大的作用，尤其是在大规模的员工招聘中，它能很快把员工的基本活动了解清楚，然后可以划分出一个基本符合需要的界限。

(2) 量表法。是一种比纸笔测验更严格的测量工具，可以把它们看作一把尺子，用这把尺子对被测者的属性进行测量。一般的心理测验都由一个或几个量表组成，它们的建构程序更严格，客观化程度更高，常有常模可参照。例如韦克斯勒智力测验量表。

(3) 投射法。利用某些材料(一般是意义模糊的刺激)，要求被测者对刺激材料进行解释，让他们在不知不觉中将自己的思想、态度、愿望和情感泄露出来，从而确定其性格特征。

3. 心理测验的具体内容

在招聘工作中，常用的心理测验主要是对应聘者的认知能力、个性和兴趣进行测量，因为经过大量的研究发现，这三种心理特征与工作的关系最为密切。

1) 认知能力及其测量

(1) 智力测验。智力是心理测验最早尝试测量的问题之一，智力测验是使用一套比较系统的测量题目并用数值来表示个人智力发展水平的一种方法或工具。智力测验的种类较多，其中著名的有"比奈智力测验""斯坦福-比奈智力测验"等。但人的智力并非是个别能力的机械总和，因而单项测验所得的分数相加不完全代表个人智力水平的真实情况。

(2) 机械能力测验。应用最广泛的是本纳特编制的机械理解测验、明尼苏达空间关系测验等。构成机械能力量表的项目侧重于知觉特性的能力，而不一定是普遍意义的智力，因为它们要预测的主要是从事机械工作的绩效。

(3) 运动能力测验。国外常用的运动能力测验还有明尼苏达操作速度测验、克洛弗德小部件灵活性测验等多个量表。

2) 兴趣与人格及其测量

兴趣是指人们力求认识、探究某种事物的心理倾向，由获得这方面的知识在情绪体验上得到的满足而产生。稳定的兴趣是后天形成的，并受社会实践的制约。

近十几年来，心理学家已设计出大量的人格与兴趣的测量工具，比如霍兰德设计的"职业偏好问卷量表"。这些测量工具适用于许多领域的工作。研究人员向从事职业辅导的人们推荐可以用投射技术(如主题测验、罗夏墨迹测验)或问卷调查的方式进行的人格和兴趣量表。常用的问卷调查测验有加利福尼亚州心理调查表、爱德华个人偏好顺序表、人际价值观调查表、个人价值调查表、职业偏好调查表等。

(四)评价中心测评

评价中心测评法是通过创设一种模拟管理系统和工作场景，观察被测者与周围社会环境间交流所产生的影响，以及个人在环境中的反应，进而判断其人格特征，以测量评价被试人的管理能力和潜能等素质。评价中心最主要的特点之一就是它的情境模拟性，所以又被称为情境模拟测评。常用的情境测验包括以下几种。

1. 文件筐作业

将实际工作中可能会遇到的各类信件、便笺、指令等放在一个文件筐中，要求被测者在一定时间内进行分析研究、分清轻重缓急、统筹规划、合理安排时间，相应地作出决定、撰写回信和报告、制订计划、组织和安排工作。考察被测者的敏感性、工作独立性、组织与规划能力、合作精神、控制能力、分析能力、判断能力和决策能力等。

2. 无领导小组讨论

安排一组互不相识的被测者(通常为 6～8 人)组成一个临时任务小组，并不指定任务负责人(无领导)，请大家就给定的任务进行自由讨论，并拿出小组决策意见。测试者对每个被测者在讨论中的表现进行观察，考察其在口头表达、组织协调、洞察力、灵活性、情绪控制、处理人际关系、团队精神等方面的能力和特点。

3. 管理游戏

以游戏或共同完成某种任务的方式，考察小组内每个被测者的管理技巧、合作能力、团队精神等方面的素质。

4. 角色扮演

测试者设置一系列尖锐的人际矛盾和人际冲突，要求被测者扮演某一角色，模拟实际工作情境中的一些活动，去处理各种问题和矛盾。

情境测验能够获得关于被测者更加全面的信息，对将来的工作表现有更好的预测效果，但其缺点是对于被测者的观察和评价比较困难且费时。

第二节　职业生涯管理

一、职业生涯概述

(一)职业与职业生涯的概念

职业是指一个人在一生中所担任过的一系列职务。职业生涯是指一个人一生中从事职业的全部历程。整个历程可以是间断的，也可以是连续的，无论是否有报酬，它都包含一个人所有的工作、职业、职位的外在变更和对工作态度、体验的内在变更。除正式的工作形式外，学校里的工作、家务劳动、志愿性工作也算职业。

职业生涯是员工个人职业的发展历程。研究职业生涯，一方面有助于组织有效地协调组织人力资源规划、配置使用与个人职业生涯的关系。另一方面，有助于员工有意识地思考和列出自己期望从事的职业目标，并在此基础上，进一步设计出不断丰富和发展自己的职业知识、能力和技术结构的一系列活动与步骤，以努力开发自身潜质，实现自己的职业理想。

(二)职业生涯阶段理论

1. 中国古代的职业生涯理论

(1) 孔子的职业生涯规划观。

在《论语十二章》中，孔子云："吾十五有志于学，三十而立，四十而不惑，五十而知天命，六十耳顺，七十而从心所欲，不逾矩。"可以说是孔老夫子对自己不断成熟的一生进行的最客观的总结，它的客观性和普遍性已经得到越来越多人的认可，同时也为我们从事职业生涯规划工作起到高屋建瓴的作用。在十五岁以前，人的性格气质尚未成型，可塑性较大，且所学习的知识没有达到一定的广度，对确立人生目标尚缺乏可靠依据。十五岁以后，孩子的自我约束能力、判断能力、独立思考能力都有了质的飞跃，虽然思想上还比较稚嫩，但通过教育引导及环境资源的帮助，完全可以树立明确的目标和方向，建立科学的职业生涯规划体系。十几岁正是人生读书学习的大好时节，书籍使人类起步于前辈奠基的高台之上，知识的积淀能使我们站得更高，看得更远。在掌握基本生存技能和基础知识的前提下，人生目标也在此阶段初步形成。通过十几年有目的、明方向、会方法、持恒心的努力，到了三十岁，已经能够自觉、自悟并形成独立的自我人格意识。"安身立命"之所在，也就是说在三十之前的日子都应该是努力奋斗，从而了解自己内心真正之所需。这一点与舒伯的理论不谋而合。而立之后，就该坚定地向着自己的方向进一步发展。到了四十岁，而立之后十年就是"不惑"了，经历了许多事情，已经拥有自己独特的是非、善恶、好坏、美丑等价值判断能力，拥有健康稳定的人生观，因为这十年的努力，应该在自己的专业方面一点也不会迷惑。再努力十年就该知天命了。此时要承认自己的不足之处，不要再想着花最大努力去补短，而是接受现实，快乐生活。

(2) 《易经》的职业生涯规划观。

《易经》内容丰富，处处阐明人生哲理：自强不息、厚德载物、待时而动、居安思危、顺天应人，64 卦就是在 64 种情况下的人生谋略。

例如，乾卦、坤卦分别是《易经》的第一卦和第二卦。乾卦、坤卦分别是开拓者和辅佐者人生不同阶段的谋略，其六个发展阶段及其人生谋略如表 14-1 所示。

表 14-1 乾卦、坤卦六个发展阶段及其人生谋略

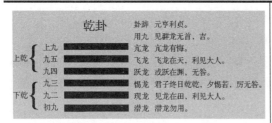
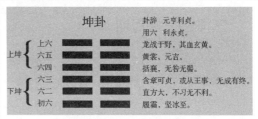

初九，潜龙勿用。位卑力微阶段，时机还没有成熟，应该像潜藏的龙一样不要太露锋芒。	初六，履霜，坚冰至。当踩到霜时，应该明白结冰的日子快要到了。
九二，见龙在田，利见大人。冒头阶段。龙出现在田野上，有利于见到伯乐提携自己。	六二，直方大，不习无不利。为人正直，端庄大方，行为不犹豫反复，没有什么不利的。
九三，君子终日乾乾，夕惕若，厉无咎。君子终日自强不息，每天晚上深刻反省自己，保持警惕的心，检查失误才不会有灾难。	六三，含章可贞，或从王事，无成有终。蕴含美德。坚守正道，或效力于君王，虽没有成就却会有好结局。
九四，或跃在渊，无咎。审时度势阶段。龙或腾越九天，或退处在渊，不会有灾难。	六四，括囊，无咎无誉。像扎紧口袋一样收敛，谨言慎行，无过也无荣誉。
九五，飞龙在天，利见大人。奋发有为阶段。巨龙高飞上天，有利于见到大人物。	六五，黄裳。元吉。穿黄色的衣服，预示大吉祥。
上九，亢龙有悔。知进忘退阶段。龙飞得太高，就会有后悔的事发生。盛极必衰。	上六，龙战于野，其血玄黄。阴发展到极盛会与阳(龙)在原野上搏斗，流出黑黄的血液。
用九，见群龙无首，吉。群龙实力均衡，没有首领，吉祥	用六，利永贞。永远坚持正道，最为有利

以上六个发展阶段分别是阳气和阴气逐渐上升和消退的过程，乾卦、坤卦分别是不同阶段的人生谋略。

2. 西方的职业生涯阶段理论

(1) 萨柏的职业生涯阶段理论。

萨柏(Donald E. Super)以美国白人作为自己的研究对象，把人的职业生涯划分为五个主要阶段：成长阶段、探索阶段、确立阶段、维持阶段和衰退阶段。

(2) 金斯伯格的职业生涯阶段理论。

金斯伯格(Eli Ginzberg)研究的重点是从童年到青少年阶段的职业心理发展过程。他将职业生涯的发展分为幻想期、尝试期和现实期三个阶段。其职业生涯阶段理论，实际上揭示了初次就业前人们职业意识或职业追求的发展变化过程。

(3) 格林豪斯的职业生涯阶段理论。

萨柏和金斯伯格的研究侧重于不同年龄段对职业的需求与态度，而心理学家格林豪斯

(Greenhouse)的研究则侧重于不同年龄段职业生涯所面临的主要任务，并以此为依据将职业生涯划分为五个阶段：职业准备阶段、进入组织阶段、职业生涯初期、职业生涯中期和职业生涯后期。

(4) 施恩的职业生涯阶段理论。

施恩(Edgar H. Schein)教授，根据人生命周期的特点及其在不同年龄段面临的问题和职业工作主要任务，将职业生涯划分为九个阶段：成长-幻想-探索阶段、进入工作世界、基础培训、早期职业的正式成员资格、职业中期、职业中期危险阶段、职业后期、衰退和离职阶段、退休。

(三)职业发展周期

尽管从原则上可以把个人的职业发展周期分为五个阶段：成长阶段、探索阶段、确立阶段、维持阶段和下降阶段，但是并不是每个人的职业发展周期都是一样的，每个人都会有自己的特点。

1. 成长阶段

可以界定在一个人从出生到 14 岁这一年龄段上。在这一阶段，个人通过对家庭成员、朋友以及老师的认同以及他们之间的相互作用，逐渐建立起自我的概念。这一阶段的一开始，角色扮演是极为重要的。儿童将尝试各种不同的行为方式，需要帮助他们建立起一个独特的自我表现概念或个性。而进入青春期的青少年就开始对各种可选择的职业进行带有某种现实性的思考。

2. 探索阶段

大约发生于一个人 15～24 岁之间。在这一阶段，个人将认真地探索各种可能的职业选择。这一阶段的开始，他们往往做出一些带有试验性质的、较为宽泛的职业选择。随着个人对所选择职业以及对自我的进一步了解，他们的这种选择往往会被重新界定。到这一阶段结束时，一个看上去比较恰当的职业就已经被选定。

3. 确立阶段

大约发生在一个人 24～44 岁之间，是大多数人工作生命周期中的核心部分。人们通常愿意(尤其在专业领域)早早地就将自己锁定在某一已经选定的职业上。然而，在大多数情况下，人们仍然在不断地尝试与自己最初的职业选择所不同的各种能力和理想。

4. 维持阶段

到了 45～65 岁这一年龄段，处于职业的后期阶段，人们一般都已经在自己的工作领域中为自己创立了一席之地，因而他们的大多数精力主要就放在保有这一位置上。

5. 下降阶段

当退休临近的时候，人们都不得不面临职业生涯中的下降阶段。许多人都不得不接受权力和责任减少的现实，学会接受一种新角色，学会成为年轻人的良师益友，选择如何去打发原来用在工作上的时间。

二、职业选择与职业定位

1. 职业选择理论

(1) 择业动机理论。

佛隆(Victor H. Vroom)通过对个体择业行为的研究认为，个体行为动机(F)的强度取决于效价(V)的大小和期望值(E)的高低，动机强度与效价及期望值成正比，即$F=V \cdot E$。

按前述观点，择业动机$=f$(职业效价×职业概率)。

职业效价取决于：择业者的职业价值观，择业者对某项具体职业要素的评估。

职业概率取决于：某项职业的社会需求量；择业者的竞争能力；竞争系数；其他随机因素。

(2) 人格与职业理论。

心理学家约翰·霍兰德(John L. Holland)认为，职业性向包括价值观、动机和需要等，是决定一个人职业选择的重要因素。个人职业性向可划分为现实型、研究型、艺术型、社会型、企业家型和常规型六种。同时，职业类型也相应有上述六种类型。

(3) 人业匹配理论。

帕森斯(Frank Parsons)教授提出了职业选择的三个条件：应清楚了解自己的能力、态度、兴趣、智慧、局限和其他特征；应清楚了解职业选择成功的条件，所需知识，在不同职业工作岗位上所占有的优势、劣势、补偿、机会和前途；上述两个条件的平衡。人业匹配，分为两种类型：因素匹配和特性匹配。

2. 职业定位

人们在决定自己所从事的职业时，为避免做出错误的或随意的决定，就形成了自己的职业定位模式。如果他们感到工作本身或工作条件与自己的才能、需要、价值观不一致，他们的职业定位模式就会使其回到与自我意识比较一致的工作环境中。

【专栏 14-3】 职业选择影响因素

20 世纪 40 年代，一位名叫安妮·罗伊(Anne Roy)的心理学家开始研究科学家和艺术家的职业生涯行为，认为可以用 12 个因素来解析一个人的职业选择过程。

职业选择$=S[(eE+bB+cC)+(fF+mM)+(lL+aA)+(pP × gG × tT × iI)]$

其中，S=性别；E=一般经济状况；B=家庭背景、种族；C=机遇；F=朋友、同伴群体；M=婚姻状况；L=一般的学习和教育；A=后天习得的特殊技能；P=生理特征；G=认知或特殊天赋能力；T=气质和个性；I=兴趣和价值观。小字母表示：在 12 个用大字母表示的一般因素中，每个因素在特定的时间和独特的环境中是如何受到个人独特品质的影响的。

埃德加·施恩(EdgarH. Schein)首先提出了"职业锚"(career anchor)的概念：一个人进行职业选择时，始终不会放弃的东西或价值观。具体说，职业锚是指新员工在早期工作中逐渐对自我加以认识，发展出来的更加清晰、全面的职业自我观。自我观的内容是：自省的才干和能力；自省的动机和需要；自省的态度和价值观。从职业锚也可以判断员工达到职业成功的标准。

施恩根据自己的研究提出了五种职业锚：技术或功能型职业锚、管理型职业锚、创造型职业锚、自主与独立型职业锚和安全型职业锚，如表 14-2 所示。

表 14-2　施恩的五种职业锚

职业锚	表　现
技术或功能型	不喜欢一般性管理活动，喜欢能够保证自己在既定的技术或功能领域中不断发展的职业
管理型	有强烈的管理动机，认为自己有较强的分析能力、人际沟通能力和心理承受能力
创造型	喜欢建立或创设属于自己的东西——艺术品或公司等
自主与独立型	喜欢摆脱依赖别人的境况，有一种自己决定自己命运的需要
安全型	极为重视职业的长期稳定和工作的保障性

三、员工职业生涯开发

职业生涯开发，即为提高组织效益和员工对职业满意程度，挖掘并提升员工职业工作的能力，帮助员工进行恰当的职业选择，促进其职业发展，将组织目标和任务与员工个人和职业抱负融为一体的全面过程或活动。

(一)员工职业生涯发展规划

员工职业生涯发展规划包括以下几方面。

1. 组织参与员工职业生涯发展计划

包括建立职业发展的信息与预测系统；提供职业咨询；开放工作岗位；确定培训计划；设计职业路径(职业路径的主要内容有职业梯、职业策划和工作进展辅助)；制订工作-家庭平衡计划。

2. 职业生涯成长计划

职业生涯成长计划(personal performance development file，PPDF)把个人发展与企业发展紧密联系在一起，企业通过它让员工形成合力，形成团队，为组织的目标去努力并实现自我价值，如图 14-2 所示。

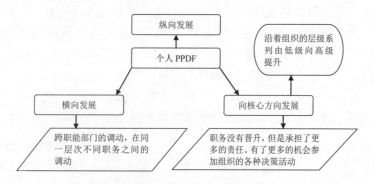

图 14-2　个人 PPDF 的三个方向

3. 个人职业生涯设计

臧克家先生曾经这样写过："有的人死了，他还活着；有的人活着，他已经死了。"

一个人从受孕开始经过一段漫长的经历，虽然每个人都有其不等的生命长度，但是成长的阶段则是不变的，为了更符合我们的发展，所以我们必须有"生涯规划"的观念。请记住你是自己生命的主宰者和自己一生的设计者，你的人生如何，关键在于你有没有勾画出一个伟大的蓝图。

个人职业生涯设计包括：①自我认知，关键是了解职业技术和职业兴趣；②职业认知，考察客观环境，了解职业分类、职业性质及组织情况；③确立目标，根据自己的特点和现实条件，确立自己的职业生涯目标；④职业生涯策略，详细分解目标，制订可操作的短期目标与相应的教育或培训计划；⑤职业生涯评估，根据个人需要和现实的不断变化，不断对职业生涯目标与计划进行评估和调整。

(二)培训需求与开发

范·马阿尼(Van Maa-nen)和沙因(Edgar H. Schein)认为，人在职业生活的不同时期会有不同的需要。如果想让员工保持较高的产出水平，其职业生涯开发和培训计划就应跟上员工的步伐，以支持员工在每个职业阶段的工作和情感需求，如表 14-3 所示。

表 14-3　不同职业阶段的培训需求

阶　段	任务需求	情感需求
探索	变化的工作活动 自我探索	做出最初的工作选择 稳定
立业	工作挑战性 在某个领域形成技能 开发创造力和革新精神 3～5 年后转入新的领域	处理混乱和竞争，面对失败 处理工作和家庭的冲突 支持 自主性
中期	技术更新 培训和指导别人(年轻员工)的能力 转入需要新技能的新工作 开发更开阔的工作视野和个人在组织中的角色	表达中年的感受 重新思考自我与工作、家庭及社区的关系 减少自我陶醉和竞争性
晚期	计划退休 从权力角色转向咨询和指导 确认和开发继承人 开始从事公司之外的活动	支持和咨询：看到自己的工作成为别人的平台 在公司外部活动中找到自我统一性的感觉

【专栏 14-4】海尔大学——中国企业界的"哈佛大学"[①]

海尔大学始建于 1999 年 12 月 26 日，是海尔集团培养中高级管理人才的地方。其是在海尔集团提出的以市场链为纽带的业务流程再造背景下，在信息化时代新经济的浪潮中为满足海尔集团国际化战略转移而成立的，是海尔集团培养员工管理思路创新的基地。

海尔大学是海尔集团专门为培养出国际水平的管理人才和技术人才而为内部员工兴建

① 徐雨森，陈蕴琦. 企业大学的功能体系及其演进过程研究——海尔大学和华为大学的纵向案例分析[J]. 科学学与科学技术管理，2018，02：95-103.

的培训基地。它完全按照现代化的教学标准来建设，并与国际知名教育管理机构合作，为参训员工提供的各项硬件和软件环境都是一流的。为调动各级人员参与培训的积极性，海尔集团还将培训工作与激励紧密结合。海尔大学每月对各单位培训效果进行动态考核，划分等级。引入激励机制是增强培训效果的重要手段。海尔抓住员工追求自我实现的关键需求，把培训工作与升迁、轮岗等激励机制挂钩，不仅是重视培训的表现，而且是增强培训效果的重要手段。

1. 培训内容与方式

(1) 培训内容。

尽管具体的培训内容千差万别，但一般来说，培训内容包括三个层次，即知识培训、技能培训和素质培训。究竟该选择哪个层次的培训内容，应根据各个培训内容层次的特点和培训需求分析来选择。一般来说，管理者偏向于知识培训与素质培训，而一般职员则倾向于知识培训和技能培训，培训内容最终是由受训者的"职能"与预期的"职务"之间的差异所决定的。

(2) 培训方式。

从培训方式来看，有职内培训(on-the-job training)和职外培训(off-the-job training)。职内培训指工作教导、工作轮调、工作见习和工作指派等方式，职内培训对于提升员工理念、人际交往和专业技术能力方面具有良好的效果。职外培训指在专门的培训现场接受履行职务所必要的知识、技能和态度的培训。职内培训和职外培训相结合，对不同的培训内容可以采用不同的方式，灵活进行员工培训。

2. 培训方法

(1) 影响培训方法选择的主要因素。

影响培训方法选择的主要因素有：学习的目标、所需的时间、所需的经费、学员的数量、学员的特质、相关科技的支持。

(2) 培训方法的基本类型。

员工培训的形式很多，主要可分为在岗培训、离岗培训及自学三大类。主要包括：课堂讲授或讲座；模拟教学或体验式培训；专题研讨会或交流考察；在岗培训(OJT)，师傅带徒弟；网络培训；自学。每个大类中又可以细分出很多具体的培训方法。究竟选择哪种培训方式更为适合呢？培训部门应依据培训项目的具体情况，结合培训需求、培训目标、所需资源、培训制约条件等，选择适合的一种或组合的培训方法。

(三)职业高原

最早提出职业高原概念的是弗朗斯(Ference)。他认为，"职业高原是指在个体职业生涯中的某个阶段，个体获得进一步晋升的可能性很小"。费尔德曼(Feldman)和威兹(Weitz)则认为，职业高原意味着个体工作上接受进一步增加责任与挑战的可能性很小。

近年来，被研究界关注最多的是三因素说。特仑布雷(Tremblay)等人把影响员工达到职业高原划分为三大因素：个人因素、家庭因素与组织因素。个人因素包括：年龄、受教育水平、前任员工的影响、人格因素(特别是控制点与职业高原具有很大的相关)、晋升愿望、上级的绩效评价、工作投入、以前成功的工作经验等。家庭因素则包括家庭满意感、家庭成员人数、配偶工作情况(是否有工作，全职还是兼职)、个人家庭负担等。组织因素包括：组织结构类型(金字塔式的、矩阵式的、扁平的或直线式等)与员工所处的职业路径(技术业务路径或行政管理路径)。他们运用该模型对加拿大3000余名管理者进行实证研究表明，除了控制点和年龄与员工职业高原呈现正相关外，其余均与职业高原呈负相关关系。

弗朗斯认为存在四种类型的职业高原员工：①新员工。个体对以后的晋升具有很大的信心，但是他(她)的现有工作绩效水平却低于组织可接受的标准。②明星员工。工作绩效水平极高，也拥有很大的晋升潜力。③静止员工。工作绩效水平很好，但进一步获得晋升的机会很小。④枯萎员工。绩效水平没有达到组织可接受的水平，获得进一步晋升的机会为零。对于这四种类型的职业高原员工，应对策略有以下两种。

1. 个体调适

瑞茨瓦(Rantzw)和费勒(Feller)提出了以下几种解决方案。①平和方法。接受这种状态，并努力压制自己的挫折感和愤怒。②跳房子方法。在原有职位不变的情况下，努力向其他方面发展，以求在其他方面有较好的发展。③跳槽方法。从原来公司辞职，并在其他公司寻求一个与原来相似的职位，希望环境的变化能解决这一问题。④内部调和方法。通过尝试、创新等途径努力开发他们现有的工作，能成功地与决策者进行互动，而不是被动地接受。瑞茨瓦指出，内部调和的方法对解决员工职业高原问题最有成效和实用价值。

2. 组织调适

所罗门(salomore)指出组织应把重点放在岗位的重新设计、工作丰富化、工作计划、轮岗、平等的晋升机会、带薪休假等解决策略上。伊文斯维兹(Ivancevith)和迪斯弗朗克(Dcfrank)则认为可通过职业咨询、压力管理研讨会、放松技巧、有关健康研讨会等活动，帮助处于职业高原状态的员工。

第三节　员工绩效评估

一、中国古代的绩效考核制度

古代的"治吏"制度无外乎选拔、考绩、品级、奖惩、俸禄、休致、养忧等一整套的官吏管理方式，但每个朝代的重点都放在考绩和奖惩上。古代绩效考评又称考绩、考课、考成、考功等，与现代的"绩效评估"有联系也有区别。早在尧舜禹时期就存在绩效考核制度，但绩效考评标准及内容都不全面，绩效考评的法规政策也不健全，直到隋唐以后才建立起比较完备的绩效考评制度。

唐代设置了隶属于吏部的考功司，专门负责对全国官吏的绩效考评。一般来说，绩效考评每年一小考，四年一大考，无论职位高低和地方远近都要接受考评。考评的结果与官吏升迁和俸禄紧紧联系在一起，是一种以奖惩制来调节和激励官员工作的方法。隋唐时期的考评制度为后来宋代在绩效考评上的巅峰发展创造了条件。

绩效考评的内容和标准在宋代得到了体系化的发展，这一时期的绩效考核在沿用唐代部分标准的基础上又顺应时代的发展增加了一些新的标准。例如，保留了唐代的"四善"标准，同时又增设了狱讼、赋税、农桑、治盗、赈灾、抚养等基本考评标准。历纸，又称

"印历"，是当时绩效考评的典型方法，是用朝廷发放的专用于考核官吏的一类表格记录个人的功与过，到年终根据这些表格材料来评定考第，最后决定罢黜或升迁。这有点类似于今天的关键绩效指标，它的指标就是官吏们具体化的功与过。强调的是要对其结果进行核实和核用。

总体来看，古代的考课主要包括了几个方面：鉴别一个官吏的好坏，能力的高低，应该以实实在在的、经过核真的政绩为依据；一定要实地考察，到其所在的管辖范围实地考察，看他施政的实际效果，不能仅靠他人之言就下结论；在取得实际考核后，对确有实绩的，要进行嘉奖；对劣绩者要严惩不贷；抓住典型，奖好惩坏，采用抓好坏两头、带中间的方法来改变吏风。[①]

二、绩效评估的目的与内容

(一)绩效评估的含义

员工绩效评估是指对员工现任职务职责的履行程度，以及担任更高一级职务的潜力，进行有组织的并且是尽可能客观的考核和评价的过程。

绩效评估本身不是目的，而是一种手段。从内涵上来说，有两层含义：一是考核员工在责任职位上的业绩；二是考核员工的素质和能力。从外延上说，就是有目的、有组织地对日常工作中的人员进行观察、记录、分析，作为以事实为基础的客观评价的依据。

员工的绩效评估有正式和非正式两种。

(二)绩效评估的目的

(1) 管理目的，强调绩效评价结果的运用，即衡量员工的优缺点和绩效，以决定员工的去留、升迁或降职、加薪或减薪及职务调动等奖惩措施。这种考核带有很强的刚性和强制性，是对员工前期工作绩效的客观评价和硬性兑现，这种考核可以形象地称为"秋后算账"。

(2) 发展目的，即把考核结果和信息作为改进员工未来绩效的依据。在发展型考核中，上级非常重视与员工的沟通与反馈，并充分分析员工在考核中体现出来的优势和劣势，为他们未来绩效的提升提供帮助和指引，这种考核可以形象地称为"指点迷津"。

绩效评估是人力资源管理系统中各环节的重要依据，如图14-3所示。

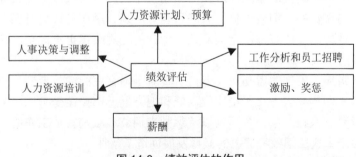

图14-3　绩效评估的作用

---

① 高小平，陈春会，吴建南. 我国汉唐时期绩效考评的特色与启示[J]. 中国行政管理，2007，02：22-24.

(三)现代绩效评估的特点

现代人力资源管理中的绩效评估,与过去对员工进行的行政人事考核有着根本的不同特点,表14-4列出了传统人事考核和现代绩效考评的特点比较。

表14-4　传统人事考核和现代绩效考评的特点比较

比较内容	传统人事考核	现代绩效考评
考评目的	总结过去的经验教训,不重视未来的改进; 考核是为了对上级有所交代,注重形式; 完成人事工作	总结过去的经验教训,重点在于提出未来的改进思路和方法; 考评是为了完善组织的人力资源管理,注重内容; 形成员工对组织的归属感,提高员工的满意度
考评方法	主观描述; 单向评定; 独立的考核	制定绩效标准,记录绩效,考评绩效; 双向沟通; 作为人力资源管理系统中的连续性的考核
员工权利	员工不能了解考核结果; 员工不能提出要求; 员工没有提出问题、解释问题的机会	员工有权了解考核结果; 要求员工提出建议,充分了解员工的要求; 让员工提出问题,并允许充分解释
主管地位	居高临下,一言堂; 主管掌握整个考核过程	平等沟通,互相交流; 员工参与整个考评活动
考评结果	不了解员工的想法和要求; 没有获得建议; 下达未来的工作任务; 员工无所收获; 组织无实质性改进	了解员工的想法和要求; 获得员工对组织发展的意见、建议和创新观念; 共同制定未来的工作目标; 员工增强自信心和满意感,获得发展的机会; 组织增强了凝聚力,提高了工作效率

(四)绩效评估的内容

在人才考核方面,中国古代墨家主张从品德、能力、效果等方面考核官吏,坚持德才兼备原则,对他们进行奖励和惩罚,甚至直接改变其职务,乃至免职。墨家主张人才的任职是能上能下的,不是终身制。

因员工工作性质不同,现代绩效评估的内容有所不同。对企业中工人的技术评估,以《工人技术等级标准》为依据。对管理人员、工程技术人员和主要行政领导人员的评估,一般包括德、能、勤、绩、廉及个性的评估。德指一个人的思想素质、道德素质和心理素质;能是指员工的各种能力,包括体能、学识、智能和技能等,这是评估的重点与难点;勤是指一个人的勤奋、敬业精神;绩是指一个人的工作绩效;廉是指一个人的廉洁自律;个性指员工的性格、兴趣、嗜好等,如表14-5所示。

表 14-5　中国公务员年度评估细化的评估内容

评估项目	德	能	勤	绩	廉
涵盖目标	思想政治表现 职业道德 社会公德 组织纪律性	政策理论水平 业务水平、开创能力 表达能力、分析能力 组织实施能力	出勤率 工作效率 工作态度	工作数量 工作质量 工作贡献	廉洁自律
具体评估内容	思想政治上的心理与行为表现:对党的基本路线、方针、政策的态度,全心全意为人民服务的思想;对职业的态度和行为表现:敬业精神、廉政勤政;遵守社会公德规范,在公众中的形象,对同事、家人、邻居的态度和行为;对待上级、组织的态度和行为:执行组织决议和领导指示,遵守政府及单位的各项纪律规定等	掌握业务知识的程度和处理业务问题的能力:掌握有关专业的理论知识、管理知识的程度,处理业务问题的熟练程度和实际水平等;运用马克思主义基本理论分析和解决实际问题的能力,认识和理解党的路线、方针、政策的自觉性、坚定性和正确性;工作中表现出的改革、开拓精神和进取心;工作中的口头、文字表达水平,能够撰写抓住重点、有说服力的文章;对事物的分析、判断等综合能力,提出指导性的建议;工作中的计划、管理、组织、控制等能力,组织落实、知人善任、关系协调,办好事情等	按照职位和工作制度要求的出勤情况;完成工作的速度和质量;能否按时高质量地完成行政任务;对待工作的认识,表现出的态度、责任心和努力程度	完成工作项目件数的多少;完成任务和具体工作结果的好坏、优劣;取得的成果、业绩对政府和社会产生的经济效益和社会效益	是否严格遵守党和国家廉洁从政的有关规定;是否廉洁奉公,忠于职守,有无利用职务或职权上的影响谋取不正当利益的行为;是否严格遵守公共财物管理的规定,有无假公济私,化公为私的行为;是否艰苦奋斗、勤俭节约,有无讲排场、比阔气、挥霍公款、铺张浪费的行为等

三、绩效评估方法

(一)绩效评估方法的类型

1. 员工特征导向的评估方法

以员工特征为导向的评估方法衡量的是员工个人特征,如决策能力、对组织的忠诚、人际沟通技巧和工作的主动性等方面,它反映了员工潜在形态的劳动。它主要关注的是员工潜在的素质如何,而不重视员工的实际动手情况如何。

2. 员工行为导向的评估方法

以员工行为为导向的评估方法衡量的是员工在工作中的行为,如完成任务、遵守纪律、提交建议、服从指令等方面的具体情况,它反映了员工流动形态的劳动。在确定基于行为的绩效定义的内部结构方面,最具影响力的是 1993 年由美国学者波曼(Borman)和莫特威德勒(Motoweidlo)所提出的任务绩效(task performance)和关系绩效(contextual performance)概念。任务绩效是指任职者通过直接的生产活动、提供材料和服务对组织的技术核心所做的贡献，主要受经验、能力以及与工作有关的知识等因素的影响；关系绩效不是直接的生产和服务活动，而是构成组织的社会、心理背景的行为，包括自愿的行为、组织公民行为、组织奉献精神以及与特定作业无关的绩效行为。例如自愿承担额外的工作、帮助同事等，它能够促进组织内外的沟通，降低紧张的情绪反应，可以提高任务绩效，从而提高整个组织的有效性。

3. 员工工作结果导向的评估方法

以员工工作结果为导向的评估方法，衡量的是员工的最终工作结果，它反映了员工凝结形态的劳动。不同类型绩效评估方法的优缺点比较如表 14-6 所示。

表 14-6 不同类型绩效评估方法的优缺点

绩效考评的类型	优　点	缺　点
特征法	费用不高； 使用有意义的衡量标准； 使用方便	很有可能产生等级错误； 不适合员工的咨询； 不适合报酬的分配； 不适合提升决策
行为法	使用特定的工作标准； 易被员工和上司所接受； 适合提供反馈； 对报酬和提升决策较公平	费时； 成本较高； 有可能产生等级错误
结果法	很少有主观偏见； 易被员工和上司所接受； 将员工工作与企业工作相连； 鼓励共同制定目标； 适合报酬和提升决策	费时； 可能鼓励短期行为； 可能使用被歪曲的标准； 可能使用有缺陷的标准

(二)绩效评估的基本方法

1. 排序法

按被评估者个人绩效的相对优劣程度，通过比较确定每人的相对等级或名次。

(1) 简单排序法。按总体工作情况好坏进行排序，适用于小企业。

(2) 交替排序法。在评估员工中先挑选出最好的和最差的各一名，分别列为第一名和最后一名，再从余者中挑选最好和最差的各一名，分别列为整个序列的第二名和倒数第二名，依此类推，直到排列完毕。

(3) 配对比较法。根据单维绩效或整体工作状况，将每一个员工与其他员工逐一比较，并将优胜者选出，再根据每一员工净胜次数的多少进行排序。

假定需要对 5 位员工 A、B、C、D、E 进行绩效考评。首先要标明所有需要被考评员工的姓名以及需要评价的所有工作要素。接着将所有员工根据某一类要素进行配对比较。然后用"+"(好)和"−"(差)标明谁好一些，谁差一些。最后将每一位员工得到的"好"的次数相加，如表 14-7 所示。

表 14-7 绩效考评配对比较

就"工作质量"要素所做的评价						就"创造性" 要素所做的评价					
比较对象	A	B	C	D	E	比较对象	A	B	C	D	E
A		+	+	−	−	A		−	−	−	−
B	−		−	−	−	B	+		−	+	+
C	−	+		+	−	C	+	+		−	+
D	+				+	D	+		+		
E	+	+	+			E				+	
B 工作质量最高						A 创造性最强					

(4) 强制分布法。强制分布法是按事物"两头小，中间大"的正态分布规律，先确定好各等级在总数中所占的比例，然后按照每人绩效的相对优劣程度，强制列入其中的一定等级。其中，绩效最高的 15%，绩效较高的 20%，绩效一般的 30%，绩效较低的 20%，绩效很低的 15%。

2. 量表法

评估量表法是应用最广泛的绩效评估法。评估量表通常包括几项有关的评估项目。需要注意的是，每项评估项目都不应是对员工个性的评价，而应是对员工工作行为方式的评价。

(1) 强迫选择量表。四个行为选项为一组，选择出最能反映与最不能反映被评估者实际情况的两个选项。评估者不知道各选项的分值。优点是个人偏好受到控制，操作简单；缺点是评估者难以把握评估结果，员工无法在评估中产生自我激励。

(2) 行为尺度评定量表。用具体行为特征的描述表示每种行为标准的程度差异。优点是：提高了绩效评估效果与效率；有利于员工的绩效改进；评估结果有依据。缺点是：一些具有实际意义的事件可能被舍弃；行为归属和相应的分组很难判定；评估标准可能缺乏独立性；存在评估者判断差异。

(3) 行为观察量表。又称行为观察评估法，并非评估被评估者做某项工作的水平或优劣程度，而是观察被评估者做某项特定行为的频度，设定与频度相关的分值。优点是：使用方便；可单独作为岗位说明书的补充；较为全面地评估；有助于反馈；评估者偏见减少；评估正确性提高。缺点是：行为指标可能不全面；以同样的标准评估每一行为。

(4) 混合型标准量表。这是近年来美国专家研究的一种使用更有效、评估准确度更高的量表。此量表在设计时，首先分解出若干评估维度，并为每一维度的好、中、差三等拟出一条范例性的陈述句。然后将这些陈述句打乱，随机排列，也不指出每一评估维度。评估者只要根据被评估者的实际工作表现，与这些范例性的陈述句逐条对照评价，根据所给符号，评判被评估者的工作表现。优点是：减少了某些评估误差；评估者易操作。缺点是：主观性较强；评估结果与组织战略的一致性不强。

3. 关键事件指标法

关键事件指标法是管理者对下属与工作相关的优秀事迹和不良行为进行记录，并在预定的时期内进行回顾考评的一种方法。优点是：对关键事件的行为观察客观、准确；能够为更深层的能力判断提供客观的依据；对未来行为具有一种预测的效果。缺点是：耗时耗力；对关键事件的定义不明确，不同的人有不同的理解；易引起员工与管理者之间的摩擦。

4. 行为锚定评价法

行为锚定评价法(BARS)实质上是把评级量表法和关键事件指标法结合起来，兼具两者之长。它将关键事件和等级评价有效地结合在一起，通过一张行为等级评价表可以发现，在同一个绩效维度中存在一系列的行为。每种行为分别表示这一维度中的一种特定绩效水平。将绩效水平按等级量化，可以使考评的结果更有效、更公平。

行为锚定评价法的优点是：更加精确；标准更加明确；良好的反馈功能；各表现要素间较强的相对独立性；信度较高。缺点是：文字描述耗时耗力；表格多，不便管理；经验性的描述有时易出现偏差。

建立此法分四个步骤：①选定构成被评估职务工作绩效的重要维度；②为每个维度设计出一系列实例性的关键事件；③为每个维度选择关键事件，确定每一个绩效等级与关键事件的对应关系；④将关键事件从好到坏进行排列，建立行为锚定评价法评估体系。

5. 目标管理法

目标管理法是依托在"目标管理"的制度下，通过使每个员工都为完成组织使命而努力来实现组织的有效性，故又称绩效目标评估法、目标考核法。评估双方共同确定目标，并共同确定评估人在下一个评估阶段中应当如何完成这些目标的行动计划。

目标管理法的循环流程如图14-4所示。目标管理法非常适合于用来对员工提供反馈意见和指导，可以提高整体绩效，可以更好地激励员工提高绩效；更好地协调部门之间和员工之间的目标，减少任务的交叉和工作的重复。其缺点是：花费资金和时间，成本很高。

6. 360度绩效评估

360度绩效评估是从上级、下级、平级同事、本人以及来自企业内外部的客户和供应商等多个角度来反映员工的工作绩效评价。该方法是西方企业人力资源评估中应用最广的评估模式。由于中西文化在权力距离、个人-集体主义、不确定性回避倾向等方面存在着差异性，应用中须结合中国文化、企业组织文化进行实际改造、注意应用中的问题，使组织文化和该评估系统达到匹配状态。[①]

① 程再峰. 中国文化背景下360度绩效评估系统的应用[J]. 北方经贸，2007，04：103-104.

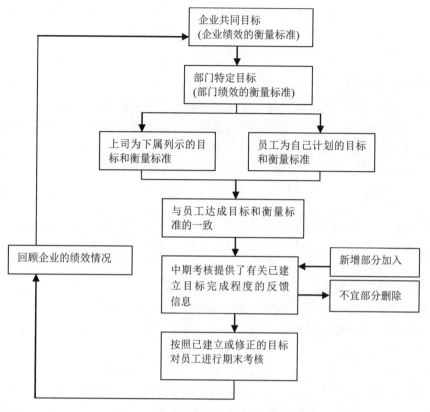

图 14-4 目标管理法的循环流程图

四、绩效评估的实施

(一)绩效评估程序

公共部门的绩效评估是一个复杂且需要连贯统一的流程，如图 14-5 所示。

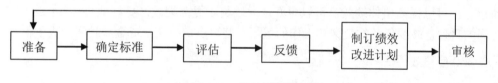

图 14-5 绩效评估流程图

我国公务员年度绩效评估的程序是：先由个人总结，再由主管领导人员在听取群众意见的基础上写出评语、提出评估等次的意见，经评估委员会或者评估小组审核后，由部门负责人确定评估等次。评估结果要以书面形式通告本人，听取本人意见。评估结果要存入本人档案，作为对公务员奖惩、培训、辞退，以及调整职务、级别和工资的依据。

(二)绩效评估主体

绩效评估主体有员工的直接上级、员工的同事、员工的下属、员工的自我评价、客户的评价。不同考评主体的优缺点比较如表 14-8 所示。

表14-8 不同考评主体的优缺点对照表

考评主体	优 点	缺 点
上级	对评价内容熟悉；易获得考评客体的工作业绩；有利于发现员工的优缺点，使员工培训、能力开发、职业生涯设计等更加符合	易造成以偏概全；受个人心理影响，易产生偏松偏紧的倾向
同事	接触频繁，评价更加客观全面；有利于提高工作热情和协作精神；易发现深层次问题，提出改进方向	工作量大，耗时多；易受私心、感情和人际关系因素影响
自己	自身有更加清楚的认识，评价客观；有利于增加参与意识，提高工作热情；有利于问题达成共识，降低抵触情绪	易于高估自己；易夸大成绩，隐瞒失误；寻找借口，积极开脱
下级	使员工有认同感，增强工作积极性；发现上级工作不足，改进工作；对上级进行监督，使其行使权力时有所制衡	受自身素质限制，拘泥于细节；担心上级打击报复；只讲好话，不讲缺点；可能导致上级放松管理
相关客户	所受干扰少，评价客观；有利于强化服务意识；有利于发现自身优劣及潜在需求	操作难度大；耗时久，成本高；考评资料不易取得

(三)绩效评估中误差的控制

绩效考评误差的来源：绩效考评标准不明、晕轮效应、趋中倾向、偏松或偏紧倾向、考评者的偏见、第一印象、外界压力、对照对应；受"关系"文化的影响，中国人非常注重群体关系的和谐，因此人们会努力维持或增进人际关系的和谐。绩效评估中对误差控制的方法有以下几种。

1. 通过评估面谈加强对评估的管理

(1) 评估面谈的意义。主管让下属了解评估结果；主管与下属一起分析评估结果；主管向下属提出工作建议；下属向主管提出工作的困难；共同提出改进的方案。

(2) 面谈的技巧。对事不对人；反馈要具体；鼓励充分参与讨论，探讨解决问题的方法；把握时机，适时反馈。

2. 选择合理绩效考核方法解决"老好人"问题[①]

(1) 对评估等级进行强制分布以规避集中倾向。对每一个团队和部门规定合格、不合格和优秀等级的比例，迫使管理者对员工绩效分出差异。例如，将评估对象按绩效情况分为几类，每一类强制规定一个百分比，此方法规定了绩效等级，有效避免了评估中的宽泛化、中心化、严格化倾向。

(2) 采取匿名方式进行评估。除了上级对下级的评估外，其他评估方式，都可以采取匿名方式进行。这样不仅可以减轻评估者的心理压力，又可以获得客观真实的信息。

---

① 何懿. 传统文化影响下绩效考核制与员工满意度[J]. 现代企业，2009，03：24-25.

(3) 建立客观的绩效评估系统。分析工作任务和工作行为,尽可能量化指标,难以做到量化的则以员工工作进程中的关键性行为作为评价依据。这样能够大大降低绩效评估的主观性,提高绩效评估的公平性。

3. 用"潜在合同"补充评估中某些不确定的因素

"潜在合同"就是以一种薪酬默契的方式留住那些潜力大、有发展的新员工。"潜在合同"的双方必须承诺的内容如下。

公司方:公司稳定发展;当员工的工龄达到一定阶段,给予高幅度的薪酬增长。

员工方:工作令人满意;必须有稳定、良好的工作表现;对公司的文化和价值观认同。

4. 确定恰当考评标准

考评标准尽可能准确、明白,尽量使用量化等客观标准,以减少考评者主观的干扰。

5. 对评估者进行相关的培训

培训评估者的内容主要有以下几方面:认真讲解评估内容及评估标准;列举常见的评估误差;提高评估者的观察力和判断力;加强对评估者有关评估重要性的教育,使他们重视评估工作。

本 章 小 结

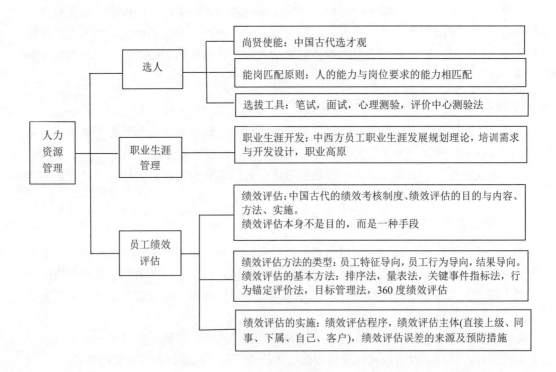

习　　题

一、思考题

1. 能岗匹配原则在招聘中如何应用？
2. 在人力资源甄选中，文化价值取向重要吗？
3. 在实践中如何有效地运用结构化面试？
4. 设计一份选拔办公室办事人员的角色扮演试题提纲。
5. 作为大学生，怎样进行个人职业生涯发展计划？
6. 360 度绩效评估系统的应用如何中国本土化？

二、案例分析题

一位交大博士的苦恼

小 A 是个来自农村的孩子。当时家乡种地需要的暖棚材料价格昂贵，父母觉得会制造暖棚肯定能赚大钱，于是便萌生了让小 A 报考材料学的想法。一向缺乏主见的他遵从了父母的意愿，考入了交大高分子材料系。

其实，小 A 小时候在少科站就接触了计算机，而且一直是他最大的兴趣。于是他在本科期间双管齐下，获得了材料和计算机双学士文凭。到了大四，由于成绩突出，校方给了他材料系硕博连读的机会，看着别人羡慕的眼光，他把兴趣甩在一边，顺理成章地踏上了学校为其铺就的光明大道，后来由于导师的推荐改换了专业方向，辗转 6 年才完成了博士学位。期间，兴趣的驱动让他考取了微软的计算机认证，并拥有网站维护的兼职经历，但后来随着本专业课程的加重，便再也无暇顾及计算机的学习。

毕业后，注重研究型的科研机构他不愿去，而想去的企业却需要应用型人才。他也想过靠计算机本科文凭求职，在喜欢的领域工作，但他读博期间就再也没有学习过，早已生疏。相比计算机专业人才，他完全没有竞争优势，况且多年学成的博士专业完全放弃，也未免可惜。他空有名校博士的荣誉，却无路可走，百般后悔。

分析：
1. 请评价小 A 的职业发展，你能给他一些什么建议？
2. 请就"兴趣是最好的职业"阐述自己的观点。

三、管理技能训练

较好的面谈

幸福清洁公司与其他公司所有人事管理活动一样，目前仍没有一套有组织的方法来面谈应征者。几乎所有掌握雇用事宜的分店经理们，都喜欢问许多他们自己喜好的问题。然而，在缺乏高层管理者的指导原则下，他们都承认自己面谈的绩效仍有改进之处。总经理林炳森也自认为，虽然他本人对其企业的机制了如指掌，但在面谈管理人员或其他应征者时，却感到不知所措。人事经理李珍妮确信，某些员工的离职与偷窃问题的发生是由于缺乏正式的面谈指南、程序与训练所导致。因此，他想要采取一些行动，以改善公司在这个重要方面的管理方式。

1. 李经理应如何改进其员工的面谈做法？她是否应该制作管理类及非管理类工作问题的面谈表格？面谈表应包含哪些问题？

2. 她是否应该为公司经理们进行一套训练计划？如果需要的话，此面谈训练计划的内容应包括什么？换句话说，假使她真的决定要开始训练公司管理人员成为更好的面谈者时，她应该告诉他们什么，如何指导他们？

【推荐阅读书目】

[1] 罗纳德·克林格勒，约翰·纳尔班迪. 公共部门人力资源管理：系统与战略[M]. 4版. 北京：中国人民大学出版社，2001.

[2] 加里·德斯勒. 人力资源管理(中国版)[M]. 12版. 北京：中国人民大学出版社，2012.

[3] 陶铁胜，张桂宾. 中国传统文化与人力资源[M]. 上海：生活·读书·新知三联书店，1999.

[4] 鲁森斯. 组织行为学(双语)[M]. 12版. 北京：人民邮电出版社，2016.

[5] 科尔基特，勒平，韦森. 组织行为学(双语)[M]. 3版. 北京：人民邮电出版社，2016.

第十五章

组 织 文 化

学习目标：

掌握组织文化的定义、结构和构成要素；了解组织文化的作用；掌握组织文化测评的理论，如丹尼森模型和 OCAI 等；了解组织文化建设的内容。

关键概念：

组织文化(organization culture) 丹尼森模型(denison model) 竞争性价值观框架 (competing values framework，CVF) 组织文化评价量表(organizational culture assessment instrument，OCAI)

【专栏 15-1】 同仁堂的组织文化①

北京同仁堂是全国中药行业著名的老字号，创建于 1669 年(清康熙八年)，自 1723 年开始供奉御药，历经八代皇帝累计 188 年。在 300 多年的风雨历程中，同仁堂的先人们为后人留下了"炮制虽繁必不敢省人工，品位虽贵必不敢减物力"的堂规和"同修仁德，济世养生""修合无人见，存心有天知"的堂训。同仁堂整套企业文化设计弘扬了孔子的仁、义、礼、智、信。"仁"是儒家文化的核心概念，也是同仁堂文化的精神支柱。在儒家思想的指导下，同仁堂要求全体员工弘扬"德、诚、信"三大优良传统。历代同仁堂人始终恪守古训，造就了制药过程中兢兢业业、精益求精的严谨精神，其产品以"配方独特，选料上乘，工艺精湛，疗效显著"而享誉海内外，产品行销 40 多个国家和地区。

请问：同仁堂的组织文化对当前医药企业有何借鉴意义？

---

20 世纪 70 年代后期，世界经济最震撼人心的事情是日本经济的迅速崛起。资源匮乏的日本，在经历了第二次世界大战的惨重失败后，可以称得上是满目疮痍、百废待兴。然而，它却经过短短二三十年的努力，一跃而成为仅次于美国的世界第二大经济强国。研究表明，推动日本经济高速发展的关键因素，不是经济资源、利润指标和严格的规章制度，也不是先进的科学技术，而是扎根于组织员工中的一种强有力的精神凝聚力，即组织文化。组织文化与经营业绩的关系毋庸置疑，当代中国企业越来越认识到组织文化对企业经营业绩的重要性。海尔集团、联想集团等著名企业都投入很大精力建设其独特的组织文化。

---

① 张培强，杜建国. 论"同仁堂"经营思想与儒家道德观的融合[J]. 道德与文明，1999(2)：16-19.

第一节 组织文化概述

"文化"的英语词源是古拉丁文 culture，本意是指耕种、居住、练习、敬神。然而在欧洲的历史中，"文化"一词主要是指由于人类在思维和理性方面的发展而引发的整体社会生活的变化。其实，在20世纪70年代以前，人们还没有意识到组织文化常常是影响管理组织、管理方法和管理效果的根本原因。20世纪70年代以后，人们才逐渐意识到，管理也是一种文化现象，文化渗透于组织和管理的全过程。1979年，第一篇论述企业文化的学术文章出现了(Pettigrew，1979)。从那时开始，一批以哈佛商学院和麻省理工学院的教授为代表的人物推动了企业文化或组织文化运动，学者们从不同的角度对组织文化进行了研究，这标志着组织理论把人在组织和管理中的作用提高到了前所未有的重要地位，它推动着组织管理实践向前发展。

每个组织都有自己独特的文化，就像每个人都有自己独特的情感和性格一样。当组织形成了自己的"个性"以后，它就会成为影响组织成员态度和行为的重要变量。忽视组织文化作用的管理，会使组织的发展失去根基，使事业功亏一篑。创建卓越的组织文化，是现代企业走向成功的法宝。

一、组织文化的含义

(一)文化的定义

一般而言，文化的含义有狭义和广义两种理解。广义的文化是指人类在社会历史实践过程中所创造的物质财富和精神财富的总和。狭义的文化是指社会的意识形态，以及与之相适应的礼仪制度、组织机构、行为方式等物化的精神，包括知识、信仰、价值观念、艺术、道德、法律、习俗以及个人作为社会成员而获得的能力和习惯在内的复杂整体。文化包括物质文化、制度文化和精神文化三个方面。

(1) 物质文化：也称"器"文化或"硬"文化，它是反映不同社会、不同民族、不同年代发展程度的标志，它包括一切生产资料和生活资料。

(2) 制度文化：是在适应物质文化发展水平的基础上形成的，包括生产方式、生活方式、行为方式、政治制度、法律制度和经济制度等。

(3) 精神文化：是在适应物质文化和制度文化的基础上形成的，包括风俗习惯、宗教信仰、道德情操、价值观念、审美意识、教育程度、科学技术水平、文学艺术水平、哲学和理念等。

制度文化和精神文化都属于"软"文化，人们通常所说的"文化"，常指"软"文化。

(二)组织文化的定义

"组织文化"自20世纪80年代初已变成一个大众化概念，但对于组织文化或企业文化的概念，可谓众说纷纭。有人对组织文化的定义做过统计，共有180多种，几乎每一个管理学家和组织文化学家都有自己的定义，具有代表性的有以下几种。

(1) 企业文化是一系列的内隐假设，有关一群人如何分享和决定他们的认知、思想、情感以及公开行为的程度。它借由组织成员的共享历史和期望，以及他们之间的社会互动的产出所形成。(艾德佳·沙因)

(2) 企业文化是指一个企业中各个部门，至少是企业高层管理者们所共同拥有的那些企业价值观念和经营实践。(美国学者约翰·科特和詹姆斯·赫斯克特)

(3) 企业文化是价值观、英雄人物、习俗仪式、文化网络、企业环境。(特雷斯·迪尔和阿伦·肯尼迪)

(4) 企业文化是"进取、守势、灵活性——即确定活动、意见和行为模式的价值观。(威廉·大内)

(5) 管理者必须将其组织统一在一个坚实的意念和共同的愿景下，并在此基础上推行相应的管理，这势必会对公司及管理者提出更加苛刻的要求。在未来的公司内，只有信奉者生存的空间，没有彷徨、犹豫者立足的余地。(品牌大师：杰斯帕·昆德)

综上所述，组织文化就是指组织在长期的生存和发展中所形成的，为本组织所特有的，且为组织多数成员共同遵循的最高目标、价值标准、基本信念和行为规范等的总和及其在组织活动中的反映。

组织文化有多种分类方式。

(1) 按社会制度划分，可分为封建文化、资本主义文化和社会主义文化。

(2) 按活跃程度划分，可分为僵化型文化、保守型文化、渐进型文化、活跃型文化和激进型文化。

(3) 按内容性质划分，可分为创业型文化、挑战型文化、发展型文化、技术型文化、智力型文化和服务型文化。

(4) 按组织国籍划分，可分为美国型文化、日本型文化、西欧型文化、俄罗斯东欧型文化和中国型文化。

(5) 按影响大小划分，可分为强文化和弱文化。

二、组织文化的结构

组织文化的结构是指组织文化各种内容和形式之间的关系。美国组织文化教授艾德佳·沙因(Edgar H. Schein)将组织文化分为以下三个层次，如图 15-1 所示。

(1) 人工制品(artifacts)。人工制品是那些外显的文化产品(表象)，能够看得见、听得见、摸得着(如制服)，但却不易被理解。

(2) 外显价值(espoused values)。藏于人工制品之下的便是组织的"信仰与价值"，它们是组织的战略、目标和哲学。

(3) 基本隐性假设与价值(basic assumptions and values)。组织文化的核心或精华是早已在人们头脑中生根的不被意识到的假设、价值、信仰、规范等，由于它们大部分出于一种无意识的层次，所以很难被观察到。然而，正是由于它们的存在，我们才得以理解每一个具体组织事件为什么会以特定的形式发生。这些基本隐性假设存在于人们的自然属性、人际关系与活动、现实与事实之中。

一般将组织文化的结构分为三个层次，即表层的实体文化、中层的制度文化和深层的观念文化。

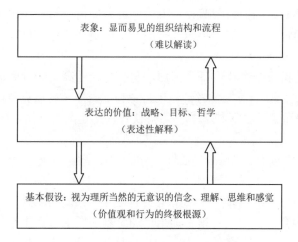

图 15-1　沙因的组织文化三层次图

1. 表层文化或实体文化

这是指由企业职工创造的产品和各种物质设施等所构成的实物文化，即能够看得见、摸得着的文化形态。它主要包括企业产品的结构和外表款式、企业职工劳动环境和员工娱乐休息环境、职工的文化设施以及厂容厂貌等。例如，花园式的厂区，宏伟的办公楼，整洁的车间，先进的生产与管理设备，舒适、安静的环境，与那种厂房破旧，垃圾成堆的脏、乱、差环境形成鲜明的对比。前者说明企业实力雄厚，充满活力，使人产生一种安全感和信任感；后者则可能预示着该企业毫无生机、经营不善、濒临倒闭。

2. 中层文化或制度文化

制度是要规范和统一员工的行为，达成组织具体的目标。为了达成此目标，组织的每一项制度、每一条规范都必须经过某种意义的阐释才可能被群体所接受、遵循。换言之，制度必须被赋予符合组织理念的某种内涵，体现某种要求，反映遵守这种规定后的收益，否则，缺乏意义阐释的制度条文就会因缺少自觉遵守的积极性而导致监督成本的上升，要么形同虚设，要么规定与实际相脱离，因此文化在这一层面上为制度提供意义。由于它是介于深层理念和具体实物文化之间，故称为中层文化或制度文化。

3. 深层文化或精神文化、观念文化

深层文化是企业文化的核心内容，是指企业的生产经营活动过程中形成的独具本企业特征的意识形态和文化观念，主要包括企业精神、企业道德、价值观念、企业目标和行为准则等。

所谓企业精神就是群体意识。企业是由若干个体组成的群体，在一个群体中就应该有一种为所有成员接受和遵守的精神支柱，即企业的经营价值观、理念和目标，它激励、约束成员的行为。在群体意识形成中，企业家的引导是关键。

现代企业文化的三个层次形成了企业文化由表层到深层的有序结构。实体的物质文化具体实在，构成企业文化的硬件外壳；制度文化是观念形态的转化，成为企业硬件外壳的支撑；精神文化则是观念形态和文化心理，为企业文化的核心。企业精神文化是企业文化的精髓，它主导着现代企业文化的共性与特性，主导着本企业文化的发展方式。具体地说，

精神文化通过制度文化来表现，它支撑、规范着企业职工的行为，使之具有本企业核心文化的特点，构造出本企业的实物外貌。

三、组织文化的构成要素

1982年7月，美国哈佛大学教授特伦斯·迪尔(Terrence E. Deal)和麦肯锡咨询公司顾问阿伦·肯尼迪(Allan A.Kennedy)在《公司文化》一书中，将组织文化的构成归纳为以下五个要素。

1. 组织环境

组织环境是企业所面临的外在现实处境，其中既有一般的共性环境，也有企业所处的特殊环境。

共性环境是所有企业都面临的相同环境，诸如政治、经济、法律、道德、宗教、国民教育状况等。共性环境对企业文化的构成有很重要的影响作用。例如，日本企业文化的共性中含有日本文化中"和""进取"的特性，含有日本民族性的特质。

特殊环境是指各个企业由于生产的产品、生产地点、行业等不同所导致的所处的各自特定的环境。例如，汽车公司的生产地点在底特律，汽车产品生产需要众多行业与厂家的配合等，这些具体条件构成了汽车公司所处的特定环境，这些特定环境的不同使之成为构成企业文化特性的因素。

2. 企业价值观

企业价值观是指一个企业从上到下所形成的占统治地位的思想和信念，是企业文化的核心。成功的企业往往有为他们的员工所认同、信奉，并能够履行的企业价值观。当企业的价值观融入员工的价值体系之后，就会形成一定的行为规范和准则，产生出强大的群体精神力量。

3. 英雄人物

英雄人物是指在企业中有威望、有影响的人物。企业组织的价值观常常体现在这些英雄人物的身上。英雄人物既是广大员工效仿的典型，也是企业文化的象征和传播者。企业中的英雄人物，可以是企业的创始者或领导人，也可以是普通的员工，只要他在岗位上倡导企业的价值观，努力地工作并取得突出的成绩就有可能成为企业的英雄人物。

4. 典礼或仪式

典礼或仪式是企业在日常例行事务中有系统、有计划地促使企业文化的价值观得以健全和发展的活动方式。例如，肯定成绩的奖励仪式、工作仪式、管理仪式、新闻发布会和文体活动的传播。这些典礼或仪式既体现了企业对员工的期望与要求，又以生动形象的形式向员工灌输了本企业的价值观，使本来抽象的企业价值观变成具体的、有形的东西。

5. 文化网络

文化网络是企业各个阶层、各个成员之间沟通的桥梁和方式，是传播组织价值观和英雄人物思想的渠道。

四、组织文化的作用

优良的组织文化能够在组织内产生一种尊重人、关心人、培养人的良好氛围,产生一种精神振奋、朝气蓬勃、开拓进取的良好风气,激发组织成员的创造热情,从而形成一种强有力的激励环境和激励机制,这种环境和机制在某种程度上胜过任何行政指挥和命令。但是,实际中并不是所有的组织文化都是优良的,组织文化对组织发展可以产生积极作用和消极作用。

(一)组织文化的积极作用

1. 规范作用

一个单位的规章制度可以构成对员工的硬约束,而组织文化中的核心理念、隐含规则对组织中每一个成员的心理和行为产生一种约束和规范作用。这种约束和规范引导并塑造着成员的态度和行为,使得组织的信念、行为与组织的要求尽可能一致,而一些不符合公司核心价值观和公司战略目标的行为则受到抑制。它可以缓解硬约束对职工心理的冲击,减弱由此引起的心理逆反,从而使组织成员的行为趋于和谐、一致。组织文化弥补了管理制度的缺陷,是一种投入代价小、影响范围大的高层次管理,它追求的是无为而治的境界。

2. 凝聚作用

文化具有极强的凝聚力量。组织中的成员来自五湖四海,不同的风俗习惯、文化传统、行为方式、目的愿望等都会导致成员之间的摩擦、排斥、对立、冲突乃至对抗,这些都不利于组织目标的顺利实现。组织文化通过建立共同的价值观和寻找观念的共同点,可以把各个方面、各个层次的人都团结在集体目标的旗帜下,使个人的思想感情和命运与单位集体的命运紧密联系起来,激发个人产生深刻的认同感,使个人与单位、组织同甘苦、共命运,使之产生亲近感、信任感和归属感,实现文化的认同和融合。

3. 激励作用

组织文化的核心是确立单位内部的集体价值观念,在这种群体价值观指导下发生的一切行为,又都是组织所期望的行为,这就带来了集体利益与个人行为的一致、组织目标与个人目标的结合。在物质需要获得满足的同时,单位内部崇高的群体价值观所带来的集体成就感和荣誉感,能够使组织成员的精神需要获得满足,从而产生深刻而持久的激励作用。

4. 稳定作用

组织文化有助于增强社会系统的稳定性。组织如同一个缩小化的社会,其内部自有一套运行机制和规律。组织文化就类似于社会系统中人们的主流价值观,组织文化越强,价值观就越统一,则组织成员的态度和行为就越一致,组织就越稳定。而各组织作为组成社会这个大系统的微观单位,其稳定性必然有助于增强整个社会系统的稳定,特别是优秀的组织文化、组织精神、组织价值观、伦理道德规范等以产品和成员的言行为载体,随组织知名度的扩大辐射到社会的每一个角落,甚至影响整个社会的价值观。

(二)组织文化的消极作用

1. 组织变革的障碍

当企业的共同价值观与进一步提高组织效率的要求不符时，它就成了企业改革的阻力。当组织面对稳定的环境时，行为的一致性对组织而言很有价值，但它却可能使企业难以应付变化莫测的环境的挑战。

2. 兼并和收购的障碍

以前，高层管理者在做出兼并或收购的决策时，主要考虑的是融资优势以及产品的协调性。但近几年，文化的相容性成了他们重点关注的对象。例如，美国银行收购查尔斯·史阔伯(Charles Schwab)公司就是一个生动的例子。美国银行的高级管理人员开的车是公司提供的福特车和别克车，而史阔伯公司高级管理人员开的车却是公司提供的法拉利、宝马和保时捷等。虽然史阔伯公司利润丰厚，有助于美国银行拓展业务，但史阔伯的员工无法适应美国银行的工作方式。终于在 1987 年，查尔斯·史阔伯又从美国银行买回了他的公司。

3. 多元化的障碍

现代社会是一个多元化的时代。企业为了在复杂的环境中掌握竞争的优势，总希望内部员工之间有差异，形成个性和特色以适应多元化的趋势。管理人员希望新成员能够接受组织的核心价值观，否则，这些成员就难以适应或不被企业所接受。由于组织文化的强大影响力，使员工服从于组织文化，这样就将员工的行为和思想限定在了企业文化所规定的范围内。企业之所以雇用各具特色的个体，是因为他们能给企业带来多种选择的优势，但当员工要在企业文化的作用下试图去适应该企业的要求时，这种多元化的优势就丧失了。

五、中国古代的组织文化

儒家的组织文化重义轻利。孔子说："君子喻于义，小人喻于利。"董仲舒则说："明明求仁义，君子之事。明明求财利，小人之事。"儒家将"君子"和"小人"对立起来，将"义"与"君子"、"利"与"小人"联系起来，其结果自然是"义"与"利"的对立。

佛家的组织文化有预立不劳，即凡事有准备，不管做什么事情，都要根据"缘起"因果提前想到这件事情发展过程中所有可能出现的问题，提前准备可行的预防措施。这就要求我们在实施计划之前，就要以更高的眼光来看待这些事情，避免在问题发生时毫无对策，即"凡事预立而不劳"。佛教寺庙建立了严密有序的组织结构，在方丈之下分别有二十四个序职、列职、杂职，一般寺庙设有四大堂口、八大职事。在寺院，各项事务由常住按能力、德行、才学的不同而派任，大众各司其职，分工合作。[①]《百丈清规》规定："僧众应饮食随宜，务于勤俭，全体僧人均须参加劳动，上下均力，一日不作，一日不食。"这种严密完备的组织方式保障了佛教历经千年流传到今而不衰。

兵家的组织文化有统一指挥。孙子认为，为了统一全员的行为，必须严守规定，令行禁止。"言不相闻，故为之金鼓；视不相见，故为之旌旗"(《军政》)，"夫金鼓旌旗者，

---

① 游彪. 宋代佛教寺院基层组织及其特征初探[J]. 佛学研究，2002：216-223.

所以一人之耳目也。人既专一,则勇者不得独进,怯者不得独退,此用众之法也"(《军争篇》),指挥大部队作战,要用金鼓、旌旗来统一军队上下视听,确保进退一致。"故善用兵者,携手若使一人,不得已也"(《军争篇》),使全军上下携手团结如同一人,浑然一体。"凡治众如治寡,分数是也;斗众如斗寡,形名是也"(《势篇》),管理大部队如同管理小部队一样,可以通过军队的组织编制来解决;指挥大部队作战如同指挥小部队作战一样,通过明确指挥号令来解决。

第二节　组织文化的测评

组织文化研究关注的是组织文化和组织绩性之间的关系,研究者们构建测量量表主要是为了深入探究组织文化如何影响组织的绩性。20 世纪 80 年代以来,关于组织文化方法的研究出现两大学派:以沙因(Schein)为代表的定性化研究学派和以奎恩(Quinn)为代表的定量化研究学派。

一、组织文化的定性测评

对于企业文化测评,一些学者强调采用定性分析的方法。例如,沙因综合前人对文化比较的研究成果,提出文化本质的概念,他认为组织文化由人工制品、外显价值和基本假设三个层次组成。基本假设是组织文化的核心和本质,又可分成以下五个维度。

1．自然和人的关系

指组织的中心人物如何看待组织和环境之间的关系,包括认为是可支配的关系还是从属关系,或者是协调关系等。组织持有什么样的假定毫无疑问会影响组织的战略方向,而且组织的健全性要求组织对于当初的组织、环境假定的适当与否具有能够随着环境的变化进行检查的能力。

2．现实和真实的本质

组织中对于什么是真实的,什么是现实的,判断它们的标准是什么,如何论证真实和现实,以及真实是否可以被发现等一系列假定。同时包括行动上的规律、时间和空间上的基本概念。沙因指出,在现实层面上包括客观的现实、社会的现实和个人的现实。在判断真实时可以采用道德主义或现实主义的尺度。

3．人性的本质

包含着哪些行为是属于人性的,而哪些行为是非人性的,这一关于人的本质假定和个人与组织之间的关系应该是怎样的等假定。

4．人类活动的本质

包含一系列假定,例如,哪些人类行为是正确的,人的行为是主动或被动的,人是由自由意志所支配的还是被命运所支配的,什么是工作,什么是娱乐等。

5．人际关系的本质

包含的假定:什么是权威的基础,权力的正确分配方法是什么,人与人之间关系的应有态势(例如是竞争的或互助的)。沙因认为组织文化决定了组织价值观以及在此价值观之下的组织行为，而且深刻地隐含在组织深层的东西，要了解它是非常困难的，不可从量化研究中获得。通过对组织构造、信息系统、管理系统、组织发展的目标、典章以及组织中的传说等物质层面的分析，能够推论得到的文化信息是有限的。

为了更好地解释一个组织的文化，沙因建议组建一个包括组织成员和专家的小组，利用群体面谈和群体讨论的方法，提出企业的问题，聚焦于可以改善的具体领域(问题)，确保小组成员理解文化的层次模型，确定组织文化的表象和外显价值观，研究价值观与组织表象的匹配度，从不匹配处探查深层次的潜在假设。如果探查效果不理想，重复以上步骤，直到理想为止。最后，评测最深层的共享假设，发现哪些假设有助于或阻碍目标问题的改善。

二、组织文化的定量测评

(一)OCAI 量表

奎恩(Quinn)和卡梅隆(Cameron)认为组织文化通过组织所信奉的价值观、主导性的领导方式、语言和符号、过程和惯例以及成功的定义方式来得到反映。他们的理论基础是竞争价值观框架(competing values framework，CVF)。CVF 在企业文化测评领域中有重要的地位，这一框架是基于组织有效性的研究而得出的。此类研究主要想回答的问题是：什么是决定一个组织有效与否的主要判据？影响组织有效性的主要因素是什么？CVF 有两个主要的成对维度(灵活性-稳定性和关注内部-关注外部)。四个象限代表不同类型的组织文化，分别被命名为宗族型(clan)、活力型(adhocracy)、层次型(hierarchy)和市场型(market)，如图 15-2所示。

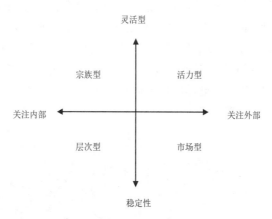

图 15-2　竞争价值观框架

奎恩和卡梅隆在竞争价值观框架的基础上构建了 OCIA 量表，如图 15-3 所示。奎恩和卡梅隆等通过实证研究发现，组织中的主导文化、领导风格、管理角色、人力资源管理、质量管理以及对成功的判断准则都对组织的绩效产生显著影响。OCAI 从中提炼出 6 个判据(主导特征、领导风格、员工管理、组织凝聚力、战略重点和成功准则)来评价组织文化。OCAI共有 24 个测量项目，每个判据下有 4 个陈述句，分别对应着 4 种类型的组织文化。对于某一特定组织来说，它在某一时点上的组织文化是 4 种类型文化的混合体，通过 OCAI 测量后形成一个剖面图，可以直观地用一个四边形表示。OCAI在辨识组织文化的类型、强度和一致性方面都是非常有用的。

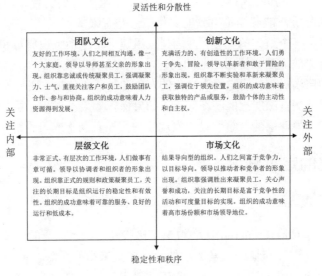

图15-3　OCAI量表

(二)丹尼森组织文化测评模型

瑞士洛桑国际管理学院著名教授丹尼尔·丹尼森(Daniel Denison)通过对5家企业进行深入的个案研究，并以764家企业、组织的CEO为样本，通过实证研究进行了假设验证，得出对企业的业绩影响重大的4个文化特征，分别是适应性(adaptability)、使命(mission)、员工参与性或投入(involvement)与一致性(consistency)。其中每种文化特质维度对应着3个子维度指标，每个子维度指标又由5个更加具体的条目(共60个)来衡量，从而构成4个象限、12个指标、60个条目的丹尼森模型(denison model)，它通过将被调查企业或组织的调查结果与企业文化测量标准常模进行比较，得到百分位数，以判断企业在行业中的优劣势，如图15-4所示。

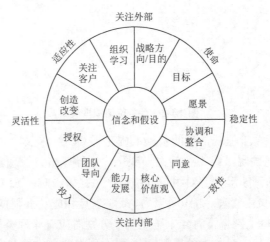

图15-4　丹尼森组织文化测评模型

1. 员工参与性(投入)

涉及员工的工作能力、主人翁精神和责任感的培养。公司在这一文化特征上的得分，反映了公司对培养员工、与员工进行沟通，以及使员工参与并承担工作的重视程度。分为①授权：员工是否真正获得授权并承担责任？他们是否具有主人翁意识和工作积极性？②团队导向：公司是否重视并鼓励员工相互合作，以实现共同目标？员工在工作中是否依靠团队力量？③能力发展：公司是否不断投入资源培训员工，使他们具有竞争力，跟上公司业务发展的需要，同时满足员工不断学习和发展的愿望？

2. 一致性

用于衡量公司是否拥有一个强大且富有凝聚力的内部文化。分为①核心价值观：公司是否拥有一套大家共同信奉的价值观，从而使公司员工产生强烈的认同感，并对未来抱有明确的期望？②同意：领导者是否具备足够的能力让大家达成高度的一致，并在关键的问题上调和不同的意见？③协调和整合：公司中各职能部门和业务单位是否能够密切合作？部门或团队的界限会不会变成合作的障碍？

3. 适应性(应变能力)

主要是指公司对外部环境(包括市场和客户)中的各种信号迅速做出反应的能力。分为①创造改变：公司是否惧怕承担因变革而带来的风险？公司是否学会仔细观察外部环境，预计相关流程及变化步骤，并及时实施变革？②关注客户：善于适应环境的公司凡事都从客户的角度出发。公司是否了解自己的客户，使他们感到满意，并能预计客户未来的需求？③组织学习：公司能否将外界信号视为鼓励创新和吸收新知识的良机？公司将从商业环境中得到的信息变为激励创新、获得新知识和发展新的竞争能力的机会。

4. 使命

这一文化特征有助于判断公司是一味注重眼前利益，还是着眼于制订系统的战略行动计划。成功的公司往往目标明确，志向远大。分为①愿景：员工对公司未来的理想状况是否达成了共识？这种愿景是否得到公司全体员工的理解和认同？②战略方向和目标：公司是否希望在本行业中脱颖而出？明确的战略意图展示了公司的决心，并使所有人都知道应该如何为公司的战略做出自己的贡献？③目标：公司是否周详地制定了一系列与使命、愿景和战略密切相关的目标，可以让每个员工在工作时做参考？

在丹尼森模型中，应变能力、愿景及目标、一致性、员工参与四个维度与企业经营业绩密切相关，包括利润率、产品质量、销售增长率、创新能力、员工满意度等。

应变能力和使命两个维度是组织关注外部的程度，反映了企业是否顺应外部经济、政治、社会环境的变化适时地做出相应的改变和调整。一致性与员工参与两个维度反映了组织关注内部的程度，它要求企业具备对内部系统、结构和流程进行动态的整合，以满足组织目标的实现。这个相反的维度构成了一对矛盾主体。应变能力与员工参与两个维度又反映了组织的灵活性，即以市场、客户为导向的创新能力。使命与一致性两个维度要求组织具有相对的稳定性，使得企业有自己的发展方向和目标，并且强化员工对企业的忠诚度和归属感。这个相反的维度也构成了组织文化建设中的一对矛盾主体。以上两对矛盾主体是一个组织在文化建设中所要平衡和解决的主要冲突,对于这两对矛盾的解决,也决定了一个组织文化建设的成败。

丹尼森通过实证研究得出结论:不同的文化特征会对公司业绩的不同方面产生影响;对外部的关注往往极大影响市场份额和销售额的增长,而内部关注则更多地影响投资回报率和员工满意度;灵活性与产品和服务的创新密切相关,而稳定性则直接影响诸如资产收益率、投资回报率和利润率等财务指标。由于该模型在国外经过了15年的实践检验,已经建立了500多家企业的常模,因此它有相对较好的可靠性,得到了较广泛的认可。

(三)霍夫斯泰德的组织文化测评模型

荷兰学者霍夫斯泰德(Geert Hofstede)的组织文化测评模型不是针对组织有效性的问题设计的,而是在国家文化研究的基础上提出的。霍夫斯泰德教授认为组织文化由价值观和惯例两个部分组成,其中价值观是核心,而惯例由表及里又可以分为象征、英雄和仪式三要素。霍夫斯泰德认为价值观部分由3个独立维度组成(包括对安全的需要、以工作为中心和对权威的需要);而惯例部分则由6个独立的成对维度组成(包括过程导向-结果导向、员工导向-工作导向、本地化-专业化、开放-封闭、控制松散-控制严格、规范化-实用化)。价值观更多的是受人口学(国籍、年龄和教育)的影响,领导者价值观要通过共享惯例来影响员工。因此,不同组织之间的文化差异主要通过惯例部分的6个维度来显示。

(四)凯特曼的组织文化测评量表——OCP量表

美国加州大学的凯特曼(Chatman)教授为了从契合度的途径研究人与组织契合和个体结果变量之间的关系,构建了组织价值观的OCP量表。完整的OCP量表由54个测量项目组成7个维度,分别是革新性、稳定性、尊重员工、结果导向、注重细节、进取性和团队导向。在西方国家组织契合的研究文献中,OCP是最常用的价值观测量量表之一。

(五)中国台湾学者郑伯壎的组织文化价值观量表(VOCS)

我国台湾大学心理学教授郑伯壎开创性地设计了完全本土化的量表——组织文化价值观量表,是中国组织文化测量研究的奠基之作。郑伯壎认为,组织文化是一种内化性规范信念,可用来引导组织成员的行为。他认为以往个体层面上的组织文化测量研究缺乏相应的理论构架。他认为组织文化可用来引导组织成员的个体行为,而以往个体层面上的组织文化测量缺乏相应的理论框架。

他在沙因组织文化研究成果的基础上构建了VOCS量表,共分9个维度:科学求真、顾客取向、卓越创新、甘苦与共、团队精神、正直诚信、表现绩效、社会责任和敦亲睦邻。郑伯壎的另一项研究则发现9个维度经过因子分析可以得到两个高阶维度:外部适应价值(包括社会责任、敦亲睦邻、顾客取向和科学求真)与内部整合价值(包括正直诚信、表现绩效、卓越创新、甘苦与共和团队精神)。

第三节　组织文化建设

组织文化是在长期经营管理过程中逐步形成的,具有实践性和独特性。因此,组织文化的创建应该纳入组织管理的范畴。现代组织文化创建中常用的有下面 4 种方法。

一、加强企业家的培养

就多数企业来说，企业的领袖特别是创始人对企业早期文化有巨大的影响。组织现行的惯例、传统、行为、处事的一般方式，在很大程度上都是源于他以前的努力。在创业初期，创始人往往不受传统习惯做法和思想的束缚，而且新组建的企业一般规模较小，使得创始人能够用自己的思想和意识去直接影响其他成员。

微软公司的创始人比尔·盖茨有很强的进取心，富有竞争精神，自制力很强，这些特点也正是微软巨人留给人们的印象。这样的例子很多，例如中国海尔的张瑞敏、日本索尼公司的盛田昭夫、松下电器公司的松下幸之助、韩国现代集团的陈裕阳等。高层管理人员对组织文化的影响也同样不可低估，因为高层管理者往往通过自己的所作所为，将企业精神、价值观和行为准则等渗透到组织中去，所以，要注重企业家的培养和企业家精神的培育。

如果在企业前期的发展过程中尚未产生很有影响的企业家，或是新组建的公司，其高层管理者的获得可通过以下途径：①以公开招聘的方式面向全社会招纳英才，许多国际技术性大公司都是面向全世界招揽精英人才；②为企业家的成长创造好的环境和条件；③企业家通过自我学习、探索，完善超越自我来实现。

二、改善组织内部环境

组织内部环境是有利于保证组织正常运行并实现组织目标的内部条件与内部氛围的总和，它由组织精神、组织物质基础、组织结构、组织文化形成一个有机整体。改善组织内部环境的措施是：①弘扬精英精神，特别是创新精神，并把它固化成组织精神。②为组织正常活动的开展、技术水平的提升和持续竞争优势的获取与保持创造物质条件。③建立与组织发展阶段相适应并与外界环境协调的组织结构。④完善对外界环境敏感的、创新的、有凝聚力的组织文化。

三、提高组织产品的文化内涵

产品通常被理解为具有价值和使用价值的物品，然而产品结构及产品外观的美学成分又使产品体现出文化特色。一般来说，现代产品分为实质层、形式层和扩展层三个层次，因此需要挖掘实质层的效用，拓展形式层的外观，开拓扩展层的延伸。

四、培育优良的组织精神

企业精神是企业员工群体在长期生产经营中形成的一种信念和追求，是企业基于自身的性质、任务、宗旨、时代要求和发展方向，为使企业获得更大发展，经过长期精心培育而逐步形成的。它是企业价值观的外化，它表现出企业在一切行为和一切观念中的主导意识，体现了群体的价值取向。

企业精神需要用简明而寓意丰富深刻的语言来表达，这种表达要符合以下要求：具有企业个性；符合时代与民族特点；体现企业价值观；寓意深刻；便于记忆与宣传。例如，美国 IBM 公司的企业精神——"IBM 就是服务(IBM is service)"就是根据公司主营的计算机行业特点并综合了企业宗旨和价值观提炼出来的；上海易初摩托车有限公司的企业精神——"创造幸福"就是经过广大员工的反复讨论，根据公司的主导产品是"幸福牌摩托车"和摩托车与人民日常生活密切相关的特点，并根据公司的价值观和中国的国情提炼出来的。

【专栏15-2】 海尔三部曲[①]

海尔集团被业界称为"海尔三部曲"，企业文化建设的流程如下。

第一步是提出理念与价值观。例如海尔提出"人人是人才""赛马不相马"的理念，进而推出典型人物与事件。一说"质量零缺陷"，员工就会想到"砸冰箱事件"；一说"快速反应马上行动"，员工就会想到"大地瓜洗衣机从获得信息算起，3 天设计出图纸，15天产品上市"。

第二步是将这些观念渗透到每个管理领域，这是海尔文化管理成功的核心。例如其核心精神(企业精神)为"敬业报国，追求卓越"。这种追求卓越的精神在生产管理系统表现为"零缺陷，精细化，有缺陷的产品就是废品"；在营销系统表现为"先卖信誉，后卖产品"；在产品开发系统表现为"客户的难题就是开发的课题"；在服务系统表现为"零距离、零抱怨、零投诉"。

第三步是在核心价值观的指导下建立保证典型人物与事件不断涌现的制度与机制。例如推出"部长竞聘上岗""农民合同工当上车间主任"等案例。

第四步是构造"人才自荐与储备系统""三工并存、动态转换""末位淘汰制"。

小测试

组织竞争性文化价值观量表 OCAI

选择一个企业，请其员工根据其对该企业的现状和期望状态是否符合以下表格中的指标给出不同的评分(0～100 分)，在指标后的小方格内填上不同的分数。

主导特征

题号	指标	现状	期望
1A	本单位非常人性化，就像是一个大家庭。大家彼此非常了解		
1B	本单位充满活力，富有开拓精神。人们愿意表现自己并承担风险		
1C	本单位以目标导向为主，主要关注工作完成的状况，人们之间充满竞争，并以成就为导向		
1D	本单位控制严格、纪律分明。人们做事严格遵守正式的流程		
总分		100	100

领导风格

题号	指标	现状	期望
2A	本单位领导喜欢指导、培养下属，并鼓励、支持员工的发展		
2B	本单位领导倡导开拓、创新和大胆尝试的冒险精神		
2C	本单位领导强调拼搏、实效，关注结果		
2D	本单位领导擅长制订计划，并进行组织、协调和监督，注重稳定		
总分		100	100

---

① 冯秀红. 论企业文化建设的原则及实践模型探讨[J]. 华东经济管理，2006(10).

员工管理

题号	指标	现状	期望
3A	本单位在管理风格上的特点是团队合作,强调观念一致性和员工参与		
3B	本单位在管理风格上的特点是敢冒险,强调创新、自由和独特性		
3C	本单位在管理风格上的特点是强调努力竞争、高标准、高成就		
3D	本单位在管理风格上的特点是提供雇用保障,强调一致、共性和稳定		
总分		100	100

组织凝聚力

题号	指标	现状	期望
4A	本单位的凝聚力来源于忠诚和相互信任,对组织的忠诚是非常重要的		
4B	本单位的凝聚力来源于对革新和发展的追求,强调凡事领先		
4C	本单位的凝聚力来源于强调成就和完成目标,积极进取和追求获胜是大家共同的特征		
4D	本单位靠正式的规章制度将大家凝聚在一起,并强调单位的良好运营		
总分		100	100

战略重点

题号	指标	现状	期望
5A	本单位强调员工发展,坚持信任、开放和参与式的氛围		
5B	本单位重视获取新资源和创造新的挑战,崇尚尝试新事物和探索新机遇		
5C	本单位强调竞争行为和成就,重视不断达到更高的目标及在市场中获胜		
5D	本单位强调持久性和稳定性,重视效率、控制和良好运营		
总分		100	100

成功准则

题号	指标	现状	期望
6A	本单位判断成功的标准基于人力资源发展、团队合作、员工忠诚和对人的关心程度		
6B	本单位判断成功的标准基于对最新、最独特产品的拥有程度,强调产品领先和革新		
6C	本单位判断成功的标准基于在市场和竞争中获胜,强调有竞争力的市场领导地位		
6D	本单位判断成功的标准基于效率,强调可靠的产出、良好的规划和低成本的生产		
总分		100	100

分别汇总6个表格的得分,得出该企业在6个组织文化维度(主导特征、领导风格、员工管理、组织凝聚力、战略重点和成功准则)上的现状评分和期望评分,对比现状评分和期望评分的差距,分析该企业组织文化建设的差距,提出改进组织文化的建议。

本 章 小 结

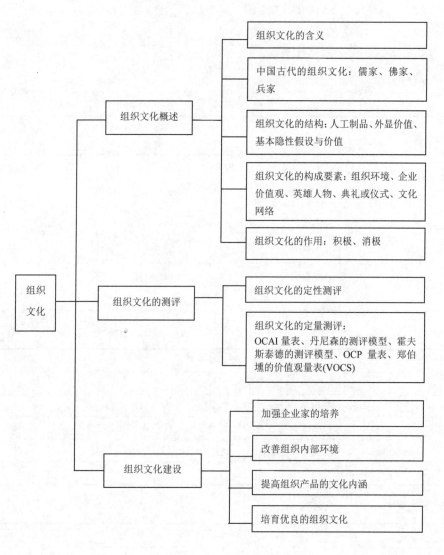

习 题

一、思考题

1. 制度化和组织文化之间有什么关系?

2. 列举国内外对组织文化类型的划分,并试图举出相应的企业案例。

3. 文化有哪些功能?它怎样对组织产生束缚?

4. 哪些因素影响着组织的塑造?

二、案例分析题

N市地税绩效组织文化的核心价值观

2015年，N市地税提出"卓越同行"的组织文化核心价值观。"卓越同行"其实是对2002年N市地税倡导的"追求卓越、共同发展"组织价值观的高度提炼，也是对N市地税初创时期提出的"三业精神"的继承。

回顾N市地税组织文化的建设历程，从1994年9月N市地税组建初期，N市地税面临工作繁重、资源匮乏、前景模糊和动力不足等诸多难题，N市地税提出了"创业、敬业、精业"的地税"三业精神"，以此作为组织的精神灯塔和价值导向。"创业"是N市地税的优良传统，是一种开创性的活动，更是艰苦环境中人们一种坚忍不拔、奋斗进取、不断创新的精神，N市地税创业初期需要这种精神。"敬业"是三业精神的核心，是N市地税发展的灵魂，它要求地税成员将组织使命和目标作为自己的职业追求。"精业"是要求每一名税务干部不断学习，专业知识渊博，工作精益求精，努力把自己培养为专家能手，追求与组织共同发展。"三业精神"的提出和认同，在N市地税组织中建立起了一种正确的价值导向，为组织成员提供了认同地税事业的价值文本，激发起了全体税务干部的艰苦奋斗、创业进取、争创一流的精神志向，积淀为宝贵的精神财富和文化资源，成为N市地税的文化精神传统。

2002年，N市地税在全国税务系统中率先提出了"追求卓越、共同发展"的组织价值观。"追求卓越、共同发展"是以对事业理想的卓越追求，对工作的精益求精和工作的卓越业绩来实现个人事业与组织事业的共同发展，实现地税组织与纳税人、与社会的共同发展。"追求卓越"是一种组织价值目标，也是一个永不休止、顽强奋斗的过程，即以"争一流"的使命感去工作、去奉献，强调的是一种不断自我超越的进取精神和永不满足的追求境界；就是有追求行业顶尖水平的雄心壮志，是地税部门开拓创新、锐意进取精神内涵的高度概括和不懈努力的目标追求和价值导向。"追求卓越"是对N市地税传统三业精神优良传统的继承。

2013年12月N市地税又提出新三业："敬业、精业、勤业"。"勤业"能够更加准确地表达N市地税税务文化高级化发展阶段应有的组织精神。"勤业"是勤奋，更是奋发进取，创新争先，为"三业精神"注入时代精神。

分析：

1. 请用儒家核心价值观分析N市地税局的核心价值观是否合理？

2. 儒家核心价值观运用于现代组织文化建设有何利弊？

三、辩论题

正方：组织的精神文化非常重要

反方：组织可以没有精神文化

四、管理技能训练

1. 辨别行为规范①。

辨别行为规范练习要求辨别你所在大学中的校园规范。每个组织或群体都有一系列用

---

① 黛布拉·L.纳尔逊等. 组织行为学基础、现实与挑战[M]. 桑强，等，译. 北京：中信出版社，2004：532.

来决定个人行为的规范。规范是群体中一种非书面的行为规则。如果不遵守规范，就可能收到负面的反馈，包括不好的评论、怒目而视、骚扰和排外等。

(1) 以小组为单位，集体讨论有关下列方面你们能想到的所有规范。

着装；在教室里的行为；学习；周末活动；生活安排；约会(谁约谁)；在校内还是校外吃饭；校园活动；与教员的关系；交通。

(2) 你们最初怎么得到这些信息？

(3) 不遵守这些规范的学生会怎样？

(4) 从这些规范中可以推断出什么样的价值观？

(5) 讨论怎样才能形成良好的规范。

2. 选择你周围的一个企业，用所学的组织文化测评理论——丹尼森组织文化测评模型进行测评，然后根据测评结果给出其组织文化建设的建议。

【推荐阅读书目】

[1] 沙因. 组织文化与领导力[M]. 4 版. 北京：中国人民大学出版社，2014.

[2] 蔡一. 见录：中国传统文化管理思想探析[M]. 南京：南京大学出版社，2017.

[3] 陈晓萍. 跨文化管理[M]. 3 版. 北京：清华大学出版社，2016.

[4] 蔡一. 见录：中国传统文化管理思想探析[M]. 南京：南京大学出版社，2017.

[5] 吴照云. 中国管理思想史[M]. 北京：经济管理出版社，2012.

第十六章

组织变革与发展

学习目标：

了解组织变革的概念，领会组织变革的动因和征兆；学会组织变革的诊断工具，掌握组织变革的基本模式和方法；熟悉克服组织变革阻力的基本方法；理解组织发展的概念，了解组织发展新趋势——学习型组织的特征和 5 项修炼。

关键概念：

组织变革(organization change)　学习型组织(learning organization)　5 项修炼(5 disciplines)
愿景(shared vision)　心智模式(mental models)　系统思考(systems thinking)

【专栏 16-1】　华为的流程再造

华为是最早实施流程再造的企业，也是最典型的向流程要红利的企业。1998 年，华为就从 IBM 引入了集成产品研发流程(IPD)和集成供应链流程(ISC)，随后又引入了集成财务流程(IFS)……任正非敢于在所有人反对时要求华为"削足适履"；敢于设置铁规，要求每个基层员工可以邮件直接反馈重大情况；敢于不断自我批评，在顺境时依然不断敲打企业，他曾经多次"敲打"华为的各部门。直到 2003 年上半年，数十位 IBM 专家撤离华为，业务变革项目暂告一个段落。此次业务流程变革历时 5 年，耗资 5000 万美元。

请问：任正非为什么竭力推行流程再造？

第一节　组织变革概述

中国企业发展经历了从小到大、从弱到强的发展历程，逐步从小型企业发展出了大型跨国企业，诞生了像华为集团、联想集团、万科集团等这些行业巨头。同时，移动互联网时代的来临，国际贸易摩擦、国际贸易保护主义等抬头，消费观念快速转换，这些外部环境又在不断变化与演进。所有这一切都要求组织不仅要做出技术和产品的变革，还要做出包括组织结构等方面的变革。组织结构从直线职能制逐步演变到集团管控、矩阵式管控等。只有不断进行有效的蜕皮式变革，组织才能适应不断发展的形势，不断获得发展，因此组织变革成为组织行为学研究的重要内容。

一、组织变革的概念与目标

1. 组织变革的概念

组织变革的活动是组织对内外环境的变化所做出的反应，使得组织管理更符合其存续和发展的目标。近二十多年来，组织变革的理论研究和组织管理的时间活动交织在一起，互相促进彼此的发展。

变革的英文为 change，中文的翻译有改革、革新、变迁等。变革的概念一般而言大致可分为计划性及非计划性两种，然而一般组织中所关注的大多为计划性的变革过程，因此与革新(innovation)的概念相似。另外，与变革相近的概念则有再造(reinvention)、发展(development)、演化(evolution)等。但就变革本身的意义而言，是一种状态转为另一种状态的"自然改变"，其改变的可能性并不只是积极正向的改变，也包括了负面或非计划性、非预期性的改变。可是对组织而言，当然是希望朝正向积极的改变为主。因此，本文对组织变革也将采用积极性、计划性的含义为主。

组织变革(organization change, OC)可以定义为：组织管理人员根据内外部环境的变化，主动对组织的原有状态进行调整和完善，提高其适应环境的能力，以更好地实现组织目标的活动。这种变革的范围包括组织的各个方面，例如组织行为、组织结构、组织制度、组织成员和组织文化等。

2. 组织变革的目标

组织变革的目的是维系组织生存，并促进组织的发展，提升组织竞争力，因此，组织变革的目标应与组织发展的目标协调一致。一般而言，组织变革应努力实现以下目标。

(1) 提高组织适应环境的能力。适应环境是组织生存的前提，当组织的外部环境或内部环境发生了变化，组织也必须随之改变，但是这种变化不是盲目地跟随，不是急功近利的变革，而是在对环境变化做出正确认识的前提下，审时度势，认真思考后主动进行的。组织变革要通过建立健全组织运行机制，改造组织结构和流程来增加组织对环境的适应性。

(2) 提高组织的工作绩效。通过组织变革提高组织的适应能力，仅仅是组织变革的基础目标。在提高适应能力的基础上，促进组织的自我创新能力，提高组织运作效率和效益，使组织不断发展壮大，这才是组织的更高目标。

(3) 承担更多的社会责任。在现代社会中，单个组织的生存和发展从根本上来说取决于它同社会的关系。任何组织都不能只追求自身利益，而不顾社会责任。因此，每个组织所承担的社会责任，它所树立的社会形象，都成为组织运作的必要前提。组织的社会责任要求组织要不断地进行调整与变革，这也是组织变革的最高目标。

总之，组织变革对于维系组织生存和促进组织发展具有重大的影响和意义。通过组织变革，组织的目标更加明确，组织成员的认可程度和满意程度都会得到提高，组织更加符合社会发展的要求。通过组织变革，组织的任务和完成任务的方法更加明确。通过组织变革，组织机构的管理效率提高，决策更加科学合理。通过组织变革，组织的信息沟通渠道畅通无阻，信息传递更加准确。通过组织变革，组织更具有稳定性和适应性，组织的自我更新能力增强。

二、组织变革的动因

要对组织进行有效的组织变革，首先需要对组织变革的动因进行分析，这是研究组织变革的起点。组织变革是多种因素综合作用的结果，其基本动因可以分为外在动因和内在动因两大方面。

1. 组织变革的外在动因

适者生存是市场竞争的自然法则，组织是从属于社会大环境系统的一个子系统，它必须适应外部环境。当外部环境发生变化的时候，组织通过变革才有可能抓住新的发展机遇。

组织变革的外在动因包括市场、资源、技术和环境等外部条件的变化，这些因素都不属于组织管理者所掌控的范围。市场的变化如顾客的消费习惯、价值观念和收入发生变化，竞争者降低价格或者推出新产品等；资源的变化包括人力资源、能源、资金及原材料等供应的数量、质量或价格的变化；技术的变化如新工艺、新材料、新技术、新设备的出现等；环境的变化如政策环境、自然环境、人文环境的变化，都是促进组织变革的重要外在动因。具体而言，引发组织变革的外部力量主要包括以下几个方面。

(1) 技术条件的变化。"科学技术是第一生产力"是邓小平于 1988 年提出的精辟论断，科技进步是组织变革的一个明显的推动力。现代科学技术以空前的广度和深度影响和改变着社会生活和生产的各个方面，它对组织结构、组织管理、组织运行等都带来了巨大的变化。信息系统的引进和管理现代化的要求使得组织结构日趋扁平化，中间环节大大减少，上下层之间沟通更为便捷，沟通效率大为提高。各种组织也必须不断进行改革以适应这些变化。

(2) 制度条件的变化。国内外有关法律法规的颁布与修订、产业政策的调整与产业结构的优化、政府宏观经济调控手段的改变、国际外交形势及外交政策的变化，必然影响组织生存和发展条件的变化，进而促使组织变革。

(3) 经济条件的变化。国内外经济形势的变化、消费者的需求水平和需求结构的变化、汇率的调整和通货膨胀的变化等都要求组织做出相应的变革。

(4) 政治条件的变化。国内外政治形势及政治制度的变化，也是促使组织变革的外在动因之一。

(5) 自然条件的变化。全球气候变暖、不可再生能源短缺等自然条件的变化也会促使组织主动变革。从世界范围来看，20 世纪由于社会经济的快速发展，能源问题和环境问题日益突出，迫使人们一方面不断努力寻求新型的绿色能源，另一方面努力发展节能环保产业，限制污染严重的低效率企业发展。

(6) 人文条件的变化。随着社会的不断发展，人们的工作生活质量逐步提高，社会及个人的价值观、审美观，工作态度、生活习惯也在不断改变。例如，顾客的消费偏好快速转移，使许多产品和服务迅速更新换代，生命周期缩短，迫使组织及时更新观念，改变生产经营方式。

2. 组织变革的内在动因

组织内部条件的变化，也可能与组织目标发生冲突，成为组织变革的主要推动力。影响组织变革的内在动因主要有以下几点。

(1) 组织目标或组织成员价值观的改变。随着组织的发展，组织目标也可能做出相应的调整和改变。要么组织目标已经实现，准备寻求新的目标；要么组织既定目标无法实现，需要及时转轨变型；要么组织目标在实施过程中与环境不相适应，需要及时修正或调整。同时组织成员的价值观、审美观以及劳动态度的变化等都要求组织进行变革。

(2) 组织结构和运行政策的改变。组织现有部门的合并或划分，对组织结构的权责体系、部门体系的调整，都会引起整个组织系统效能和作用发生变化，从而要求调整管理的幅度和深度，重组新的部门，协调部门的工作，改变目前状况以促使组织提高运行效率。

(3) 管理技术条件的改变。组织内部通信技术、信息技术、网络技术等管理技术条件的改变，势必改变组织既有的运行方式，提高组织运行效率，相应地促使组织变革。例如，组织导入管理信息系统，必然会改变组织运行机制和决策程序等，只有做出相应的组织变革，才能实现组织与信息系统的无缝对接。现在很多企业都采用办公自动化系统，考勤、绩效考核、审批等都在办公自动化系统上完成。

(4) 组织内部的矛盾和冲突。由于组织规模的逐步扩大，组织成员逐步增多，业务量增加，组织内部矛盾和冲突势必增多。为协调组织运行机制，提高组织效能，需要调整组织结构，改变沟通方式，以缓解内部矛盾。

美国管理咨询专家汤姆·彼得把企业为什么要变革归纳为"企业变革的十大要素"，如表 16-1 所示。

表 16-1　企业变革的十大要素

序号	要素	描述
1	前所未有的不确定性	与二十年前相比，今天的任何事情都变得不稳定和难以预测，而绝大多数处于困境无法解脱的公司恰恰拒绝正视这一点
2	市场细分化	今天的市场被越来越细分化了，但是大型公司的传统优势缺失大规模生产。于是在细分市场面前，面临着小公司的强劲挑战
3	时间	速度、灵活性、适应性已经成为竞争的主要手段，因为在计算机时代，任何决策结果都可以被迅速反馈
4	质量、设计与服务	在这个已经充分国际化的年代，质量、设计与服务的激烈竞争使得企业除非"迷恋"于质量、设计与服务的不断进步，否则只能自食受顾客冷落的苦果
5	大公司行为	大公司往往机构臃肿，官僚作风盛行，懒于进取和变革。在朝气蓬勃、灵活机动的小公司面前，大公司的优势正在丧失。除非在未来通过变革保持和发扬优势，否则，大公司将被市场竞争所淘汰
6	组织结构	等级制度已经成为过去，随着管理信息系统、计算机网络系统和专家系统的建立，没有传统的"完备的管理阶层"，亦可发挥正常的功能
7	规模经济作用的弱化	规模经济的老观念已经受到了挑战，规模大固然对聚集资本和控制市场有利，但未来的巨型企业将是由一群小企业聚集而成的企业集团
8	协作网络	如今，一家成功的公司不可能脱离其他公司，必须依赖于其他企业的协作网络，相互协作的公司必须着眼于共同成功和共同获利
9	国际化	现今，任何企业的经营都是共同的而不是孤立的，由于信息可以在全球范围内充分传递，任何国家的市场都不仅仅是本国企业的市场，而同时也是其他国家公司的市场
10	工作内容丰富化	生产线上的工作是受到批评最多的领域，在未来，必须给予操作工人更多的决策权和参与权

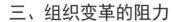

三、组织变革的阻力

组织变革一般都有利于保证组织目标的实现，促进组织的发展，同时也会使组织成员的工作条件和生活条件得到改善，因此大多数组织成员都是持欢迎和支持的态度。但是另一方面，组织变革意味着打破原有状态，建立新的组织状态，必然会伴随着不同思想观念的交锋，可能会带来一定的风险、动荡和失误，所以需要承担一定的代价。面对变革，组织中的所有成员必须放弃自己原有的观念和行为方式以适应组织变革，因而必然会触犯一部分成员的既得利益和权力，甚至切断一部分成员之间的亲密关系。由于如此种种的原因，组织变革不可能一帆风顺，势必遇到来自各个方面的阻力，充分认识这些阻力，并设法排除阻力是保证组织变革取得成功的基本条件，如表 16-2 所示。

表 16-2　组织变革的阻力

组织阻力	个人阻力
组织结构因素：打破了原有的权力和责任体系	
组织规范因素：破坏了原有的组织体系	心理因素：知觉、个性、习惯
对组织变革缺乏有效的保护	经济因素：利益受损
经济利益因素：预期变革收入产出比低	领导因素：害怕风险
人际关系因素：打破了人际关系	

哈佛大学教授约翰·科特和施莱辛格对组织变革的阻力产生的原因分析归纳了以下4 点。

(1) 从狭隘的私利出发，不顾组织的整体利益。

(2) 不明了变革的意义，对发动变革者缺乏信心。

(3) 对变革的后果与变革者的估计不同。

(4) 顾虑自己的技能和知识过时。

杜拉克在《有效管理者》一书中指出，阻碍组织变革的关键在于组织领导理智上可能认识到变革的需要，但是感情上跟不上，不能做出相应的改变。有时候还可能认为今天的改革就是意味着他们过去决策的失误，为了脸面上的问题抵触变革。

组织群体也可能成为变革的阻力，一个凝聚力强并具有一定历史的群体，在工作方法、相互关系等方面有自己一套不成文的行为规范，当变革的矛头触及这种规范的时候就会遭到抵制，在这部分成员的带头人对变革有抵触的时候负面作用更为明显。

大量的观察和研究表明，组织变革的阻力一般来源于两大方面，即组织和成员。

从组织方面来看，影响组织变革的主要因素如下。

(1) 组织结构因素。组织变革会打破原有的各层次权利和责任的界限，调整不同层次的管理机构，因而会触及原有各层次管理机构的利益和权力，招致这部分群体的抵制。

(2) 组织规范因素。随着组织年龄的增长，组织往往有保持其稳定性的倾向，这将促使其反对变革，使组织产生一种惯性。组织中的绝大多数人都是在昨天的组织中成长起来的，他们的态度和价值观都是在早期形成的。他们一般倾向于把昨天的经验强加于现在，把组织以前所发生的事看作是常规，对任何一种不合"常规"的事都会持强烈的拒绝态度。这种变革阻力严重制约着组织变革。

国外学者对组织寿命周期研究表明：所有组织除非处于快速增长或内部动荡的时期，否则其年龄越长或越成熟，它就变得越保守。其原因是：①随着组织年龄的增长，组织内部建立起来的制度化的规则就越多，这些规则约束了组织对环境的反应，限制了组织变革。②随着组织年龄的增长，组织中具有创新精神的管理者将会被具有保守倾向的管理人员所取代，使组织失去创新型人才。

(3) 对组织变革缺乏有效的保护。组织变革本身是一种创新，尤其是那些解决组织管理中的一般性问题的组织变革更是如此。但是组织变革从来没有像技术创新那样得到严格的保护，是一种没有专利权的社会发明。一项组织创新成果可以被其他组织无偿使用，这使组织失去创新的动力。

(4) 经济利益因素。组织变革还意味着废除现有的过时的东西，建立新的制度和秩序，但废旧立新都是需要成本的，需要人力、物力、财力的投入，当人们对这种投入的预期效果感到不确定并存在顾虑的时候，也会抵制组织变革。

(5) 人际关系因素。组织变革还要打破现有的人际关系，重新调整组织成员之间的关系。这种新旧关系的交替需要一个较长的过程，在现有人际关系仍在起作用，而新的人际关系尚未建立的时候，组织成员之间的关系就可能变得紧张，从而引起一些成员对变革的不满和抵制。

从个人方面来看，影响组织变革的主要因素如下。

(1) 心理因素。人们对自己所长期从事的工作总是熟悉的、感到稳定的，这在心理上是一种安全感和心理平衡。一旦遇到组织变革，这种心理上的平衡和安全感就会丧失，从而产生一种茫然无助的心理恐慌，这种心理恐慌往往导致他们对变革的抵制。

还有一些人担心变革会影响自己在组织中的地位，担心变革会破坏原有的成员关系。为了维持原有的关系，他们在感情上产生一种对变革的抵触。也有一些成员担心变革会改变人们熟知的生活环境、工作方式、职业习惯，因而产生心理上的不适应和抵触情绪。

(2) 经济因素。经济因素是决定组织成员对变革所持态度的关键因素之一，组织成员担心变革会影响个人收入，损害自身利益。比如担心技术变革后会因自己不适应新的工作而被淘汰，或者担心变革后薪资下降，担心生产效率提高后工作变得更紧张辛苦，闲暇时间减少等。

组织变革还会威胁到一些成员为取得现状所作的投资。这些人对现有体制所作的投资越多，他们反对变革的阻力就越大，因为他们担心失去现有的地位、收入、权力和个人便利等。

(3) 领导因素。变革意味着对现有秩序的破坏，变革的过程和结果存在诸多不确定因素，因而组织领导者对变革要承担一定的风险，他们担心一旦变革失败，就会危及自身地位和既得利益，因而也可能对变革产生一种畏惧心理和求稳怕乱的倾向。

第二节 组织变革的模式与方法

一、组织变革的模式

组织变革的模式是指组织变革的要素构成、变革的方式方法和步骤等总体思维框架。研究组织变革的模式，认识其中的规律，才能制定正确的操作策略、方法和程序，导入和管理变革，确保变革沿着正确的轨道推进，尽可能减少变革成本。不同学者根据所研究的侧重点不同，将组织变革划分为不同的模式。

(1) 按变革的程度与速度，分为渐进式与激进式。

(2) 按工作的对象，分为以组织为重点的变革、以人为中心的变革、以技术为中心的变革。

(3) 按组织所处的经营环境，分为主动性变革与被动性变革。

(4) 按组织变革的不同侧重，分为战略性变革、结构性变革、流程主导性变革、以人为中心的变革。其中，战略性变革是指组织对其长期发展战略或使命所做的变革；结构性变革是指组织需要根据环境的变化适时对组织的结构进行变革，并重新在组织中进行权力和责任的分配，使组织变得更为柔性灵活、易于合作；流程主导性变革是指组织紧密围绕其关键目标和核心能力，充分应用现代信息技术对业务流程进行重新构造；以人为中心的变革是指组织必须通过对员工的培训、教育等引导，使他们能够在观念、态度和行为方面与组织保持一致。

管理学家对组织变革的模式进行了大量的研究，其中比较有代表性的是以下几种。

(一)系统性变革模式

在诸多组织变革模式中，李维特(Harold Leavitt)的系统模式比较流行，它是从组织系统相互联系、相互影响的要素体系出发，来探讨组织变革模式的。李维特认为组织是一个多变量的系统，主要包含相互作用的4个变量：结构、任务、人员和技术，如图16-1所示。

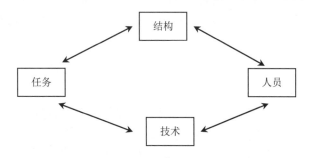

图 16-1 系统性变革模式相互作用的变量

结构：是指组织的权责体系、信息沟通、管理深度和幅度、工作流程等。任务：是指组织存在的意义和使命，以及工作的性质。工作任务的性质可以影响组织内部个体和部门之间的关系。人员：是指达成目标的个体、群体、领导人员，包括他们的工作态度、个性和激励等。技术：是指组织解决问题的方法、手段和技术装备等。

上述 4 个变量相互依赖，任何一个变量的改变都会引起一个或者更多变量的改变。组织变革可以引用单一变量或者结合多个变量，但是管理人员必须了解 4 个变量的相互作用，可以通过改变组织的工作任务、组织结构，改变成员的态度和价值观念、组织成员之间的沟通程序，改变解决问题的机制和方法来进行组织变革。

(二)阶段性变革模式

阶段性变革模式从组织变革的过程着手，通过分析组织成员心理机制变化的三个重要阶段，针对不同阶段采取不同的方法。美国著名管理心理学家勒温(K. Lewin)将组织变革的过程概括为"解冻——转变——再冻结"三个阶段，如图 16-2 所示。

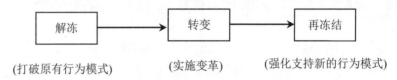

解冻	转变	再冻结
(打破原有行为模式)	(实施变革)	(强化支持新的行为模式)

图 16-2　阶段性变革模式

解冻(unfreezing)：改革前的心理准备和思想发动阶段。改变人们原有的态度、习惯和传统，鼓励人们接受新的观念，刺激人们改革的动机。解冻阶段常常是组织对自身针对现存环境的调整及其适应未来的能力的评估结果，这种诊断必须详尽并客观公正，如果组织领导者认为组织不能适应现有或预期的未来环境，那就必须进行组织变革。

转变(changing)：向组织成员指明变革的方向和方法，使之形成新的态度并接受新的行为方式，实现行为转化，通过认同和内在化，加速变革的进程。在转变过程中，组织领导者要特别注意采取措施解冻过去的组织文化，必须让组织成员意识到原有的思维行为方式已经过失，并建立起有关组织发展方向的愿景，并且这种愿景可以通过战略的、结构的、文化的、个人的变化实现。

再冻结(refreezing)：这是变革后的行为强化阶段。通过持续强化和断续强化，使得已经实现的变革趋于稳定化、持久化，逐渐形成模式行为。变革必须在组织内得到传播并达到稳定状态，再冻结涉及建立支持该变革的控制体系，必要时应采取更正措施，以及强化变革日程中所支持的行为和表现。

(三)动因变革模式

动因模式是从组织变革的内在原因和动机出发，探索组织变革的一种模式，从组织变革的原因、动机、选择、目标四个环节的发展顺序来探讨组织变革的模式和过程，如图 16-3 所示。强调组织的变革过程首先是由内部和外部原因刺激引起的。这种刺激的结果使人们的观念发生变化，即形成了某种动机，包括组织的发展要求和个人的发展要求两个方面。突出组织领导者所做出的选择在组织变革中的重要作用，这种选择包括改革的目标选择、途径选择和方式选择。组织变革目标的确定，如组织的协调发展、组织对环境的适应性、组织效能的提高等，其结果通过一定的反馈形式再次引起内部原因和外部原因的变化，形成一个新的组织变革过程。

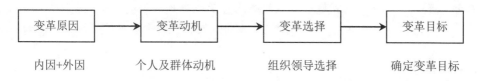

图 16-3　动因变革模式

(四)7 因素模型

中国人民大学孙健敏教授提出了"7 因素模型"，它是预测变革能否成功的工具，有助于我们理解和推行成功的变革。孙健敏教授认为，要想使变革成功，需要 7 个因素：①变革的压力；②清晰的共识；③变革的能力；④易于达到的第一步目标；⑤示范或榜样；⑥对变革(效果)的强化；⑦评估与改善。

二、组织变革的方法

结合国内外的研究成果，一般而言，组织变革的方法主要有以下几项。

(一)调整组织结构

分析现有组织结构的缺陷和不足，研究组织的全局情况，提出改进措施，吸收相关人员参与计划的制订，提出新的组织结构方案，重新明确责、权、利的匹配，并对新的变革实施情况进行监督和控制，根据运行情况调整或修订变革方案，定期进行绩效评估。

> **【专栏 16-2】　万科公司的组织变革**
>
> 2018 年 9 月 7 日，万科对内宣布，万科总部由"专业分工的部门科层制"向"中心合伙制"改革。总部撤销原有 12 个部门设置，另成立事业发展中心、管理中心和支持中心，共三个中心。
>
> (1) 事业发展中心(业务前台，聚合业务发展职能)：包括战略与研究、投资管理、业务运营管理、营销管理、设计管理、海外业务管理、境内资金管理、境外资金管理、客户关系管理、研究开发中心等职能。
>
> (2) 管理中心(业务中台，聚合管理控制职能)：包括财务管理(包含核算、财务运营、内控)、财务共享、成本管理、资产管理、投资者关系、人事管理、人才培育、税务、董事会事务、宏观研究、信息化管理、信息化应用开发等职能。
>
> (3) 支持中心(业务后台，聚合支持保障)：包括信息管理、重大事项跟进与督办、行政与会务、品牌、媒体、党群社工、公共事物、法务、监察审计、名誉主席事务等职能。
>
> 每个中心内部设置四个合伙人层级：第一层级，集团合伙人，由集团高级副总裁担任，在集团合伙人层面设置一位牵头合伙人领导中心；第二层级，中心合伙人，大多由总部原来各业务部门的负责人担任；第三层级，执行合伙人，总部相应职能板块的业务骨干担任；第四层级，合伙人，即总部的普通员工。
>
> 在总部层面形成董事长郁亮、总裁祝九融、集团合伙人、中心合伙人、执行合伙人、合伙人 6 个层级的决策执行体系。相对以前按"专业分工"设置的 12 个部门，目前按"前

中后台"设置的三大中心,日常运转相对独立,业务流程涉及的部门壁垒减少,提升了总部决策办事效率。其中事业发展中心职能既涵盖了地产开发业务链条,也适用于万科新事业拓展。这样总部不但能有效地把控住宅主业的发展,也利于总部对新事业拓展的推进。

(二)流程再造

业务流程再造即 BPR(business process reengineering),就是以提高工作效率为目的,以重组或优化工作流程为中心,重新设计组织的经营、管理及运作方式,以便更好地适应新的竞争环境,提高组织的竞争力。

企业最难、最深层次的变革是组织与人的变革。企业组织内部变革的方式主要有管理层级扁平化、运作柔性化和内部关系网络化。

1. 管理层级扁平化

层级的减少是现代企业组织变革最显著的特征,它可使组织效率得到大幅提高。一项关于美国 500 强企业组织变革的调查中发现,所有企业都减少了层级,其中有 90%的企业的利润比以往上升了 5%。这是由于目前组织成员的独立工作能力大大提高,并且获得了充分授权,承担了较大的责任,上下级关系由传统的被动执行者和发号施令者的关系转变为一种团队成员的关系,使管理层次减少。层级扁平化的重点对象是中间管理层,信息技术的应用使中间管理人员失去了存在的基础,企业将成为没有中间层的扁平化组织。

2. 运作柔性化

运作柔性化能使资源合理利用,提高企业的应变能力和竞争能力。为适应现代企业组织跨部门职能的问题及加强与外界的联系,企业必须采取柔性运作的方式。灵活性和适应性是现代企业适应新环境的关键。在目前企业组织重新设计的浪潮中,精益和灵活性成了两个最主要的追求目标,因此减少非核心部门和柔性运作成了必不可少的手段。

3. 内部关系网络化

企业组织内部各部门之间、员工之间的网络式的组织关系适于信息的有效传递和对日常问题的处理。不同部门、员工之间通过先进的通信技术进行信息沟通和及时有效的交流,可增进员工之间的了解,提高其学习能力,并增强部门之间的协同能力,有利于企业处理复杂的项目,适应研发新产品的复杂性而提高成功的概率,形成竞争优势。

(三)技术创新

技术和组织结构紧密相连,不同的技术特点要求不同的组织结构与之对应。变革技术要求与变革结构配套进行。

(四)加强组织建设和教育培训

组织建设是以组织成员及外来专家的力量,有计划地提高组织效能的活动。组织建设一般包括 4 个方面:分析问题;完成工作任务;协调组织关系;改进组织活动过程。进行组织变革需要组织各个层级成员的支持与配合,因而要加强教育和培训,转变成员的态度和动机，提高组织成员的思想素质和业务技能，使之更好地完成工作任务，适应组织变革。

第三节　组织发展与学习型组织

一、组织发展的概念

组织发展(organization development，OD)是指运用组织行为学的理论和方法，对组织进行有计划、系统的管理，以促使整个组织更新和发展的过程，其目的在于提高组织的效能。该定义使组织发展区别于其他推动组织变革和改进的措施。例如，管理咨询、技术创新、业务管理以及培训和开发。

组织发展和组织变革的关系十分密切。一般而言，组织变革的目的是使组织得到发展，以适应组织内外条件的要求，有效地行使组织职能，但某些变革有可能或没有可能使得组织更加向前发展。组织变革是组织发展的一种重要手段，组织发展通常不仅包括组织变革过程，也包括组织变革后的巩固过程。如果把组织变革看成是昆虫成长时的蜕皮过程的话，那么就可以把组织发展看成是昆虫成长的整个过程，不仅包括其蜕皮成长的过程，也包括其蜕皮后的自然成长过程。

例如，从组织成长规律来看，任何一个组织均有其生命周期，现在的组织均处于其发展阶段之中。组织生命周期包括形成、成长、成熟和衰退等阶段。组织生命周期的研究表明，组织在不同的成长阶段总是伴随着不同的组织特征，而每一个阶段所面临的特定危机或问题的有效解决，又会将组织推向下一个发展阶段。通过图 16-4 可以看出，组织在创立阶段会遭受到领导危机，在定向发展阶段会遭受到自主权危机，在分权阶段会遇到控制权危机，在协调发展阶段会遭受到官僚危机。因此，组织在进行变革中，需要根据组织发展阶段，推动不同的组织变革措施。

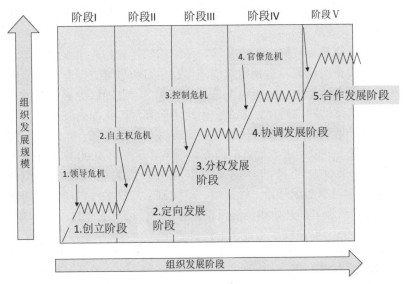

图 16-4　组织生命周期

二、组织发展的新趋势——学习型组织

随着组织结构等理论的发展，组织变革的理论也越来越多，相关研究也经历了几个主要阶段。在 20 世纪 70 年代，人们提出了星座组织结构的概念，简单地讲就是由众多独立的但在产权或管理上相互联系的多个公司组成的集合体，类似我国的企业集团、比利时的控股公司、法国的工业集团等。星座组织理论使企业的边界向市场推进了一步，同时企业内部组织结构的刚性也在逐渐变小。

到 20 世纪 80 年代，奈思比特使企业重建(reinventing the corporations)理论受到广泛的关注。这要求企业要创造一种最适合员工工作的环境，应放弃原有组织结构，设计出适合沟通的形式、自我管理、弹性工作时间、利润分享和弹性福利等。今天企业实践中非常流行的员工持股计划(ESOP)、在家办公、福利自助餐等管理方式与这种思想非常相似。彼得斯的《追求卓越》提出了 7S 框架(结构、战略、人员、管理作风、体制和程序、价值观、技能等)，也使文化变革成为 80 年代中后期的主题。

20 世纪 90 年代哈默和钱皮的《企业再造工程》，使流程变革成为变革的主流，他们提出要使企业的活动、事件、业务流程成为组织设计的基本元素，使原来支离破碎的工作流程(包括业务流程和管理流程)得到整合。

综上所述，企业组织变革的主题沿着结构变革—文化变革—流程变革的轨迹进行。时至今日，更多学者从实践中发现，单一内容的变革并不能满足企业的需要。正如帕斯卡雷拉(Pascarella)指出，虽然流程很重要，但结构、文化、关系和目的的改进也决定了企业的价值，这种价值体现在质量、服务、成本、速度和创新等五个方面。

20 世纪 80 年代以来，随着信息革命、知识经济时代进程的加快，企业面临着前所未有的竞争环境的变化，传统的组织模式和管理理论，已越来越不适应这种环境，其突出表现就是许多在历史上名噪一时的大公司纷纷退出历史舞台。因此，研究企业组织如何适应新的知识经济环境、增强自身的竞争能力、延长组织寿命成了全世界企业界和理论界关注的焦点。

美国麻省理工学院教授彼得·圣吉发现，是组织的智障妨碍了组织的学习和成长，并最终导致组织的衰败。组织智障是指组织或团体在学习和思维方面存在的障碍。表现在：组织缺乏一种系统思考的能力。人类思维总是习惯于将问题加以分解，把世界拆成片断来理解，全然失掉对整体的归属感，许多企业因此走向衰落。正如壳牌石油公司战略发展部主任德格(A. de Geus)所说，比竞争对手学得更快的能力也许是唯一持久的竞争优势。

在这样的大背景下，以圣吉为代表的西方管理学者，在对 4000 家企业进行研究的基础上，吸收东西方管理文化的精髓，提出了以五项修炼为基础的学习型组织(learning organization)理论。学习型组织理论一经提出，就受到了广泛关注，研究与创建"学习型组织"的热潮从它的发源地美国开始迅速波及世界各国。彼得·圣吉的《第五项修炼——学习型组织的艺术与实务》一书也成了管理学的经典之作。

三、学习型组织的特征

根据彼得·圣吉的定义，学习型组织是指通过培养弥漫于整个组织的学习气氛，充分发挥员工的创造性思维能力而建立起来的一种有机的、高度柔性的、扁平的、符合人性的、

能持续发展的组织。通过培育学习型组织的工作氛围和企业文化，引领人们不断学习、不断进步、不断调整观念，使组织生命力长盛不衰。

学习型组织具有下面的几个特征。

(一)组织成员拥有一个共同的愿景

共同的愿景(shared vision)来源于组织成员个人的愿景而又高于个人的愿景。它是组织中所有成员共同愿望的景象，是他们的共同理想。它能使不同个性的人凝聚在一起，朝着组织共同的目标前进。

(二)组织由多个创造性个体组成

在学习型组织中，团体是最基本的学习单位，团体本身应理解为彼此需要他人配合的一群人。组织的所有目标都是直接或间接地通过团体的努力来达到的。

(三)善于不断学习

这是学习型组织的本质特征。所谓"善于不断学习"，主要有四点含义：一是强调"终身学习"，即组织中的成员均应养成终身学习的习惯，这样才能形成组织良好的学习气氛，促使其成员在工作中不断学习。二是强调"全员学习"，即企业组织的决策层、管理层、操作层都要全身心投入学习，尤其是经营管理决策层，他们是决定企业发展方向和命运的重要阶层，因而更需要学习。三是强调"全过程学习"，即学习必须贯彻于组织系统运行的整个过程之中。四是强调"团体学习"，即不但重视个人学习和个人智力的开发，更强调组织成员的合作学习和群体智力(组织智力)的开发。

学习型组织通过保持学习的能力，及时铲除发展道路上的障碍，不断突破组织成长的极限，从而保持持续发展的态势。

(四)"地方为主"的扁平式结构

传统的企业组织通常是金字塔式的，学习型组织的组织结构则是扁平的，即从最上面的决策层到最下面的操作层，中间相隔层级极少。它尽最大可能将决策权向组织结构的下层移动，让最下层单位拥有充分的自决权，并对产生的结果负责，从而形成以"地方为主"的扁平化组织结构。例如，美国通用电气公司目前的管理层级已由9层减少为4层。只有这样的体制，才能保证上下级的不断沟通，下层才能直接体会到上层的决策思想和智慧光辉，上层也能亲自了解到下层的动态，汲取第一线的营养。企业内部才能形成互相理解、互相学习、整体互动思考、协调合作的群体，才能产生巨大的、持久的创造力。

(五)自主管理

学习型组织理论认为，"自主管理"是使组织成员能边工作边学习并使工作和学习紧密结合的方法。通过自主管理，可由组织成员自己发现工作中的问题，自己选择伙伴组成团队，自己选定改革进取的目标，自己进行现状调查，自己分析原因，自己制定对策，自己组织实施，自己检查效果，自己评定总结。团队成员在"自主管理"的过程中，能形成共同愿景，能以开放求实的心态互相切磋，不断学习新知识，不断进行创新，从而增加组织快速应变、创造未来的能量。

(六)组织的边界将被重新界定

学习型组织的边界的界定，建立在组织要素与外部环境要素互动关系的基础上，超越了传统的根据职能或部门划分的"法定"边界。例如，把销售商的反馈信息作为市场营销决策的固定组成部分，而不是像以前那样只是作为参考。

(七)组织成员家庭与事业的平衡

学习型组织努力使组织成员丰富的家庭生活与充实的工作生活相得益彰。学习型组织对成员承诺支持每位成员充分的自我发展，而成员也以承诺对组织的发展尽心尽力作为回报。这样，个人与组织的界限将变得模糊，工作与家庭之间的界限也将逐渐消失，两者之间的冲突也必将大为减少，从而提高成员家庭生活的质量(满意的家庭关系、良好的子女教育和健全的天伦之乐)，达到家庭与事业之间的平衡。

(八)领导者的新角色

在学习型组织中，领导者是设计师、仆人和教师。领导者的设计工作是一个对组织要素进行整合的过程，他不只是设计组织的结构和组织政策、策略，更重要的是设计组织发展的基本理念；领导者的仆人角色表现在他对实现愿景的使命感，他自觉地接受愿景的召唤；领导者作为教师的首要任务是界定真实情况，协助人们对真实情况进行正确、深刻的把握，提高他们对组织系统的了解能力，促进每个人的学习。

学习型组织有着它不同凡响的作用和意义。①学习是为了保证企业的生存，使企业组织具备不断改进的能力，提高企业组织的竞争力；②学习更是为了实现个人与工作的真正融合，使人们在工作中活出生命的意义。

学习型组织的基本理念，不仅有助于企业的改革和发展，而且它对其他组织的创新与发展也有启示。人们可以运用学习型组织的基本理念，去开发各自所置身的组织创造未来的潜能，反省当前存在于整个社会的种种学习障碍，思考如何使整个社会早日向学习型社会迈进。或许，这才是学习型组织所产生的更深远的影响。

就本质而言，学习型组织是一个用持久创新能力去创造未来的组织。它像具有生命力的有机体一样，在内部建立起完善的"自学习机制"，将组织成员与工作持续地结合起来，使组织在个人、工作团队以及整个系统三个层次上得到共同发展，形成"学习—持续改进—建立竞争优势"这一良性循环。

学习型组织是组织及其成员通过获取、加工、整理、创新和利用知识来指导和改善自身的行为和思想，从而达到增强适应环境也影响环境能力的组织。简而言之，就是一种能够不断学习、不断自我创造未来的组织。

四、建立学习型组织的五项修炼

学习型组织是组织和个人通过自我超越、改善心智模式、建立共同愿景、团体学习和系统思考五项基本修炼来构建的。

【专栏16-3】　日本松下的"学习型组织"建设

日本松下是成立于1918年的家用电器公司，由松下幸之助创建。经历了80余年的奋斗，松下电器产业公司已发展为世界一流的大型跨国公司。年营业收入597.71亿美元，利润10.59亿美元，资产额670.22亿美元。在美国《财富》杂志1999年全球最大500强企业排行榜名列第26位，松下公司的成功归功于人力资源战略的成功。正如松下幸之助所说过的一段名言："松下电器公司是制造人才的地方，兼而制造电器产品。"

(1) 共同愿景。松下公司十分重视强化企业员工的共同愿望和价值观(即共同愿景)的建设，它是日本第一家有公司歌曲和价值准则的企业。每天早晨，公司的经理和员工都要一起朗诵本公司的"纲领、信条和七大精神"。正如松下的一位高级管理者所说的那样，"在松下公司，全体员工已融为一体了"。

(2) 团队学习。松下幸之助认为，一个人的能力是有限的，公司的经营不仅仅依靠总经理或干部，还要依靠全体员工的集体智慧和团队合作精神。因此，松下公司不仅每年对职工进行大量的技能培训(1964年松下公司在大阪建立了19.2万平方米的大型培训中心，全公司有三分之一的员工在这里接受了培训)，而且进一步加强对员工团队合作精神的培养。

(3) 自我超越。松下公司一直把对人的培训放在首位，它有一套独特的培养人、团结人、使用人的方法。松下十分重视培养员工的竞争意识和不断学习、自我超越的奋斗精神。松下的总公司设有"教育培训中心"，下属八个研修所和一个高等职业学校。现今，松下公司科长、主任以上的干部多数是公司自己培养起来的，在事业部一级的干部中，有许多通过学习掌握了一门或多门外语。他们知识面广、业务精湛，并且十分熟悉公司的经营管理，在激烈的竞争中脱颖而出，实现了自我超越。

(4) 系统思考。一般的公司主要是注重员工专业知识的培训和道德品行的培养，而松下公司在这两个十分重要的方面之外，进一步提出要培养员工，特别是高层管理人才的价值判断能力(即系统思考)。松下公司认为，如果没有足够的专业知识，就不能满足工作上的需要，但对企业的价值观和对事物的正确判断能力更为重要：没有正确的价值观，就会浑浑噩噩，无法促进公司繁荣，没有敏锐的判断能力，就不能做出正确的决策。

建立学习型组织必须进行以下五项修炼。

(一)自我超越(personal mastery)

自我超越的修炼是学习型组织的精神基础，是学习不断厘清并加深个人的真正愿望，集中精力，实现心灵深处的渴望。针对组织中的个人，自我超越指的是一种一往无前的勇气和必胜的信念。

(二)改善心智模式(improving mental models)

心智模式根深蒂固于心中，是存在于人们头脑中的概念性结构。例如：许多假设、成见，甚至图像、印象等。它主导了我们如何了解这个世界以及如何采取行动。我们通常不易察觉自己的心智模式以及它对自身行为的影响，因此发掘自己的内心世界并严加审视，是心智模式修炼的起步。

(三)建立共同愿景(building shared vision)

共同愿景是指一个组织中各个成员发自内心的共同目标，在一个团体内整合共同愿景，涉及发掘共有"未来景色"的技术，它帮助组织培养其成员主动而真诚地奉献和投入。圣吉说，如果人们没有自己的愿景，那他就只能认同别人的，其结果就是服从，但永远不会有承诺，一个缺少全体共有目标、价值观与使命的组织，必定难成大器。

(四)团队学习(team learning)

团队的智慧总是高于个人的智慧。当团队真正在学习的时候，不仅团队能产生出色的效果，其个别成员的成长速度也比其他学习方式为快。

团体学习可从"深度会谈"开始。在团体中进行的讨论和深度会谈，可让每个成员自由交流想法、碰撞思维，产生远比个人深入的见解，从而克服学习的障碍。通过知识溢出与共享，组织的知识大于个体知识的总和，在这样的组织中，个体也能得到更快的成长。

(五)系统思考(systems thinking)

系统思考是建立学习型组织最重要的修炼。企业和人类的其他活动一样，也是一种系统，也都受到细微且息息相关的行为的牵连，彼此影响着，因此必须进行系统思考修炼。

【专栏 16-4】 保安事件的系统思考

有名保安在一家医院工作了 6 年，已经做到了领班。这年由于当地的气候异常，住院病人激增，医院的医生和护士都忙得脚不沾地，这名保安因为平时热心帮忙，因此有时也被护士叫去帮忙跑腿拿药等。有一天这名保安在配药室帮忙时，患者表示："毫无医疗资质的保安凭什么在配药室里帮忙？这显示医院管理混乱。"针对这一事件，医院的管理部门并没有简单地开除保安平息事端，而是展开了严厉的"问责"。

首先问责护理部。发现出现问题的护理部门最近一段时间病人增加了 30%，而护士人手并没有增加，造成护士工作量加大，劳累过度，是人员调配的失误。其次是护士长。是否知道有护士找保安帮忙，平常是否也允许这种情况发生，为什么不阻止？是护士长监管的失误。最后质问宣传部。宣传部有规定，保安不允许进入配药室，但很多保安与护理人员并不知道这一规定，也不知道如果违反了这一规定会受到什么责罚。没有将医院的规章制度宣贯到位，这属于宣传部的责任。

保安在等待医院处理结果的期间非常紧张。医院的心理专家告诉他医院愿意为他提供相关的培训以及在职学习的机会，如果能够通过考试取得执照，可以为他提供相关的工作机会。同时医院宣传部门将医院的规章制度进一步宣传，让每个人都明白并遵守。这以后，这名保安工作更加认真，在岗位调整后更加喜欢自己的工作，医院也因为这一事件增加了凝聚力。

本 章 小 结

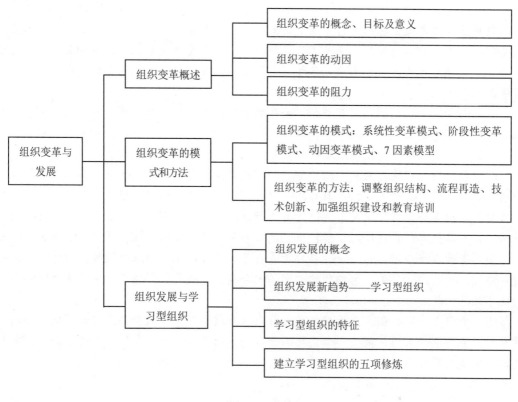

习 题

一、思考题

1. 什么是组织变革？为什么要进行组织变革？

2. 组织变革有哪些模式？

3. 组织变革的阻力来源有哪些？如何克服变革阻力？

二、案例分析题

B 公司的企业文化

B 上市公司是一家中外合资股份制公司，2005 年成立，抓住世界新能源发展机遇很快从小做大，并于 2010 年成功上市。但由于企业发展过快，原有的管理模式和企业文化建设相对滞后，已不适应上市公司的发展要求。为了寻求合适的管理模式和企业文化，B 企业让创业元老回家歇业但照常发工资，大量引进分别有美资、日资企业工作经验的管理人员成为空降兵。但美资和日资背景的管理模式及企业文化存在相互冲突，下层无所适从。以下是 B 公司的访谈记录。

(1) 目前外来管理者比较多，高管团队工龄短，没有超过十年的，难以对公司有清晰的了解和合理的统筹规划。事业层空降的高管对公司实际情况不了解，难以完全掌握公司整体情况，带来的管理模式有的不现实，不适合本公司，把外企东西直接移植后效率并不高。

(2) 公司现在的大多数经理层高管来自外资，大部分都是偏向事务性的，对方法和工具的使用上存在不足，意识和行为没有达到统一，不具备"知行合一"。现在管理转型的主要问题是人的能力问题，主要是工作技能。一线管理者只负责执行，对相关决策参与度不够。新的技术路线、工艺工序，只要一个计划难以实现，下层执行时就没有足够的资料可依，难以实施。

(3) 新老班子管理模式没有整合，企业的管理制度不够健全，有的事情无据可依。外来与原有的没有整合，有些理念难以被接受。公司管理模式没有连续性和长期规划，公司政策、组织架构、人员、领导、流程频繁变动，基层人员无所适从。

(4) 各部门之间缺乏沟通交流，信息共享较差，出现责任推诿现象。虽然本部门每天会组织部门所有员工开晨会，并且每周一召开例会，但会议内容局限于对当日或者一周的工作安排，仅在公司发生重大事件时才会进行通报。因此本部门员工仅仅了解本部门的工作情况，对其他部门工作情况了解较少。造成各部门员工之间互相不了解，影响工作配合度。销售部的各个经理各管一块，各自负责自己的项目，至少四五个项目同时进行，没有统筹规划，缺乏沟通协调，影响项目之间的配合度，造成原材料供应、交货不及时和存储场地不足等问题。

(5) 部门合作没有制度上的规定，公司未召开过全厂工作大会，没有部门联席会议，没有专门来协调的部门，促进各部门之间合作的活动很少。公司集团下属两个工厂需要高度配合完成生产任务，但两厂运营总监各自为政，两厂之间的交流基本靠电子邮件，沟通不畅，容易造成生产上协调的困难。

(6) 公司没有良好的企业文化，对企业文化没有进行过专门的宣导与组织员工学习，至少对基层没有宣导。企业文化很难传递到一线员工，生产一线员工基本不了解公司理念、公司战略、公司使命、愿景，不清楚公司长期目标、发展规划、发展方向。设备部等一线员工对自己的工作价值不清楚，不了解自身工作与公司发展目标的关系，完全遵从制度安排，机械工作。公司倡导的理念对员工个人基本没有影响。基层生产一线员工的工作动机更多地出自于物质，对企业的发展目标以及提倡的价值观的认知度不足，原因主要是企业的宣传、贯彻力度不足。

请用学习型组织理论分析 B 企业文化存在什么问题？应如何解决？

三、辩论题

在组织变革过程中，有人倾向于一步到位的"休克疗法"，有人则倾向于渐进式变革。试针对大家所熟悉的一个拟变革组织，通过辩论深入体会变革模式和方法对于变革成败的重要性。

四、管理技能训练

1. 试用力场分析法去描述和诊断你所熟悉的组织面临的两种变革力量，并相应提出变革实施措施。

2. 应用"解冻—转变—再冻结"阶段性变革模式，描述并分析你所熟悉的人在工作生活中表现出来的某些巨大行为变化。

【推荐阅读书目】

[1]　布勒，斯库勒. 组织变革中的人力资源管理案例[M]. 刘洪敏，等，译. 北京：人民邮电出版社，2004.

[2]　路易斯·卡特，等. 公司转型：全球著名公司组织变革与领导力开发的最佳案例[M]. 李剑锋，等，译. 北京：经济管理出版社，2005.

[3]　威廉斯，等. 规划执行力——组织变革创造价值[M]. 杨志立，译. 北京：经济管理出版社，2006.

[4]　萨拉曼，等. 战略与能力：持续的组织变革[M]. 锁箭，等，译. 北京：经济管理出版社，2005.

[5]　彼得·圣吉. 学习型组织的艺术与实践[M]. 张成林，译. 北京：中信出版集团，2018.

参 考 文 献

[1] 于显洋. 组织社会学[M]. 3 版. 北京：中国人民大学出版社，2016.

[2] 成中英. C 理论：中国管理哲学[M]. 北京：中国人民大学出版社，2017.

[3] 许芳. 东西方管理思想史[M]. 北京：清华大学出版社，2018.

[4] 曾仕强. 人性的弱点[M]. 北京：中国工人出版社，2017.

[5] 钱明. 健康心理学[M]. 3 版. 北京：人民卫生出版社，2018.

[6] 陈晓萍. 跨文化管理[M]. 3 版. 北京：清华大学出版社，2016.

[7] 李洁. 文化与精神医学[M]. 2 版. 北京：华夏出版社，2017.

[8] 张彦. 环境·态度·行为：中国企业工作环境的实证数据分析[M]. 北京：社会科学文献出版社，2020.

[9] 赵国军. 薪酬设计与绩效考核全案[M]. 3 版. 北京：化学工业出版社，2020.

[10] 李英武. 职业健康心理学[M]. 北京：北京师范大学出版社，2018.

[11] 胡正凡，林玉莲. 环境心理学——环境—行为研究及其设计应用[M]. 北京：中国建筑工业出版社，2018.

[12] 吴建国. 华为团队工作法[M]. 北京：中信出版集团，2019.

[13] 赵广娜. 图解人际关系心理学[M]. 北京：北京联合出版有限公司，2017.

[14] 熊太行. 掌控关系[M]. 北京：北京联合出版社，2018.

[15] 莫里斯·梅洛-庞蒂. 知觉的世界：论哲学、文学与艺术[M]. 南京：江苏人民出版社，2019.

[16] E. 布鲁斯·戈尔茨坦，詹姆斯·R. 布洛克摩尔. 感觉与知觉[M]. 10 版. 张明，译. 北京：中国轻工业出版社，2018.

[17] 朱莉·海. 态度与动机：工作中的人际沟通分析[M]. 2 版. 张思雪，田宝，译. 北京：机械工业出版社，2020.

[18] 爱德华·L. 德西，理查德·弗拉斯特. 内在动机：自主掌控人生的力量[M]. 王正林，译. 北京：机械工业出版社，2020.

[19] R. 梅雷迪思·贝尔宾. 团队角色：在工作中的应用[M]. 2 版. 李和庆，蔺红云，译. 北京：机械工业出版社，2017.

[20] 杜安·舒尔茨等. 人格心理学：全面、科学的人性思考[M]. 10 版. 张登浩，李森，译. 北京：机械工业出版社，2016.